U0051013

毛姆傳

毛姆的秘密生活

如果有人能將毛姆的一生寫出來，那將比他的小說精彩一百倍。

William Somerset
Maugham

賽琳娜・黑斯廷斯——著
趙文偉——譯

THE SECRET LIVES
OF
SOMERSET MAUGHAM

懷著感激和愛意

獻給尼爾和雷登・詹曼

| 毛 姆 傳 |

CONTENTS

第一章
黑馬廄鎮的少年時代

1955年，薩默塞特・毛姆81歲，一家報紙在採訪他時問他是否願意出一本傳記。他說，不，不願意。在他看來，這是一種無意義的行為。「現代作家的生活本身就是無趣的。」他輕蔑地說，「……我的生活注定乏味……我可不想跟乏味聯繫到一塊兒。」事實上，根本不存在這種顧慮。正如這段表述，不真誠是有可能的，乏味則絕無可能。

在他漫長人生的大部分時間──他活了90多歲──薩默塞特・毛姆是全世界最著名的作家，他那些優秀的短篇小說和長篇小說在世界各地深受好評，其中最著名的《人性枷鎖》是20世紀擁有最大讀者群的虛構作品之一。他的書被譯成幾乎所有的已知文字，售出數百萬冊，為他帶來了巨大的名望和財富。在將近40年的時間裡，毛姆在他位於法國南部的豪華別墅裡被錄影、拍照和書寫，關於這位傳奇人物，公眾無法獲知的資訊似乎已所剩不多。然而，從少年時起，毛姆總有一些關於他個人及其事業的私密之事，是他不願透露的。毛姆對他的大部分生活確實秘而不宣：同性性行為違法時，他是一名同性戀者；兩次世界大戰期間，他曾為英國情報部門服務過，有時還要冒著極大的生命危險；作為一名小說家，他的大部分時間在私密的、想像的世界中度過，被他虛構的人物簇擁著，在他看來，這些人物往往比外部世界的男女更為真實。兒時便有的口吃毛病讓他與這個世界進一步疏遠，並使他在極其痛苦的同時異常敏感。口吃給他的生活造成了阻礙，因此，成年後，他習慣身邊帶個翻譯，一個善於交際、性格開朗的小夥子——這個人往往也是他的情人——作為他的中間人與陌生人進行初次接觸，毛姆則或多或少地退居幕後。雖然毛姆竭力保護自己，但他依然脆弱無比。他是一個激情澎湃、不易相處的人，既冷酷無情，又充滿仁慈和魅力，儘管他獲得了一切世俗意義上的成功，但他從來都不知道自己想要的是什麼。令人心生憐憫的不幸婚姻毀掉了他那些年的生活，從人生的摯愛那裡，他也得不到應有的回應。

對於很多讀者而言，薩默塞特・毛姆等同於大英帝國，毛姆就是英國紳士的象徵。他們以為他出身世代望族，實際上，毛姆的父母是新移民，專業人士，屬於中產階層，他們不住在英國，而是法國，毛姆的一生開始並結束於法國。父親羅伯特・奧蒙德・毛姆（Robert Ormond Maugham，1823-1884）是一名律師，律師世家的第三代，祖上是威斯摩蘭郡的農夫和小商人。羅伯特・毛姆的祖父最先來到倫敦，一輩子只混了個書記員做，他的兒子則不僅在律師行業聲名顯赫，還是英國律師協會的創始人之一。羅伯特的家族產業經營得相當好，1840年代，他把家搬到巴黎，並在那兒開了一家分社，他的合作夥伴威廉・迪克森則留在倫敦。毛姆與迪克森的律師行「英國法律專家（Juriconsultes Anglais）」位於聖奧諾雷市郊路54號那棟壯麗的沙羅斯府邸，在英國大使館的正對面，毛姆和迪克森的事業在這裡蒸蒸日上，尤其是在他被英國大使館半官方地任命為法律顧問之後。

30多歲時，羅伯特·毛姆過上了好日子。在拿破崙三世和第二帝國的興盛時期，巴黎似乎人人都在賺錢，大家高喊著「發財」。幾乎每天都有新店鋪和新公司開業，巴黎人口急劇增長，毛姆和迪克森的主要生意來源——英國僑民的人數同樣如此。後來，羅伯特·毛姆終於覺得自己有錢到可以娶妻了，於是，1863年10月1日，39歲的他娶了一個迷人的、比他小16歲的年輕女子伊迪斯·瑪麗·斯內爾（Edith Mary Snell）。婚禮由羅伯特的牧師弟弟亨利·毛姆主持，婚禮地點設在英國大使館內。婚禮結束後，毛姆夫婦住進位於安廷大街（現在的富蘭克林·羅斯福大街）25號的一套公寓。安廷大街是條寬闊的林蔭路，路兩旁矗立著栗子樹，在香榭麗舍圓形廣場附近，從家去辦公室很方便，步行只需五分鐘。這套公寓在一幢新公寓的四樓，採光充足、十分寬敞。大客廳的牆上掛著古斯塔夫·多雷[1]的版畫，擺放著羅伯特·毛姆年輕時從國外旅行帶回來的塔納格拉的小雕像、羅得島的器皿和土耳其華麗的匕首。書房裡有兩個深栗色的書櫥，裡面塞滿了司各特、狄更斯、查爾斯·金斯萊、馬里亞特船長的書，還有伊迪斯喜歡的陶赫尼茨出版社出的小說。

毛姆夫人的出身遠比她的丈夫更富有異國情調。伊迪斯的大半生是在法國度過的，但她生在印度。她父親去世時，她只有一歲零一個月大，兩年後，她的母親安妮·艾麗西亞帶著她和遺腹的妹妹蘿絲離開印度，回到英國，不久後又移居法國。兩個女孩進入修道院學校讀書，母親為了貼補家用，用法文寫點小說和兒童故事，並為客廳歌謠（drawing-

[1] Gustave Doré，1832-1883，19世紀法國著名版畫家、雕刻家和插圖作家。

room ballad）譜曲。顯然，安妮・艾麗西亞是個有文化、有性格、有財力的女人，不僅比她的丈夫年輕很多，社會地位也更高些。查爾斯・斯內爾是法爾茅斯一個修帆工的兒子，安妮・艾麗西亞則是約克郡一個富有的鄉紳的女兒，不過，這個鄉紳搬到康瓦爾後損失了大部分財產，投資錫礦也失敗了。她的母親是布里爾頓人，出生在柴郡一個可以追溯到12世紀的地主家庭，安妮・艾麗西亞姓布里爾頓，她的一個叔叔給毛姆起了薩默塞特這個教名，為的是紀念他一個傑出的教父——亨利・薩默塞特將軍爵士（Gen. Sir），但毛姆從來沒喜歡過這個中間名。伊迪斯結婚並在巴黎定居後，安妮・艾麗西亞和蘿絲搬到了聖馬洛，六年後，27歲的蘿絲死於肺結核。在19世紀的法國，肺結核是頭號殺手。它殺死了蘿絲，後來也殺死了她的姐姐伊迪斯，還差點殺死她的外甥威廉・薩默塞特。此後，安妮・艾麗西亞・斯內爾又活了35年，於1904年89歲時於利曼逝世。

毛姆一家在巴黎愜意地生活了差不多七年時間。性格活潑、喜好交際的羅伯特賣力工作，伊迪斯則負責料理家務，撫養三個接踵而至的兒子。她有兩個閨中密友，一個是活潑的美國女人瑪麗（「米妮」）・沃德豪斯，一個是英國女人伊莎貝拉・威廉姆斯—弗里曼，她們都嫁給了大使館的二等秘書。她們經常結伴出行，去新開的大百貨商場購物，或開車去布洛涅森林遊玩，拜訪伊迪斯的熟人，英式下午茶當時剛在法國流行起來。這段時間，羅伯特賺了不少錢，他很高興讓妻子隨意揮霍。二人享受著奢華的生活，他們有自己的馬車，經常去看戲、聽歌劇，在家裡大方地招待客人。伊迪斯打扮入時，家裡到處都是鮮花，桌上擺著上好的溫室水果和反季節的葡萄和桃子。毛姆夫婦的大部分社交生活圍繞著大使館進行，但伊迪斯也有作家和畫家朋友，比如普羅斯佩・梅里美[1]和古斯塔夫・多雷，作為英國僑民圈裡的頂尖美女，毛姆夫人因富有同情心和魅力而廣受歡迎。她是被列入上流社會年度名錄的極少數外國人之一，死後她被描述為最優雅的沙龍常客，「一個迷人的女人，在巴黎上流社會有無數朋友，並享有崇高的地位。」這樣的頌詞未免言過其實，但毫無疑問，伊迪斯・毛姆是個魅力無窮的女人。

毛姆夫婦的身材都很矮小，但羅伯特的相貌近乎粗野——圓滾滾的身材，一張蠟黃的臉，白眼球發黃，球狀的下巴上長了一圈鬍子，還留著濃密的絡腮鬍；伊迪斯則像個漂亮的洋娃娃，她的頭髮是鮮豔的赤褐色，蒼白的膚色毫無瑕疵，深棕色的大眼睛深陷，兩隻眼睛分得很開。照片中，她漂亮的嘴角稍微有點向下耷拉，她最小的兒子顯然遺傳了這個特徵。伊迪斯嬌小的身材在緊身收腰、1860年代依然很流行的鐘形裙的襯托下顯得十分精緻，她有一件華麗的帶蕾絲邊黑色鐘形裙，她穿著那條裙子的樣子真是明豔照人。她或許請不起皇后和法國宮廷貴婦們惠顧的大裁縫沃思，但她確實表現出了極高的時尚天賦，總能打扮得優雅別致，這大概是在法國長期生活的緣故。毛姆夫婦一同出現時的反差感令人忍俊不禁，他們被親切地稱為「美女與野獸」。米妮・沃德豪斯問過伊迪斯怎麼會愛上這麼一個醜陋的小個子男人，伊迪斯的回答是：「因為他永遠不會傷我的心呀。」

1865年10月，這對夫婦的第一個孩子降生了，是個男

---

[1] Prosper Mérimée，1803-1870，法國現實主義作家、中短篇小說大師、劇作家、歷史學家。

孩，取名查爾斯・奧蒙德，一年後，弗里德里克・赫伯特出生，1868年6月，亨利・內維爾出生。三兒子還不到兩歲時普法戰爭爆發，隨後不久，拿破崙三世於1870年9月在色當投降。隨著普魯士軍隊挺進巴黎，毛姆夫婦和大部分英國僑民一起離開巴黎，前往英國，兩個僕人留下看家，走之前他們將一面英國國旗固定在陽台上。他們把孩子寄放在倫敦的祖母家，他倆則去了義大利，他們都太需要這個假期了，羅伯特被工作壓得喘不過氣來，伊迪斯三年內連生了三個孩子。巴黎遭到可怕的圍攻，挨餓的民眾淪落到拿老鼠和動物園裡的動物充饑。五個月的圍城後緊接著是血腥的內戰，也就是巴黎公社運動，城裡的大部分地區被摧毀，造成兩萬多人死亡。不過，到了1871年5月底，政府軍重新奪回控制權。八月，毛姆夫婦返回巴黎，他們忠實的男僕弗朗索瓦去北站接他們，告訴他們家裡完好無損，這在很大程度上歸功於那面顯眼的英國國旗。

雖然家沒被德國人損毀，但市中心的大部分地區呈現出一派荒涼景象，雖然重建工作立即啟動，且進展迅速，但完全恢復商業生活仍需要一段時間，而且很多英國人永遠地離開了。羅伯特・毛姆發現自己囊中羞澀，幾乎又要白手起家。同時，伊迪斯重操舊業，照顧三個鬧哄哄的男孩。1873年，她發現自己又懷孕了。法國政府為了增強軍事力量，通過立法強迫出生在法國的外國男孩加入法國國籍，這樣將來就可以對其自動擁有徵兵資格。為了避開這一點，英國大使里昂斯勳爵批准在使館二樓設立一間產房，讓那些與大法官、法庭有直接關係的人的太太們在英國領土上生孩子。就是在這裡，1874年1月25日，伊迪斯生下了她的第四個孩子，又是一個男孩，他的名字叫威廉・薩默塞特。

幾乎可以肯定地說，毛姆的幼年是他一生中最美好的時光。他的三個哥哥——查理、弗雷迪和哈利被送到英國讀書去了，只在過節的時候回來。所以，小威利[1]過的是被驕縱、溺愛的獨子生活。父親整天在辦公室，他睡著了爸爸才回來，心愛的母親完全屬於他一人。他的乳母離開後，照看威利的是個法國女傭——他的「奶媽」，他們共用一間臥室，早上，她帶他去見母親，那時母親洗完澡正躺在床上休息，這段充滿親密和愛意的記憶永遠留在毛姆心間。見過母親後，威利會被帶出去玩，通常是去香榭麗舍大道。那會兒，寬闊的大道兩旁是私人住宅和豪華公寓。他和奶媽穿行在馬車和時髦的行人中間，向靠近協和廣場的一個花園走去。花園裡總是有孩子，年齡稍長後，威利被允許跟他們一起玩，他們在灌木叢裡衝進衝出，玩激烈的打仗遊戲。

威利有白皙的皮膚、金色的捲髮和棕色的大眼睛，腰間繫著一條黑腰帶，他和他的玩伴們——那些穿著短褲和繫帶靴的法國小男孩沒什麼區別。他的法語比英語說得流利多了，有時還會混在一起說。一天，小兒子逗得伊迪斯哈哈大笑，他從火車的窗口瞥見一匹馬，於是，大聲喊道，「Regardez, Maman, voilà un'orse.」[2]現存他的第一封信是他六歲時寫給父母的，用的就是法文：

「cher papa, chere maman, votre petit willie est heureux au jour de noel de vous exprimer ses meilleurs souhaits, et sa

❶ 毛姆的暱稱。
❷ 法語，「看哪，媽媽，那兒有一匹馬。」

reconaissante affection. croyez-moi, cher papa, chere maman, votre fils respectueux, willie maugham.」（親愛的爸爸、親愛的媽媽，你們的小威利很高興在耶誕節這天給你們送上最美好的祝福和感激之愛。相信我，親愛的爸爸、親愛的媽媽，尊敬你們的兒子，威利・毛姆。」）

下午，母親或奶媽陪他一起喝茶，有時，威利會被帶到客廳向客人們炫耀，有一次未來的法國總理喬治・克列孟梭也在場。有時，他會被要求背誦一則拉封丹[1]的寓言，幸運的話，一些好心的先生還會給他小費。毛姆7歲生日那天，母親的一個朋友給了他12法郎，他用這些錢第一次買票看了戲；那天是大哥查理陪他去的，看的是薩爾杜寫的一部「殘暴」的情節劇，莎拉・伯恩哈特[2]的樣子嚇得他心驚肉跳。星期天，威利陪母親去大使館對面的英國教堂，母親總是在牧師布道前就帶他出來。

對小威利來說，母親是他整個生活的中心。他毫無保留地愛著她，她的愛也給他實實在在的安全感。父親則是一個模糊的形象，對他幾乎沒產生大的影響，他知道，母親的注意力永遠在他身上，除了他們之間親熱的關係，其餘的一切他都不太在乎。威利最開始去的是一所法語走讀學校，和哥哥們不一樣，家裡最早給他們請的是英國的家庭教師。哥哥們回巴黎度假的時候會令威利興奮，儘管打破了日常的生活規律。伊迪斯是一個有才華的業餘演員，經常邀請成年觀眾

[1] La Fontaine，1621-1695，法國古典文學的代表作家之一，著名的寓言詩人。他的作品經後人整理為《拉封丹寓言》，與古希臘著名寓言詩人伊索的《伊索寓言》及俄國著名作家克雷洛夫所著的《克雷洛夫寓言》並稱為世界三大寓言。

[2] Sarah Bernhardt，1844-1923年，19世紀和20世紀初著名的法國女演員。

來家裡觀看演出，孩子們也被允許參與其中。據一個當時的觀眾講，伊迪斯的表演「遠遠高出一般的業餘水準。」母親的朋友們，比如威廉姆斯—弗里曼夫婦也熱衷戲劇表演，星期天下午，威利經常陪媽媽去他們家。這個家裡有一個威利的同齡人維奧麗特，她也是在大使館出生的。毛姆給她的兄弟姐妹們留下了深刻的印象，他們覺得威利是個開朗、自信、富有想像力，而且非常勇敢的小男孩，他們甘願讓威利當他們的頭兒。他們喜歡聽他講故事，威利也總能想出新鮮的玩法。威利的大哥查理還帶他們去看過馬戲表演，孩子們經常一起在香榭麗舍大道玩耍，一邊吃著糖，一邊看木偶戲，威利還會裝出一副天真的樣子給售貨亭賣氣球的人假幣，以此逗同伴們開心。

維奧麗特有時會被單獨帶到毛姆家喝茶，伊迪斯是她的教母。小女孩很崇拜她的教母，不願看到她老是病歪歪的樣子。她漂亮的棕色眼睛飽含悲傷，似乎總被憂鬱圍繞著，此中緣由維奧麗特不得而知。她後來猜測，或許伊迪斯結婚前有過不愉快的戀愛經歷。事實上，生病很可能是她憂鬱的原因，因為和她的妹妹蘿絲一樣，伊迪斯也得了結核病，而且肺結核經常會伴發憂鬱症。

醫生建議伊迪斯避開極端的溫度，巴黎的夏天熱得讓人受不了，令人窒息的空氣也對健康不利。七月，她常帶著孩子們去海邊租來的一棟房子待上三個月。巴黎上流社會青睞特魯維爾，毛姆夫婦則選擇去諾曼第海邊幾英里外不太貴的多維爾，當時的多維爾是個旅遊勝地，但更像個漁村，這裡有繁忙的港口，還有一個小賭場、賽馬場和家庭海灘。奶媽照顧威利，他的哥哥們則在廣闊的沙灘上跑來跑去，在海邊戲水，他們的母親則坐在一把折椅上繡花，和別的度假者聊天。星期六，羅伯特・毛姆乘火車從巴黎過來陪他們兩天。一次，他開了輛鐵輪胎的「老爺車」來了，還帶著兒子們在海邊兜了風。

威利5歲時，伊迪斯又懷孕了。當年的人們認為，分娩會讓患肺結核的女人強健起來，這個理論大概和1874年威利的出生有關。這次又是個男孩，但後來流產了，為了養病，伊迪斯在威利的陪伴下前往南部的波城過冬。庇里牛斯山腳下的這座小城很受英國人歡迎，這裡溫和的氣候和山裡的新鮮空氣都對治療有益，但他們待的時間很短，返家後不久，伊迪斯的病情就惡化了。母親的身體越來越弱，威利和她在一起的時間也隨之縮短，一部分原因肯定是大人不想讓他看到母親痛苦的樣子——咳痰，甚至吐血，胸口疼，發熱、大汗淋漓。通常，倦怠乏力與充滿活力的樂觀主義交替出現，短時間內看似恢復了正常，但家裡的日常生活漸漸被上門看病的醫生取代，醫生們身穿大禮服，拎著不吉利的黑包，包裡裝著當時流行的笨重醫療設備。那個年代的醫生基本上已經放棄了放血療法，取而代之的是拔罐子，據說這樣能把病症拔出來。喝奶也很重要，牛奶、羊奶，但最好是驢奶，每天早上，一小串驢會停在毛姆家門口，為伊迪斯提供補品。

從波城回來後不久，1881年春，伊迪斯再次懷孕，但到了這時，她已經對這種療法不抱多大希望了。快到年底時，她意識到自己快要死了，孩子們將很快失去母親。懷著八個月身孕且病入膏肓的她用盡全力在黑裙子外面套上她最喜歡的白色錦緞晚禮服。她悄悄出門拍了張照片，想讓兒子們永遠記住母親的樣子。1882年1月24日，伊迪斯生下一個兒子，取名為愛德華・艾倫，但孩子第二天下午就死了。不到一個星期後，41歲的伊迪斯也死去了，那是當月的第31天，威利的8歲生日剛過去六天。

母親過世後，威利一直生活於其間的那個安全、快樂的世界戛然而止，而且永遠終止了。母親臨終時，哥哥們被叫到她的床邊，不久後，他們就返回了英格蘭，威利留下來盡力應對深切、可怕的痛苦。他對母親的愛是熱情的、沒有理性的，失去她後，他永遠也沒能坦然面對。他一輩子都把她最後的那張照片放在床頭，連同她的一縷長髮，這是他一生最寶貴的兩份財產，甚至在他極其老邁之時還承認，母親的死讓他難以釋懷。30年後，他在自傳體小說《人性枷鎖》中回憶起當時的情形，孩子走進死去母親的房間：

> 「菲力浦打開大衣櫃，裡面掛滿了衣服，他一腳跨進櫃子，張開手臂盡可能多地抱了一抱衣服，將臉埋在衣堆裡。衣服上溫馨猶存，那是母親生前所用香水散發的香味。然後，他拉開抽屜，裡面放滿了母親的衣飾用品。他細加端詳：內衣裡夾著幾隻薰衣草袋，散發著沁人心脾的陣陣清香。屋子裡那種陌生氣氛頓時消失了，他恍惚覺得母親只是剛剛外出散步，待會兒就要回來的，而且還要到樓上幼兒室同他一起用茶點。他的嘴唇甚至依稀感覺到了母親給他的親吻。」

他父親被喪妻之痛擊垮了，雖然他盡力安慰毛姆，但他很少見到小兒子，兩人關係比較生疏。羅伯特・毛姆一周有六天都在辦公室，威利則由他母親最喜歡的法國女傭照顧。

威利離開學校去大使館附屬的教堂聽英國牧師講課。這位先生意識到這個學生的英文水準遠遠不夠，就讓他大聲朗讀報紙上的警訊，報上那些可怕的罪案細節困擾了毛姆許多年。

只有星期天毛姆才能跟父親在一起待上一會兒。羅伯特・毛姆在敘雷訥造了一幢夏屋，敘雷訥位於巴黎城西幾英里處，靠近塞納河和布洛涅森林。每到星期天，這對悲傷的父子就去檢查工程進度，這座房子的建築風格有點奇怪，一部分是日本風格，一部分是瑞士山間農舍風格，房子被刷成白色，百葉窗是紅色的，從這裡可以俯瞰美麗的塞納河全景、隆尚賽馬場和更遠處的整個巴黎。羅伯特被毛姆形容為一個有「浪漫精神」的人，他從來沒有忘記年輕時去過摩洛哥、希臘和小亞細亞，他把他的小房子想像成博斯普魯斯海峽的一幢別墅。為了加強異域情調，他將摩爾人避邪的標誌雕刻在窗戶上，這個標誌也成為毛姆成為作家後的個人徽章。這個標記將他和父親永遠地連在了一起。

過了沒多久，房子蓋好了，花園弄好了，家具也搬了進去，羅伯特・毛姆卻無福消受。妻子病逝後，他的身體也日漸衰弱，氣色愈發不好，老是噁心、疲倦、疼痛，這是胃癌的症狀。1884年6月24日，妻子去世兩年半後，羅伯特・毛姆也撒手人寰。60歲的他雖然職業生涯漫長辛苦，卻只留下不到5000英鎊的遺產給四個兒子分。「一個家就這麼沒了，」弗雷迪傷心地回憶道，「很快，我和我的兄弟們被迫分開，此後不常見面。」

父親的合夥人迪克森和羅伯特・毛姆唯一的弟弟，威利的教父，肯特郡惠斯塔布（Whitstable）的牧師亨利・麥克唐納・毛姆被指定為男孩們的監護人。二人來到巴黎處理羅伯特的後事。為期三天的拍賣會處理掉了公寓裡的東西，個人物品被打包後貼上標籤，僕人們被遣散，所有必要的安排完成後，兄弟幾個從法國搬到英國。三個大一點的男孩早已習慣了海峽另一邊的生活，變化不太大，查理回到劍橋大學，弗雷迪和哈利回到他們就讀的學校，但對於10歲的威利來說，一切都是陌生的，他無法想像從此在這個陌生的國度與叔叔嬸嬸生活在一起將會有怎樣的遭遇。

毛姆在忠實的保姆陪伴下踏上了去英國的旅程。九個小時後，海峽客輪終於停靠在多佛港，在上岸的喧囂聲中，他們看到在碼頭上等候的亨利・毛姆牧師，他一襲黑衣、留著鬍子、面色凝重。他們又走了20多英里路才來到惠斯塔布，威利一直依偎在那個親切的法國女人身邊，抵達牧師寓所時，天色已晚，他們筋疲力盡。不過，在威利上床前，叔叔有話要對他說：他們雇不起保姆，那個女人必須盡快返回法國。第二天，保姆就離去了。

回顧在英國的童年生活，毛姆覺得這個時期給他一種徹頭徹尾的淒涼感，即便到了晚年，痛苦的回憶仍令他渾身戰慄。在當時的情形下，這個孩子確實值得可憐：10歲就成了孤兒，被託付給陌生人照顧，生活在一個陌生的國家。沒有了溺愛、放縱、溫暖、歡樂和與父母在一起時的奢華生活，沒有了舒適的公寓和高雅的社交生活，他發現自己置身於一個荒涼、陌生的環境之中，再沒有人把他當成寶貝。二十歲出頭時，他寫過一篇小說：《斯蒂芬・凱里的藝術氣質》，這本帶有明顯自傳性質的小說從未出版過，毛姆在書中將自己描繪成這樣一個青年，他體會的幸福太少，所以不知如何應對他人的仁慈；40年後，他在筆記本上寫過這樣一段話：

「小時候得到的愛太少，以至於後來被愛都會令他感到尷尬……人們讚美他時，他不知該如何回應，表露情感時又覺得自己像個傻瓜。」

無論是他的叔叔，還是他的嬸嬸，都並非故意不友善，他們只是一對枯燥乏味、缺乏想像力的夫妻.他們本身就沒有子女，也沒有跟孩子打交道的經驗；或許可以這樣理解，他們擔心這個小男孩變得吵鬧、無禮、粗魯，打破他們原本井然有序的生活。威利的叔叔尤其自私、頑固不化。他的侄子弗雷迪後來說：「他是個心胸狹隘的人，遠非有智慧的牧師，作為監護人的他，我無法發自心底地讚美。」就像他的哥哥羅伯特，亨利・麥克唐納・毛姆也很矮小，但稍微胖一點，臉也比哥哥好看很多。現在50好幾的他做了13年惠斯塔布的牧師，他感覺這種生活很適合自己。他是個懶傢伙，幸運的是，有個副牧師埃爾曼先生承擔了教區的大部分工作。還有一點很幸運，他的妻子索菲性情溫順，一切都以丈夫的舒適和便利為前提。索菲是個德國人，一個紐倫堡商人的女兒，不知道為什麼1858年，也就是她結婚的時候會生活在史丹佛郡，那年她30歲，比她丈夫大一歲。她身材豐滿，長得還算漂亮，金髮編成粗辮子盤在頭頂。索菲是個安靜、謙遜、拘謹且傳統的女人，雖然在行為方式上循規蹈矩，不習慣流露情感，但她有一顆善良的心，願意盡量善待侄子，只要不影響丈夫的喜樂或者家庭的平穩運轉。

亨利的牧師寓所位於惠斯塔布城外兩英里處的坎特伯里路上，這是一個陰暗的所在，幾年前建成的黃磚房是低劣的哥德風格。毛姆形容房子內部充滿宗教氛圍：「門廳裡鋪著紅黃相間的花磚，上面交替印有希臘正十字圖案和耶穌基督像。一道氣勢不凡的樓梯由廳內通向廳外……樓梯欄杆上裝飾著象徵四福音書作者的寓意圖案。」樓下是餐廳，日常活動主要集中在這裡，客廳則專門用來接待客人，此外，還有牧師寫每周布道文的書房。威利在樓上有一間小臥室，從那裡可以俯看車道。房子裡還沒有煤氣，點的是油燈，臥室裡點蠟燭。外面有一座大花園，房子後身有一個半圓形的草坪，面對一片放羊的田野；透過樹木可瞥見一英里外中世紀諸聖教堂的方形石塔。

最初在牧師寓所的日子所造成的不幸記憶在毛姆心頭壓了許多年，也為他最著名的小說《人性枷鎖》提供了靈感。毛姆寫道，「本書不是一部自傳，而是自傳體的小說。事實與虛構緊密交織，感情是自己的，發生的事件卻未必事事與我相關。」這本書於1915年，他40多歲時出版，他終於發現自己永遠擺脫了一度折磨過他的痛苦和不幸的回憶。書中涉及到主人公菲力浦・凱里的童年生活時，有大量來自毛姆本人和其他地方的證據支持這篇虛構作品是以事實為基礎的假定。當然，牧師和他妻子的原型再明顯不過，所以，這個沒有母親的男孩的不幸大多要歸咎於他們了。

不過，在力所能及的範圍內，牧師還是努力對他好的。《人性枷鎖》中有這樣一段描述。

牧師做完了謝恩祈禱，動手把雞蛋的尖頭切下來。

「哎，」他說，把切下的雞蛋遞給菲力浦，「你喜歡的話，可以把這塊蛋尖吃了。」

菲力浦希望自己能享用一整個雞蛋，可現在既然沒這福分，只能給多少吃多少了……

「那塊雞蛋尖的味道怎麼樣，菲力浦？」他大伯問。

「很好，謝謝您。」

「星期天下午你還可以吃上這麼一塊。」

凱里先生星期天用茶點時總要吃個煮雞蛋，這樣才有精力應付晚上的禮拜儀式。

有個鄰居說過，亨利・毛姆的問題在於「他喜歡孩子，但不理解孩子。」他肯定從來沒理解過他的侄子，到了晚年，毛姆才意識到，他的叔叔並非他以為的那麼嚴肅苛刻。比如，牧師的那兩句座右銘：「牧師是被雇來講道的，不是被雇來實踐的」和「己所欲施於人」。事後想來，叔叔是想逗人笑的。不管怎麼說，即使沒有故意殘忍，亨利・毛姆這個人也夠遲鈍的。毛姆在他的短篇回憶錄《回顧》中描述了他在牧師寓所的第一個星期天。早上去過教堂後，毛姆坐在餐桌前，叔叔要求他背誦當天的短祈禱文，如果在喝下午茶的時候說得好就讓他吃一塊蛋糕。說完，他去書房休息了，嬸嬸則躺在客廳裡。剩下他一個人。一個小時後，嬸嬸去花園散步，路過餐廳窗下，向裡面偷看。毛姆正把臉埋在手心裡，哭得很傷心。她急匆匆走進餐廳，問他怎麼了。他哭得更厲害了，說：「我看不懂。這麼多詞，我不知道是什麼意思。」嬸嬸勸他別哭，叔叔不想讓他哭。這都是為了他好，希望他能背誦短祈禱文。說完，她就把祈禱書拿走了。下午茶時，叔叔沒搭理他，顯然他生氣了。嬸嬸大概是說服了叔叔，他還太小，背不下來短祈禱文。總之，叔叔再也沒提這個要求。

顯然，威利的不快樂觸動了索菲，她盡量想讓情況有所好轉，但她和威利面對彼此時仍會害羞、尷尬。毛姆本身也不好相處：他在巴黎時被女人們寵壞了，不高興的時候脾氣很大。與其和嬸嬸待在一起，他更喜歡自己拿著玩具去廚房裡玩。嬸嬸並不介意，雖然她喜歡整潔，但也任由毛姆把廚房搞得一團糟。如果叔叔被他惹煩了，就告訴他該去上學了。惠斯塔布的生活費一年300英鎊，包括寓所在內有20英畝的土地。雖然算不上富有，卻也能讓牧師和他的妻子生活得體面、舒適。亨利・毛姆天生節儉，為了省錢，連每天的《泰晤士報》也是和兩個鄰居分享的。不過，偶爾為了健康起見，他也會奢侈一下，去歐洲大陸旅行，或找個德國的溫泉度假地散散心。索菲很少同去，她會留下來照管家務，他們有一個餵雞、看爐子的園丁，兩個女僕，一個主廚和一個打掃衛生的女傭。給威利提供他所習慣的溫暖的正是這些女傭，她們在他生病時照顧他，給他洗澡、哄他睡覺、給他講故事聽。講故事對他來說很重要，他會完全被故事吸引，忘記痛苦和對母親的思念。越是不快樂的時候就越需要故事，這種癮伴隨了他一生。

隨著時間流逝，陌生感漸漸消失，到了1884年秋末，毛姆基本上已經適應了新生活，但新生活是孤獨的，叔叔自認高人一等，無恥地奉承當地的鄉紳，卻拒絕與商人或漁民來往，也不與教眾們交談。惠斯塔布寄宿學校的一個男生，毛姆的一個同齡人回憶說，毛姆看起來很孤僻。「他的監護人管得很嚴，讓他遠離平民百姓，」他說，「他跟我們的生活方式離得太遠，熟悉不起來。」強制隔離和缺少關愛導致毛姆的性格從合群開朗變得離群謹慎。有時，悲傷和對母親的思念讓他無法承受，但他很快就學會了隱藏自己的情緒，特別是受到傷害或不開心的時候，他受不了別人看到他哭。他會獨自在花園裡玩幾個小時，在池塘裡釣斜齒鯿魚，或在車道盡頭的鐵柵欄門上晃來晃去。一個醫生的女兒記得這個小男孩孤單的身影，穿著與環境不相襯的法式天鵝絨套裝，白色的蕾絲領，孤零零地站在那裡，或者在家門口漫無目的地遛達。

毛姆孤獨的另一個原因是口吃。在法國時他還沒這種跡象，到了英國就很明顯了，這給他帶來了無盡的痛苦和恥辱。害羞、不自信的他還要應付這種新增的恐懼，他很清楚這會讓他變得很顯眼，引起其他孩子的嘲笑。不知道什麼時候他的話就會被曲解，讓自己看起來遲鈍、可笑。同時，不可避免的，憤怒和沮喪感與非理性的自我厭惡混雜在一起。毛姆曾有過一次慘痛的經歷，有一次，叔叔帶他坐火車去倫敦，當天叔叔讓他自己回去。三等座售票處排著一條長隊，終於輪到他時，他卻怎麼也說不出「惠斯塔布」這個詞，他站在那裡結結巴巴。後面的人等得不耐煩了，他還是說不出來。突然，兩個男人一把把他推到一邊。「我們可不能等你一個晚上，」他們說，「別浪費時間了。」於是他不得不回到隊伍後面重新排隊。他永遠不會忘記那一刻的恥辱，所有人都盯著他看。

毛姆在肯特郡的生活最奇怪的一點是沒有任何他和哥哥們通過信的跡象。在巴黎時，他過的是獨子的生活，和三個哥哥之間沒有形成牢固的聯繫。他們被送到新建成的多佛學院，主要原因是去法國方便。老大查理後來去劍橋大學讀法律，弗雷迪和哈利還在那所學校。雖然多佛和惠斯塔布的距離不過20多英里，但他們似乎從來沒去過牧師的寓所。據毛姆的侄子羅賓說，「他的三個哥哥都專心做自己的事，沒空理會悲傷的小弟弟。」可能牧師不允許他們來看威利，威利也可能沒想過要抱怨。弗雷迪也被寄養在一個牧師親戚家裡，那個叫帕斯頓的牧師娶了羅伯特・毛姆的一個姐妹，但這兩口子性格開朗、為人親切，弗雷迪可能後來才知道弟弟的處境有多麼可憐。

牧師家的生活井井有條、千篇一律，時間表嚴格圍繞著牧師一成不變的習慣。錢不太充裕，且厲行節約：每日粗茶淡飯，家裡沒有馬車，需要時現雇一輛。威利一百五十鎊的年金剛好夠他的生活費和教育費。每天四餐，早餐後禱告，下午一點吃正餐，五點是下午茶時間，晚上八點還有一頓冷餐（奶油麵包和一點燉水果），接下來又是禱告。冬天的晚上，有時會打惠斯特牌，威利可以參加。「我叔叔總找虛擬搭檔，雖然只是打著玩，我和嬸嬸輸了的時候，我還是會躲在餐桌下面哭。」一個星期有六天如此，星期天到達頂點，那是牧師布道的大日子，叔叔寫布道文時，家裡必須保持絕對的安靜。早餐時，他會在一杯雪利酒裡打一個雞蛋，吃茶點時再來一個雞蛋，以便有體力支撐到晚禱結束。威利和叔叔、嬸嬸坐雇來的馬車去教堂，車上一股濃烈的發了霉的稻草味。嬸嬸永遠是那身打扮——黑絲斗篷、羽毛帽子，叔叔身披法衣，威風凜凜，脖子上掛著一條金鍊子，金十字架垂在胸前。晚上，威利再陪叔叔去教堂，這次是步行。鄉間小路黑黢黢的，起初，他很害羞，漸漸地他拉起叔叔的手，這樣會讓他覺得安全一點。

除了去教堂，毛姆偶爾也會陪嬸嬸去鎮上。他無事可做，她買東西時，他就跟在她屁股後面，或者焦急地等她在銀行辦事，但總有一些有趣的東西可看。1880年代，海風吹拂下的肯特郡北部沿海，可以眺望北海的惠斯塔布是個人口不到5000的小鎮，這裡的生活仍以漁業為主，牡蠣養殖場遠近聞名。港口繁忙，漁船、牡蠣船，從新堡開來的破舊小煤船，裝載乾草和小麥去泰晤士河塔橋的小帆船來來去去。海灘上常有牡蠣搬運工和他們的車，正在卸煤的髒兮兮礦工，身著藍色毛線衫的漁民面龐紅潤，戴著金耳環。從海港向上是網狀的窄街，布滿了漁民的木屋，天氣晴朗的日子裡，人們坐在門外吸煙、補漁網。有時，毛姆獲准進入一間低矮的民居，欣賞從世界的另一頭帶回來的寶物——來自日本的漆盒，從伊斯坦堡的集市上買來的漂亮匕首，主人很樂意講他年輕時遠航的故事。長長的主街兩旁是有好幾百年歷史的老店，還有一家銀行，兩三棟屬於煤船主的黃磚房，一座小博物館和流動圖書館，三個酒館，除了出租馬車，街上鮮見車輛。惠斯塔布的冬天寒冷刺骨，冰冷的風將人們趕進室內。夏天，天氣好的時候，小鎮上會呈現出一派節日的氣氛，倫敦來的遊客沿著海灘漫步，他們會租一輛更衣車，輪流玩船型鞦韆，花六便士買一杯蝦茶喝。

威利漸漸適應了新環境，開始喜歡上綠意盎然、地勢和緩的肯特鄉村。惠斯塔布和泰晤士河口間的海岸給人狂野之感，陰天時的沼澤地有種灰濛濛的荒涼，但半英里外的內陸景色就不同了。這裡是富饒的農村，有茂盛的牧場、山楂叢和一簇簇古榆樹，蔭涼的小徑和長滿樹木的山丘。每隔一段距離，遠離公路的地方就有一片農舍，帶有寬敞的穀倉和烘房，可以俯看啤酒花田，田間是聚成一團團的雇農的小屋，小花園裡盛開著桂竹香、蜀葵和小百合，附近刷成白色的小旅館門前垂下金銀花。冬天，風直接從北海颳來，有時會連下好幾天雨，即便如此，毛姆仍能在那片荒蕪的海岸線找到令他感動的東西。「冬天，當海霧和天霧融為一體，當大海沉重且靜謐，當孤獨的海鷗尖叫著掠過水面，它彷彿一個孤獨的幽靈，一塊神秘的裹屍布，降落於海岸之上。」這個眺望北海冰冷海水的男孩想像著灰色的遠方有些什麼，即使現在他被錨定在英國，不可能去遠方冒險。

在惠斯塔布的第一年，毛姆被安排在鄰居查爾斯・埃瑟里奇醫生家上課。迄今為止，毛姆是用法文接受的教育，所以英語水準有待提高，但新添的口吃毛病讓這個任務變得沒那麼簡單。不過，他還是努力取得了很大的進步，他透過在叔叔的書房裡讀書不知不覺間熟悉了這門語言，他這種安靜的娛樂方式也很受大人們歡迎。他長時間獨處，翻閱講道集、遊記、聖人長老傳記、宗教史話和古典小說；他根據書名挑選書籍，最先讀到的是《蘭開夏女巫》，然後是《可敬的克萊登》，還有富有異國情調的《一千零一夜》，毛姆在這裡開發出人生的一大愛好，這種愛好給他帶來樂趣和靈感，促使他認清自己有講故事的天賦，同時也讓他變得更加自閉。後來他發現自己在人群中待幾個小時就夠了，他更渴望與書獨處。書對他是莫大的安慰和資源，是最可信賴的庇護所，讓他逃離一切生活的痛苦。他為自己創造了一個虛幻的世界，而現實世界中的每一天都令他失望不已。

牧師的書房為他提供了一個合適的避風港，但如果威利以為生活就此安定下來，他就錯了。1885年5月，到英國不到九個月後，他的生活再次有了大的轉變，他被送到了學校。

坎特伯里國王學校位於大教堂管轄區內，是英國最古老的學校之一，由亨利八世建於1541年，前身是六世紀由聖奧古斯丁建立的修道院學校。到了19世紀中葉，坎特伯里已經沒落，有了鐵路後，更富有的肯特家庭將孩子送到伊頓公學、哈羅公學和西敏公學，國王學校則留給當地的神職人員、騎兵站軍官和比較富裕的店主和製造商的兒子們。儘管如此，它仍被認為是英國頂尖的私立學校之一，在英國國內備受推崇，而且這裡出了幾位著名的校友，比如，克里斯多福・馬洛[1]和沃爾特・佩特[2]。狄更斯為了向這所學校致敬，還讓大衛・科波菲爾在此就讀。這是一所聖公會學校，所有的教師均為神職人員，這裡提供紮實的傳統教育，偏重古典人文學。

叔叔陪毛姆坐火車從惠斯塔布來到坎特伯里。除了在巴黎上過幼稚園，11歲的毛姆還沒有上學的經歷，他不認識其他男生，滿腦子都是《湯姆求學記》[3]裡可怕的場景。到了學校，他們被領進接待室，等校長來時，毛姆惶恐中脫口而出：「告訴他我口吃，叔叔。」

小學[4]部的負責人叫 R. G. 霍奇森，是個身高六英尺有餘的巨人，一把濃密的紅鬍子，一副很快活的樣子。他親切

---

❶ Christopher Marlowe，1564-1593，英國詩人、劇作家。馬洛革新了中世紀的戲劇，在舞台上創造了反映時代精神的巨人性格和「雄偉的詩行」，為莎士比亞的創作鋪平了道路。

❷ Walter Pater，1839-1894，英國著名文藝批評家、作家。他是19世紀末提倡「為藝術而藝術」的英國唯美主義運動的理論家和代表人物。

❸ 湯瑪斯・休斯的作品，是英國學童十分喜愛的讀物。本書以作者早年在拉格比公學求學時代為背景，通過湯姆和另外幾個學生的學習生活，生動地描繪了學校的背景，真實地反映了學生的思想。拉格比公學是維多利亞女王時代最有影響力的公學之一。當時的公學校風不正，出現年長的欺辱年幼的，老師侮辱新同學，教師打罵學生，體罰學生，師生關係緊張等現象。

❹ Junior school，英格蘭和威爾斯收7到11歲學生的學校。

歡迎毛姆的到來，牧師隨即告辭，任侄子自生自滅。毛姆的行李箱和玩具盒被抬到樓上，他被帶到他睡覺的地方，那是宿舍裡一個狹窄的、掛著綠簾子的小隔間，每個隔間配有床、盥洗台和椅子。早上，孩子們被鐘聲叫醒，來到樓下一個長條形的、空蕩蕩的房間，在兩張長桌旁的條凳上坐下來祈禱，然後吃早餐，早餐是茶、麵包和奶油。男孩們推推搡搡、吵吵嚷嚷地湧進來，興奮地炫耀自己的假期，很少有人注意到這個新生。然而，第一天上午上完課，毛姆的擔心就變成了現實，他已經成為大家嘲笑的對象。毛姆拼命忍著不讓眼淚流下來，心跳得幾乎讓他透不過氣來，他從來沒如此害怕過。

即便不口吃，毛姆也不太適合學校生活。他年紀小，身體羸弱，有胸悶氣短的毛病，生病讓他耽誤了第一學期的大部分課程。他渴望融入集體，但他和其他男孩很不一樣：他沒有父母、沒有朋友，不懂規矩和俚語，從來沒打過板球，也沒踢過足球，英語說得也不夠流利。他的哥哥們也有過類似的經歷：同學們嘲笑他們的法國口音，但他們的處境要好得多，他們可以互相作伴，身體比弟弟結實很多，也更擅長運動。由於口吃，起初毛姆被人看作是不善辭令、笨頭笨腦的傢伙。

到坎特伯里時，毛姆已經習慣了孤獨，他對集體生活毫無準備，討厭沒有隱私的生活，同學們的胡鬧、玩笑和頂嘴也令他難堪。因口吃而遭受的折磨和奚落讓他縮成一團，雖然渴望受歡迎，卻缺少討人喜歡的能力和很快與人熟識的本事。儘管存在這些障礙，毛姆的功課卻很棒，三年後，他獲得了獎學金和穿黑色短禮服的特權。

讀到中學[1]以後，毛姆發現他的生活品質有了顯著提高。他和很多男生處得不錯，他們對他口吃的毛病沒興趣，儘管沒有親密的朋友，但他已經被默認為群體中的一員。大家普遍認識到毛姆不是個好惹的人。他極其敏銳、機智，只要毛姆把矛頭對準誰，那個人就會欣賞他。很多次，他會想出聰明的批評引發哄堂大笑，卻沒有意識到精準的批評會導致長久的怨恨。他養成了一個奇怪的習慣，把自己想像成一個他喜歡的男孩，用他的腔調講話，用他的方式嬉笑，模仿他的手勢和舉止，模仿得唯妙唯肖，一時間連他自己都感覺不是自己了，這種將來被寫小說替代的遊戲讓他領略到了異想天開的樂趣。

從學生的角度來說，毛姆很聰明，而且記憶力強，獲得過音樂、神學、歷史和法語課的獎勵，因此，總體上他不怕老師，不過有一個老師例外，那就是外號叫「擰脖子」的壞脾氣的坎貝爾先生。他會抓住一個男生，使勁晃他的脖子。坎貝爾特別喜歡強迫學生用鼻子擦掉黑板上的錯誤。這個可憎、暴躁的坎貝爾以前在德文郡時還教過吉卜林[2]。對於其他老師，毛姆的態度中摻雜著容忍和蔑視。他發現大部分老師的教學方法缺乏創見，內容數十年不變，重視拉丁文和希臘文，認為現代語言無足輕重。毛姆尤其瞧不起法語老師，他們雖然精通語法，卻不屑於模仿外國口音，認為沒這個必要。毛姆覺得，如果他們去布洛涅的餐館，無論是誰，肯定

[1] Senior school，英格蘭和威爾斯收年齡在11歲以上學生的學校。
[2] Joseph Rudyard Kipling，1865-1936，英國小說家、詩人。1907年獲諾貝爾文學獎。

連杯咖啡都點不到。

幸運的是，不僅對毛姆，也對整個學校而言，1886年，只有32歲的湯瑪斯・菲爾德牧師被任命為新校長。他平易近人、思路廣闊，而且關注時下。他是個令人著迷的老師，他會突然來到教室講課，令聽者驚訝的是，他談的不是賀拉斯[1]或荷馬，而是法國小說和德國哲學，他拿迪斯雷利[2]和阿爾西比亞德斯[3]做比較，熱情討論現任首相格萊斯頓的優缺點以及地方自治的利弊。菲爾德先生很快就注意到了毛姆這個優等生，把他當成大人看待，鼓勵他發展自己的興趣愛好。渴望得到認可和重視的毛姆熱切地予以回應，並把菲爾德先生當英雄崇拜，這一度減少了毛姆對學校的不滿，並開始希望自己讓這個富有同情心和想像力的校長滿意。

毛姆有高度發達的視覺感官，一生都對繪畫抱有濃烈的興趣。在坎特伯里，他第一次萌生出對美的強烈感知。他的心被照亮了，無須擔心生活的方方面面，毛姆開始自覺地回應周遭之美。那是一種奇妙的蛛網般令人目眩陶醉的古老景觀，整體氛圍明亮新鮮，耳中充滿鐘聲和寒鴉飛過鐘樓時的鳴叫……他喜歡寬闊的草坪、爬滿紫藤的牆，榆樹上棲息的白嘴鴉的哀鳴，但最最喜歡的還是，無論寒暑晴雨，無論何時都能看到的壯麗的大教堂。《人性枷鎖》中菲力浦買來一張大教堂的照片，釘在他的書桌上方，它給了菲力浦「某種奇怪的感受，說不清究竟是痛苦呢，還是喜悅。」成年後，

---

❶ Quintus Horatius Flaccus，前65-前8，古羅馬詩人、批評家。其美學思想見於寫給皮索父子的詩體長信《詩藝》。

❷ Benjamin Disraeli，1804-1881，英國保守黨領袖、第39、41任英國首相，他還是一個小說家。

❸ Alcibiades，前450?-前404，雅典城邦的政治家。

遠在他鄉時，俄羅斯、中國或馬來西亞宏偉的建築都會勾起他兒時的記憶，讓他懷念起坎特伯里大教堂。

學校的環境改善了，家裡也一樣。他的假期都是在牧師寓所度過的，但毛姆長大了，不願完全順從叔父的指令。他一點也不怕叔叔，知道自己比他聰明得多，必要時他會自信地堅持己見。他真心喜歡上了索菲嬸嬸，她和藹可親，總是滿足毛姆的要求，尤其是叔叔不在的時候。亨利·毛姆經常不在家，由於身體開始變差，需要去歐洲大陸療養，有時他也會帶妻子一起去，她的健康狀況也越來越糟。牧師不在時，家裡的氣氛會輕鬆很多，毛姆可以盡情享受獨立的生活。1880年代，年輕人為自行車瘋狂，毛姆說服叔叔給他買了輛嶄新的低座自行車，他開心地在鄉間騎行，探索如網的小路，暖和的日子裡帶著毛巾和泳褲騎車去海邊。15歲的毛姆，雖然個子不高，但已長成一個漂亮的男孩，濃密的黑髮、棕色的眼睛、蒼白的膚色。這個翩翩少年總是精心打扮，身穿優雅的白色法蘭絨褲，藍色上衣，戴一頂黑白相間的硬草帽。他急於被人當成大人看，為了長鬍子開始在唇邊抹凡士林，但他討厭人家叫他「威利老師」。他也不喜歡自己的名字，花心思想更適合自己的名字，首選是羅德里克·雷文斯沃斯，他用瀟灑的字體在紙上寫滿簽名。盧多維克·蒙哥馬利這個名字聽著也不賴。在叔叔嬸嬸的引領下，他慢慢接受了自身所處階層的習俗，並將其視為自然，他開始認為自己條件優越，變得勢利起來，對商界人士一副屈尊俯就的態度，抱怨夏天闖入惠斯塔布的倫敦人，覺得他們粗鄙不堪。

家裡和學校都重視宗教，毛姆也難免受到影響。叔叔經常引用《聖經》裡的話，所有老師都領聖職，他常去坎特伯里和惠斯塔布的教堂，這是他的義務。沉浸在虔誠的氣氛當中，毛姆像很多孩子一樣經歷了一個篤信宗教的階段，他一遍又一遍閱讀《聖經》的舊約和新約，在禱告上投入大量時間和精力，相信真正的信仰能夠移山，從未想過上帝不會滿足他的請求。然而，這麼做換來的卻是痛苦和深深的失望，他感覺自己被叔叔和叔叔的上帝背叛了，這標誌著毛姆失去信仰的第一步。但在漫長的一生中，他始終保留了對所有宗教濃厚的興趣，他對宗教信仰的情感一直在與智力作鬥爭，他下意識地尋找一種性靈的歸宿，但到頭來也沒能如願。離開學校後，他終於放棄了少年時強烈而單純的信仰，同時體會到解放感和失落感。但最令他難以接受的是，沒有了來生也就意味著，他再也見不到他的母親了。

國王學校以與聖公會有緊密的聯繫為榮，但這裡的學生並不比其他一次被關上幾個星期很難瞥見異性一眼的群體更加高尚。200個寄宿生，如果沒有通常男孩間的性互動、純粹且充滿肉欲的身體接觸、以及情感更充沛的戀愛，是不可想像的，毛姆也不可能做到「獨善其身」。

多年後他和朋友在加里克俱樂部吃飯，他指著一個正在用餐、年長且體面的紳士說：「我在國王學校時和那個人上過床。」毛姆天性多情，在惠斯塔布時就對鎮上一個男孩產生過情感依賴，據他的哥哥哈利說，自從母親去世後，他只愛上過這麼一個人。但更重要的是，他愛上了自己的一個同學。毛姆的兩本帶有自傳色彩的小說《人性枷鎖》和從未發表的《斯蒂芬・凱里的藝術氣質》中都提到了主人公癡迷某個同學的情節。斯蒂芬・凱里明顯流露出對肉體的迷戀，

《人性枷鎖》中的主人公菲力浦的性意識則被表現得更加隱晦，但他們都極度渴望情感。蘿絲（Rose）這個名字顯然也有它的意義在，毛姆還把這個名字給了斯蒂芬・凱里傾慕的對象和《尋歡作樂》中那個令人神魂顛倒的女主人公。他愛上的這位同學心地善良、為人隨和，人緣很好，與孤獨的菲力浦形成鮮明對比，蘿絲漫不經心地把他當朋友對待，菲力浦則既驚奇，又心懷感激，後來感激蛻變成醋意十足的愛戀，蘿絲卻對此漠不關心。蘿絲的原型可能是一個叫雷納德・阿申登的男孩，與毛姆同齡。從現實中取材的《尋歡作樂》中的敘述者叫阿申登，阿申登也是毛姆關於一戰的間諜故事集的主角的名字。同學們可能平時管雷納德・阿申登叫「阿什」（Ash，和蘿絲一樣，是個單音節詞）。1954年，在回覆真正的阿申登的遺孀的信中，毛姆解答了她的疑問：「我選擇阿申登這個名字是因為，阿中登和甘恩、德里菲爾德一樣，是坎特伯里非常常見的姓氏……而且，對我而言，單音節詞有獨特的內涵，容易讓人產生聯想。」

1888年的秋季學期，14歲的毛姆患了嚴重的胸膜炎，餘下的學期不得不回家休息。到了耶誕節，他的病情大為好轉，但鑒於他的病史，學校認為他還是等天氣暖和了再返校，於是，他被送到了法國南部土倫附近的耶爾。他住在一個英國人家裡，此人靠輔導養病男生的課業為生。這是段奇怪的經歷，離開法國四年後，毛姆再次回到法國，此間他聽到的全是不道地的法語。耶爾和媽媽帶他去過的波城差不多，到處是奔著這裡溫和氣候來的英國人。空氣中的松香、花花綠綠的市場、海灘和棕櫚樹、普羅旺斯美食純樸的味道與惠斯塔布和坎特伯里形成鮮明的對比，翻捲起毛姆內心辛酸的往事。

第二年，1889年復活節後，毛姆回到學校，卻發現自己已經跟不上步調了。幾個月對於學校生活而言是很長的時間，他的老朋友交了新朋友，他被編入另一個班，課業不熟，暴躁的坎貝爾變本加厲。毛姆對他憎惡不已，決心再也不跟這個畜生老師學了。毛姆本打算像哥哥們一樣讀劍橋大學，菲爾德先生也鼓勵他這麼做，堅信只要他申請就能拿到獎學金。但現在，他對這個學校的厭惡削弱了他對學業的野心。他一心想盡快離開，即便會犧牲他的劍橋生涯也在所不惜。他說服叔叔，他的身體太弱了，最好還是讓他去耶爾，而不是留在坎特伯里熬過又一個寒冷潮濕的冬季。令他痛心的學期終於結束了，從此毛姆永遠地離開了坎特伯里國王學校。

第二章
聖托馬斯醫院

在耶爾過了第二個冬天後，無所事事的毛姆回到了牧師寓所。16歲的他不知道將來該做什麼，除了盡快離開惠斯塔布。索菲嬸嬸同情他的處境，建議他去德國學習語言，她還給她的親戚們寫信，讓他們推薦一個可靠的家庭讓她年輕的侄子寄宿。牧師同意了這個計畫，毫無疑問，再次擺脫對這個男孩的責任讓他如釋重負。「他不太喜歡我，」毛姆寫道，「但我不能因此責怪他，因為，我也不認為自己是個可愛的孩子，我受教育花的是自己的錢，所以，他也很願意讓我自己作主。」於是，毛姆去了海德堡，住在一個教授家裡，教授和他的太太經營著一家專門接待留學生的膳宿公寓。

1890年5月一個陽光燦爛的早晨，毛姆抵達海德堡，從火車站出來，腳夫推著裝行李的小車走在中世紀狹窄的街道上，毛姆跟在他身後，沿著林蔭大道向一座白色的大房子走去，未來的一年，那裡將是他的家。眼前的這座城市令他著迷。教授先生是個中年人，高個子，金色的頭髮有些斑白，他彬彬有禮、舉止得體，用很正式，甚至有點古老的英語同毛姆講話；相反，他的太太是個矮矮胖胖，臉蛋紅撲撲的，眼睛像會發光，整日忙忙叨叨，閒聊時德文中夾雜著蹩腳的英語。第一天晚上毛姆就見到了膳宿公寓的其他住客：兩個研究神學的美國學生，一個法國人，還有一個中國人，他們都在大學讀書。此外，還有一個高瘦的新英格蘭人，叫詹姆斯・紐頓（James Newton），他本來在哈佛大學教希臘文，來德國是為了開拓眼界。

毛姆來此的首要目的是學習語言，教授每天給他上課，他是個不錯的老師，還別出心裁地讓學生把在中學裡念過的一冊莎翁劇譯成德文。毛姆記性好、聽力好，很快就學會了德文，等他對這門語言掌握到一定程度時就研究起歌德來，因為他的老師對歌德佩服得五體投地。毛姆也在大學裡選修了幾門課程，比如，他選了庫諾・費雪[1]的哲學課，他關於叔本華的講座令聽眾興奮不已，叔本華的悲觀主義理論，即，「人類存在的原因未知，自由意志是一種錯覺，來世不存在」等等，給了毛姆極大的啟發。

毛姆是個用功的學生，他花很多時間在房間裡讀書、寫作。他不僅讀德國作家的書，也讀在惠斯塔布時不知道的法國作家的書：比如，法蘭索瓦・德・拉羅希福可[2]、拉辛[3]、司湯達[4]、巴爾扎克[5]、福樓拜[6]、莫泊桑[7]、阿納托

---

❶ Kuno Fischer，1824-1907，德國哲學家，哲學史家和批評家。
❷ La Rochefoucauld，1613-1680，17世紀法國古典作家，他把沙龍遊戲中的機智問答作為箴言記錄下來，成為一部龐雜的著作，這部書主要表現他的憤世嫉俗思想。
❸ Racine，1639-1699，法國劇作家、詩人。代表作為《昂朵馬格》和《費德爾》。
❹ Stendhal，1783-1842，19世紀法國傑出的批判現實主義作家，代表作有《紅與黑》。
❺ Balzac，1799-1850，19世紀法國偉大的批判現實主義作家。一生創作甚豐，寫出了91部小說，合稱《人間喜劇》。
❻ Flaubert，1821-1880，19世紀中葉法國偉大的批判現實主義小說家，莫泊桑就曾拜他為師。著名作品有《包法利夫人》《情感教育》等。
❼ Maupassant，1850-1893，19世紀後半期法國優秀的批判現實主義作家，與契訶夫和歐・亨利並列世界三大短篇小說巨匠。

爾・法郎士[1]等。他開始動筆寫作，雄心勃勃地從作曲家梅耶貝爾[2]的生平寫起，被第一家出版社退稿後，他就毀掉了自己的手稿。毛姆很開心擺脫了學校和牧師寓所的沉悶和束縛，沉浸在自由之中，並熱切地回應新環境帶給他的刺激。膳宿公寓裡的其他年輕人比他大幾歲，他們非凡的才智和成熟給毛姆留下了深刻的印象。他們經常激烈地討論藝術、文學和神學，每每聊到深夜。他們對他很友好，讓他參與討論。宗教信仰是其中一個熱門話題，毛姆對此尤其著迷，起初，一些人的激進觀點令他震驚興奮，直到有一天，他意識到自己再也不信教了，感覺到時他如釋重負。偏見、報應，無趣得令人窒息的禮拜儀式，背誦禱文，每天懼怕永久的懲罰，這一切都消散了。「整座可怕的建築如紙牌屋一般倒塌了，它並非基於對上帝的愛，而是對地獄的懼怕。」他寫道，他很高興自己重獲自由。「他只對自己的所作所為負責……他終於成了自己的主人。」

那個美國人，詹姆斯・紐頓，對毛姆尤為關注，紐頓常常友善地帶他去附近散步。他們幾乎每天都會一起去探索廢棄的古堡，或踩著沉重的步子爬上王座山，欣賞內卡河谷的風景，海德堡高高的屋頂和教堂的塔尖，更遠處曼海姆和沃爾姆斯朦朧的輪廓，還有遠處閃閃發光的萊茵河水。有時，他們會在枝繁葉茂的啤酒花花園裡喝茶，晚上則繞著城市花園漫步，聽樂隊演奏。紐頓打算去瑞士度兩個星期的假，毛姆徵得叔叔的同意後接受了這個男人的邀請，決定與他同

---

❶ Anatole France，1844-1924，法國作家、文學評論家、社會活動家。

❷ Giacomo Meyerbeer，1791-1864，德國作曲家。梅耶貝爾雖然出生於德國的柏林，但卻是19世紀法國式大歌劇的創建人和主要代表人物。

去，旅行費用全部由對方承擔。這看似是一段詩情畫意的友情，事後毛姆才明白過來，這位「導師」的興趣主要是在性方面，也就是說，紐頓對他的關注更多源於肉體吸引，而並非為人慷慨。

回到海德堡後不久紐頓就去了柏林，他的房間住進來一個叫約翰·埃林漢姆·布魯克斯的英國人。布魯克斯剛從劍橋大學過來，他在倫敦學了一年法律，沒學成，又來德國尋求文化。他相貌英俊，一雙藍眼睛，性感的寬口，一頭捲髮。布魯克斯迷人、善良、多愁善感、虛榮。他對文學充滿了激情，用催眠般的密度談論他喜愛的作家，這些人的名字很多毛姆都是頭一回聽說，比如，喬治·梅瑞狄斯[1]、斯溫伯恩[2]、沃爾特·佩特，以及奧瑪·開儼[3]，只要稍微鼓勵他一下，他就會大段大段地背誦《桃樂斯》（Dolores）和《魯拜集》。他自己也寫詩，大部分詩都帶有悲觀主義色彩，朗誦自己的詩時，他會把金色的髮綹甩在腦後，一雙先知般的藍眼睛盯著不遠處。他經常表達自己想要獻身文學的意願，並列出他要寫的書目。布魯克斯滔滔不絕地談論義大利和希臘的榮耀，談論雪萊、柏拉圖、奧斯卡·王爾德，談論紐曼主教[4]和馬修·阿諾德[5]時，毛姆坐在那裡，入迷地聽著他講。毛姆貪婪地閱讀布魯克斯推薦的書，全盤接納他平凡無奇的觀點，當旁人取笑毛姆的論點時——這時常發生——而這個

❶ George Meredith，1828-1909，英國維多利亞時代的小說家、詩人。

❷ Swinburne，1837-1909，英國維多利亞時代最後一位重要的詩人。

❸ Omar Khayyam，1048-1122，波斯詩人、數學家、天文學家、醫學家和哲學家。創作《魯拜集》，編撰《代數學》，改革了穆斯林曆。

❹ John Henry Newman，1801-1890，他學問淵博，且勇敢討論許多有關宗教信仰等問題，深入探討信仰本質及教義的發展。

❺ Matthew Arnold，1822年-1888，英國近代詩人、教育家，評論家。

魅力十足的人就站出來為他辯護，這讓毛姆感到受寵若驚。

沒過多久，布魯克斯也開始邀請毛姆一起散步，途中，他會吹噓自己對美的感受力，對世俗成功的漠視，以及對同齡人過的那種可憐巴巴平凡生活的不屑。布魯克斯雄心勃勃，他表示到目前為止，只是由於時間不夠，否則他早已寫出永載史冊的傑作。這樣的談話足以令一個孤獨且聰慧的男孩陶醉，顯然，布魯克斯想從他那裡得到更多，不僅僅是一個崇拜者，毛姆也很願意為他效勞。多年後，毛姆向一個朋友透露，他把處男之身獻給了布魯克斯，但這似乎也沒什麼大不了，只是把在學校裡司空見慣的行為向前邁了一步。確實，對於16歲的毛姆，這個容易受他人影響、性欲旺盛的少年而言，成為一個貌似才華橫溢、特立獨行的年輕男子的情人是件頗刺激的事。漸漸地，他看透了布魯克斯，把他當成裝腔作勢的廢物從心中摒棄了，上過此人的當帶給他的難堪導致他對布魯克斯十分刻薄，無論在生活中，還是在作品中。在《人性枷鎖》中，以布魯克斯為原型的人物被他這樣概括：

> 他真誠地錯把自己的肉欲當作浪漫的戀情，錯把自己的優柔寡斷視為藝術家的氣質，還錯把自己的無所事事看成哲人的超然物外。他心智平庸，卻孜孜追求高尚嫻雅，因而從他眼睛裡望出去，所有的事物都蒙上了一層感傷的金色霧紗，輪廓模糊不清，結果就顯得比實際的形象大些。他在撒謊，卻從不知道自己在撒謊；當別人點破他時，他卻說謊言是美的。

然而，最初在海德堡的那些日子，毛姆與布魯克斯的交往對他是有啟發的，那段日子極大地增強了他的解放之感，使他確信自己終於站在了現實世界的門口。

戲劇是布魯克斯的愛好之一，冬季演出季開始後，他和毛姆每個星期都會去小劇院兩三次，看完戲還會在酒館裡熱烈討論。他們看過當時走在現實主義運動前沿的赫爾曼·蘇德爾曼寫的《榮譽》，還看過幾部易卜生的話劇，知識界讚賞這位劇作家，但一般大眾認為他的作品粗暴下流：在海德堡，他的作品得到的歡呼聲與噓聲基本持平。易卜生的戲劇是毛姆的一大發現。他去過慕尼黑幾次，1891年1月，他可能看了《海達·高布樂》的首演；六月份，他也可能去看了新版的《海爾格倫的海盜》，當時易卜生也在場。就是在慕尼黑，他見到這位偉大的挪威人一次，後者一邊喝著啤酒，一邊安靜地讀著報紙。除了7歲那年在巴黎看過伯恩哈特的戲，去德國之前，毛姆從未看過其他話劇，他對舞台產生了強烈的興趣。一走進劇院，他就很興奮投入，看的劇碼越多，就越是被編劇的技巧所吸引，他熱切地草擬情節，寫下對話片段。他通過把易卜生的作品從德文譯成英文來研究這位戲劇家的寫作技巧，並從獨幕劇開始實驗，堅定不移的現實主義和有關私密和花柳病的主題是那個時期戲劇的主要特點。

耶誕節前不久，布魯克斯離開德國去了佛羅倫斯，他打算沉浸在但丁和薄伽丘的作品中。毛姆本可以繼續學業，但布魯克斯的影響讓他變得浮躁起來，海德堡的生活帶給他的歡愉也漸趨平淡，他迫不及待地想要回家，表明自己的獨立，並開始謀生。1891年7月，毛姆回到惠斯塔布，發現他的叔叔嬸嬸的身體明顯抽縮了，兩個人都老了。毛姆不知道該做什麼，以寫作為生顯然不可能，於是，他向叔叔徵求意見。叔叔當然希望他做神職人員，但他知道侄子口吃，這個提議不太現實。毛姆的哥哥們子承父業，從事跟法律有關的工作，但搞法律也需要口齒流利。後來，毛姆去倫敦看望父親的合作夥伴迪克森，迪克森安排他去一家會計師事務所試用幾個星期，但他無法忍受這種工作的無聊，很快又回到惠斯塔布。最後是埃瑟里奇醫生，他們的家庭醫生，幫了他一把，他建議毛姆去他的母校聖托馬斯醫院學醫。這時的毛姆一心想逃離現狀，於是死記硬背了幾個星期後，1892年10月3日，18歲的毛姆成為了聖托馬斯醫院醫學院的一名學生。

毛姆老早就渴望在倫敦生活。從海德堡回來後，惠斯塔布無趣的家庭生活愈發令他惱火，自從1892年8月末索菲嬸嬸去世後，牧師寓所原本陰鬱的生活變得愈發陰鬱。身體欠佳的索菲曾經抱著可以治癒的希望去了德國的巴德埃姆斯，結果卻死在了那裡。毛姆雖然喜歡他的嬸嬸，但離家太久，她的離世只給他帶來輕微的痛苦。對於一個18歲的男孩來說，服喪之家並不是理想的住處，悶悶不樂的鰥夫也絕不是好的同伴，況且，他不想回憶起童年的喪親之痛，毛姆不顧一切地想要離開。還是個學童時，他就意識到倫敦對他的誘惑，想像中，那是一座充滿無限希望的城市。他的同學裡有兩個倫敦的孩子，他們吹噓自己對倫敦的醜惡面多麼熟悉時，毛姆簡直聽入了迷。

> 似乎縈繞著倫敦街頭夜生活的嫋嫋餘音……劇院門口蜂擁的人潮；低級飯館和酒吧間炫目的燈光；一些似

醉非醉的漢子坐在高腳凳上同侍女們搭訕攀談；路燈下影影綽綽的人群，神秘莫測地來來往往，一心想著尋歡作樂。

接下來的五年，毛姆的家在文森特廣場2號。毛姆在一樓租了兩個房間，月租為一英鎊，臥室裡有一張窄窄的鐵床，一個臉盆架，五斗櫥，客廳有一扇凸窗，從窗子望出去是一排高大的懸鈴木和被廣場圍繞的西敏公學的一大片綠色操場。房東太太伊麗莎·福爾曼照顧他的起居，她的丈夫也幫著擦鞋、洗衣服，家裡還有一個幹雜活的小女傭。伊麗莎·福爾曼太太是個很棒的廚師，每天供應兩頓飯：豐富的早餐和相當儉省的晚餐。毛姆盡量把客廳裝飾得很舒適，壁爐台上蒙著摩爾風格的毯子，掛上厚厚的綠窗簾，牆上還掛了一幅媚俗的畫，畫中一個鄉下女孩懷抱曼陀鈴。後來，隨著他的品味越來越高，他在蘇荷廣場的一家商店花幾先令買了幾幅佩魯吉諾[1]、霍貝瑪[2]、范戴克[3]作品的複製品。

醫學院九點鐘開課。每天早上毛姆聽到房東太太在起居室裡有動靜就必須立刻起床，不然就吃不上早飯了。他匆忙拿出放在床下的錫浴盆，洗澡、吃飯，然後邁著輕快的步子向河堤走去，耳邊是喧囂的馬車聲，他穿過蘭貝斯橋上洶湧的人群後向左轉，沿蘭柏宮路去聖托馬斯醫院。回家的路上，他會買一份晚報，一直讀到六點半吃晚飯，然後在同一

❶ Pietro Perugino，約1445-1523，義大利畫家，擅長畫柔軟的彩色風景、人物和臉，以及宗教題材。
❷ Meindert Hobbema，1638-1709，荷蘭畫家。作品多描繪鄉村道路、農舍、池畔等，代表作《林蔭道》、《磨坊》等。
❸ Van Dyck，1599-1641，比利時畫家。

張桌子上溫書、寫作，之後坐在扶手椅上看書，一直看到上床睡覺。周一到周五，他的日程排得滿滿當當。最初的幾個周末，日子過得緩慢且無聊，毛姆感覺十分孤獨。他在國家美術館閒逛，繞著西區溜達，在ABC茶室吃簡餐。星期六晚上，他一般會去劇院。排隊進美術館時，偶爾有男人上來跟他搭訕，但據說起初他是拒絕的，「用這種方式以防進一步熟悉起來。」

聖托馬斯醫院的大部分學生會選擇外科學院和內科學院的聯合課程，每年學費是300英鎊多一點，學制五年，冬季學期從十月到來年的三月，夏季學期從五月到七月底。最初幾個月的課程有解剖學、生物學、物理和化學，對毛姆來說，大部分內容乏味透頂，但他還是老老實實聽課、背書。解剖室漆成不祥的紅色，瀰漫著消毒水的味道。學生們一般很難接受，但毛姆從沒覺得噁心，而且他發現自己很擅長使用手術刀。醫院提供的屍體是五英鎊一個從濟貧院裡買來的，屍體用一種朱砂和砷的混合物保存（前者為了突出動脈，後者為了防止腐爛。），學生們兩人一組，湊錢買人體部位，胳膊和腿12先令6便士，腹部7先令6便士，頭和脖子15先令。為了防止嘔吐，老師鼓勵學生們抽香煙和雪茄，這種特權自然有助於營造一種友善的氣氛，於是，學生們一邊解剖人體，一邊聊著天。上午的解剖課結束，示範講師走了以後，被砍得亂七八糟的肢體被學生們塞回儲物櫃裡。

上午的課結束後，毛姆去地下食堂吃午飯，通常是一杯巧克力和一塊奶油司康餅，然後去學生公共休息室讀報紙；天氣好的話，他就拿著課本坐到外面的露台上，時不時地抬頭望一眼河對岸的議會大廈。毛姆依然渴望受歡迎、被接受，但也依舊害羞，口吃始終是個障礙，他對同齡人抱有好感，儘管他們沒有多少共同點。他對大家似乎都喜歡的板球和足球不感興趣，也不想參加課後的酒宴，他知道自己酒量小。他暗戀那麼一兩個帥氣的男同學，但他知道最好還是把感情隱藏起來，巧妙地披上保護色。如此謹慎不可能與任何人深交，同學們都認為毛姆很冷漠，甚至有點令人生畏。

聖托馬斯的學生和別處的學生一樣，熱情地談論著性，吹噓自己的戰績，毛姆對這個話題也感興趣。到目前為止，他只跟男人有過肉體關係，他很慚愧沒有過跟女人上床的經驗。一個星期六的晚上，他去河岸大街召妓，那個妓女同意給一個英鎊就跟他過夜。她年輕、土氣的外表打消了他的疑慮，他跟著她來到沙夫茨伯里大街的一家小旅館，推開房門，一股煙臭味，壁紙上黏著油點子，房間裡只有一把椅子、一個臉盆架和一張大木床，床單很髒。這次邂逅的結果並不令人驚訝，他染上了淋病，不得不偷偷去看醫生。不過，他並沒有為此感到難堪，反而有些高興，驕傲自己終於可以加入其他吹牛皮的男生的隊伍了，也許他還暗暗鬆了口氣，原來自己功能「正常」。

很早毛姆就意識到要對自己是雙性戀這個秘密諱莫如深。他的法國成長背景加上口吃，本來就讓他很顯眼，倘若再被歸類為性倒錯這個不太受歡迎的小群體，他就更難被大眾接納。

有一次，毛姆和示範老師一起檢查他解剖的人體部位，他沒找到某根神經，老師指給他看，說，「在解剖學上，不普通的現象也是正常的……」「這句話深深印在了我的心底。」毛姆後來寫道，「從那以後，我就認識到，這句話適用於解剖學，對人而言亦然。」除了對最親近的人，毛姆極少坦露心聲。20歲時他就清楚自己的性取向了，但有很多年他試圖說服自己喜歡男人不過是一種輕微的失常。「我盡力說服自己，」他後來說，「我四分之三正常，只有四分之一同性戀——然而，事實正好相反。」多年後，他出版了當時的日記，表示有時同性會帶給他純粹的肉體吸引，儘管他依然對公眾輿論抱有謹慎的態度，否認存在任何露骨的性成分。

> 如動物般互相吸引的友誼……是那麼不理性、不切實際；諷刺的是，你很有可能對一個不值得的人產生感覺。這種友誼，雖然性並沒有積極參與其中，但真的跟愛很類似。它以同樣的方式高漲，以同樣的方式消滅，這也並非不可能。」回首往事，他評論道：「我不記得是誰引起了這些令人困惑的思考，但是……我想我被某個人吸引過，有過得不到回應的感覺。

毛姆幾乎沒有融入醫學院的生活，也沒交上幾個朋友，因為他忙著幹別的事。雖然對醫學興趣不大，但他知道必須通過考試，萬一沒做成其他事，至少還有後路可退，不過，他已決心以寫作為生，不允許任何事、任何人妨礙他。毛姆是個狂熱的自學者，無比自律、勤奮，他的閱讀量驚人，不僅讀英文的文學作品，也讀法文、德文、俄文和義大利文書。兩個月內，他讀了三部莎士比亞的戲劇，蒙森的兩卷《羅馬史》和一大半朗松的《法國文學史》，幾本英文和法文小說，兩本科學著作和一部易卜生的戲劇作品。他抄寫史威夫特、德萊頓、傑瑞米・泰勒的作品片段並熟記部分內容。他的腦子裡充滿了各種各樣的想法，他將故事大綱、故事情節、對話片段，還有他對事物的觀察與思考寫滿一頁頁紙。他說，「我寫作是因為忍不住。」他最早想寫一部戲，於是常去看戲，這段時間總有一個英俊的青年陪在他的左右，那就是他在海德堡認識的沃爾特・阿德尼・佩恩。

佩恩的父親喬治・佩恩是河岸大街的蒂沃利劇院、牛津街的新牛津劇院和皮卡迪利大街的倫敦館的經理，事實上，他幾乎壟斷了倫敦西區。毛姆是個醫科生，佩恩打算將來當一名註冊會計師，兩個人都缺錢，老佩恩是個可利用的好資源，經常給他們提供免費票，他們幾乎每周六下午都去音樂廳看演出。晚上坐在正廳後排的便宜座位上看戲，比如，平內羅的《譚格瑞的續弦夫人》、王爾德的《無足輕重的女人》和《不可兒戲》。1895年1月5日，他們見證了亨利・詹姆斯的戲《蓋・東維爾》災難性的首演，當這位著名作家向觀眾鞠躬致意時，迎接他的卻是山呼海嘯般的噓聲和倒采，這是他在劇院裡從未見識過的。面對一群充滿敵意的觀眾，亨利・詹姆斯驚得下巴都快掉下來了，嘴巴微微張著，臉上一副困惑不解的表情。毛姆真希望布幕趕緊拉上。

那時毛姆還有一個性情古怪的導師，名叫溫特沃斯・胡舍。此人比他的年齡大一倍，小個子，瘦瘦的，留著伊莉莎白時代風格的鬍子，一雙淺藍色的眼睛。胡舍曾是著名的戰地記者，為《紐約先驅報》和《倫敦時報》（《泰晤士報》）撰過稿。他在倫敦、巴黎和紐約工作生活過，結過兩次婚，第一任妻子是美國人，後來又娶了一個沒讀過書的農夫女兒。他和第二任妻子生了九個孩子，定居在艾塞克斯郡哈洛附近的鄉村，過著波西米亞式的生活。他有各種各樣的興趣愛好——紋章和盔甲、古代服飾（為此他還和王爾德通過信）、文學、音樂和繪畫。起初，他是哈利・毛姆的朋友，當時他年屆五旬，覺得毛姆有前途，就帶他聽音樂會，去畫廊和博物館，教他如何欣賞繪畫作品，給他介紹各個藝術門類。毛姆和胡舍夫婦住在長掃帚農舍（Besom Cottage）。上午，他對孩子們的吵鬧聲充耳不聞，坐在胡舍的書桌前寫作，寫完了就拿給主人看。「哎呀，這個好！這個太棒了！」胡舍不住地讚歎。幾年後，毛姆的第一本小說出版後，他送了溫特沃斯・胡舍一本，並附上一封感謝信：「我永遠不會忘記當我還是個傻孩子時您給予我的友善，您帶我去各處，讓我了解各種東西，用各種新的想法啟發我。在此，我誠摯地對您表示萬分的感激，現在，我很高興將我的頭生子獻給您。」

與此同時，毛姆開始學習實用藥劑學和藥物學，他發現這些課程和解剖學相比，沒那麼枯燥，他很喜歡揉藥丸、配製藥膏、磨藥粉，但直到在門診部當辦事員，他才全心投入。他第一次對工作產生了濃厚的興趣，被每天來醫院求助的男男女女所吸引。晌午剛過，候診室裡就擠滿了男人、女人和小孩，有的穿著體面，有的破衣爛衫，儘管消毒水的味道很濃，但沒洗澡的身體散發出的臭氣還是刺鼻得令人作嘔。男人先看病，大部分人得的是慢性支氣管炎，也有得性病的，還有各種與酗酒有關的疾病。女人們因多次生育未老先衰，主要原因是營養不良，或肋骨時常被醉酒的丈夫打斷。毛姆協助內科住院醫師工作，在這裡他聽到了很多悲慘的故事。醫護人員太忙，很少對病人的私人問題感興趣，遇到這位舉止文雅、富有同情心的年輕大夫，他們心裡充滿感激。毛姆從不自視高人一等，也不把病人僅僅當成醫學樣本。正如《人性枷鎖》中的另一個他——菲力浦・凱里那樣，毛姆意識到窮人「並不需要空氣流通的大房間；他們覺得冷是因為食物沒有營養，血液循環太緩慢。房間一大，他們反而會覺得冷，想要弄些煤來烤火了。幾個人擠在一個房間裡並無害處，他們寧願這樣住著；他們從生到死從來沒有單獨生活過，然而孤獨感卻始終壓得他們受不了；他們還喜歡居住在混亂不堪的環境裡，四周不斷傳來喧鬧聲，然而他們充耳不聞。他們覺得並無經常洗澡的必要，而菲力浦還經常聽到他們談起住醫院時一定要洗澡的規定，說話的語氣還頗有些不滿呢……」毛姆從來沒遇到過如此形形色色的人，未經加工的生活片段和最不設防的人性令他著迷，哪怕生病了——在給一具高度腐爛的屍體剖檢後他得了化膿性扁桃腺炎——也會迫不及待地想要回到工作崗位上去。

雖然醫院的工作很忙，業餘時間毛姆還是會沉浸在讀書寫作之中，還是會和家人朋友保持聯絡。如今在歐洲大陸遊蕩的約翰・埃林漢姆・布魯克斯寫來辭藻華麗的信，談到愛情、藝術、義大利的榮耀，尤其藉助約翰・拉斯金[1]和沃爾特・佩特的視角。毛姆利用他的第一個復活節假期，1894年春的六個星期去義大利旅行。早在前一年，他就在布魯克斯的鼓動下學起了義大利語，現在他懷揣著20英鎊出發了。他先去巴黎待了幾天，見他的哥哥查爾斯和哈利，還順道參觀了羅浮宮，但看到達文西的名畫《蒙娜麗莎》，他很失望。

❶ John Ruskin，1819-1900，19世紀英國傑出的作家、批評家、社會活動家。

他繼續走，先到熱那亞和比薩，然後到佛羅倫斯，他在一個能俯瞰大教堂的房子裡住了兩個星期，房東太太是個和藹可親的寡婦，她的女兒是個老姑娘，每天這個姑娘會給毛姆上義大利語課。渴望學習的毛姆充分利用時間，上午讀兩個小時但丁，然後出去遊逛，手裡拿著拉斯金的書。只要拉斯金欣賞的東西，他全都欣賞，拉斯金予以譴責的，他也厭惡地扭過頭去。拉斯金可能從來沒有過如此虔誠狂熱的弟子。只有到了晚上，他才允許自己小小地娛樂一下，吃完晚飯出門尋找豔遇，然而，根據他很多年後的說法，「這就是我的天真無邪之處，或者說害羞也罷，每次我回來時都和出去時一樣是貞潔無瑕之身。」

回到倫敦後，毛姆認識了幾個布魯克斯的朋友，在這群文藝青年面前，毛姆顯得那麼無趣而普通。他們能寫會畫，作曲也手到擒來，真是令人羨妒，他們有他達不到的藝術鑒賞力和批評本領。後來毛姆才意識到，這群人並非天賦異稟，更多的只是擁有高昂的青春激情，他們的導師布魯克斯有性格缺陷，永遠也不會實現他早年間吹噓的那些美好願景。

從義大利回來後不久毛姆參加了兩場家庭婚禮，最令他感到意外的是，亨利・毛姆牧師做了不到兩年的鰥夫就向艾倫・馬修斯求婚了，艾倫是巴斯的亨利・馬修斯將軍的女兒，一個50歲的老姑娘。他們的婚禮於1894年6月6日舉行。人們很快發現，艾倫性格活潑，在各個方面都與她的前任形成鮮明反差。有艾倫在，拜訪牧師寓所變成了一件很愉快的事，顯然，她也讓牧師生活得很快樂。

兩個星期後的6月21日，查理，毛姆四兄弟中的老大在倫敦迎娶了馬貝爾・哈代，動物畫家海伍德・哈代的女兒。查理作為自家律師事務所的初級合夥人在巴黎工作了五年，後來在「塞維爾和毛姆事務所」（Sewell and Maugham）上班，就是在這裡他認識了當時在音樂學院讀書的妻子。婚後，他們回到巴黎，過上了毛姆父母當年的生活。查理聰明、和善，馬貝爾，大家都叫她貝爾蒂，活潑、有趣，是個有天賦的業餘藝術家，兩人都是巴黎僑民圈的活躍份子。查理的弟弟哈利跟著大哥工作過一陣子，但這種安排並不成功，哈利不是一個循規蹈矩的人，他對法律沒興趣；他真正的志向，和毛姆一樣，是想當一名作家。哈利性情溫和、善良，但同樣臉皮薄、神經過敏，大部分時間用來創作冗長的詩劇，和志趣相投的藝術家和詩人們泡在咖啡館裡；不久，哈利離開巴黎，在倫敦先住了一段日子，然後移居義大利。他和毛姆有很多共同點：喜歡藝術，頭腦敏銳，但他們都是局外人，害羞、內心缺少安全感；他們在性方面都不墨守成規；他們都想寫作，但兩個人從未走近過，一方面是空間距離的阻隔，再者，似乎從未有過一個合適的契機讓毛姆和他的哥哥們建立起牢固的兄弟情誼。

查理和哈利住在歐洲大陸，毛姆見最多次的是弗雷迪，家中的次子，他留在倫敦並加入了林肯律師學院。諷刺的是，他們倆的關係反倒最為緊張。極端傳統的弗雷迪總是挑小弟的刺，毛姆對此甚為憎惡。年輕時他們之間的敵意還是溫和的、斷斷續續的，因為有足夠多的往事可以分享，也有共同的興趣——戲劇、高爾夫、電影，可以享受彼此的陪伴，哪怕只是偶爾為之。弗雷迪，大家都叫他 F. H.，長大後英俊、健壯，面色陰沉，冰冷的緘默有效地掩蓋了他的敏感和脆弱。1896年12月，F. H. 與高等法院法官羅伯特・羅默之女海倫・羅默成婚，並很快成為上訴法院的常任法官。F. H.看上去沉悶無趣，一臉嚴肅，奈麗（海倫的暱稱）則溫情脈脈、生氣勃勃，喜歡交朋友，渾身散發著魅力和幽默感，愛打鬧，開些蠢蠢的玩笑。不管怎樣，F. H. 還是渴望從妻子那裡得到關心和溫暖，儘管他並未表現出來。奈麗和毛姆一見如故，很快成為密友。奈麗邀請小叔子參加家庭聚會，讓他參加業餘戲劇表演，還經常邀他一起喝茶聊天。這個階段，F. H.的事業進展緩慢，案子接的不多，財務方面的焦慮和事業上的挫敗感折磨著他，這種壓力導致他比平時更為冷淡和疏遠。

1894年夏天過去後，毛姆回到醫院繼續學習，這回他從門診部調到了病房，開始陪內科住院醫師查房、拿化驗單、寫病歷。毛姆依然喜歡跟病人接觸，但相對於從前的崗位，病房裡少了戲劇性和興奮點。作為外科助理，他要站在外科醫生身邊隨時準備遞手術用具。如果是不尋常的手術，教室外的走廊裡會擠滿人，平時也就五、六個學生觀摩，毛姆很喜歡這種感覺，但他也有不冷靜的時候，有一次手術令他非常痛苦，那讓他想起了母親的死。「那天我到手術示範室去觀摩一場剖腹產手術。」1897年，他在筆記本上寫道：

> 手術開始前，C醫生做了一段簡短的介紹。我聽得不是很認真，但大概記得他說這種手術至今鮮有成功的案例。他告訴我們，這個病人無法自然受孕，而且已經流產了兩次，但她一心想要個孩子，現在又懷孕了，儘管他已向她解釋了手術風險，讓她知道她只有百分之五十的機會挺過來，但她仍然表示自己甘願冒這個風險……

手術看起來相當順利，當取出孩子的時候，C醫生臉上樂開了花。今天早上，我在病房，問一個護士那個母親現在情況怎麼樣。她告訴我她夜間就去世了。不知為何，這讓我無比震驚，我皺緊眉頭，生怕自己會哭出來。這有點傻，我並不認識她，只看過她躺在手術台上。我想感動我的是她強烈的情感，她是醫院裡一個普普通通的病人，無比渴望生下孩子，甘願冒著可怕的危險；她不得不死去，這似乎太殘酷了，殘酷得可怕。

1895年的復活節和暑假，毛姆又去了義大利，這次，他和布魯克斯一塊兒去了卡布里島。毛姆為這個地方的浪漫之美著迷，陶醉在卡布里島的溫暖、香氣和夢幻般的靜謐中。當時的卡布里還是鄉下，有個小小的外國人社區，來此避暑的遊客不多。他們乘小汽輪從那不勒斯來到卡布里，住在一個膳宿公寓裡，房費一天4先令，從臥室的窗戶望出去就是維蘇威火山。兩人悠閒地散步，陡峭的山坡上覆蓋著芳香的灌木叢，走過葡萄園和檸檬園可以看到裝飾著玫瑰、茉莉和九重葛的白房子。來到山頂可以俯瞰遠處的大海及法拉可列尼巨岩，那幾塊灰色的岩石彷彿從清澈碧藍的海水中升起的大教堂。毛姆利用上午的時間學習，中午游泳，慵懶地曬太陽，然後上山，在葡萄藤架下用午餐。每天晚上，他們都會去大廣場旁邊的莫嘉諾紅酒屋。外國人在這裡交換新聞和八卦，毛姆專心聽布魯克斯和他新認識的作家、畫家和雕塑家們談藝術、哲學和文學。由於學識不夠，語言表達也不流暢，毛姆覺得自己不如他們；他只是坐在那兒抽煙，很少說話，對他的寫作計畫隻字不提。

或許羞於與人交談，但21歲的毛姆十分注重外表，他身材纖細、面孔富有表現力、迷人、性感、優雅，而且能敏銳地捕捉到被他吸引的目光。強烈的創作衝動激發出無數想法，每晚他都會寫上好幾個小時，這種衝動同時化作性能量，即使他只是靜靜地坐在那裡。他和布魯克斯是情人這件事在卡布里不會招致閒言碎語，不合常規的關係在這裡司空見慣。人們習慣寬容這裡的外國人，俊美的卡布里男孩和小島的美景一樣吸引人。在卡布里生活過的康普頓・麥肯齊[1]曾說卡布里能腐化人的性情。人們對很多舶來品視而不見，比如，臭名昭著的戀童癖和大煙鬼，也是桑德林漢姆的前牧師菲爾遜伯爵，騷擾唱詩班少年惹上麻煩後突然造訪此地。阿爾弗雷德・道格拉斯勳爵[2]做下一大堆醜事，他曾與一個漂亮的男侍者在他的遊艇上公然做出不當行為。只有個別人做得太過火了，比如軍火大亨弗里德里希・克虜伯，他與未成年男孩的行為引發恐慌，最後被迫離開卡布里島。不過，總的來說，這裡的道德氛圍異常寬鬆，對於那些生活方式被法律和北歐人看不慣的人來說，卡布里是個不錯的避風港。約翰・埃林漢姆・布魯克斯就是這麼想的，在卡布里的兩個星期讓他感覺自由自在，他決定不回英格蘭了，要永遠地留在卡布里。

布魯克斯的決定做得很及時，就在他和毛姆到卡布里的那個月，1895年4月，奧斯卡・王爾德在倫敦接受了審判。一

---

[1] Compton Mackenzie，1883-1972，爵士，英國小說家、散文家和詩人。
[2] Lord Alfred Douglas，1870-1945，王爾德暱稱他為「波西」，出版過多部詩作，曾與王爾德是一對戀人，在王爾德死後陷入長期的精神問題，曾為王爾德翻譯劇作《莎樂美》。

個迄今為止大多數報紙讀者做夢也想不到的由男妓、男妓院和變態性行為構成的世界展現在他們面前。王爾德被判強迫勞役兩年，很多男人頗為震驚，他們原以為稍微謹慎一點就不會惹上麻煩，於是很多人立刻決定前往歐洲大陸。通常，一天中從英國去法國的乘客有60來人，王爾德被捕那天卻有600多位先生登上了跨海渡輪。王爾德一案影響深遠，在接下來的70年間，毛姆這代人活在真真切切的恐懼之中，擔心被敲詐、被曝光，甚至被逮捕。21歲的毛姆不太可能完全明白此事與他自身生活之間到底有怎樣的關聯，然而，王爾德一案還是讓他堅定了保護隱私的決心，並把隱瞞的習慣繼續了下去。

這段時間，毛姆的一個同學總是看到他和一個青年在一起，此人大概就是常和毛姆一起去看戲的沃爾特·阿德尼·佩恩。「親愛的夥伴和我那孤獨的青年。」毛姆這樣描述他。毛姆一生曾對一系列男性夥伴產生強烈的依賴感，佩恩是最早的一個。這種關係有一種明顯的模式，從性關係開始逐漸轉變成親密的朋友、情人，對方身兼數職，既是秘書，又是伴侶，同時也是協調者。他們交往了20多年，佩恩之後是傑拉德·哈克斯頓和艾倫·塞爾。和他的繼任者們一樣，從一開始，佩恩就會提供一項必不可少的服務：幫助毛姆和陌生人接觸。由於口吃，毛姆覺得自己在公共場合遇到陌生人時幾乎不可能輕鬆地交流。知道自己一張嘴難免出洋相，毛姆更願意依賴他人開始一段對話。佩恩儀表堂堂、舉止大方，因此是個理想的同伴。

他們定期去戲院和音樂廳，豔遇的機會很多。河岸大街、皮卡迪利大街和沙夫茨伯里大街新建的戲院周圍有幾十家商店、咖啡館和酒館，通常營業到凌晨，吸引著各色男女，並非所有人都有體面的追求。毛姆後來回憶說：「西區從沙夫茨伯里大街到查令十字路北邊那條街，夜裡11點到12點，人頭攢動……空氣中有一種豔遇的感覺。眼神相遇，然後……」標準酒吧和倫敦館的步行區是最受歡迎的豔遇地點，河岸大街的蒂沃利劇院，萊斯特廣場的帝國劇場和阿爾罕布拉劇場的工作人員早已習慣對觀眾席高處昏暗角落裡的男男行為視而不見。戶外最受同性戀歡迎的地點是河邊的河堤花園和海德公園的阿基里斯雕像前。

毛姆抗拒不了底層性世界對他的誘惑，很快他便得知，附近的男人從不在九點前去音樂廳，那是男女賣淫者出來做生意的時間，他們在步行街的酒吧裡抽煙喝酒的紳士們中間誘人地走來走去。毛姆最初企圖跟一個妓女搭訕，但那個姑娘驚人的沉著，當毛姆磕磕巴巴提議要給她買杯酒時，那妓女一扭頭，輕蔑地走開了。河岸大街上的比較便宜，要價高的集中在繁華的皮卡迪利大街上。身材瘦小的毛姆穿著深色大衣、戴著帽子，入迷地看著他們走來走去尋找客人，完全無視普通情侶和向公車走去的一家家人。1896年，毛姆在筆記本上寫下一個對話片段，無可否認，採用的是調情的語氣，這段對話可能發生在他和一個比他年長的男人之間。

> 年輕人說：「噢，我可不想變老。人生的樂趣都沒有了。」
>
> 「但是，會有別的收穫。」
>
> 「比如什麼？」
>
> 「喏，比如說對青春的思考。如果我現在是你這個

年紀，我想我可能會覺得你是個狂妄自大的傢伙，但其實，我覺得你是個可愛有趣的男孩。」

半個世紀以後，出版含有這段對話的書之前，毛姆用戲謔的口吻補充道，這話到底是誰說的，他實在是想不起來了。1896年10月，毛姆的學業進入最後階段，開始學習產科和婦科。第一天早上的課就令他難忘。

「各位，」那位老師說，「女人是一種動物，她一天排尿一次，一星期排便一次，一個月排經一次，一年生產一次，若是逮著機會，絕對增肥無誤。」最近又增加了一門新課——實用助產術，三個星期內，學生們必須隨時待命，在以醫院為中心的一英里的範圍內至少參與20次分娩過程，毛姆參與了63次接生。他暫時住在大門對面的一間屋子裡，方便門房叫他。每天他只能睡兩個小時，但他幾乎不覺得累，他在見證生命的時刻十分專注。他第一次在院區以外工作，親眼目睹了可怕的現實，近距離地感受到噪音、惡臭和擁擠污穢的環境，許多窮人掙扎著活著，根本沒有機會逃離。如果一家之主有工作，生活還可忍受，沒工作的話，境況更為悲慘，如果這時候再有個孩子來到世上，就只剩下絕望了。「意外情況」不少，嬰兒睡覺時，母親壓在了他們身上，嬰兒吃錯了東西也並不總是粗心的結果。遇到緊急情況，毛姆會求助高級助產士，等他們趕到時，通常已經太遲了，要麼嬰兒停止了呼吸，要麼母親因失血過多死去。過了這樣一個夜晚，他會鬆一口氣，黎明時分走在泰晤士河邊，呼吸新鮮空氣，望著天空變成粉紅色，晨霧消散在水裡。

接受助產士培訓時，他動了寫本小說的念頭。過去的幾年，他把主要精力放在寫戲上，但幾個劇本都被拒絕了，於是，他打算先寫兩三本小說，希望小說出版後劇院經理們會更看好他的劇本。

這是一個令出版業激動的時代。1890年代出現了一大批出版公司：海涅曼、哈欽森、梅修因、鮑利海。年輕的作家們開始嘗試不同風格且篇幅更短的作品。毛姆在書店翻書時被「筆名圖書館」吸引，這是一系列暢銷的平裝本，出版人是富有開拓精神的湯瑪斯·費雪·昂溫。昂溫是個美男子，藍眼睛、黑鬍子，豔麗的領帶和易怒的性格同樣出名。他在1870年代創建了自己的公司，此人既愛冒險，又善於討價還價。昂溫發掘的著名作家有葉慈、高爾斯華綏、H·G·威爾斯[1]、喬治·莫爾[2]和約瑟夫·康拉德[3]。毛姆把他的兩個短篇小說寄給審稿人愛德華·賈奈特，其中一篇是《壞榜樣》，主人公是個好人，但善良導致他自私的家人認為他精神失常。賈奈特看後不建議出版，他認為毛姆有一定的能力，但能力不足，覺得他有想像力，可以寫得很漂亮，但對社會的諷刺不夠深刻，也沒有幽默到足以吸引讀者。賈奈特建議他先嘗試給小雜誌寫寫稿。昂溫雖然拒絕了這兩篇故事，但表示如果將來毛姆交來足本小說，他很願意拜讀。受到鼓勵的毛姆激動不已，又立刻投入到寫作當中。

《蘭貝斯的麗莎》最初叫《一曲蘭貝斯牧歌》，故事背景是毛姆學醫時熟悉的貧民窟。過去的幾年裡，毛姆的品味深受約翰·埃林漢姆·布魯克斯的影響，他本可以模仿某些

❶ Herbert George Wells，1866-1946，英國著名小說家，尤以科幻小說創作聞名於世。

❷ George Moore，1852-1933，愛爾蘭小說家、詩人、戲劇家和批評家。

❸ Joseph Conrad，1857-1924，生於波蘭，後加入英國國籍，康拉德最擅長寫海洋冒險小說，有「海洋小說大師」之稱。

作家的風格，比如，布魯克斯喜歡的佩特，或者19世紀末的頹廢主義者們，於斯曼[1]或王爾德。但他最終選擇效仿法國現實主義作家左拉和莫泊桑，尤其是莫泊桑，他的敘事風格非常適合毛姆選擇的並不浪漫的題材。毛姆在較晚的一個版本的《蘭貝斯的麗莎》前言中寫道：「我那時特別崇拜居伊・德・莫泊桑……他在講故事方面極具天賦——他不僅敘事清晰，並且總是直接又有效。」用這三個詞來形容《蘭貝斯的麗莎》也很恰當，無論用哪個標準來衡量，這都是一部成功的虛構作品，作為處女作能給人留下深刻的印象。寫《蘭貝斯的麗莎》時，毛姆解釋道：「描述我在醫院門診部和做助產士期間遇到的那些人時，我既沒有添枝加葉，也沒有誇大其詞……匱乏的想像力迫使我將所見所聞直截了當地記錄下來。」後來他斷言，「《蘭貝斯的麗莎》是讓英國公眾第一次有機會讀到描述倫敦貧民窟生活的現實主義作品。」實際上，此前喬治・吉辛[2]和吉卜林等作家都如實地描寫過城市貧民的生活。

毛姆對筆下的人物既懷有同情心，又冷靜客觀地對待，對他們的所作所為也不做任何道德評判。他很明白，年輕的姑娘必須過得快活，因為未來無望，無非是辛苦地勞動，酗酒和家庭暴力是家常便飯。毛姆清楚地意識到貧窮的殘酷以及樂觀而短暫的青春無畏，同時，他深刻理解人對愛的渴望，以及性吸引勢不可擋的力量。《蘭貝斯的麗莎》寫在三

[1] Joris-Karl Huysmans，1843-1907，法國小説家。1903至1907年，於斯曼曾任龔古爾學院第一屆主席。

[2] George Gissing，1857-1903，英國19世紀小説家，他的小説以描寫下層社會生活和文壇人物著稱。

個練習本上，寫了六個月，1897年1月14日，毛姆把手稿交給昂溫並附上一張典型的具有悲觀主義色彩的紙條：「這是九天內發生在蘭貝斯貧民窟的奇蹟……表明這個世界上沒有什麼東西特別重要，在維爾街，一切都不重要。」三個審稿人讀了這篇故事，沃恩・納什不喜歡——粗俗、坦率得令人噁心、缺乏浪漫，另外兩個人卻很喜歡，尤其是賈奈特，「作者對女工和小販的生活進行了一番聰明且頗具現實意義的研究，如果費雪・昂溫先生不出版《一曲蘭貝斯牧歌》，肯定有人願意出版……毛姆先生具有非凡的洞察力和幽默感，我們很可能會再次聽到他的名字……此外：對話寫得極妙。」

四月，湯瑪斯・費雪・昂溫和聖托馬斯醫院的威廉・薩默塞特・毛姆簽了一份合約。他們商定，《蘭貝斯的麗莎》將以毛姆的名字出版，並列入筆名圖書館系列，每本售價3先令6便士，初版印數為2000冊，賣出的前750冊沒有版稅，後面的1250冊有10%的版稅。這個條款說不上大方，但也正常，作者籍籍無名，昂溫出版他的作品要冒一定的風險。按照當時的慣例，出版公司會給他一點預付款，等製作成本收回來再付版稅。付版稅的日子經常一拖再拖，這個過程本來可以加速，如果昂溫能把這本書賣到美國去的話，可是，他沒能做到。美國出版商查爾斯・斯克里布納在寫給紐約的報告中說：「昂溫這個人實在討厭，到倫敦的最後一天我才甩掉他。我拒絕了那個貧民窟的故事……」

《蘭貝斯的麗莎》於1897年9月出版，正趕上維多利亞女王的登基鑽石紀念慶典。同時期出版的小說還有吉卜林的《勇敢的船長》、伯蘭・史杜克[1]的《德古拉》、H・G・威爾斯的《隱

[1] Bram Stoker，1847-1912，愛爾蘭的小說家及短篇小說家。

身人》和亨利・詹姆斯的《梅西的世界》，儘管競爭如此激烈，沒沒無聞的毛姆卻得到了很大的關注，評論界為他的才華鼓掌，同時也為這個令人震驚的主題感到惋惜。「整本書散發著小酒館的臭氣，實在令人感到壓抑。」文學協會也表達了類似的觀點，「警告那些不想接觸最醜陋的字眼和句子的讀者們，毛姆這本書不適合他們。不過，想要了解生活原貌的讀者則不難從中發現它的價值。」

昂溫非常清楚宣傳的重要性，他把這本書送給很多名人，希求獲得更廣泛的關注，其中包括後來成為西敏寺副主教的巴茲爾・威伯福斯牧師，他將這本書作為周日晚上布道的主題。約瑟夫・康拉德也收到了這本書，就在那年，昂溫出版了他的《水仙號的黑水手》。「我相信這本書會大獲成功，它就像一幅沒有任何氣氛的「類型」畫……只是旁觀，這正是一般讀者所喜歡的。這本書讓我想起了杜穆里埃的畫，一模一樣的藝術，只是在不同的領域裡。」毛姆很高興他的書受到關注，更令他開心的是，只過了兩個星期，這本書就已售罄並開始加印了。

就在這時，《蘭貝斯的麗莎》遭到了攻擊。一本名為《學會》的文學雜誌上刊登了一篇未署名的文章，作者指責毛姆抄襲了上一年年末出版的一本「貧民窟」小說——亞瑟・莫里森的《雅各的一個孩子》。很快，毛姆給《學會》雜誌寫信為自己辯解：「我尚無機會拜讀亞瑟・莫里森先生的作品，所以，說不出他的書和我的書之間有哪些相似之處……我的書在《雅格的一個孩子》出版前三個月就寫完了，所以，被人指責抄襲或許有那麼一點不痛快。」眾所周知，毛姆總是在日期上含糊其辭，他的說法並不嚴謹：《雅格的一個孩子》是1896年末出版的，當時毛姆並沒有寫完《蘭貝斯的麗莎》，他不可能在完成這個小說之前讀到莫里森的小說，《蘭貝斯的麗莎》和《雅格的一個孩子》都將故事背景設置在倫敦的貧民窟，但真正相似之處卻幾乎沒有，莫里森那部作品的主人公是個可憐的孩子，他筆下的絕望、無助和暴力更加殘酷。不過，毛姆極有可能受到了莫里斯的一部早期作品——1894年出版的短篇小說集《窮街往事》的影響，其中的第一篇《Lizerunt》與後來的《麗莎》確實有相似之處，只是莫里森的觀點更加陰冷。

毛姆將出版社送給他的六本樣書贈給他的家人和朋友，首先送給了沃爾特・阿德尼・佩恩，他在書上寫道：「阿德尼，愛你的作者。」另一本送給了毛姆的導師溫特沃斯・胡舍，其餘的送給了他的哥哥們，可沒有一個哥哥表達過收到這份禮物時的喜悅之情，哈利貶損弟弟的文學才能，查理則反感小說的內容，奈麗也有同感，她在日記中寫道，「《蘭貝斯的麗莎》是一本非常令人不舒服的書。」毛姆還把一本書寄到了牧師寓所，題詞是：「獻給牧師和艾倫嬸嬸，愛你們的作者。」可是，亨利牧師沒有時間讀，幾天後他就去世了，享年69歲，此前他已經病了一段時間了。毛姆和哈利去惠斯塔布參加了9月21日舉行的葬禮。他對這位老人沒有感情，甚至從來沒有喜歡過他；他自私了一輩子，對愛他的妻子自私，對由他負責照顧的男孩漠不關心；他並不是一個殘忍的人，而是一個愚蠢、嚴苛的人。

1897年10月，毛姆拿到了聖托馬斯醫院的畢業證書，從此他可以以英國皇家外科學院會員的身分行醫了，同時他還獲得了英國皇家內科醫師學院的從業執照。令他有點驚訝的是，產科主任醫師給他提供了一個職位，但有志於寫作的他拒絕了。他已經證明自己有能力從醫，並一直對這段生活心懷感激。垂暮之年，他這樣寫道，「在聖托馬斯醫院度過的那五年讓我對人性有了充分的了解。」假如《蘭貝斯的麗莎》這本書失敗了，他打算去船上當個醫生，至少那樣有機會旅行；這本書的成功讓他下定決心棄醫從文，不過事後想來他有點後悔。「可惜我放棄得太早了，」他說，「我是個十足的傻瓜。我本可以利用晚上的時間寫作，這樣就不至於在財務困境中苦苦掙扎了。」昂溫極力鼓動毛姆再寫一部更長的小說，也是關於貧民窟生活的，他已經出名了，這本肯定比《蘭貝斯的麗莎》更為成功，但毛姆不屑地表示，既然已寫過一本，他對這個題材就沒興趣了。出版人沒想到的是，毛姆說他已經完成了下一部作品《一個聖徒發跡的奧秘》，那是他前一年夏天在卡布里寫的一部歷史小說。他把手稿留給昂溫，不久後動身去了西班牙，他在那裡待了約一年。他希望回來時第二本小說已經出版並確立了他作為職業文人的聲譽。可惜，他盼來的卻是失望。

第三章
本能作家

兒時的毛姆就很渴望探索異國風情和未知的事物，這個願望在惠斯塔布一直沒有實現，他只能望著窗外冰冷的北海，夢想著有一天逃離。現在，他完全獨立了，任何東西、任何人都束縛不了他，或者要求他在場了。「生活就在他眼前，還有無意義的時間。他可以這樣遊蕩，遊蕩很多年，只要他願意，在人跡罕至的地方，在陌生人中間……他不知道自己在尋找什麼，也不知道旅行會給他帶來什麼；但他有一種預感，他會從生活中學到新的東西，獲得某種解開奧秘的線索。」懷著陌生的自由之感，毛姆起初打算離開兩年，先去西班牙待一年，再去義大利和希臘，最後去埃及，他想在那裡學會阿拉伯語。這些想法雖然很有誘惑力，但他清醒地意識到，對於一名職業作家而言，倫敦是他的市場，不能離開太久，否則，他的名字會被遺忘。因此，他決定只執行第一部分計畫，旅居塞維亞八個月。

還是一名醫科生時，毛姆就閱讀了大量西班牙文學作品，並喜歡上了西班牙，對他來說，這個國家比任何國家都更能代表浪漫。現實好得超乎想像，西班牙南部的光線和溫暖讓毛姆心中充滿了強烈的幸福感。1897年12月7日，毛姆來到塞維亞，他立刻愛上了這座城市、這裡的人和西班牙「甜蜜的生活」，「我在倫敦疲憊地生活了許多年，太多的希望令我沮喪，繁重的工作讓我的思維變得遲鈍，來到這裡後，我發現這裡彷彿一片自由的樂土。」他寫道，「在這裡，我終於感受到了青春。」

毛姆住在古茲曼・厄・布宜諾街2號的英國副領事家，這棟房子位於一個叫聖十字區的時髦街區，能夠住在這裡很可能是通過他的哥哥查爾斯在巴黎的律師事務所的外交關係安排的。狹窄的街道兩旁的白色大宅謹慎地隱藏在鑄鐵大門後面，透過大門可以看見枝葉茂密的庭院。炎熱的夏日，帆布傘遮住街道，從一座房子延伸到另一座房子，到了傍晚才會撤去，放涼爽的風進來。毛姆喜歡這個街區的安靜，白天只有噴泉水細細流淌，偶爾有乞丐的叫聲，驢蹄子嗒嗒落在鋪著鵝卵石的地面上，除此之外，再無其他聲響。結束上午的工作後，毛姆去城裡閒逛；他喜歡在華美的城堡內的花園和橘園裡漫步，走到新廣場，從翻看鬥牛新聞的老人身邊經過，走進哥德風格的大教堂，站在巴托洛梅・埃斯特萬・牟利羅❶和祖巴蘭❷的畫作前呆看。有時他來到國有捲煙廠（著名的《卡門》所在地）門口正好趕上說起話來粗聲大氣的吉普賽女郎們從大門裡湧出來。晚上散步時他會隨著人潮漫步於德里西亞斯（Delicias）與瓜達幾維河邊的花園，或在蛇街上觀看坐在四輪馬車上的時髦女郎和琳琅滿目的商品，商店大多向街道開放，就像在東方的集市上。

西班牙語水準提高後，毛姆愈發深入這座城市的生活。他蓄起鬍鬚，抽起菲律賓人牌雪茄，學會了彈吉他，還買了

❶ Bartolomé Esteban Murillo，1618-1682，巴洛克時期西班牙畫家。
❷ Francisco de Zurbarán，1598-1664，17世紀西班牙僧侶畫家。

一頂平頂寬沿帽；他渴望擁有一件用紅色和綠色天鵝絨做襯裡的披肩，可惜太貴了，於是，他買了一件南美披風；他去戲院，看鬥牛，在掛著一串串香腸和火腿的昏暗酒館裡喝雪利酒。他被當地人請去家裡吃飯，聽他們對在遙遠的古巴爆發的美西戰爭激烈地辯論，他參加野餐會，開心地看姑娘與男孩們跳佛朗明哥舞。他甚至託關係參觀了監獄，陪著監獄的醫生查了一天房。他借了一匹叫阿瓜多爾的馬，騎著它來到周邊的鄉野，來到寬闊的瓜達幾維河邊，穿過圍繞城牆的平坦玉米地。春天來到後，他往更遠處走，龍達、埃西哈、格拉納達，腰上別著一支左輪手槍，掛包裡裝著剃鬚用品和換洗的衣服。天黑後，穿過嚴酷的曠野時，他通常借住在農舍或牧羊人的小屋裡，主人們並不總是那麼熱情好客。城市輕鬆悠閒的魅力也不都是看上去那樣。毛姆總結道，「安達魯西亞人沒有法國人和義大利人的開放和率直……相反，那種東方式的保守令我困惑不已……我無法理解他們對陌生人本能且原始的敵意。」

儘管困惑，毛姆還是為西班牙和西班牙人著迷。在塞維亞的那幾個月，他盡情地享受異國情調，唾手可得的東西，還有豔遇。在西班牙，與在法國和義大利一樣，反教權的情緒掃蕩了天主教會的權威和教會反對雞姦的古老律法，使一種在信奉新教的北方所不熟悉的自由成為可能。摩爾人佔領安達魯西亞800年留下的遺產隨處可見，不只在建築方面，還有阿拉伯人對待同性戀的寬鬆態度。正常的表象下面，男女間的求愛也以一種不尋常的放縱儀式進行著。晚上，漫步在寂靜的街道上，毛姆不無嫉妒地看著披斗篷的青年抓住裝有鐵條的窗子，向裡面的女朋友低聲說著誘人的情話，通常結果是災難性的。西班牙青年的熱血激昂，遇到喜歡的女孩就去勾引，這又讓他們顯得無情，致使世間多了許多眼淚，女孩被家人拒之門外後情願落入風塵。在塞維亞或馬德里的妓院裡，她至少能找到遮風擋雨的屋簷，有麵包吃。薄情郎們則繼續逍遙自在。

在《聖潔的天國：安達魯西亞見聞和印象》中，毛姆記錄了他在安達魯西亞的一段經歷。他說，他從未墜入過愛河，但還是迷上了一個叫羅薩里托的人，他用一種驕傲但很笨拙的方式寫道：「寫到西班牙女人時，我就會想到你，羅薩里托……你的黑眼睛那麼明亮，柔軟如天鵝絨，有時充滿愛撫，有時目光如火。（哎呀！我只能找到平庸的句子來形容那些令人心猿意馬的人。）」也許羅薩里托就是羅薩里托，也許根本不存在這麼一個人，純粹是他的文學幻想。毛姆提到過很多次輕鬆的豔遇，還提到他喜歡過一個有雙綠眼睛和快樂笑容的「小東西」，他小心翼翼地沒有指明性別。他的魅力足以吸引毛姆第二年重返塞維亞。描述這段時間的生活時，毛姆寫道，塞維亞的生活「太舒適愜意了，我無法專心於文學。」儘管如此，他還是保持了勤奮的習慣，八個月內完成了一本遊記、四個短篇小說和一部足本長篇小說。他把這些手稿裝進手提箱於1898年秋回到了倫敦。

24歲的毛姆一心想推進他的事業，通過寫作來賺錢。然而，原以為等他回來時《蘭貝斯的麗莎》會給他帶來一大筆版稅，結果，他驚愕地發現，版稅總共才不過20英鎊。毛姆認為昂溫欺騙了他。幸好，他不可能再有機會騙他了，因為毛姆在出國前找了一個文學經紀人莫里斯・科萊斯，科萊斯為毛姆的《一個聖徒發跡的奧秘》爭取到了50英鎊的預付款。科萊斯高大魁梧，是個福斯塔夫式[1]的人物。文學經紀人是一門新興的職業，普遍不被出版商看好，威廉・海涅曼用「寄生蟲」來形容他們，出版商習慣直接跟作者打交道。最早的文學經紀人是A・P・瓦特，他統治了這個行業很多年，到了世紀之交，科萊斯就和他代理著名作家們一樣出名了，比如，哈代[2]、梅瑞迪斯[3]和阿諾德・貝內特[4]。律師出身的科萊斯1890年接管了提供文學和戲劇顧問服務的「作家辛迪加」（壟斷組合），同時，他還是作家協會的法律顧問。科萊斯舉止得體、和藹可親，他的很多客戶，包括毛姆在內，過了一段時間才發現他並不稱職。

《一個聖徒發跡的奧秘》是1898年夏天毛姆不在英國時面世的。毛姆嘗試寫歷史小說是因為受到了多產文人安德魯・朗格的啟發，安德魯・朗格斷定，對於年輕作家而言，歷史小說是理想的形式，因為故事和人物是現成的，不需要真實的生活經歷。在這個壞主意的誘使下，毛姆著手寫作，當時他還在聖托馬斯醫院讀書，課餘時間他去大英博物館的閱覽室翻閱馬基維利的《佛羅倫斯史》。毛姆晚年非常蔑視這本書，沒有將它收進他的選集裡。其實，讀者對這本書的評價並沒有他以為的那麼糟。昂溫的審稿人賈奈特在審讀報告中寫道：「目前看來，毛姆先生是越寫越好了……這是一部異常強大的作品，充滿了生命力……」評論家們認為，整體來說，作者的努力值得稱讚，個別評論人則認為書中露骨的情愛描寫冒犯了他們。

---

[1] Falstaff，莎士比亞歷史劇《亨利四世》中的人物，他是王子放浪形骸的酒友，既吹牛撒謊，又幽默樂觀，既無道德榮譽觀念，又無壞心，是一個成功的喜劇形象。

[2] Thomas Hardy，1840-1928，英國詩人、小說家。代表作有《德伯家的苔絲》、《無名的裘德》等。

[3] George Meredith，1828-1909，英國作家。

[4] Aronld Bennet，1867-1931，英國作家。

動身去塞維亞前毛姆退掉了文森特廣場的公寓，後來他和老朋友沃爾特・佩恩搬進聖詹姆斯公園附近的一間小寓所。不久後，他們又搬到了維多利亞火車站後面的卡萊爾大廈。他們請了一個女傭幫他們做飯、收拾屋子。毛姆在《一個體面的男人》中對典型單身漢的家進行了一番描述，大概說的就是他和沃爾特的家。「書桌上亂糟糟地堆滿了文稿和書籍……壁爐兩側各有一把扶手椅，壁爐架上擺放著各種煙具……書架裡塞滿了書，牆上掛著一兩隻台夫特盤子，仿羅塞蒂風格的版畫，以及安吉利科和波提切利的畫。家具簡單、不貴……一個閱讀大量書籍且樂於把玩美好物件的人的住所。」和這部戲的主人公巴茲爾・肯特一樣，毛姆「喜歡煙味，書隨便亂放，缺乏責任感。」

毛姆一心一意對待佩恩，十分信任他，佩恩和藹可親、頭腦清醒，毛姆的性情卻反覆無常，二人構成了可靠的互補關係。他們都喜歡戲劇，照舊定期去看戲。佩恩是個合格的註冊會計師，有很強的經濟頭腦，他答應幫忙處理毛姆的帳務以及毛姆與出版人、經紀人、雜誌記者之間的通信，基本上是所有莫里斯・科萊斯職權範圍以外的事。和佩恩住在一起還有別的好處，最近他放棄了當會計，正在爭取獲得律師資格，所以白天不在家，家完全屬於毛姆一人，他可以安靜地寫作。晚上，佩恩還經常帶一些迷人的夥伴回來。毛姆暮年時以一種冷酷且憤世嫉俗的口吻回憶起那段時光，「他（佩恩）長得英俊，把女孩弄上床毫不費力……小演員、女店員、辦公室女職員。沃爾特差不多每周都要出去一個晚上。一天，當時我的一個女性朋友來家裡和我共進晚餐，吃完飯我們瘋狂地做愛。後來，我們穿好衣服下樓，我給她叫了輛計程車，交了車費，約好下周再見。沒有浪漫，沒有愛，只有性欲。回想起來，我的這些經歷真夠髒的，不過，我當時才20出頭，我的性欲需要表達。」

想盡快揚名立萬的毛姆全身心投入到工作之中，只是他當時意識不到，從那時起到他真正獲得成功還要等上漫長的九年時間。「我天生富有洞察力，擁有寫對話的訣竅……寫作對我來說就像呼吸一樣自然，我不會停下來思考寫得好與不好。」毛姆的當務之急是把他在西班牙寫的東西賣出去，他的一個短篇小說《拘謹的塞巴斯蒂安先生》於1898年10月發表在《大都會》雜誌上。這篇小說沒有給他帶來預想的成功，發表一個月後，這家雜誌就關門了，毛姆也沒拿到錢。由於合約條款的限制，毛姆把作品交給了昂溫，但他拒絕了毛姆接下來的兩本書。昂溫表示對安達魯西亞遊記毫無興趣，還拒絕為毛姆的小說《斯蒂芬・凱里的藝術氣質》支付100英鎊，但他準備給毛姆出一個短篇小說集，聽到這個決定，毛姆很開心，他希望先出短篇小說，再出那個長篇。「《斯蒂芬・凱里的藝術氣質》沒戲了，」他給科萊斯寫信說，「口味確實有點重，但我確實也希望先出點更溫和的東西，這樣我就不會被人們當成喬治・摩爾[1]那類的作家了。」

《東向禮拜》這本短篇小說集中的六個故事是他在西班牙寫的，還有兩篇是早就寫好後改頭換面的版本。愛德華・賈奈特讀了《壞榜樣》，不喜歡，這本書裡的故事他幾乎沒一個喜歡的，「都有點平淡，有點沉重……我們覺得，如果出版這個

❶ George Moore，1852-1933，愛爾蘭小說家、詩人、戲劇家和批評家。一個和時代永不合拍的天才，曾留學法國學習繪畫，深受自然主義的影響。其代表作有《一個青年人的自白》、《哀綠綺思與阿伯拉》等。

集子，毛姆先生的聲譽可能會受挫。不過，有一個例外，《黛西》太棒了……時髦、充滿洞見、精神飽滿。如果毛姆能再寫五篇同等水準的，結果會很不一樣。」最終版本的《黛西》是在亨利・毛姆死後完成的，參加叔叔的葬禮又勾起了他兒時的回憶。他懷著復仇心理描繪惠斯塔布以及生活在那裡的人的卑鄙和虛偽。然而，字裡行間還是流露出一種失我所愛的悲傷。《東向禮拜》受到了出版界的一致好評。

充沛的活力是毛姆獨特的魅力之一。雖然他個子不高，卻十分惹眼，黑頭髮、黑鬍子配上蒼白的膚色。他的一個熟人，作家路易斯・馬洛說，毛姆的臉有一種近乎東方的美：「深棕色的眼睛和他富有光澤的黑髮很搭……濃重的色彩與蒼白的皮膚形成鮮明的反差。」隨著收入增加，毛姆把更多的錢花在服裝上，並很快擁有了優雅的鑒賞力。回顧往事時，毛姆認為這個階段的自己看上去是個害羞且不善交際的人，確實，他一直嫌自己個子不夠高。「身高5英尺7英寸（170公分左右）和身高6英尺2英寸（188公分左右）的人的世界是完全不同的呀。」他在筆記本上寫道。

從西班牙回來後，他已經能在大多數情況下堅持自己的立場，在尋求豔遇方面也沒有太多顧慮。「我想，不必讓感官需求屈從於精神誘惑，」他寫道，「我決心從社交、人際關係，從食物、酒和放縱中獲得一切滿足。」性欲旺盛且心情急迫的毛姆隨時留意著機會，同時，在感情上，他又很脆弱，渴望得到愛。他這樣描述自己，「我幾乎不停地戀愛，從15歲到50歲。」也許他希望年輕的自己是強悍的、無情的，但事實並非如此。他與男人和女人都有過感情糾葛，他太感性了，這讓他痛苦。20多歲時，他曾與一個女人有過短暫的交往，那個女人這樣評價他，「在性方面，他是一個特別感性的男人。」

毛姆20歲左右時大概經歷過性和情感方面的動盪。在他最早的小說《蘭貝斯的麗莎》、《一個聖徒發跡的奧秘》、《英雄》、《克拉多克夫人》和《旋轉木馬》中，性激情這個主題佔了主導地位，在從未出版的《斯蒂芬·凱里的藝術氣質》裡表現得尤為明顯。晚年時，毛姆將此書贈給了華盛頓的國會圖書館，並嚴格要求不得引用或複製。幸虧沒有出版，不然就沒有後來那本好過它無數倍的《人性枷鎖》了。毛姆後來解釋說：「當時太年輕，不懂得如何正確利用好的題材。我離我所描述的事件還不夠遠，無法理性地看待。」毛姆認為他的第三本小說「只是一種無意義的好奇。」

雖然未能贏得推進事業所需的評論界關注，薩默塞特·毛姆這個名字還是打響了，很快，毛姆發現自己的社交圈子變寬了。《蘭貝斯的麗莎》出版後，他被邀請參加了幾次讀書沙龍，主要集中在諾丁山和肯辛頓一帶，文學界的大人物們開始注意到他，著名的作家和評論家艾德蒙·戈斯邀請毛姆參加周日在他家裡舉辦的聚會。他有很多名人朋友，也喜歡結交未來之星，一封來自戈斯的邀請函相當於得到一張踏入文人核心圈的入場券。戈斯虛榮、易怒，很有幽默感，還有點壞壞的。他和維多利亞時代的一些名人都有私交，比如丁尼生[1]、勃朗寧[2]、斯溫伯恩[3]和吉辛；他的閱讀量大得驚人，「我所認識的最有趣、最能給人以持續愉悅感的談話者

❶ Alfred Tennyson，1809-1892，英國維多利亞時代最受歡迎及最具特色的詩人。
❷ Robert Browning，1812-1889，英國詩人。
❸ Swinburne，1837-1909，英國維多利亞時代最後一位重要的詩人。

是艾德蒙・戈斯。」在戈斯的聚會上能碰到亨利・詹姆斯和湯瑪斯・哈代，但他家裡總是擠滿了人，聽這些文人們議論出版人和經紀人，詆毀不在場的同事時，很難從容地喝茶或吃黃瓜三明治。這樣的文學圈聚會上，女人會特別引起毛姆的好奇，有的女人打扮得很花哨，衣服圖案很刺眼，脖子上戴著大珠子，還有一些靦腆、待字閨中的小女人說起話來柔聲細氣。毛姆一直很納悶，這些女人總是戴著手套吃奶油吐司，還偷偷地在椅子上揩手指頭，以為沒人看見。

毛姆新認識的朋友裡對他影響最大的人之一是奧古斯塔斯・黑爾。《蘭貝斯的麗莎》給他留下了深刻的印象，他透過毛姆的一個神職人員朋友邀他來家裡共進晚餐。兩個人相見甚歡，不久，他就邀請毛姆到薩塞克斯郡聖倫納茲附近的鄉下別墅共度周末。奧古斯塔斯・黑爾是個學者，勢利眼，也是個挑剔的單身漢，1870、80年代他曾經很成功，寫過幾本特別的旅遊指南。別墅裡塞滿了他在旅途中收集的各種小玩意——鳥類標本、照片、裝飾性的鍋、石膏半身雕像——每件物品都有歷史，或者一段感傷的回憶，每樣東西都被它的主人視若珍寶。奧古斯塔斯在某些領域的知識極其淵博，他一輩子熱愛貴族，英格蘭任何重要的鄉村別墅他都是座上賓，主人們享受他對他們豪宅的恭維。他的兩本關於上流社會的傳記《法蘭西斯的生活與書信》和《本森男爵夫人和兩個貴族的生活故事》大受好評。如今奧古斯塔斯六十多歲，頭髮花白，一把海象鬍，看起來比實際年齡老，他把時間分成兩部分，一部分在倫敦，夜夜笙歌，一部分在鄉下，過著一種與男孩為友的家庭生活。毛姆說，奧古斯塔斯並非人們認為的那種男人中的男人，他也不認為他天性多情。「有一次，他告訴我，直到35歲，他才跟人發生性關係。每做一次愛，他就在日記本上打個叉，大概三個月一次。男人大多會在這個問題上吹牛，我敢說，為了給我留下深刻印象，他誇大了縱欲的頻率。」

毛姆越來越喜歡奧古斯塔斯，認為他「生來就十分輕浮……同時也很善良、好客、大方。」將兩個男人聯繫在一起的是他們都有過不幸的童年。毛姆很感激這個老人的庇護，使他可以在薩塞克斯盡情享受周末時光。奧古斯塔斯的別墅算不上大宅，但也算得上紳士的住所，19世紀建造的灰石房子，帶一點哥德風格，說不上不漂亮，四周卻圍繞著秀美的花園，有一個平台，寬闊的草坪，樹林和田野外面就是海。奧古斯塔斯以他的別墅為榮，喜歡邀請朋友來家中作客。他時常邀請兩個出身高貴的夫人和兩三個文雅的老先生共度周末。家裡的傭人全是女的，生活舒適。在臥室的壁爐前洗完澡，九點鐘，客人們下樓享用豐盛的早餐，吃飯前，他會拿起一本皮面的《聖經》讀兩三段祈禱文，有些段落被他用筆重重地劃掉了，他解釋說：「上帝是紳士，紳士認為過分恭維是壞品味。」一天剩下的時間還有三頓大餐，他會陪大家去花園裡散會兒步，有時候還會寫生，晚上聽音樂、聊天，還會玩乏味得令人無法忍受的哈爾馬跳棋（正方跳棋）。整個過程圓滿結束前還需要聽黑爾聲情並茂地朗誦一篇他寫的鬼故事，確保客人們懷著緊張恐懼的心情舉著蠟燭上樓回到各自的臥室。

作為一個很少說話，更願意傾聽的人，毛姆很適合這個有點古板的同伴。他很快就學會了主人想教給他的一切。奧古斯塔斯認為毛姆不夠高雅，他告訴毛姆，只是坐在那裡聽是不夠的，他必須為聊天做點貢獻，讓他的閒談更敏銳。毛姆還得改掉偶爾說粗俗用語的壞習慣。奧古斯塔斯不愛聽他說坐公車（bus）去了哪裡，「我更願意把你所指的那種交通工具稱作公共汽車（omnibus）。」他糾正他，同時還指出他另一個缺乏教養的小細節。「昨天散步回來，你說你渴了，想喝杯酒……紳士是不會要酒喝的，而是要點喝的東西。」黑爾很欣賞《蘭貝斯的麗莎》，但他希望毛姆放棄和下層社會有關的題材，更多去了解貴族和紳士階層的禮儀和習慣。為此，他帶著「弟子」拜訪出身高貴的熟人，鼓勵他們邀請這個有前途的年輕人參加他們的聚會。

黑爾推薦的沙龍女主人裡包括布蘭奇・克拉肯索普，她的丈夫是個著名律師，兒子是作家休伯特・克拉肯索普。克拉肯索普夫人在她拉特蘭門的沙龍專門招待文學界名人，把毛姆這樣有前途的新人和一些知名的作家，如哈代、高爾斯華綏和亨利・詹姆斯聚在一起。比克拉肯索普夫人社會階層更高的還有攀龍附鳳的聖赫利爾夫人，她喜歡把貴族和專業人士——律師和醫生，還有藝術家、作家聚在她位於波特蘭廣場的家裡。毛姆也很樂意有這樣的機會觀察自然狀態下的上層人士。在波特蘭廣場舉辦的一次令人炫目的晚宴快結束時，毛姆發現身邊坐著年邁的阿伯康公爵。「你喜歡雪茄嗎？」公爵一邊問他一邊從口袋裡掏出一個大雪茄盒。「很喜歡。」幾乎買不起雪茄的毛姆說。「我也喜歡。」公爵挑出一根雪茄，仔細端詳著，說，「赴晚宴時我總是會自帶雪茄。」說著，他「啪」地一聲關上盒子，把雪茄又揣回兜裡，「我建議你也這麼做。」

還有一個沙龍女主人是那個曾經在布道時提到《蘭貝斯

的麗莎》的西敏寺副主教巴茲爾・威伯福斯的妻子。從那時起威伯福斯夫人就對毛姆感興趣，邀請他來家裡作客，並把他介紹給幾個時髦的太太，她們也邀請這個聰明迷人的單身小夥參加午宴、晚宴和舞會。毛姆很喜歡全新的社交生活，雖然費用不菲：招待他的人都很富有，他也不可能節約開支。出去吃飯意味著要穿燕尾服，繫白領結，戴羔羊皮手套和絲質禮帽；坐計程車太貴，毛姆選擇乘坐雙層敞篷巴士。如果受邀去鄉下度周末，花費就更高了：他得給男管家和早上給他端茶的一等男僕半英鎊的小費，通常還要給充當貼身男僕幫他打開行李的二等男僕半英鎊。如果是大型的家庭聚會，年輕的單身漢們有時難免睡一張床，發生性關係也不稀奇。毛姆回憶說，通常結果都是令人愉快的。很多年後，毛姆想知道了這些富人是怎麼看他的，他問了一個當時曾招待過他的女主人，「你和別的小夥子不一樣，」她說，「你雖然很安靜，但身上有一種騷動不安的生命力，很迷人。」

雖然在社交場合很成功，但事業上的成功卻似乎一直躲著他。兩本書都被拒令毛姆很是洩氣，再加上他不想在英國過冬，1898年末，他再次出國，先去了羅馬，然後回到塞維亞，他心裡一直惦記著那個有一雙綠眼睛和快樂笑容的「小東西」。在安達魯西亞待了兩個月後，他再次動身去摩洛哥，畢竟浸淫在西班牙南部摩爾文化中的他走出這一步是很自然的事。1899年4月，毛姆回到倫敦。倫敦在享受過地中海性感誘惑的毛姆眼中顯得愈發單調乏味：煤煙、霧、散發著肥料味的泥濘街道、叮鈴噹啷的有軌電車。更令他情緒低落的是，科萊斯沒把那兩本被昂溫拒絕的書推銷出去，毛姆在羅馬寫的一部獨幕劇《兒子與繼承人》也無人問津（這本書從未出版或排成話劇，如今已遺失），這尤其令他沮喪，他本打算成為一名劇作家。兩年多來，他只發表了兩個短篇小說，此外，薩默塞特・毛姆悄無聲息，直到1901年7月他的第三本小說才出版。

寫《英雄》這本書是受到了波耳戰爭[1]的啟發，毛姆評價這是一部有誠意的作品。這本書由哈欽森公司出版，出版商預付了75英鎊的版稅。這本書得到了評論界溫和的讚揚。與昂溫簽的三本書的合約終於到期了，毛姆鬆了一口氣。

寫《英雄》之前，毛姆還完成了另一部小說——《克拉多克夫人》，這次同樣很難找到出版商。他們認為毛姆的作品不正派，性描寫太露骨，語言也直率得讓人不舒服，一個又一個出版商拒絕了這本書，包括頗具聲望的威廉・海涅曼出版公司。幸運的是，著名批評家羅伯遜・尼科爾說服海涅曼重新予以考慮。這次威廉・海涅曼出版公司的老闆親自讀了這本書並答應出版，但條件是必須刪掉一些極富有煽動性的段落。毛姆在書中將貝莎（Bertha）塑造成一個苛刻、驕縱，同時富有同情心、惹人喜愛的女人。他非常了解這個人物，抓住了她自欺欺人和扭曲戀愛的每個微妙之處，揭穿她的詭計，溫和地嘲弄她的情感，同時對她洶湧澎湃的多情天性感同身受，毛姆分裂的性取向為他提供了雙重視角，以及對女性心理更為深刻的洞察。顯然，他在寫作上受到了福樓拜的影響，貝莎・克拉多克就像包法利夫人的表姐妹。《克拉多克夫人》寫於1900年，維多利亞女王統治的最後一年，

❶ 英國人和波耳人之間為了爭奪南非殖民地而展開的戰爭。荷蘭殖民者於17世紀來到南非。他們和葡萄牙、法國殖民者的後裔被稱為波耳人。19世紀晚期，川斯瓦共和國和奧蘭治自由邦相繼發現世界上最大的鑽石礦和金礦。英國殖民者覬覦這些寶藏，於1899年8月與波耳人爆發戰爭。

出版於1902年11月，愛德華七世統治初期，美國版直到1920年才上市。這本小說受到廣泛關注，即便依照毛姆悲觀主義的標準，也可謂大獲成功。不過，他的沮喪感並未因此散去，他真正的抱負是成為一名劇作家，但到目前為止，還沒有人接受他的劇本。既然《克拉多克夫人》引起了公眾的興趣，毛姆則開始盼望「通過小說成名，從而步入戲劇界」。

第四章
白貓餐館

在他的自傳體作品《總結》中，毛姆用自嘲的口吻說，寫劇本只是因為「把人們說的話寫在紙上似乎沒有構建一個故事那麼難。」當然不僅如此，他善聽的耳朵很快就掌握了口語的節奏，作為一名傾聽者，人們表達自己的方式和內容同樣吸引他。從16歲那年開始，毛姆就對戲劇產生了濃厚的興趣，他的閱讀面很廣，不只是英國劇作家的作品，還有法國、西班牙、德國，以及從其他語言譯介過來的作品，他盡可能經常光顧戲院。同時，他也注意到，在戲劇上取得成功能換來及時且可觀的經濟回報，這是寫小說不太可能辦到的。

毛姆後來成為一名非常成功的劇作家，他的編劇生涯持續了30年，給他帶來名望、魅力，使他成為大富之人。他寫了30個全長劇本，他的作品被搬上全世界的舞台，拍成電影，一次次流行起來，並被譯成多國語言。然而，最初毛姆根本沒料到這種結果，沒一個劇本受到戲院經理們的青睞。10年間，他經歷了一次又一次的挫折，閉門羹是家常便飯，是鋼鐵一般的決心讓他挺了過來，沒有中途放棄。毛姆第一部被搬上舞台的戲是寫於1898年的獨幕劇《天作之合》，他選擇了一個當時很流行的主題，講的是一個有不光彩過去的上流社會女人。這部戲沒能在倫敦上演，毛姆把它譯成了德文，1902年1月，麥克斯·萊因哈特的公司將它搬上了一個小歌舞劇場的舞台，但只演了八場。

同一年，也就是1898年，毛姆完成了第一個全長劇本——《一個體面的男人》。這部戲的情節明顯帶有易卜生的烙印：應付社會壓力，為了個人的正直而掙扎。第一次去義大利時，他帶了一本德文版的《群鬼》，為了熟悉這部作品，他將它譯成了英文。然而，倫敦西區並沒有接納這個劇本，第二次被拒後，毛姆進行了大幅度刪改，採用了截然不同的手法，並將劇本交給了倫敦戲劇表演社，他們接受了這個本子並決定在1903年2月試演兩場。倫敦戲劇表演社成立於1899年，前身是短命的獨立劇院俱樂部，創辦人是富有開拓精神的劇作家、評論家兼經理人J·T·葛蘭。葛蘭喜歡不同類型的作品，認為自己的使命是製作有藝術價值的戲劇作品，儘管可能不受主流觀眾歡迎。1892年，葛蘭將蕭伯納的第一部戲《鰥夫的房產》搬上舞台。此前一年，易卜生的《群鬼》只在這裡演了一場就招致了大概是有史以來最尖刻的罵聲。葛蘭接受了《一個體面的男人》，毛姆感到十年辛苦終於要有出頭之日了。戲劇表演社是一個私人會員俱樂部，觀眾很少，但這裡是唯一搞實驗戲劇的地方，所以吸引了不少關注。著名的學者兼記者W·L·考特尼主動提出在由他擔任主編的權威文學雜誌《雙周論壇》上發表這個劇本。

1903年2月22日，《一個體面的男人》在托西爾街的帝國劇院上演，毛姆的家人和朋友前來捧場。演出很成功，但毛姆緊張得要命。他的嫂子奈麗在日記中寫道，「去看了威利的首演……觀眾很熱情，演得也很好。威利卻嚇得面色蒼白！」演出結束後在劇院附近的西敏酒店舉行了酒會，蓬頭亂髮的哈利・毛姆遲到了，所有人都穿著晚禮服，唯有他穿了件皺皺巴巴的藍西裝，顯然他是衣著最差的一個。「我很高興我的小弟弟取得了一些成就。」他的嗓門大得讓人尷尬。可喜的是，這次演出獲得了廣泛關注，不過，評論家們意見不一。大部分人認為主題太壓抑，《雅典娜神廟》雜誌把它比作「一個漫長的斯堪地那維亞之夜，但整體來說，這個劇作者還是有前途的。」葛蘭親自在《星期日泰晤士報》上撰文，將毛姆比作平內羅❶，並表達了對他的語言風格的欣賞。「很久沒有聽到如此美妙有力的英文了……簡潔貫穿了毛姆先生的整個戲劇脈絡……他的戲劇是真實的。」麥克斯・畢爾邦❷的觀點介於二者之間，繼蕭伯納之後，他負責《星期六文學評論》的劇評專欄。在一篇名為《一齣雜亂的戲》的文章中，他寫道：「第二幕的構思和寫作令人讚歎；第三幕是一段不錯的情感戲；其餘部分四分五裂。毛姆先生太尖刻了……」

毛姆在看排練時學到了編劇方面的寶貴經驗，如何設計對話，改變節奏的重要性，如何適時地抖包袱，在哪個點上暫停。觀眾的反應令他開心，但兩場演出結束後，他卻有了沮喪之感，因為他的事業似乎進展緩慢。戲劇表演社令人敬佩，但毛姆渴望更廣闊的天地——西區的商業戲院。他寫道，「只有一小撮知識份子的欣賞不足以令我滿意，我不想要這樣的觀眾，我要的是大眾。」

作為朝此方向邁出的第一步，毛姆將他的劇本交給了查令十字路的大道劇院（如今的表演屋劇院）的經理人穆里

❶ Arthur Wing Pinero，1855-1934，英國演員，後來成為重要的戲劇家和舞台導演。

❷ Max Beerbohm，1872-1956，英國著名散文家和劇評家。

爾・韋弗德，韋弗德小姐同意上演，並由她飾演其中的一個角色。1904年2月起，這部戲連演了一個月，同時，以毛姆的一部獨幕鬧劇《贊帕小姐》（從未出版，手稿也可能遺失了）作為開場戲。這部戲一敗塗地，不得不撤下，但《一個體面的男人》比較成功。《倫敦新聞畫報》說，「儘管作者弱化了憤世嫉俗的結局，但這部戲依然是多日以來最有趣、最富有洞察力的作品。」麥克斯・畢爾邦也去看了，他認為雖有瑕疵，遠不如作者的小說好，但還是很深刻的，最後他斷言，不久後毛姆的戲劇作品將可以與他的小說媲美。第一場演出結束，布幕落下時，觀眾席中響起暴風雨般的掌聲，觀眾呼喚劇作家出場。毛姆幾乎不敢相信自己的耳朵，據當時在場的一名演員描述，「歡呼聲和經久不息的掌聲讓這位害羞的年輕作家激動不已，他走到台上，遲遲不願意謝幕。」

三個哥哥中對毛姆的戲劇作品最感興趣的是哈利，他也想成為一名劇作家，他出版過一本詩劇集，可惜，這種類型過時了。哈利還出過一本詩集和一本義大利遊記，給《黑與白》雜誌寫過一陣子稿子，署名為「一個和藹可親的自我主義者」。1902年，哈利和毛姆合寫了一部戲——《財富獵人》，莫里斯・科萊斯沒能將它搬上舞台。哈利是個嚴肅的知識份子，看到弟弟的膚淺，他很擔憂，提醒毛姆野心勃勃的社交生活會對他的作品不利。「哈利說我的戲……結構很好，情節設計得也很簡潔，只是很瑣碎膚淺，因為我過的日子就是瑣碎膚淺的。」毛姆說。模樣俊俏、圓嘟嘟、永遠蓬頭垢面的哈利似乎永遠不合時宜。他敏感、害羞，越來越離群索居，酒喝得太多，還要和憂鬱症作鬥爭，始終很難交到朋友。「他需要理解，」查理的妻子貝爾蒂說，「但幾乎沒人能理解他。」

1899年，哈利離開義大利回到英國，在切爾西的卡多根街租了間屋子，過著孤獨的生活。「他是個十足的同性戀者，」他的一個同齡人說，「見到女人就緊張，更喜歡跟男人在一起；他為數不多的幾個朋友有作家和畫家，屬於以毛姆的老導師溫特沃斯·胡舍為中心的波西米亞圈子。」很多年後，哈利的侄女昂娜談起過一個著名作家，沒提名字，那人曾是哈利的情人。哈利脾氣很好，不會嫉妒弟弟的成功，但無疑這增加了他的自卑感。不知是懼怕失敗，不幸的戀情，醜聞的威脅，還是僅僅因為陷入了慢性憂鬱症，1904年7月，哈利自殺了。弗雷迪·毛姆在記事簿上簡要記述了事情經過，接到電報後，他趕到卡多根街，發現哈利臉色發青，極為痛苦，三天前他吞下了硝酸。他把哈利送進了聖托馬斯醫院，哈利的生命在醫院裡延續了將近一個星期，27日晚間7點45分，也就是查理和貝爾蒂從巴黎趕到的45分鐘後，哈利離開了人世。兩天後，檢查報告出來了，哈利在結束自己生命時神志不清。緊接著，他們為哈利在蘭柏公墓舉行了葬禮。弗雷迪的日記中根本沒提到毛姆到場，但幾年後，毛姆說，被叫去的那個人是他，是他發現了哈利，也是他把哈利送進了醫院。很可能兩兄弟都參與了此事，第一個趕到的哈利的朋友喬治·巴羅給他倆都發了電報。企圖自殺是一種刑事犯罪，所以叫醫生有危險，毛姆的醫學專長必不可少，而且他跟聖托馬斯醫院很熟，可以利用自己的關係讓醫生別對外聲張。哈利的葬禮後，毛姆去了凡爾賽附近的默東，查理和貝爾蒂在那兒租了一棟房子避暑，他們不停地談論哈利，分析究竟是什麼讓他走上了絕路。毛姆意味深長地總結道：「我認為並非不得志導致了他的自殺，而是他過的那種生活。」

哈利的自殺令人震驚，但一如往常，家裡人很少談及此事。羅伯特・毛姆的四個兒子個個都有憂鬱症：查理在家人眼中「面色蒼白、表情嚴肅……憂鬱，是個非常悲傷的男人。」F. H. 在他的記事簿上經常用「情緒低沉……非常傷心」來定義自己的精神狀態。毛姆從小就不快樂，長大後更是陷入深深的憂鬱，「極度悲觀」，他這樣形容自己。毛姆和 F. H. 後來經常為惡夢所擾。毛姆的一個侄女有個理論：毛姆家的男孩小時候「應該是在某個時間段遭人虐待過，對他們施暴的可能是某個法國保姆。」而她的妹妹寫文章談到他的父親和威利叔叔時說，「這兩個人看戲、讀小說的時候很容易落淚……但生活中遇到悲慘的事卻從來不哭。也許他們盡量讓自己與令人無法忍受的悲傷隔絕開來，有時候顯得特別冰冷，因此冷卻甚至毀掉了人際關係。」毛姆至少在這方面是幸運的，他有充沛的活力和勃勃的野心，以及無法滿足的好奇心，所以大部分日子過得很有價值。哈利則不然，儘管毛姆極少有勇氣提起此事，但哥哥可憐的自我毀滅困擾了他很多年。

這時的毛姆相信自己已弄明白了更商業的戲院經理們想要的是什麼，過去的一年他寫了三部戲，他認為非常適合西區：《探索者》、《餅和魚》，還有與哈利合作的那部《財富獵人》，但三個都被拒絕了。他還為演員兼戲院經理查爾斯・霍特里寫了一部鬧劇《下周三》，但霍特里要他改的地方太多，毛姆一氣之下就撕了劇本。這一切都令他失望至極，不僅僅是聲譽，還有財務的問題，除了他繼承的那點遺產，他唯一的收入來源就是偶爾賣給雜誌的短篇小說。

毛姆與沃爾特・佩恩分享一間公寓，生活條件還能湊合，可是，在職業和社交場合露面也很重要。他需要結交新朋友，作為一名有前途、受人賞識的青年作家，知識份子圈子也歡迎他的加入。他愛打扮，不時會在家裡宴請朋友。他加入了一個紳士俱樂部——多佛街的巴斯俱樂部，那裡向會員提供游泳池、壁球室、土耳其浴室和橋牌室，這些娛樂活動都耗資不菲，毛姆越來越為自己沒有保障的財務狀況感到沮喪。毛姆給溫特沃斯・胡舍寫信說：「日子過得很艱難，目前出版商很缺錢，不知道何時頭頂這片烏雲才會散去！」

毛姆不停地催促科萊斯，讓他拿劇本找經理們談，向雜誌社要傭金，再版舊作，開拓新管道，催編輯們給稿費，這麼做確實會有一些款子進帳。「如果你聽說有人想把一部戲從法文、德文、義大利文或西班牙文譯過來，或者改編一下，我很願意做。」他會這樣懇求，「我很希望看到六便士一本的《蘭貝斯的麗莎》。」這是另一種懇求方式。「你能不能找個《阿羅史密斯年刊》讓我做做。我構思了一個特別好的凶殺故事（很正派！），類似埃德加・愛倫・坡[1]的風格……」「看看這三個短篇，」寫於1904年的一封商務信函這樣開頭，「《罪犯》，兩千三百字，比其他的好一點，應該適合《勞埃德》雜誌。《調情》，三百字，可能適合 D. Mail。《排演》，三千字，太差了，什麼都適合。」

儘管毛姆的經濟狀況不穩定，但依然受人尊敬，被視作文

[1] Edgar Allan Poe，1809-1849，19世紀美國詩人、小説家和文學評論家。愛倫・坡被尊崇為美國浪漫主義運動要角之一，以懸疑、驚悚小説最負盛名。

學知識界一個有前途的年輕成員。他這樣說，「那是一種受人尊敬的狀態，幾年後當我成為一名受大眾歡迎的輕喜劇作家時這種狀態就失去了。」雖然工作量已經很大，他還是受邀成為一本年度選集的聯合主編，他的合作者是詩人豪斯曼的弟弟，作家兼插畫家勞倫斯・豪斯曼。一群名人為這本書出了力，比如約翰・麥斯菲爾❶、G・K・賈斯特頓❷、詹姆斯・喬伊斯❸、亨利・哈威洛克・艾利斯❹、湯瑪斯・哈代、E・F・本森❺。毛姆在第一期中收錄了一篇自己的《天作之合》，那個前一年在柏林上演過的開場戲最初的英語版本。之前說好不給稿費，所有的參與者按收入分成，結果都沒賺到錢。1903年秋，出了第一期，稍晚，1905年，出了第二期，接下來就聲息皆無了。「當然，整件事太陽春白雪了，不可能受大眾歡迎，」勞倫斯・豪斯曼高傲地總結道，「如果每本定價一畿尼，而不是五先令，或許會好些。」

出現在這個選集中為數不多的女作者裡有小說家伊莎貝爾・維奧麗特・韓特，毛姆第一次見到她是在1902年。這個女人能讓人對她產生極度喜愛又極度厭惡的感覺。那時，維奧麗特四十多歲，因混亂的愛情生活而聲名狼藉，她又高又瘦，一頭濃密的黑髮，大眼睛，鷹鉤鼻，尖下巴。她生於1862年，在藝術家和詩人們中間長大，她的父親阿爾弗雷德・韓特是一名風景

❶ John Masefield，1878-1967，英國詩人。1930年被授予英國第22屆「桂冠詩人」稱號。

❷ Gilbert Keith Chesterton，1874-1936，英國作家、文學評論家，經常被譽為「悖論王子」。他創造的最著名的角色是牧師偵探布朗神父。

❸ James Joyce，1882-1941，愛爾蘭作家、詩人，20世紀最偉大的作家之一，後現代文學的奠基者之一，其作品及「意識流」思想對世界文壇影響巨大。

❹ Henry Havelock Ellis，1859-1939，英國性心理學家、作家。他是指出性別與染色體相關的第一人。

❺ Edward Frederic Benson，1867-1940，英國小說家、傳記作者、回憶錄作家、考古學家。

畫家，他的朋友裡有拉斯金、伯恩－瓊斯[1]、米萊和羅勃特・白朗寧。維奧麗特給伯恩－瓊斯和席格[2]做過模特兒，從小她就被鼓勵著把自己看成一個前拉斐爾派的美女。十八歲時她被年輕的奧斯卡・王爾德愛慕過，王爾德稱她為「英格蘭最甜美的紫羅蘭[3]」。二十多歲時，她和比她年長的男人談過多次戀愛，其中包括外交官兼出版人奧斯華・克勞福，還從他那兒染上了梅毒；後來，她成為H・G・威爾斯眾多情婦中的一個，並與比她小十一歲的福特・馬多克斯・福特[4]有過十年痛苦的感情。作為一名「新女性」風格的小說家，維奧麗特經常給雜誌寫稿，積極參加圖書圈的活動。同時，她也作為文學圈的女主人而為人所知，她每兩個月會在諾福克街的作家俱樂部舉辦一次午餐會，在荷蘭公園附近坎登山的家裡舉行花園派對。著名的常客有亨利・詹姆斯、艾茲拉・龐德[5]、約瑟夫・康拉德、溫德海姆・路易斯[6]、H・G・威爾斯、阿諾德・貝內特和 D・H・勞倫斯。他們在草地上遛達，啜飲著冰咖啡，鼓勵女主人說些曖昧的話。「我很喜歡她，」勞倫斯說，「她真是個『殺手』。」小說家休・沃波爾[7]記得有一次在維奧麗特的花園派對裡見到毛姆，他在樹叢間徘徊，優雅地戴著一頂灰色禮帽。最初吸引毛姆的是維奧麗特有一顆八卦的心，她的興高采烈和毒舌讓毛姆很愉快。她在性方面如饑似渴，毛姆對她有很大的吸引力，沒費多大工夫，她就

---

❶ Edward Burne-Jones，1833-1898，前拉斐爾派最重要的畫家之一。

❷ Walter Richard Sickert，1860-1942，著名美國印象派畫家惠斯勒的弟子，1912年創作的《荷蘭女人》被譽為傳世佳作。

❸ 維奧麗特的名字Violet就是紫羅蘭的意思。

❹ Ford Madox Ford，1873-1939年，英國小說家、評論家、編輯。代表作《好兵》（The Good Soldier）。他的一戰題材系列小說很受歡迎。

❺ Ezra Pound，1885-1972，美國著名詩人，意象派的代表人物。

❻ Wyndham Lewis，1882-1957，英國畫家、作家，1914年創刊《疾風》雜誌，開始宣導漩渦派。

❼ Hugh Walpole，1884-1941，紐西蘭出生的英國小說家。

把毛姆引誘到她的床上去了。「在性方面，他是個特別感性的男人。」這句話就是維奧麗特說的。

肉體方面的友誼差強人意，也短暫得可憐，維奧麗特仍然沉浸在與馬多克斯·福特的戀情所帶來的痛苦之中。但他們喜歡彼此，毛姆給維奧麗特寫調情的長信，還給她透露一點自己的隱私。「我的『風流事』結束了，感謝上帝。」毛姆和維奧麗特·韓特在信中主要討論他們的文學事業，毛姆闡述自己的計畫，並希望她在仔細思考後給出自己的判斷。「真希望這輩子再也不用寫小說了。」寫到《克拉多克夫人》的結尾時，毛姆坦言。「不過，我想我應該，隱隱有一種欲望，想為英格蘭寫一本小一點的《人間喜劇》。」

1904年，維奧麗特把她和馬多克斯·福特不幸的戀情寫成小說出版了，毛姆告訴她，「我認為你的寫作技巧很高超。我承認如果再多一點『淫穢』就好了，因為阿普頓的魅力主要是在性方面，不過，我承認這是不可能的。」1908年，維奧麗特把她的小說《葉子枯萎的白玫瑰》獻給了毛姆，感謝他將1905年出版的那本安達魯西亞速寫集獻給了她。遺憾的是，他疏忽了，沒有事先徵得她的同意，她生氣了，「主要是因為那本書叫《聖潔的天國》，她無法想像自己跟這樣一個國家有什麼聯繫。」毛姆打趣地說。不過，很快維奧麗特就恢復了好心情，他們還是朋友。差不多20年後，毛姆在《月亮和六便士》中將她描繪成柔斯·瓦特爾芙德，「瓦特爾芙德小姐拿不定主意，是照她更年輕時的淡雅裝扮，身著灰綠，手拿一枝水仙花去赴宴呢？還是表現出一點年事稍高時的風姿？如果是後者，那就要穿上高跟鞋、披著巴黎式的上衣了……在那些日子裡，再沒有誰像柔斯·瓦特爾芙德那樣關心照顧我了。」他寫道，「她既有男性的才智，又有女人的怪脾氣……柔斯・瓦特爾芙德的嘴非常刻薄。這種辛辣的話誰也說不出口，但同時，誰做事也沒她漂亮。」隨著年齡的增長，維奧麗特越來越愛發脾氣，也越來越討厭，但毛姆依然溫柔地待她，不像她的很多熟人那樣，在她頻繁發作的可厭行為面前冷眼旁觀。

毛姆很信任維奧麗特的判斷力，在把《旋轉木馬》的手稿交給出版商之前，他先讓她讀了手稿，並根據她的意見將某些章節整個刪掉，還做了小幅的精簡。海涅曼公司勉強接受了《旋轉木馬》。小說中有兩個主要作為旁觀者存在的角色——萊依小姐和比她小很多的知己法蘭克・赫里爾醫生，毛姆將三個獨立的故事連在一起。萊依小姐的原型是喬治・斯蒂文斯太太，她的丈夫是《每日郵報》的通訊員，在報導第二次波耳戰爭時因傷寒而死去。她相貌普通，但很有格調——總是一身幹練的黑白色著裝。毛姆見到她時，她已經是個老太太了，但仍有一雙明亮的眼睛，渾身散發著魅力和活力，她的性格直率，遇到不喜歡的人會出言不遜。惡名始終圍繞著克里斯蒂娜・斯蒂文斯，在她的第一段婚姻存續期間，當時她還是羅傑森太太，她曾捲入毀掉自由黨議員查爾斯・迪爾克爵士前程的離婚案。有一次她嚇到了亨利・詹姆斯，她向他透露，她曾給第一任丈夫下過毒。「如果她生得美麗且神志正常的話，將是世界上最邪惡的女人之一。」詹姆斯斷言。斯蒂文斯太太住在薩里郡的默頓坊，那棟房子曾屬於尼爾森將軍❶，不穩定的經濟狀況也不能妨礙她熱情好

❶ Horatio Nelson，1758-1805，英國18世紀末及19世紀初著名的海軍將領及軍事家。

客。默頓坊離溫布頓不遠，從倫敦過去很方便，星期日，客人們源源不斷地乘坐雙輪馬車去她家裡吃午餐、喝茶，天氣好的時候，在花園或河邊散步。這些客人裡有演員、作家、畫家和他們的幫閒。「奇怪的一群人。」毛姆說。這些人裡也有維奧麗特·韓特，還有一些將來對他很重要的人：麥克斯·畢爾邦、奧斯卡·王爾德的門徒雷吉·特納，以及當時很受歡迎的劇作家亨利·亞瑟·瓊斯。

瓊斯告訴毛姆，他讀《蘭貝斯的麗莎》時就感覺到他有當劇作家的潛力，這番恭維與斯蒂文斯夫人的另一個客人的觀點截然對立。一天下午，毛姆在默頓坊的草地上和文雅迷人的麥克斯·畢爾邦散了很長時間的步。那時的麥克斯還沒有完善他甚為高雅的著裝風格：在毛姆眼中，他的花花公子作派「還沒有成功地顯露出來，他的襯衫袖口很窄，從燕尾服的袖子裡露出足足兩英寸，看上去有點髒兮兮的，外套需要整理，褲子也得熨一熨……給人感覺像鄉下劇團裡打扮成時髦人士模樣的配角。」雖然他本人是劇評家，又是一流演員兼劇場經理赫伯特·畢爾邦·特里同父異母的兄弟，但他年輕時對戲劇的喜愛漸漸淡去了，有時當他不得不看一部糟糕透頂的戲時，為了打起精神，他會提醒自己「至少我不是地鐵站的搬運工。」他懇求毛姆別再寫劇本了，他認為毛姆的才華主要在寫小說上，對於一個能夠巧妙塑造人物的作家而言，戲劇這個媒介太粗俗了。當然，麥克斯繼續說，有的人能從戲劇中賺到很多錢，可是「你，親愛的，你不是他們當中的一員。」毛姆禮貌地點了點頭。如果麥克斯以為他影響到了毛姆，那他就錯了。毛姆說，「他不知道，我當時年輕、貧窮，而且決心已定。」雖然麥克斯提出了這個令人氣餒的忠告，但毛姆和這個詼諧機智、難以取悅的麥克斯的友誼從默頓坊開始一直延續了一生。

《旋轉木馬》中的法蘭克・赫里爾醫生，無論從外形，還是性格，都與作者極為相似。法蘭克是個「強壯的男人，性格不那麼隨和，自控力令人欽佩。他冷漠的態度令他人不安……一個極其矜持的男人，很少有人知道，法蘭克・赫里爾刻意平靜的面容下掩蓋了多麼情緒化的性情。他意識到自己有這個弱點，於是，訓練自己的面部表情，盡量不流露感情。但感情依然在那兒，洶湧澎湃、勢不可擋……他一刻不停地嚴密監視自己，就像一個危險的囚犯時刻要掙脫鎖鏈。」即使《旋轉木馬》不在毛姆最優秀的小說之列，從自傳性的角度來講也十分重要。描繪法蘭克・赫里爾的文字裡有大量自畫像的成分，更為關鍵的是，暴露了毛姆的情感狀態。寫完這本小說後不久，毛姆在寫給維奧麗特・韓特的一封信中說：「一個人的大部分作品中或多或少都會有自傳成分，不一定是發生過的真事，但情緒是一樣的……極度痛苦時只有寫成書來獲得安慰才是公平的。」很多年後，說起那段日子，他表示急需寫本小說賺錢。「當時我很喜歡一個有奢侈品味的年輕人……我決心寫一本能賺三四百英鎊的書，好跟我的情敵對抗。那個年輕人很有吸引力。」

毛姆一貫小心翼翼地掩蓋自己的行跡，他沒有透露這個年輕人的身分，但有證據堅定地指向一個名叫哈利・菲力浦斯的英俊青年。毛姆第一次遇見他時，他正在牛津大學讀書，亨利（哈利）・沃恩・菲力浦斯是史丹佛郡霍林頓教區牧師愛德華・菲力浦斯的兒子。作為家中五個男孩中的一個，他打算將來子承父業，為此，他要在牛津大學的基布爾學院學習三年，但基布爾學院並不適合哈利。他的一個同學這樣描述他，「我從未見過如此光芒四射的人，他魅力十足、相貌英俊、十分風趣。」結果，他令父親相當失望，他只是把在牛津大學讀書當成盡情享樂的機會，逮著機會就會用出格的行為讓他虔誠的同學們大跌眼鏡。第一學年末，論文沒有通過的他離開了基布爾學院。他的老師在報告上寫道，「是個不錯的小夥子，只是相對於不強的智力來說，有點太愛美，太感情用事了。」後來，他在牛津大學附屬的永久私人學堂註冊，只要死記硬背就能拿到學位，但到頭來他還是一無所獲。「我總是考不過去。」他欣然承認。

正如十年前奧斯卡・王爾德經常出沒於牛津校園追求阿爾弗雷德・道格拉斯一樣，毛姆也成為了「校園裡熟悉的身影」。他和哈利一起散步，被人撞見在他的房間裡抽煙。「我們很喜歡彼此。」哈利說，「我邀請他去史丹佛郡的我父母家。我父親覺得他很聰明，但不喜歡他關於宗教的觀點。」這沒有什麼好奇怪的，毛姆是個不可知論者，而且支持哈利不做牧師的決定。「我忍不住會想，強迫任何人從事他所討厭的職業是非常殘忍的事。」毛姆說，他一定是想起了做牧師的叔叔也曾向他施壓。「從事一個需要信仰、自我犧牲和上帝召喚的職業更是如此，那些對老百姓來說不言自明的教義，這個可憐的傢伙卻一條也不信。」儘管無法達成共識，但哈利的父母並沒有反對他們的友誼，於是，兩個男人繼續交往。

毛姆給哈利提供的娛樂可不便宜，他工作壓力大，要拼命賺錢。「我發現金錢就像第六感，沒了它，你就無法最佳地發揮其他五感。」他這樣寫道。每一個便士都至關重要，讀科萊斯發來的結算表時，任何細節都逃不過他的眼睛。「我看你要了我一先令的郵資，你以前沒這麼做過，我不明白你為什麼突然這樣。」1904年8月，他抱怨道。他盼望新小說能讓他擺脫財務困境，他對科萊斯強調了適當宣傳這本書的重要性。「我希望你能讓海涅曼明白有必要好好宣傳一下《旋轉木馬》。」他寫道。結果，1904年9月19日面世的《旋轉木馬》一敗塗地，儘管有評論家說了好話，但銷量很差，毛姆把這個結果歸咎於出版人和經紀人。書出來三個月後，毛姆挖苦科萊斯，「我希望你看到海涅曼多麼努力地想向公眾證明《旋轉木馬》是一本好書。」第二年年初，也就是1905年1月，《聖潔的天國：安達魯西亞見聞和印象》終於出版了，但結果沒比《旋轉木馬》強到哪兒去。這本書同樣有人欣賞，但也沒賣出去幾本。《泰晤士報文學副刊》上登了一篇沒有署名的文章，作者是年輕的維吉尼亞・斯蒂芬[1]「（毛姆先生）運筆自如，而且發自內心地想為他真正熱愛的『美』找到合適的字眼。」

隨著毛姆繼續熱烈追求誘人的哈利，他對現金的需求也日益緊迫。正如他所說，「我因為嫉妒而心如刀絞。」哈利令人目眩神迷，追求者眾多，而毛姆只能眼睜睜看著那些更富有的男人們帶他去薩伏伊飯店享用晚宴，或在梅登黑德的河邊用午餐，而他則屈辱地袖手旁觀。哈利輕浮的靈魂樂於被這樣嬌慣，他認為沒有理由克制自己，他用冷漠的態度對待情人的痛苦，搞得毛姆幾乎快要發狂。1904年夏，沒有拿到任何學位的哈利離開牛津大學，尋思著當個藝術家。毛姆看到機會來了，便鼓勵他認真考慮去巴黎接受培訓，而他也

[1] 即維吉尼亞・吳爾芙的本名。

會離開倫敦，在巴黎左岸找間公寓和哈利同住。鄉下教區的人很單純，老菲力浦斯沒覺得這個提議有何不妥，毛姆看上去是個明白事理的小夥子，一個有知名度的勤奮作家，應該能對不爭氣的兒子產生好的影響。得到允許後毛姆立刻將計畫付諸實施，一想到心愛的男孩將要屬於自己，同時能藉此機會開闢一片新天地，毛姆精神倍增。為了出人頭地，他在倫敦掙扎了六年多，突然間，這一切看起來是那麼的沒有意義，彷彿現狀永遠也不會改變似的。「一切都好，但我看不到將來。」他寫道，「我30歲了……還在原地踏步，我覺得我必須擺脫這種狀態。我跟沃爾特・佩恩商量了一下，以極低的價格處理了家具，然後興奮地去了巴黎。」

20多歲時，毛姆每隔一段時間就會去一趟巴黎，有時住在大哥查理那兒，有時住在旅館裡，但從來沒有稱心如意過，他向維奧麗特・韓特解釋，「跟我哥哥在一起時，家庭生活搞得我不知所措，住在旅館又捉襟見肘。」找房子時，他向當時住在法國的一個年輕畫家傑拉德・凱利[1]求助，他們是1903年夏的一個星期日在查爾斯和貝爾蒂避暑的別墅裡認識的。比毛姆小五歲的傑拉德・凱利（出版《凱利企業名錄》的那個凱利）是個富裕的教士，坎伯韋爾的聖吉爾斯教堂牧師之子。傑拉德擁有豐沛的神經質能量，暴躁的愛爾蘭魅力，身材矮小粗壯，五官精緻，圓眼鏡後面一雙警覺的眼睛，一頭濃密凌亂的頭髮。他小時候嬌生慣養，總愛生病，先後在伊頓公學和劍橋大學就讀，但在杜爾維治畫廊接受的啟蒙教育激發了他對繪畫的興趣。沒有接受過任何正規藝術教育的他1901年搬到巴黎，在第一田園大街買下一間很大的

❶ Gerald Kelly，1879-1972，英國肖像畫家。

工作室，在畫商保羅・杜蘭德－魯埃爾的幫助下，他仔細參觀了莫內、竇加和塞尚的畫室，甚至說服雕塑家羅丹讓他做助手。凱利主攻肖像畫，偶爾也畫風景，1903年，法國政府買了他的一幅畫，第二年，他的作品就入選巴黎秋季藝術沙龍，那年他只有25歲。

毛姆和凱利一見如故，吸引毛姆的是他的口若懸河，對藝術和創意的激情，給凱利留下深刻印象的則是毛姆的機智、冷幽默和廣泛的興趣，還有毛姆的相貌。他渴望把毛姆畫下來，凱利說，「他的整張臉只有一個顏色——蒼白……他的眼睛彷彿小塊的褐色天鵝絨——像猴子的眼睛。」兩個人的舉止態度有天壤之別。「我非常依賴他的耐心和智慧，他經常被我的囉嗦激怒。」凱利寫道。不過，兩人也有很多共同點：都很寬容，不容易被驚嚇到，都很機敏、脾氣火爆，不過，毛姆更善於控制自己；兩人都熱愛旅行，也都為理性的誠實而感到自豪。「如果我們真心不欣賞某樣東西就會固執地拒絕假裝欣賞，即使有人告訴我們必須欣賞。」凱利說，「威利敢認為梅瑞狄斯和佩特被高估了；我也有足夠的勇氣喜歡安格爾和馬內——在本世紀初，這種看法被認為是過時的。」

毛姆的視覺藝術教育是他和哈利住在巴黎這段時間真正開始的，這和凱利有很大關係。是凱利借書給他看，教他如何看畫，和他一起研究早期繪畫大師的作品，把新的畫家介紹給他。毛姆在凱利的影響下也喜歡上了維拉斯奎茲，是凱利第一次帶毛姆去看印象派畫家——莫內、雷諾瓦、馬內和塞尚的作品，帶他去看巴黎盧森堡公園博物館的藏品。儘管凱利熱情洋溢，但這個階段的毛姆並未被印象派打動。

「慚愧的是，」他後來寫道，「我完全看不懂。」分開後，兩人寫信暢談藝術，毛姆成名後，主要由凱利給他畫像，畫了總共18次。儘管繪畫上凱利懂的比毛姆多，但毛姆教導起這個朋友來可毫不猶豫，他坦率地批評凱利的作品，指出不對的地方，仗著自己比凱利大五歲，說起話來一副慈愛且專橫的大哥口氣。「我親愛的傑拉德，」1905年7月，他寫道：「你又病了，我很遺憾，但一點也不驚訝。如果你照舊過著在巴黎那樣的日子，傻瓜也能料到你會生病的……我不可能平心靜氣地給你寫信。由於愚蠢之極的粗心（我想在你內心深處，培養一種漠視現實的美妙癲狂是一種浪漫如畫的感覺），你這個樣子等於放棄成為比湯姆、狄克或哈利更優秀的畫家的機會。因為你身體欠佳時創作的作品簡直糟透了……」

毛姆和凱利建立起兄弟般的友情，這是他在家裡從未感受過的。儘管他的某些生活領域還是禁區，比如悲慘的童年，哥哥的死，但除此之外，毛姆幾乎向凱利坦承一切。凱利也一樣，遇到跟女人的感情問題就向毛姆徵求意見，這種親密的友誼保持了一生。毛姆去世後，傑拉德・凱利的話被登在《泰晤士報》上，「威利是個可愛的傢伙，」他說，「絕對是個可愛的傢伙。」應毛姆的要求，凱利在自己家附近給他找了間小公寓，蒙帕納斯附近的維克多・孔西德朗街3號的五樓，從那兒可以俯瞰莫泊桑長眠的公墓，巨大的青銅雕像貝爾福獅像就在不遠處。這套公寓有兩個臥室和一個廚房，房租一年700法郎，相當於28英鎊。他買了一些二手的家具和基本的生活用具，找了個女傭每天上午來做早飯、做家務、洗衣服。毛姆讓凱利給哈利・菲力浦斯推薦一個美術班，「他又有了奇妙的點子，想從事點小藝術——服裝、海報、插圖設計什麼的……」毛姆從倫敦寫來的信上還補充說，「他很迷人……我想，你不會不喜歡他的。」對外界的說法則是，哈利作為毛姆的秘書陪同前往。

哈利每年的零用錢是120法郎，毛姆每年的收入也就這麼多，兩人被迫過著節儉的生活，能省則省，在餐館和咖啡館點最便宜的東西吃。儘管很窮，毛姆還是希望滿足他的同伴，不顧一切地希望他快樂。回想起在劇院的許多個夜晚，去凡爾賽旅行，在羅浮宮和盧森堡公園博物館度過的那些個下午，哈利說，「他在各個方面都對我特別好，他對繪畫的興趣極大，那時他最喜歡的畫家是維拉斯奎茲，不喜歡現代畫家，後來，他才買了那些人的畫。」雖然哈利不是書癡，但毛姆的文學知識讓他印象深刻，還有他的語言天賦，他不僅會說法語，還會說德語、西班牙語和義大利語。哈利有意識地尊重毛姆的寡言少語，也可能是他感覺遲鈍。他模糊地感覺到毛姆早年生活得並不快樂，哥哥的死給他造成深深的憂傷，他從不追問，而是盡量鼓勵毛姆輕鬆愉快的一面。「毛姆喜歡大笑，」哈利回憶道，「他很有幽默感。」

20世紀初的巴黎仍然處於美好年代[1]，毛姆剛剛離開街道狹窄、昏暗、骯髒的倫敦，尤其喜愛這座城市的優雅和寬闊。20年前，他和父母生活在巴黎，這麼多年過去了，這裡還是發生了一些變化。以前沒有地鐵，沒有高聳入雲的艾菲爾鐵塔，藝術也沒像現在這樣遍地開花。如今巴黎有40多

[1] Belle Époque，歐洲從19世紀末開始至第一次世界大戰爆發為止的一段時期。美好年代是後人對此一時代的回顧，這個時期被上流階級認為是一個「黃金時代」。

家劇院，莎拉・伯恩哈特是絕對的女王。畫廊裡的人興奮地討論著印象派。蒙帕納斯歡迎藝術家，不過，新來的這群畫家和雕塑家更傾向於定居在蒙馬特，因為那裡的生活費更便宜，而且保留著村落的氣息。世紀之交的蒙馬特就像一個外縣市的城鎮，有自己的地鐵站、社區劇院、舞廳、有歌手駐唱的咖啡館，還有酒吧和餐館，吃一頓像樣的飯——兩道菜加半瓶葡萄酒——還用不了兩個法郎。到了晚上，節目就更多了，也更有活力，在便宜快活的布里爾舞廳跳舞，在阿罕布拉劇院觀看胡迪尼[1]的表演，在塔芭林舞廳看「貪食者」[2]跳舞，或者花75個生丁在紅色音樂廳忍受著硬座之苦擠在人群中聽古典音樂。

巴黎可能比倫敦便宜一些，但娛樂也是要花錢的。毛姆毫不動搖地堅守每日嚴格的寫作計畫，從上午開始，一直寫到十二點半，然後和被他調侃為「闊少爺」的哈利出去吃頓簡餐。星期日，他們會奢侈一下，在和平咖啡館喝一杯開胃酒。下午，他們通常去羅浮宮或畫廊和美術館轉轉。晚上，哈利喜歡探索多種多樣的娛樂方式。「我是三天前開始寫這封信的，」毛姆給傑拉德・凱利寫信說，此前他曾短暫回了一趟英格蘭，「『闊少爺』領著我幹了各種放蕩事，所以才沒寫完。我去了塔芭林舞廳，各種讓人墮落的場所，我驚訝地發現，我回倫敦這麼短的時間，沒有了我的監視，他對巴黎的了解一下子比你我多了十倍。」

到了晚上，這兩個男人大多會去傑拉德・凱利推薦的奧

❶ Harry Houdini，1874-1926，史上最偉大的魔術師、脫逃術大師及特技表演者。
❷ Louise Weber，1866-1929，法國的康康舞者，La Goulue（貪食者的意思）是她的藝名，她也被稱為蒙馬特女王。

德薩街上一個叫「白貓」的小餐館。他們和一群畫家、作家和雕塑家——有幾個法國人，大部分是英國人和美國人——在樓上圍著一張大桌子吃飯，點不貴的兩道菜，喝很多葡萄酒，就當時的頂尖藝術家展開討論。參加這類聚會是毛姆最接近波西米亞式生活的時刻。說著說著，大家經常激烈地爭吵起來，英語裡夾雜著法語，雪茄煙使室內的空氣變得悶濁，嗓門越來越大，毛姆向來不喜歡粗暴吵鬧的行為，於是經常溜出去，一個人在昏暗的街道上走。傑拉德・凱利也常來這裡，有時還會帶來他的資助人，刻薄的大鬍子羅丹。其他常客還有當時在巴黎學藝術的克萊夫・貝爾[1]、凱利的朋友艾弗・貝克、彭林・斯坦羅斯，一個畫「美人」的美國畫家、加拿大印象派畫家詹姆斯・威爾遜・莫里斯，他因熟識皮爾・波納爾、亨利・馬諦斯和羅特列克而受人尊重；還有高個子、皮膚黝黑、憎惡世人的愛爾蘭畫家羅德里克・奧康納。

毛姆最感興趣的是奧康納，主要因為他是高更的朋友。1903年，凱利帶毛姆去沃拉德畫廊看著名的高更畫展，毛姆立刻被這個人和他的作品吸引住了。聽說奧康納和高更在布列塔尼一起住過幾個月，毛姆急於向他了解情況。「可惜，他一見面就不喜歡我，而且立刻就表現出來了。我坐在餐桌旁都足以激怒他。」一天晚上，兩人因為詩人埃雷迪亞大吵了一通，期間這個愛爾蘭人依舊「冷若冰霜、言辭惡毒」，不過，因為喜歡他的作品，幾天後，毛姆拜訪了奧康納的畫室，想買他兩小幅靜物畫。奧康納吃了一驚。「猶豫了一會

[1] Clive Bell，1881-1964，英國形式主義美學家，當代西方形式主義藝術的理論代言人。

兒，他面色陰沉地說了個價錢，很便宜，我從兜裡掏出錢，拿著這些畫走了。」這個舉動並未改善兩人的關係，有人無意中聽到奧康納把毛姆比作「臭蟲，敏感的人會拒絕踩上去，因為有臭味，而且黏糊糊的。」

這段無禮的話是那個群體中的另一個成員轉告給他的，那人高高大大，如公牛一般，長了張殘暴好色的臉，穿得花裡胡哨，紅馬甲上裝飾著珠寶，戴著絲質的大領帶，又白又胖的小手上戴了一枚巨大的戒指。阿萊斯特・克勞利[1]是凱利在劍橋大學的同學，1903年他娶了凱利的妹妹蘿絲。巧合的是，蘿絲還是查爾斯・毛姆的妻子貝爾蒂最好的朋友。他宣稱自己是神秘學大師，最近還創建了「東方可汗」（Khan of the East）協會，克勞利情不自禁地賣弄，演戲一般慷慨陳詞，不切實際地吹噓他超凡的腦力和強健的體魄，最聳人聽聞的是，還吹噓他有超自然的「法力」：他似乎有很多前世，如今化身為《聖經啟示錄》裡所說的大野獸；他涉足了撒旦教，並加入玄秘團體「黃金黎明協會」，他以「Perdurabo」為格言，希望人們叫他 Brother Perdurabo，意為「我將忍耐到底」[2]。他大量嘗試毒品，不知疲倦地探索複雜的性取向，貪婪地與男人和女人一起做各種不道德的事，其實，他骨子裡是個有虐待狂傾向的血腥殘暴之人。「我一見面就不喜歡他，」毛姆寫道，「但他讓我感興趣，逗得我很開心。」毛姆當然不想和克勞利做朋友，但他的催眠表演和無可否認的不祥氣質激發了毛姆的想像力。不久後，克勞利就被改頭換面以邪惡的奧利弗・哈多的形象出現在毛姆的小

[1] Aleister Crowley，英格蘭神秘學家、作家、登山家、詩人、瑜珈修行者。
[2] 出自《馬太福音》第10章第22節：「為了我，大家要憎恨你們：但是那忍耐到底的人必然得救。」

說《魔法師》裡了。

能從克勞利身上看到好品質的人很少，其中一個是偶爾來奧德薩街吃飯的伊諾克・阿諾德・貝內特，他曾在《女人》雜誌做過編輯，讀者知道他的筆名是芭芭拉和西席。第一本小說取得小小的成功後，他從雜誌社辭職，又出了兩本小說——《巴比倫大飯店》和《五鎮的安娜》。1902年，他搬到巴黎生活，和他的一條叫「飛翔」的獵狐㹴住在蒙馬特一間簡樸的公寓裡。白貓餐館也是傑拉德・凱利介紹給他的，他每周都去一次。毛姆和傑拉德・凱利都以高人一等的態度對待貝內特，或者「伊諾克・阿諾德」，他們私底下這麼叫他。他沒下巴，蒜頭鼻，鬍子又粗又硬，還長著兔牙，他們覺得他的樣子很粗俗。「就像市政府的辦事員」，用毛姆勢利的話說。他們背地裡嘲笑他的著裝和中部口音，認為他舉止粗魯，對他那本成功的小說《巴比倫大飯店》不屑一顧，認為不過是平民論的廢話。貝內特的法語很糟，毛姆的法語則很地道，然而，他們第一次見面，貝內特就冤枉了毛姆，這是不可原諒的。凱利說，晚餐結束後，「威利用他無可挑剔的法國口音對服務生說：『Vous me donnerez un anneau』，意思是，『他想要一個餐巾環』……『你知道，毛姆，』貝內特口氣沉重地說，『法國人不管那個東西叫anno，他們叫rong。（他的意思是「rond」）』毛姆氣得臉色發白，氣惱自己犯下如此荒謬的錯誤，惹得這麼一個討厭的只懂初級法語的人來糾正他！」

還有一個令人尷尬的原因使得他們無法走近，貝內特和毛姆都有嚴重的口吃，毛姆很清楚，如果兩人坐在一張桌子上吃飯，還都努力地往外蹦詞兒，場面會變得很古怪。毛姆承認他極怕出醜。幸好，和藹的貝內特並沒注意到毛姆傲慢的態度，或者不想生這個氣，他很願意跟毛姆待在一起。一天下午，毛姆去他位於加萊街的公寓拜訪他，貝內特在日記本上這樣寫道：「毛姆非常安靜，幾乎無精打采。他愉快地喝了兩杯茶，堅決拒絕了第三杯。從他的語氣立刻就能聽出來，他無論如何不會喝第三杯。他吃餅乾和薄餅的速度極快，幾乎是貪婪地吃，一個接著一個，不做任何停頓，接著，他突然停下來不吃了，猛抽了兩根煙，比我抽一根煙的時間還短……我喜歡他。」相比之下，毛姆談到貝內特時，這樣說，「我不太喜歡他……此人狂妄自傲……不過，和他待一晚我還是很願意的。」有時候吃完晚飯，毛姆和凱利會送貝內特回家，他會坐在一架立式鋼琴前彈曲子給他們聽。有一次，貝內特提了一個建議，嚇了毛姆一跳。貝內特問毛姆願不願意跟他共用一個情婦。她每個星期跟貝內特睡兩個晚上，跟另一位先生睡兩個晚上，星期天，她想休息，但是，她還有兩個晚上的空閒，想再找一個人。「我向她提起了你。」貝內特說，「她喜歡作家，我希望有人好好調教她。」這個提議被毛姆拒絕了。

儘管最初兩人好像沒有希望成為朋友，但毛姆最後真的喜歡上了貝內特。「一個特別討人喜歡的人。」他這樣說他，此外，他非常欣賞貝內特後來的那部傑作——《老婦譚》，他認為作者終其一生也沒有得到他應得的讚美。維奧麗特・韓特當時也在巴黎，作為毛姆圈子的一員，他把她介紹給了伊諾克・阿諾德，毛姆忙其他事的時候，她把貝內特晉升為她最喜歡的同伴。和以前在倫敦時一樣，維奧麗特和毛姆定期見面，刻薄地聊英國人的八卦。傑拉德・凱利的圈子裡主要是藝術家，這個圈子裡有一小撮女作家，她們都很喜歡毛姆，這些女人才華有限，但心地誠摯，比如內特・賽萊特和艾拉・達西，她們請毛姆喝茶，希望他陪她們一起看戲。一次毛姆不在巴黎，還把公寓借給了她們，她們很是感激。只有在維奧麗特面前，毛姆才會放下戒備，談論自己的私生活和情感。這一時期，哈利・菲力浦斯搞得他十分苦惱，維奧麗特自己的感情生活也一如既往的熱烈且不幸，所以，她很樂意善解人意地傾聽。「我從來沒見過毛姆被什麼人打動過，除了在巴黎那次。」她在日記上寫道。兩個男人間出了點問題，很可能是哈利不忠，搞得毛姆難過極了，後來他把這段經歷寫進了《人性枷鎖》。回憶往事，哈利後悔當時的所作所為。「當我意識到，原來我傷他那麼深時，我有點羞愧。」他說。1905年5月，哈利決定回英國一段時間，留下他的情人獨自懊喪。在寫給暫離巴黎的凱利的一封信中，毛姆抱怨自己情緒低落，「我想你想得好傷心，」他告訴傑拉德，「『闊少爺』離開我了，我不知道該怎麼辦……我煩死我的工作了，擔心所有的想像力會離我而去；有時，我擔心我再也寫不好了。我覺得自己就像一口枯井。」

他寫不下去的那本小說叫《主教的圍裙》（《主教的圍裙：一個大家庭的來龍去脈》），寫完《一個體面的男人》，他又寫了三部戲，都沒有搬上舞台，其中之一是《餅和魚》，這本小說就是對這部戲的再加工。這是一個更完善的版本，更複雜，也更充實，從戲劇形式來講，這是一部公式化喜劇，講的是一個有世俗野心的神職人員的故事。毛姆對聖公會牧師從來就沒什麼好話。寫完這本小說，毛姆希望能盡快出版，但他不會找海涅曼了，他認為正是海涅曼的粗心大意才導致《旋轉木馬》沒有推銷出去。同時，他也怪罪科萊斯，他的懶惰激怒了毛姆。他決定把這本書交給一個做事更認真、更專心的人。同樣對科萊斯不滿的還有阿諾德·貝內特，他也曾是科萊斯的客戶，如今他和J·B·平克合作，感覺不錯。於是貝內特敦促毛姆效法他，並把毛姆介紹給他的經紀人。他給平克寫信說，「我想我給你找到了一個新客戶——薩默塞特·毛姆。在我看來，他會成功的。」

J·B·平克1896年成立了自己的經紀公司，他曾為報刊雜誌工作過很多年，這樣的經歷讓他人脈寬廣，對英國文學界瞭若指掌。鬍子刮得乾乾淨淨、雙頰紅潤的平克，在他位於阿倫德爾街的辦公室裡和越來越多著名作家討論稿費和合約，這些作家裡有威爾斯、高爾斯華綏、康拉德、吉辛、喬伊斯、傑克·倫敦，還有福特·馬多克斯·福特。他與A·P·瓦特和柯帝士·布朗是這個領域的旗手，他因敏銳的商業頭腦贏得了作家和出版人的一致尊重。即便威廉·海涅曼這個強勁對手也與他保持著友好的關係。亨利·詹姆斯就是在海涅曼的建議下成為了平克的客戶。批評他的人也有，比如D·H·勞倫斯和奧斯卡·王爾德，他沒能為王爾德的《瑞丁監獄之歌》找到美國出版人，不過，大部分客戶對他忠心耿耿。

毛姆與平克聯手讓他的事業大為改觀，不久後，他便開始欣賞這位經紀人的盡心盡力和專業才能。接下來的問題是他必須與他的老經紀人科萊斯分手。科萊斯很震驚，也很受傷，然而毛姆去意已決。他用堅定的語氣告訴科萊斯，「我想，我們必須同意有意見分歧，我不希望我們陷入相互指責。但我忍不住要想，現在對我而言顯而易見的是，當時是你的經驗建議你那麼做，也就是說，當一個出版商不喜歡一本書，認定它賣不好時，把它丟進泰晤士河或出版是一樣的。」切斷舊聯繫後，毛姆給他的新經紀人寫信，他清楚自己想要的是什麼，他不辭辛苦地陳述他的期望，表明他打算把所有作品委託給平克，劇本除外，劇本要留給他的戲劇經紀人雷金納德・戈爾丁・布萊特處理。至於《主教的圍裙》，他想交給查普曼和霍爾出版公司，「因為他們沒有什麼特別重要的作品，值得大張旗鼓地宣傳我。我厭倦了給霍爾・凱恩❶跑龍套。此外，查普曼和霍爾已經表示對出版我的書感興趣。我想，他們會預支150英鎊，外加版稅。」然而，這只是毛姆的胡思亂想。這部電影的導演亞瑟・沃❷告訴平克，只能預支一半的錢，也就是75英鎊，不能再多了，而毛姆還應當為此心存感激。1905年，《主教的圍裙》出版了，毛姆把他它獻給了哈利・菲力浦斯。這本書的印量很小，也沒怎麼宣傳。至於評論嘛，稀稀落落，心平氣和，和《旋轉木馬》差不多。

毛姆給科萊斯和平克的信大多寫自卡布里島，他已經和哈利重修舊好，1905年7月，他們去卡布里度了個長假。他們租了一幢小房子——瓦倫蒂諾別墅，毛姆陶醉在地中海的溫暖、慵懶和哈利回到身邊的幸福之中。「我們已經來這兒快一個星期了，」七月初，毛姆開心地給傑拉德・凱利寫信，「從早到晚，無事可做……『闊少爺』覺得這裡太熱了，他喃喃地抱怨幹嘛這麼著急……第一天我們脫得赤條條的在太陽下待的時間太久，我們的後背和腿都被陽光灼傷了，疼得受不了。『闊少爺』雪白的肌膚傷得特別厲害……海水浴當然令人愉快，水很暖和，可以整個上午游來游去。」享受這

❶ Hall Caine，1853-1931，當時一個大受歡迎的浪漫小說家。
❷ Arthur Waugh，1866-1943，英國作家、出版商兼文學批評家。

種閒適恬靜生活的毛姆很難專下心來工作。「我的腦袋裡什麼想法也沒有。」他告訴凱利，「除了擔心這輩子再也沒靈感，我對自己十分滿意。只是，我這個該死的、總也不滿足的性格很難不去為將來做計畫。我發現，世上最難的事之一是享受當下：我總有一種衝動，忽略當下，去考慮三個月後我會做、會看、會感受的美好事物。」

毛姆盼望再次見到他在海德堡時的老朋友約翰・埃林漢姆・布魯克斯，但他失望地發現布魯克斯不再是從前那個令他興奮的夥伴了。那個英俊、充滿活力和熱情，有無數點子的布魯克斯變成了一個討厭的傢伙，他那些新奇的想法如今也顯得陳舊過時。他胖了，頭髮稀薄，藍眼睛也變得暗淡。把他手裡那點小錢揮霍一空後，將布魯克斯從拮据的困境中解救出來的是個美國女畫家羅曼尼・戈達德，她是個女同性戀者，她同情他，答應跟他結婚，當然只是「形婚」，她只想在島上的時候，布魯克斯可以好好陪著她，等她去了倫敦或別的地方，他也不會管她，任由她過波西米亞的生活。結果證明，這樁婚姻是場災難，令他妻子感到震驚的是布魯克斯對金錢的貪婪，令人不快的舉止，還有他堅持要一個三角家庭，生活中永遠有一個悶悶不樂的農夫男友。他們1903年6月結婚，一年後正式分居，羅曼尼用一年300英鎊的撫養費買斷了他的丈夫，這筆錢不僅能保證布魯克斯在卡布里島過上樂不思蜀的安逸生活，還綽綽有餘。就像他的朋友E・F・本森所說，「雖然他這輩子一事無成、一敗塗地，但他的確讓自己快活了很多年。」

毛姆給在巴黎的傑拉德・凱利描述他的夏天時，凱利也向他講述了一段他與一個年輕舞蹈演員之間激情的愛戀；他打算讓她搬過來和他同居，並就此徵求毛姆的意見。「不怎麼樣」，這是毛姆的回答。他在一封信中給出了理由，還提及一段令他痛心的經歷。他在《一個體面的男人》和《主教的圍裙》中都提到他有多麼害怕這種關係：智力和社會地位存在天壤之別的兩人之間的關係。「我相信，很多人會覺得你是個幸運的傢伙，」毛姆寫信給凱利，「不過，你不要介意我祝賀自己，而不是你……我忍不住搓手，忍不住幸災樂禍，因為不是我處在你的位置上……女人勒索錢財的那股可怕勁兒我全都記得，我願意給聖人們獻上一堆堆蠟燭，讓他們還我自由。親愛的夥計，等著瞧吧，你每次出門，她都會問你什麼時候回來，進門的那一刻，她又會問你去哪兒了，如果你不答應最無理的要求，就得忍受她生悶氣，為最荒唐的瑣事吵架……哎呀！一想起來我就冒汗。女人永遠不能給男人自由，她們利用一切可能的手段給他套上枷鎖，不把他的手腳捆起來，讓他動彈不得，她才不會甘休呢……在你準備跟你那個舞蹈演員過日子之前，先想清楚怎麼分手吧。這個活兒簡直糟透了，如果你還懂得一點廉恥，你會覺得自己是個無情、卑鄙的畜生……你會發現每一個便士都很重要。帶女人出入娛樂場所可不便宜啊，不能坐公共汽車，必須坐計程車，她們有各種各樣突發奇想的小點子，你都得一一滿足。你會需要更多的錢，因為看戲、晚上出去的次數比以前多多了。你會發現，跟一個沒受過什麼教育的人生活在一起……日子過得緩慢、沉悶、冗長，你會絞盡腦汁找話說，最後被迫離開。所以，無論你怎麼做，不要因為缺錢阻礙了你……該說的我都說了，祝福你，希望你一切順利……至於我，我只是希望不要再被任何激情所困住。」

夏天尚未結束，八月初哈利就過夠了卡布里的安逸生活，決定回到史丹佛郡的家人身邊。「我就是在那兒斷定這麼下去是沒有結果的，他可能厭倦了我，我很沒用。」哈利回憶道，「他的犬儒主義令我很苦惱……我發現很難和一個相信任何人做任何事都有動機的人生活在一起。」對於喜好交際的哈利來說，毛姆階段性的情緒化和內向是不可理喻的，毛姆自己也意識到他們越來越缺少交流；他在筆記本上這樣寫道，「一個人把自己全部的愛、全部的能量傾注在另一個人身上，可以說，為了把自己的靈魂和他的結合在一起而不遺餘力……但漸漸地，他會發現，這是絕無可能的，無論多麼熱烈地去愛，無論聯繫得多麼緊密，他永遠是一個陌生人……然後他退回到自我，默默建造一個屬於自己的世界，不讓任何人看見，哪怕是他最愛的人，因為他知道，那個人是不會明白的。」不過，最後兩個男人還是和平分手了。不久後，哈利參了軍，當了一陣子兵，然後娶了個家財萬貫的女人，允許他在接下來的日子裡閒散地過活。

哈利走了，毛姆以為自己會心碎，但實際上他很快就緩過來了。收到查普曼和霍爾出版公司支付的第一筆錢後，毛姆高興地意識到，這筆錢他可以想怎麼花就怎麼花。「收到這筆錢時，我原以為可以一直持續的激情熄滅了，我絲毫不想再像從前那樣花錢。」相反，他把錢都用在了旅行上，他和可信賴的老友沃爾特・佩恩先去了托斯卡尼，然後再去瑞士滑雪，第二年一月又去埃及待了兩個月。路過巴黎只為了處理些事情，1906年春回到倫敦時，毛姆又窮得叮噹響，但闖進名利場的決心從未像此刻這樣堅定過。在國外旅行時毛姆寫了一些遊記，還有兩個短篇小說，平克像他的前任科萊斯那樣也被毛姆追著催款。幸虧毛姆的生活費很低。繼續幫他理財的佩恩在帕摩爾街56號租了幾間屋子，毛姆也可以利用一下，他在隔壁租下一間臥室。他在這裡開始創作一部以怪人阿萊斯特・克勞利為原型的新小說。那年年底，《魔法師》寫完了，拿到書的出版商被書的內容嚇了一跳，平克沒能把這書賣出去。

變得有些孤注一擲的毛姆回過頭來利用舊材料快速修改。他拿出被拒的劇本《拓荒者》，找出一個次要情節，像個會過日子的家庭主婦那樣，決心不浪費任何東西，他把整部劇改成了一個短篇小說《調情》。這個過程冗長乏味，「它讓我的良心苦惱，就像回憶起一件不光彩的事。」《拓荒者》獻給「親愛的W・G・斯蒂文斯夫人」，這本書讀起來就像機械練習。毛姆告訴維奧麗特・韓特，「我不喜歡它，所有人物對我來說都太正直善良了，他們高貴的情感令我厭煩至極。」他送給傑拉德・凱利的那本書上則寫著這樣一段話：「送給傑拉德・凱利，威廉・薩默塞特・毛姆最糟糕的一本書。從他們嘴裡吐露的高尚情感讓我每天嘔吐，他們美妙的榮譽感令我毛骨悚然。」

1907年夏末，毛姆筋疲力盡，不屈不撓的努力卻沒有換來任何回報。海涅曼接受了《拓荒者》，但直到第二年才出版。《魔法師》還沒找到出版商，儘管毛姆的戲劇經紀人戈爾丁・布萊特很執著，但在倫敦劇院經理人們手中傳閱的劇本，沒有一個找到買主。不過，毛姆還是看到了一絲光亮。毛姆在巴黎時寫了一部喜劇《弗雷德里克夫人》，他故意把女主人公設計成一個非常有趣的人物。起初，這部戲也迴響平平，但很快毛姆就時來運轉。喬治・泰勒，一個在巴黎找素材的美國製作人讀到了這個劇本，很是喜歡，提出用1000英鎊買下來。泰勒邀請毛姆到他下榻的酒店討論此事，並告訴毛姆，這部戲就像一記重拳，不過，要再多加些俏皮話（毛姆在兩小時內加了24句。）「毛姆後來告訴我，」泰勒說，「那天下午他離開我那兒，兜裡揣著1000英鎊的支票，樂不可支……他給我的印象挺好，是個有前途的年輕人。」

拿到搶手貨的泰勒帶著劇本回到倫敦，拿給女演員們看，結果發現，沒一個人願意碰這個角色。這個與作品同名的女主人公弗雷德里克夫人，這個迷人的女投機家已經不年輕了，在一個關鍵場次，她必須素顏出場：大燈照在她的臉上，不許化妝，也不能戴時髦女人常戴的假髮。這種情況下，沒有一個大明星會欣然接受這個角色。優雅老練的喜劇女演員艾利斯・傑佛瑞斯被這個想法嚇到了，派特・坎貝爾夫人宣稱她這輩子也從來沒被如此冒犯過，美國明星維奧麗特・艾倫說她根本不會考慮，他還找到了查爾斯・弗洛曼[1]，但弗洛曼認為這部戲沒什麼價值，於是，泰勒很不情願地放棄了這個計畫。「我很為毛姆難過，自己也感到痛心。」

雖然毛姆受了打擊，但意志堅定，他立刻投入到下一部作品《多特太太》的創作當中，這次也有一個很有分量的女主人公，不過，他盡量不去冒犯任何人；這個劇本被當場拒絕了，因為過於平淡無奇。「我開始覺得我再也寫不出一部讓女演員喜歡的戲了。」毛姆絕望地寫道，「所以開始嘗試寫男人戲……《傑克・斯特勞》。」得知這個劇本也不受歡迎時，毛姆幾乎要放棄了：看來實在沒辦法了，只能回去當醫生了，回聖托馬斯醫院復習一年，再找個船上的外科醫生的差事幹，至少有機會旅行。

就在這時，戲劇界突然又對《弗雷德里克夫人》感興趣

[1] Charles Frohman，1856-1915，美國戲劇製作人。

了。斯隆廣場皇家宮廷劇院的經理奧索・斯圖爾特有部戲意外搞砸了，在下次演出前空出了六個星期的檔期。毛姆的喜劇根本不是他喜歡的類型，不過，填個空未嘗不可。聽到這個消息時，毛姆正在國外旅行。他從西西里激動地給戈爾丁・布萊特寫信道：「你的來信令我欣喜若狂，這部戲的上演讓我感覺到世界並不總是膚淺愚蠢的。」

那是個星期天，毛姆正在阿格里真托，他得知命運突然發生逆轉，急切想在下個周四趕回倫敦。毛姆幾乎身無分文，身上的錢只夠坐火車去巴勒摩，再乘晚上的船去那不勒斯。星期一上午，他在那不勒斯上了岸。

> 我發現那天下午有條船去馬賽，就打算買張票，我遞過去一張支票，但被票務代理堅定地拒絕了，他只接受現金……我爭辯、我憤怒、我咆哮（我做劇作家是有原因的），最後，我憤然離去……我去了輪船公司，要了一張去馬賽的一等艙船票……二話不說寫上應交的錢數。那個職員，年輕、膽怯，看上去有些猶豫，但我相信他沒膽量拒絕。過了一分鐘，我就揣著去馬賽的船票走出了那間辦公室。但我還要去倫敦……船務代理人也是銀行家，銀行業務在那棟樓的另一個部分辦理；我走進去，大膽地來到那張辦公桌前，掏出支票簿和剛買到的船票。「今天下午我要坐你們的船去馬賽。能幫我把這張支票兌成五英鎊鈔票嗎？」我面帶討好的微笑說道。「口袋裡有了五英鎊，我沒在銀行久留……我很高興有足夠的錢去巴黎了，我相信從那裡上船不會有任何耽擱……海面平靜，天空湛藍。我坐在甲板上讀書……

到了倫敦後，我還有一先令可以叫計程車。周四上午十一點我信步走進皇家宮廷劇院。我感覺自己就像環遊地球八十天後回來的斐利亞·福格，在八點鐘聲敲響的那一刻走進改良俱樂部。

曾被18個劇院經理拒絕過的《弗雷德里克夫人》成為毛姆踏上名利雙收之路的第一步。那個劇本寫在用過的稿紙背面，毛姆說，「我很缺錢……沒錢浪費乾淨的好紙。」這部戲在1907年10月26日搬上舞台。巨大的成功幾乎讓毛姆一夜成名。他被媒體冠以「英格蘭劇作家」的稱號。《弗雷德里克夫人》演了一年多，第二年，毛姆的四部戲在倫敦西區同時上演，這個在世紀作家創下的紀錄過了整整一代的時間（約13年）才被打破。

第五章
英格蘭劇作家

「世紀初到（1914年）戰爭開始的那些年，」著名劇評家詹姆斯·阿加特說，「標誌了這個國家自伊莉莎白時代起一個巨大的戲劇能量爆發期。」那是1907年，確切地說，是在這個製作季的中間，《弗雷德里克夫人》讓毛姆享受到了第一次巨大的成功，也奠定了毛姆作為那個年代最炙手可熱的劇作家的聲望。

那個時代佔主導地位的是蕭伯納、高爾斯華綏和哈利·格蘭維爾－巴克這幾個享有盛名的嚴肅劇作家，而從時髦的意義上來講，薩默塞特·毛姆和詹姆斯·巴里則在很多年間是西區喜劇世界的領軍人物，儘管巴里的《彼得·潘》每年都會上演，但受歡迎程度和賺錢能力則不能與毛姆同日而語。風俗喜劇（society drama）走到了最後階段，毛姆很擅長寫這類風趣的都市戲，他能敏銳地捕捉到觀眾想要什麼，再通過熟練的技巧呈現出來。《弗雷德里克夫人》能夠上演在很大程度上靠的是運氣，但接下來的成功則要歸功於作者縝密的權衡以及對戲劇元素的考量。《弗雷德里克夫人》上演前，毛姆解釋道：「我思考了經理們想從一部戲中看到些什麼。顯然，這得是一部喜劇，因為觀眾想笑；盡量要有戲劇衝突，因為觀眾想激動；帶一點情感戲，因為觀眾會喜歡；

還要有一個大團圓的結局。」這些東西同樣重要，什麼樣的角色對女主角有吸引力？一個美麗的女投機家，有貴族頭銜，還有一顆金子般的心，答案很明顯。「只要這一點確定下來，其餘的一切就都迎刃而解了。」

首演之夜觀眾所表露出來的興高采烈和熱情在大多數評論中得到了回應。「一場令人暢快的娛樂。」《泰晤士報》說，雷金納德・特納在《學會》雜誌上讚美道，「一個美妙的夜晚，從頭到尾充滿了歡樂……（作者）圓滿成功，大獲成功。」聽到這樣的反應，毛姆當然長長舒了口氣：他說，那天晚上來到劇院時，他不知道自己將會以一個怎樣的身分離開，「一個有成就的劇作家，還是未來的銀行職員」。整個演出過程中，身穿燕尾服、打著領結的他面色蒼白，默默坐在一個包廂的後排，聽著演員把他寫的台詞說給觀眾，他依舊局促不安，就像他對傑拉德・凱利解釋的那樣：「通常，這樣的時刻我不適合在人群裡待著。」不過，第一幕結束後，他就感覺勝券在握了，演出結束後在巴斯俱樂部舉行的晚宴上，人們看到他神采飛揚，熱情地向演員們表示感謝，尤其是獲得評論界交口稱讚的埃瑟爾・歐文和查爾斯・羅恩，毛姆告訴後者，「你的表演清新自然，這部戲的成功，你功不可沒。」回想整個戲劇生涯，《弗雷德里克夫人》的首演之夜是最令他激動的時刻。

很快，全城都在談論《弗雷德里克夫人》，從皇家宮廷劇院到加里克劇院，再到標準劇院、新劇院，最後到乾草劇院，這部戲在最後這家連演了422場，令人難忘。當初拒絕這個劇本的美國演出經理查爾斯・弗洛曼現在要出雙倍的價錢買下它的美國版權，第二年這部戲就登上了紐約的舞台且廣受好評，主演是埃塞爾・巴里摩爾[1]。

毛姆作為一名劇作家突然倍受青睞，心情急迫的劇院經理們如潮水般向他的戲劇經紀人戈爾丁・布萊特湧來，索要以前毫不猶豫就會拒絕的劇本。幸好，布萊特能從容應對，充分利用眼下的形勢。他生長在一個戲劇家庭，年紀輕輕就專注於這一行，兄弟是著名經紀人阿迪森・布萊特，他還娶了一個編劇喬治・埃傑頓做老婆。他的兄弟1906年去世後，他接收了很多他的客戶，包括巴里，一度還有蕭伯納。在過去的兩年裡，這個敏銳勤奮的年輕人在推銷毛姆的作品方面不遺餘力，現在他開心地看到他對毛姆的信任得到了回報。他很快又連續賣出三個曾經被拒的劇本：《多特太太》、《拓荒者》和《傑克・斯特勞》。命運突變讓毛姆欣喜不已，他終於達成所願，成了一名劇作家，而不是小說家。一天晚上，他路過潘頓街的喜劇劇院時有了這番頓悟。「我偶然抬起頭，見雲彩被落日點亮。我停下腳步，看這可愛的景象，心裡想：感謝上帝，現在我可以看著夕陽，而不用想怎麼描繪它了。我當時想，再也不寫書了，我要將餘生獻給戲劇。」

為了這個目的，他寫信給他的文學經紀人平克，要求終止他們之間的合作，他解釋說，很多人找他寫戲，以後就沒時間寫小說了，平克明智地決定對這封信不予理會。毛姆願意嘗試幾乎所有能賺錢的東西，於是，他接受了音樂喜劇之王喬治・愛德華茲的邀請。愛德華茲是戴利劇院和快活劇院的老闆，著名的「快活姑娘」的創始人，前一年，他將弗朗

[1] Ethel Barrymore，1879-1959，美國早期極負盛名的演員，影、劇兩棲，她同兩位演員兄弟萊諾和約翰，被譽為「巴里摩爾氏家族的傳奇」。美國劇評界稱她是「美國戲劇第一夫人」。

茲・萊哈爾的輕歌劇《風流寡婦》搬上舞台，並取得巨大成功，想複製這種成功的想法是可以理解的，他看上了萊哈爾的主要競爭對手奧斯卡・施特勞斯的《華爾滋之夢》（Ein Walzertraum）。1908年1月，毛姆去維也納看了一眼，向傑拉德・凱利彙報說，雖然音樂很美，劇本卻「傻得不可思議」。毫無疑問，他肯定能搞出點名堂，只要給他自由創作的空間。可是，愛德華茲知道自己想要什麼，毛姆的版本根本不沾邊。「《華爾滋之夢》和我的合約都告吹了。」幾個星期後，凱利被告知。「他不喜歡我的本子，抱怨我遺漏了他想加進去的東西，等等。我不想讓我的名字和他提議的那些東西聯繫在一起，所以，我讓他給了我一大筆錢把我的名字拿掉，我的本子歸他了，隨便他怎麼處置。」

愛德華茲的《華爾滋之夢》上演時（「不太成功……我很高興看到。」），毛姆的下一部戲《傑克・斯特勞》已經開始排練了，並將於3月26日在河岸大街的雜技劇院上演；緊接著，4月27日，《多特太太》將登上喜劇劇院的舞台；最後，6月13日，《拓荒者》在抒情劇院開演。毛姆有四部戲在倫敦西區上演，相對於《弗雷德里克夫人》的422場，《傑克・斯特勞》的321場，《多特太太》的272場，只有《拓荒者》的演出次數不夠多，48場。「我的成功是壯觀的、始料未及的。」毛姆回憶道。他的名字和他的戲的名字隨處可見——被稱為「毛姆四重奏」。沃爾特・佩恩翻閱體育類報紙時看到兩匹賽馬分別叫弗雷德里克夫人和傑克・斯特勞。「很多人給我拍照，採訪我，名人們想認識我，我感覺很不錯。」

不出所料，毛姆作為當時的名人，很多時髦的女主人都來找他。其中一位是小說家茱莉亞・福蘭考， 她的筆名是法蘭克・丹比。福蘭考太太是個寡婦，性格活潑、充滿魅力，人也很聰明，是個嚴肅的戲迷，曾是 J・T・葛蘭的獨立劇院委員會的一員。她和毛姆交上了朋友，邀請他參加她在梅費爾的家中舉辦的首演聚會，還鼓勵他參加她每周舉辦的沙龍，來者都是著名的演員和作家。亨利・歐文爵士❶是常客，還有喬治・莫爾、麥克斯・畢爾邦和阿諾德・貝內特。作為回報，毛姆會陪她一起看戲，有時看完戲還會帶她去吃飯，去葛拉夫頓畫廊的超級夜總會跳舞。另一個熱心的女主人是聖赫利爾夫人，1890年代，她曾在奧古斯塔斯・黑爾的要求下接觸過毛姆，如今，她又勁頭十足地追逐起毛姆來。「了不起的夫人們，」毛姆嘲諷道，「陶冶著那些以前被她們當作小丑的文藝工作者。」

毛姆只見過伊迪絲・華頓❷和湯瑪斯・哈代這兩位文學界的大人物一面，就是在聖赫利爾夫人家裡。毛姆受邀參加一個向美國小說家致敬的午餐會，他被帶到伊迪絲・華頓面前。華頓太太衣著華美，一副高高在上的姿態。她用一系列精挑細選的文化話題優雅細膩地給毛姆上了二十分鐘課，直到她在智識方面的屈尊俯就令毛姆感到窒息，於是，他不假思索地問了她一個關於驚悚小說作家埃德加・華萊士的問題。

「埃德加・華萊士是誰？」她回答道。

「您從來不讀驚悚小說嗎？」

「不。」

❶ Sir Henry Irving，1838-1905，英國演員和導演。

❷ Edith Wharton, 1862-1937，美國女作家。她的小說《純真年代》獲得1921年的普立茲獎。

> 從沒有哪個單音節詞包含如此之多的冷淡和不滿……她將目光移開，嘴角露出一絲淡淡的苦笑。
> 「恐怕時間不早了。」華頓太太說。

湯瑪斯・哈代顯然更投他的脾氣。那是在一個盛大的晚宴上，出席者全是政界和文藝界的大人物。

> 夫人們退回休息室後，我發現自己正坐在湯瑪斯・哈代身邊。我記得他身材矮小，有一張樸實的臉。他穿著晚禮服，襯衫和高領子是漿洗過的，但仍然給人一種土裡土氣的感覺。他和藹可親、性情溫和。當時打動我的是，他身上很不尋常地混合著害羞和自信。我不記得我們談了些什麼，但我知道我們聊了三刻鐘。末了，他大大地恭維了我一番，並問我（他沒聽說過我的名字）的職業是什麼。

住在巴黎的華頓太太可能不知道毛姆這麼有名，但在倫敦他可謂是名聲大噪。葛蘭為《星期日泰晤士報》撰文道：「一個人如此受歡迎且一夜竄紅，這種情況大概要追溯到早年的薩爾杜[1]。」《笨拙》雜誌登了一幅伯納德・派特里奇畫的漫畫：莎士比亞的鬼魂愁眉不展，嫉妒地看著一面貼滿毛姆四部戲劇海報的牆。麥克斯・畢爾邦在《星晴六文學評論》雜誌為毛姆叫好，「年度英雄……他的名字家喻戶曉，就連認為劇院不雅的家庭都知道他的名字。」四部戲同時上演，為什麼不是五部呢？畢爾邦思索。「五部戲同時上演多

[1] Victorien Sardou，1831-1908，法國劇作家。1877年當選為法蘭西學術院院士。

好！……可是，這麼多劇院，五部戲又算什麼呢？倫敦的劇院為什麼不全部『毛姆化』？」

自從《一個體面的男人》登上倫敦戲劇表演社的舞台，葛蘭就一直積極支持毛姆，他為毛姆的下一部戲《傑克・斯特勞》寫了一篇熱情洋溢的評論，他這樣形容這部戲，「它如羽毛一般輕盈，像麻雀一樣俏麗。」充滿活力、情節複雜的《傑克・斯特勞》是毛姆1905年在巴黎逗留期間用兩個星期的時間匆忙寫就的。《傑克・斯特勞》的節奏安排極為精確、詼諧風趣，次要情節連接緊湊，表明作者有信心駕馭這種複雜的半鬧劇（semi farce）。在這部戲裡擔綱主演的是兩個經驗豐富的演員，洛蒂・威恩飾演派克－詹寧斯太太，查爾斯・霍特里扮演傑克・斯特勞，「那一代人中演技最精湛的喜劇演員」。霍特里也是這部戲的導演，這部戲讓他取得了巨大的成功，要不是因為十二月他的健康狀況欠佳，造成這部戲停演，《傑克・斯特勞》也會像《弗雷德里克夫人》那樣連續演下去。

在事業的這個階段，毛姆在選擇演員方面還沒有多少話語權，他為一個朋友爭取過角色，結果失敗了。在《傑克・斯特勞》中，「我想給蘇爭取一個小角色，但是沒做到。」1908年2月他給凱利寫信說。埃塞爾溫・西爾維婭・瓊斯，大家都叫她蘇，是個年輕的女演員，和毛姆一樣，她的父親劇作家亨利・亞瑟・瓊斯也是默頓坊斯蒂文斯夫人家的常客。瓊斯先生當時年近六旬，是個很好玩的人，他精力充沛，是農民的兒子，但下決心要在戲劇界闖出名堂。1890年代，他曾紅極一時，如今他的事業正在走下坡路。他很欣賞《蘭貝斯的麗莎》，於是很快與毛姆打得火熱，他滔滔不絕地聊戲劇，慷慨激昂地談論創建設想中的國家大劇院，並期望毛姆能參與他組織的活動，廢除王室宮務大臣懲罰性的審查制度。1906年的一個下午，瓊斯在蘇的陪伴下來到默頓坊，這個令人陶醉的姑娘，23歲，淡金色的皮膚，秀髮高高盤在頭頂，藍眼睛，身材豐滿撩人。她14歲時就在父親的戲裡出演角色，之後她在外省結束了學徒生涯，一直沒太出名。她的婚姻不太幸福，和丈夫分居後想在西區找份工作。毛姆立即被蘇的性感美吸引了：「她有我所見過的最美麗的笑容。」他寫道。吸引他的還有蘇的幽默感和直來直去的說話方式，她大方、心腸軟，咯咯笑起來時是那麼甜美，性感得令人無法抗拒。兩人調情、聊天，約好共進晚餐。這次約會很成功，接下來的兩個晚上毛姆帶她去不貴的餐館吃飯，之後帶她回他在帕摩爾街的單間，跟她做愛。事後，毛姆送蘇回家，蘇在雙輪馬車上問他覺得這段關係能持續多久，毛姆開玩笑地說：「六個星期吧。」事實上，毛姆真的愛上了蘇，這段關係持續了將近八年。

在默頓坊遇到蘇・瓊斯的那個下午，毛姆和哈利・菲力浦斯剛分手不久。毛姆態度矜持、貌似超然，實則煞費苦心地想要隱藏內心猛烈且動盪的情感。無愛的童年讓他比較善於偽裝。「他舉止鎮定，在大多數情況下貌似波瀾不驚。人們都覺得他不是一個情緒化的人，但是只有他知道自己其實任憑情緒的擺布，一次偶然的善意就會深深地打動他，他不敢開口，以免暴露聲音的顫抖。」性欲充沛的毛姆同樣拼命渴望愛情，直到中年，他還時常陷入戀情。他的不幸在於，他從來沒有能力讓付出的情感得到同樣的回報。年輕時，他對男人和女人都有磁鐵般的吸引力，追求他的人很多。「我時常陷入無感的激情之中。」他承認，因而不得不一次又一次設法從討厭的糾纏中抽身，「可能的話，文雅地分手；不可能的話，怒目相向、拂袖而去。」諷刺的是，他從未體會過他所描述的那種「愛的回饋所帶來的狂喜。」毛姆擅長掩蓋他的行跡，幾乎沒留下什麼關於愛慕的書面證據，儘管如此，還是有很多蛛絲馬跡可尋——信中隨便提及的東西，稍加掩飾的風流韻事，還有矜持背後隱藏的對情感的渴求。晚年回顧往事時，毛姆宣稱，他從來沒有完全卸下防備，從沒有將自己全身心地交予某個人。然而，有跡象表明，這種說法並不完全真實，他的心理防線曾一度被蘇・瓊斯攻破。

除了外在的性感，蘇身上還有很多特質對敏感、脆弱的毛姆富有誘惑力。毛姆跟她在一起很自在，她完全接納他，寧靜中帶著和善，豁達的平靜撫慰他的心靈。她脾氣好，身上有惹人愛的孩子氣，喜歡搞惡作劇；她常常開懷大笑，有時安安靜靜坐在一邊，不需要有人跟她說話或逗她開心。儘管婚姻失敗，事業不成功，蘇依然對生活充滿熱情，她的樂觀和活力抵消了情人憂鬱的情緒和飄忽不定的傾向。最重要的是，蘇渾身散發著充沛的母性光輝，顯然，這對毛姆來說是無法抵抗的誘惑。

可惜，兩人的通信從未曝光，但毛姆的小說《尋歡作樂》中那個可愛溫柔的蘿絲卻給人留下了不可磨滅的印象，那是毛姆塑造的女性角色中最招人喜歡的一個。很多年間，毛姆無數次提到蘿絲，把她形容為「一個我真心喜歡了很多年的女人。」顯然，這個女人就是蘇。他向傑拉德・凱利詳盡講述了他們之間的愛情，也確認了蘿絲的身分。「蘇來自一個普通的家庭，她母親尤其是……她19歲就結婚了……過著悲慘的生活，後來遇到了威利，唯一一個她真正愛過的男人。」凱利說，在他的印象裡，威利和蘇「有過一段非常愉快的關係……她是我見過的最令人心情舒暢的女人之一，我覺得她美極了。」凱利在信中對毛姆說，蘇是個「可人」，「蘿絲是你在書中創造的最美好的女性形象。」

在《尋歡作樂》中，毛姆和蘇的戀情當然對調了，但實質內容不會錯。下面這段文字描述了兩個情人共度的第一夜，其中那個無名的講述者這時是個青年，他把蘿絲帶回他在維多利亞的住處。

> 她用雙臂摟住我的脖子，也哭起來了，一邊吻著我的嘴唇、眼睛和濕漉漉的臉龐。接著，她解開胸衣，把我的頭拉到她的胸口。她撫摸著我那光滑的臉，輕輕來回搖動著我，好像我是她懷中的一個嬰兒。她朝我彎下身子，兩個乳房沉甸甸地壓在我的胸口。不一會兒，她下了床……這是一個天生為了歡愛綢繆而生的軀體。這時候，在那片正奮力與越來越強的日光爭鬥的燭光映照下，她的全身現出一片銀光閃閃的金色，只有兩個堅實的乳頭是淡紅色的。

陶醉在新戀情中的毛姆去巴黎見傑拉德·凱利，並告訴凱利，他「愛得無法自拔」，他請凱利給蘇畫像。1907年，凱利畫了一幅漂亮的《穿白裙的勒沃太太》，這是一幅蘇的全身像，豐滿的她站立著，穿了件低胸的晚禮服，嘴半張著，慵懶的目光投向不遠處。凱利的第二張畫像同樣惹人注目，勾魂得越發坦白，蘇坐在沙發上，穿的仍是低胸露肩的晚禮服，目光直視前方，可愛的臉蛋上帶著極為誘人的許諾。「她的姿勢很美，也很有耐心。」凱利後來說，「我們倆都盡力了，我想威利會喜歡這幅畫像。」

《傑克・斯特勞》演了不到一個月，《多特太太》就在喜劇劇院開演了。這部戲是美國人查爾斯・弗洛曼製作的，他的戲劇帝國正在倫敦迅速擴張，迄今為止，他最成功的一部戲是《彼得・潘》，這部戲每年都會上演，巴里也因此成為百萬富翁。弗洛曼是當初拒絕《弗雷德里克夫人》的那18個劇院經理之一，他不希望再犯同樣的錯誤，於是他很快出價買下《多特太太》的版權，找來瑪麗・坦佩斯特主演，並請著名製作人迪恩・布希科來執導。毛姆幾乎不敢相信自己的運氣，竟然有兩個明星參與這部戲。「第一次去看排練的時候……我懷著忐忑的心情。」他回憶道。瑪麗・坦佩斯特「是英國舞台上最偉大的喜劇演員。我本以為會見到一個任性、苛刻、脾氣暴躁、討厭的人……令我驚訝的是，她沒有表露出一絲一毫的不耐煩……她專心聽布希科講，然後照辦……看到她表演我寫的台詞，心裡暖烘烘的。」這部戲是根據1903年毛姆和他哥哥哈利合寫的一本小說《財富獵人》改編的。《傑克・斯特勞》的寫作技巧在很大程度上受到了法國鬧劇作家的影響。這部詼諧時髦的戲於1908年4月27日開演，得到評論家的一致好評，幾乎所有人都對瑪麗・坦佩斯特大加讚賞。

現在毛姆赫赫有名，對戲劇感興趣的人大概沒有不知道他的，他的名氣難免招人妒忌。那年早些時候，阿諾德・貝內特有一部戲在倫敦戲劇表演社上演，4月29日，他在筆記本上寫道：「昨天和今天讀到文章說薩默塞特・毛姆又有一部戲大獲成功，心裡嫉妒得很——這是他的第三部戲了。」一天晚上，毛姆一個人在俱樂部吃飯，偷聽到隔壁桌的兩個男人正在議論他。「你到底認不認識他？」一個人說。「我猜，他的腦袋已經膨脹得大到不行了。」「嗯，是啊。」另一個人說，「買不著戴得下的帽子了吧。」實際上，成功並沒有改變毛姆，儘管他那種冷靜的態度會被觀察者誤以為是某種形式的虛榮。聽到喝采，他當然高興，但他是辛辛苦苦熬了十年才取得了今天的成績，對成就的本質他看得很清楚。他找到了一個訣竅，一種能讓觀眾開心的寫喜劇的技巧。他並沒有高估這種能力，也不會繼續這種寫法太久，不過，有需求的時候，他還是會享受這種練習，並對其充分加以利用。畢竟，不到一個月就寫出一部戲算不上艱辛的努力。「我一般五天就寫一幕戲。」他回憶道，「周末休息，然後同時寫第二幕和第三幕。再在第四個星期抽出五天時間修改一下。」

對毛姆來說，成功給他帶來的最意義深遠的改變是金錢方面。他這輩子頭一次不再為錢發愁，這對他來說是莫大的安慰。他的劇作暫時沒有讓他變得富有，但《弗雷德里克夫人》的成功讓他不用再過窮日子。「我憎惡貧窮。」1908年，他在筆記本上寫道，「我討厭為了維持生計節衣縮食。」喜歡物質享受的他從來沒有被豐富多彩卻悲慘的波西米亞式生活吸引過，欠債總是困擾著他。在很多層面上，金錢對毛姆來說意義重大，在他看來，很少有人能充分理解「金錢對於他偉大而勢不可擋的意義。」錢能讓他擁有藝術獨立，將討厭的干擾隔離，想去哪兒就去哪兒，想什麼時候去就什麼時候去，讓他過上奢華的生活。此外，對於一個從小就缺少情感安全感的人來說，財務安全是一個極為重要的替代品。毛姆對這個主題有濃厚的興趣，他多次在他的作品、書信和談話中提到錢。「和威利待一個晚上，」作家貝弗利・尼可斯說，「你會以為跟股票經紀人吃了頓飯。」新近發財最直接的結果是，他離開帕摩爾街的那個單間，和他忠實的沃爾特・佩恩一起搬進了蒙特街23號一間漂亮的小公寓。

毛姆明白要趁著出名盡快獲利，於是他立刻開始工作，潤色手頭的劇本。1908年6月13日，薩默塞特・毛姆的第四部戲《拓荒者》拉開了帷幕。不久後，小說版也面世了。《拓荒者》曾被拒過很多次，最後接受這個書稿的是當時最成功的演員兼經理之一路易斯・沃勒，他是個備受女戲迷鍾愛的男演員，他最忠誠的粉絲會佩戴寫著K.O.W.（喜愛沃勒）字樣的徽章。扮演高尚的亞力克・麥肯齊這個角色時，沃勒能充分施展他絢麗的演技，麥克斯・畢爾邦形容角色中的他近乎神一般，他巧妙且言不由衷地說：「看他站在客廳中央，雙腳併攏，端著肩膀，握著拳頭，緊咬著嘴唇……如果他在倫敦的客廳裡這樣，我們狂想一下，他在中非的中央又會怎樣？」

很久以來毛姆都想給沃勒爭取一個角色。前一年維奧麗特・韓特在她的日記上酸溜溜地寫道：「薩默塞特・毛姆……一個激動人心的天才，他向比阿特麗絲・路易斯暗送秋波，我知道她是南肯辛頓一個平庸的藝術生，但她碰巧也是路易斯・沃勒的妹妹。」說服沃勒出演《拓荒者》並不容易，劇本交給他，進行了四次大的修改才最終接受。1903年那時是科萊斯負責處理最早的版本，結果沒賣出去，毛姆跟他解除經紀合約後自然認為這個劇本跟科萊斯就沒有任何關係了，可是科萊斯又來索要傭金，毛姆認為這個要求太過無理，但科萊斯堅決要求索賠，而且不打算拖延下去，他向法庭控告了毛姆。科萊斯控告毛姆一案在英國高等法院的王座法庭開庭，最終原告獲賠21英鎊。

新小說出版後，毛姆的麻煩又來了，儘管解決這次麻煩沒有法律介入。1906年，毛姆受怪人阿萊斯特・克勞利的啟發寫了小說《魔法師》，梅休因出版公司接受了這個書稿，當時毛姆跟他們簽了三本小說的合約，每本書預付75英鎊。《魔法師》正要開印時，公司的高層讀了一下，吃驚不小，立刻取消了出版計畫，把作品退了回去。「我一直認為出版商最好永遠也不識字。」毛姆氣憤地說。這本書本來是獻給他的朋友傑拉德・凱利的，但為了保護朋友，不讓他跟這個淫穢的作品有牽連，他在手稿上刪掉了凱利的名字。後來，他把這本書賣給了威廉・海涅曼——此後，毛姆的書全部交由海涅曼公司出版。海涅曼這筆生意成交了，倫敦的大街小巷都能看到毛姆的名字，梅休因的老闆想起來應該適時提醒這位作者還欠他們三本小說。毛姆怒不可遏。「你知道，我這人特別注意姿態的優雅，」他告訴傑拉德・凱利，「所以就用幾句感人的話讓他下地獄去了。」

梅休因拒絕《魔法師》這事，毛姆並沒有感到十分詫異，有段時間，他也擔心這個故事能否被接受。早在1906年10月，他曾給平克寫過一封信，「我想跟你商量一下瘋人院那章能否去掉。我不想給讀者帶來不必要的恐懼。」《魔法師》是個徹頭徹尾的驚悚故事，毛姆沒有任何想要克制一下自己的跡象，相反，他還很享受把恐怖和口味推向極致的感覺。神秘學在世紀之交的巴黎很流行，為這種潮流推波助瀾的是頹廢派作家於斯曼，特別是他1891年的那本小說《彼方》，據毛姆講，「那種恐怖令人忐忑不安，很多人覺得怪怪的，卻很吸引人……若不是向於斯曼致敬，我根本不會寫《魔法師》這本書。」創作這種風格小說的還有瑪麗・雪萊和埃德加・愛倫・坡，更近期的有 H・G・威爾斯的那本粗野殘忍的小說《莫洛博士島》。

《魔法師》這部小說裡的主要人物的原型就是克勞利，主人公像克勞利一樣虛榮、愛吹牛。顯然，知情者明白毛姆的靈感出自何處，他在描述白貓餐館的常客時也沒有試圖掩飾。「我聽說毛姆在他的一本新的諷刺小說裡把我們白貓的人狠批了一通。」心情沉悶的畫家羅德里克・奧康納寫信告訴克萊夫・貝爾。不出所料，反應最強烈的是「魔法師」本人，他表現得怒不可遏（或者假裝怒不可遏），但同時毛姆邪惡的諷刺又讓他反常地深感榮幸，他將這本小說形容為「我做夢也沒有想到會激發他人如此欣賞我的天賦」。他是偶然看到這本書的，「書名很吸引我，《魔法師》。作者，哎呀，作者是我尊貴的老朋友威廉・薩默塞特・毛姆，那個年輕可愛的醫生，我記得很清楚，我們曾在白貓共度美好的舊時光。他真的寫了一本書——真是令人難以置信啊！」在《名利場》雜誌的一次採訪和他後來的回憶錄中，克勞利攻擊毛姆，指責他剽竊，不僅侵吞了他的生活，還未經允許就去克勞利的妹夫傑拉德・凱利的書房找到神秘學方面的書籍，從中抄襲了大段的文字。「毛姆拿走了我生活中最私密、最個人的部分，我的婚姻……我的魔法觀點、志向和功績等等，還增添了很多以我為中心的荒謬傳奇故事。他把我建議傑拉德・凱利買的書中數不清的內容拼湊在一起。我想像不到剽竊行為也可以如此多樣、廣泛和無恥。」

克勞利的話不無道理。不可否認，哈多的形象源於真實生活，儘管他令人反感，但哈多提供了貫穿整本書的強有力的紐帶。至於其他，這個冒險故事寫得很好，性墮落的主題也處理得真實且引人入勝。然而，從藝術角度來講，這本書的不足之處正是克勞利所反對的地方，毛姆從卡巴拉❶、地獄七魔王❷、《所羅門的鑰匙》❸和「很多科學無法解釋的東方的東西」中摘錄了大量文字。他對這些都不感興趣，他認為全是胡編亂造，結果顯示，他偷懶摘錄的部分確實笨重無趣。當毛姆把手稿拿給維奧麗特看時，她恰恰指出了這個毛病。收到她的意見後，他回信道，「我覺得你說得很對，但我是故意這麼做的，給出很多日期和權威的說法……我想讓讀者記住當時的人對那些東西深信不疑，我不希望讓人覺得這只是一個聳人聽聞的故事。」克勞利把《魔法師》中他認為毛姆剽竊的段落列了一個單子，這個做法只能招致作者的厭棄。傑拉德・凱利曾給克勞利畫了張像，毛姆建議他把這幅畫送給英國皇家藝術學院，並在上面注上黑綠相間的標題「婊子養的」。

《魔法師》於1908年11月出版，評論界迴響不一，有人譴責作者下流，有人則祝賀他奉獻了「一本真正的驚悚小說」。如今毛姆享有很高的聲譽，已經和一年前大不相同了。他和巴里、平內羅、阿爾弗雷德・蘇特羅❹等著名劇作家一起創立了戲劇家俱

❶ 建立在對《舊約聖經》的神秘解讀基礎上的古猶太神秘哲學。
❷ 七位魔王分別代表人類的七宗罪。
❸ 在猶太人的傳說中，以色列國王所羅門由於得到了天使書寫的《拉吉爾之書》，獲得了自由召喚和操縱惡魔精靈的能力。這本書記載了召喚的規則和咒語，但這本書實際上是中世紀的術士們撰寫的，和所羅門王毫無關係；並且書中記載的魔法鼓勵殺生祭祀，屬於所謂的「黑魔法」。
❹ Alfred Sutro，1863-1933，英國作家、劇作家和翻譯家。

樂部，還成為加里克俱樂部的一員，這個歷史悠久的紳士俱樂部位於柯芬園，會員多是演員和文人。他是在一封向《泰晤士報》抗議戲劇審查制度的公開信上簽名的70個名人之一，其他人還有蕭伯納、巴里、高爾斯華綏、平內羅、葉慈和 H・G・威爾斯。在麗茲酒店舉辦的一次晚宴上，毛姆是受邀前來的180名賓客之一，這次晚宴的主題是向奧斯卡・王爾德忠實的朋友和遺囑執行人羅比・羅斯[1]致敬，羅斯間接地在王爾德過世八年後幫助他恢復了名譽。H・G・威爾斯激動地提議大家舉杯祝羅斯身體健康，毛姆坐在王爾德的兒子衛維恩・霍蘭德身邊，聽見他低聲道，「這種話最好別說。」

那是十二月的一個晚上，毛姆出現在麗茲酒店意義重大，這意味著向那個影響了他生活和寫作的人表達敬意，儘管無法言傳的話還有很多。毛姆從來沒有寫過王爾德，這個主題太危險，但王爾德的影響對他的成長起了很大作用：在聖托馬斯醫院讀書時，毛姆就讀了王爾德的《莎樂美》和《道林・格雷的畫像》，看了他的戲《不可兒戲》，在他早期的大部分劇作裡，王爾德的影子清晰可見。《魔法師》這本小說無可爭辯地帶有王爾德的風格，其中還引用了《莎樂美》裡的那句：「我愛上了你的身體，伊奧迦南！」王爾德公開宣稱，任何人都無權譴責他人的行為，每個人都應該走自己的路，去他想去的地方，按照他自己選擇的方式生活。毛姆對此十分認同，並在作品中反覆提及，儘管在生活中，他並不能完全貫徹這種理念。王爾德的同性戀傾向曝光後帶來的可怕後果：失去家庭，失去房子、失去名譽，對毛姆造成了很深的影響，他不可避免地看到自己和他的處境有許多

❶ Robert “Robbie” Ross，1869-1918，記者、藝術評論家和藝術商人。

相似之處。這個男人的悲劇困擾著他，同時他又被這個男人所吸引，因此，他對王爾德的社交圈和文學圈抱有濃厚興趣，那天晚上很多王爾德圈子裡的人出現在麗茲酒店，有幾個後來也成了毛姆重要的朋友。

其中的關鍵人物就是羅比・羅斯，還有他的老朋友雷金納德・特納，他們一起陪出獄後的王爾德去了法國。羅斯是個小個子，乾淨整潔，留著整齊的鬍子，他是個同性戀者，王爾德的第一任男性情人，他有一種頑皮的幽默感，笑聲很有感染力。羅斯給《晨郵報》寫藝術評論，還是一家小畫廊的老闆，友善的羅斯在繪畫方面的知識很淵博，尤其了解法國印象派，毛姆對這個話題感興趣，覺得這個新朋友很是迷人。「你真是個可愛的人，」那次晚宴後，毛姆給羅斯寫信說，「我很高興認識你。」雷吉・特納成為毛姆的朋友是因為他寫了一篇讚美《弗雷德里克夫人》的評論。雷吉的性格有點像老處女，在有男有女的場合，他會始終表現得端莊得體，但是在純男性的聚會上，他會極度興奮。雷吉貌不驚人，厚嘴唇、豬鼻子，不停地眨眼睛，但是他很大方，也很健談。麥克斯・畢爾邦在描述雷吉的機智時說，他對別人的幽默不會做出迅速積極的反應。這個觀點令雷吉很苦惱，他問毛姆這是不是真的。「我不想傷害他，所以我說，『哦，雷吉，我講笑話的時候，你從來都沒笑過。』他眨巴著眼睛，皺起不好看的小臉，然後咧著嘴道：『可是我真覺得不好笑啊。』」雷吉有豐厚的收入，所以堅持不懈地走文學道路，他寫過一系列業餘得令人沮喪的小說，沒一本賣得好的。一次毛姆吹噓他的書的初版多麼稀有，雷吉說：「啊，想要搞到我的書的第二版幾乎是不可能的。」雷吉鼓勵麥克斯・畢爾邦加入王爾德的圈子，雖然畢爾邦很佩服王爾德，但從來沒有成為他的知己。跟雷吉・特納和羅斯不一樣，他不是同性戀，也不想走那條路，儘管他很願意參與一般性的討論，比方說，異性戀男人是喜歡女人的男人，男人對男人的愛是「無法說出口的愛」。交往初期，麥克斯曾徒勞地想把雷吉從放蕩的生活中拯救出來。「我真的認為雷吉的事業到了一個至關重要的時刻，」他給羅比・羅斯寫信道，「我不希望眼睜睜看著他淪為那種『無法說出口的愛』的犧牲品。」

麥克斯・畢爾邦和雷吉・特納在牛津大學讀書時就形影不離，現在他們邀請毛姆加入他們的小圈子，對毛姆來說，這是一種恭維。雷吉在伯克利廣場邊上有間公寓，離毛姆和麥克斯家走路只需兩分鐘，毛姆住在蒙特街，麥克斯住在上伯克利街，跟他的母親和姐妹們生活在一起。一次毛姆應邀去上伯克利街喝茶，就是在那兒發生了一件令他尷尬且難忘的事。「我記得那個房間燈光昏暗，畢爾邦太太穿著黑衣服，看上去相當害羞，還有兩個姑娘，也穿著黑衣服，低聲跟幾個客人說著話。那種不安會讓你感覺隔壁房間有一口敞著蓋的棺材，棺材裡躺著一具屍體。顯然，我在這次聚會上的表現不佳，因為，從此我也再也沒有接到過邀請。」雷吉家的氣氛就輕鬆隨意多了，毛姆從家裡出來或回家的路上經常會去拜訪一下。一天下午，他就是在這裡第一次見到了 H・G・威爾斯，他和雷吉一起吃過午飯後回到雷吉家繼續聊天。威爾斯被視作英國重要的知識份子之一，當時鋒頭正盛，而毛姆很不舒服地意識到自己的那點名氣與之相比顯得無足輕重，於是他手忙腳亂，有一種微妙的低人一等的感覺。「他給我留下了這樣的印象，他看我就像在看即興表演，在看喜劇演員。」與朋友們共度的最歡樂的夜晚，性情古怪的斯蒂文斯夫人也在場。三個年輕人都是默頓坊的常客，後來，斯蒂文斯夫人把家搬到了肯辛頓，她慷慨且有點混亂的宴會仍在繼續，絲毫沒有減少。「我確信有很多老女人像斯蒂文斯夫人一樣招人喜歡，」斯蒂文斯夫人死後，麥克斯寫信對毛姆說，「但我相當懷疑在這個民主時代是否有很多人像她一樣奇怪——那麼的怪異、厚臉皮、自信，對自己的言行無比篤定。」毛姆記得星期二晚上她表現得尤為活躍。「麥克斯、雷吉・特納和作家喬治・史崔特，還有一個叫希佩里的研究古羅馬道路的專家，還有我。這些人在一起很開心，主要是雷吉逗得大家大笑不止。麥克斯話不多，但只要他說話，你就會記住。要麼很風趣，要麼尖酸刻薄。聚會結束後，我們坐在公共汽車頂部，各回各家。」

毛姆在王爾德的圈子裡交下的另一個重要朋友是艾達・萊弗森[1]，她也參加了那次向羅斯致敬的晚宴。她是王爾德忠實的朋友，他管她叫他的「史芬克斯」，醜聞曝光時，她站在他身邊支持他。那個清早，她也是少數幾個接他出獄的人之一。艾達，四十多歲，面容姣好，說起話來柔聲細語，身材苗條，染了一頭金髮，一張蒼白的小臉，尖下巴，她和丈夫分居了，她被視作那個主要由男同性戀組成的小圈子的女顧問，那個圈子裡有羅比・羅斯、雷吉・特納、麥克斯・畢爾邦和阿爾弗雷德・道格拉斯勳

---

❶ Ada Leverson，1862-1933，英國小說家。

❷ Aubrey Beardsley，1872-1898，19世紀末最偉大的英國插畫藝術家之一，也是近代藝術史上最閃亮的一顆流星。1893年，他為王爾德戲劇《莎樂美》作插圖。1894年4月，萊恩創辦著名雜誌《黃皮書》，由比亞茲萊作美編。《黃皮書》一經出版即引起轟動，也是比亞茲萊藝術的頂點。

爵。女子氣的青年吸引她，也被她吸引，她曾試圖勾引奧伯利・比亞茲萊[2]，但沒能成功。他們很喜歡她，把她當成謹慎冷靜的密友，也很珍惜這位有天賦，且有點怪怪的女主人。「她的談話矯揉造作，在某些意義上令人難以捉摸，混亂、荒唐，卻又那麼迷人。」一個迷戀她的人說。「史芬克斯」在海德公園旁邊有一棟小房子，儘管她的家境遠遠算不上富裕，但總是能舉辦令人愉快的社交聚會。她出現時總是打扮得很精緻，戴著小首飾，她喜歡淡雅的顏色，裙子剪裁精美，衣料上乘。為了貼補家用，她寫過兩本小說，還給《黑與白》和《笨拙》雜誌寫稿。那個圈子裡的羅伯特・希琴斯[1]曾鼓勵她試著寫寫劇本。「立刻寫一部輕喜劇。」1908年，他給她寫信道，「我希望你這麼做，我命令你。打敗薩默塞特・毛姆。」

打敗毛姆是不可能的，但毛姆和艾達・萊弗森的友誼卻迅速升溫。「史芬克斯」也像維奧麗特・韓特一樣，覺得這個英俊聰明的小夥子迷人得一塌糊塗，並對他產生了強烈的依戀感。她不停地給他寫信，他生病時，她會送一屋子鮮花，還送他一個護身符帶在身上。「我親愛的史芬克斯，」毛姆寫道，「你真是太好了，你送我那塊可愛的馬蹄鐵，我要把它掛在我的錶鍊上，我的錶鍊上；我要把鮮花插在我的髮間，我的髮間。你看，你的善意將我拋入抒情的狂喜之中……」她請他吃飯、聽歌劇，看他所有的戲，悉心向他求教，任由他評論自己的作品。1908年，她將自己的小說《愛的影子》獻給了毛姆。「她焦急地盼望毛姆的到來，」她的女兒回憶道，「毛姆的一張大照片成了她私人生活環境

[1] Robert Smythe Hichens，1864-1950年，英國小說家。《阿拉的花園》的作者。

的一部分。」至於毛姆嘛，他喜歡「史芬克斯」，知道她對他有好感，但他巧妙地把玩這種關係，盡情享受著調情，同時，他也小心翼翼地不向前邁進認真的那一步，只要到了這種時刻，他就會突然打住。他們有很多共同愛好，寫作——史芬克斯也是平克的客戶，還有戲劇——艾達的朋友裡有喬治・亞歷山大[1]、查爾斯・霍特里、畢爾邦・特里和傑克・葛蘭，她和獨立劇院的關係也很密切。毛姆最大的興趣點之一是她和王爾德的交往，她把她珍藏的王爾德的詩集《史芬克斯》的初版送給了毛姆，毛姆非常感動。她在書上寫了幾行字，開頭是這樣寫的：「哦，被黑暗折磨臉的美人，愛你的⋯⋯」毛姆對阿爾弗雷德・道格拉斯勳爵也很好奇，13年前他第一次去卡布里島時曾與他有過一次難忘的邂逅，毛姆希望艾達能把道格拉斯介紹給他。「我希望有一天你能讓我見到波西。」1908年12月，他給她寫信說。艾達很樂意滿足他的願望。

此後不久，1909年1月，毛姆的下一部戲上演了，「史芬克斯」急於助朋友一臂之力，她給當時在《學會》雜誌做主編的阿爾弗雷德勳爵寫了封信，問他能否給他的雜誌寫篇關於這部戲的評論文章。波西同意了，但條件是不能因為作者是朋友就肆意吹捧，光撿好聽的說。可惜，她寫出來的文章恰恰如此，阿爾弗雷德勳爵給她寫了一封退稿信，並用嚴厲的語氣譴責了她，「我親愛的『史芬克斯』，很抱歉，這篇稿子根本不能用。吹捧朋友的意圖太明顯了⋯⋯毛姆的戲也許很有趣，值得一看，但你的評論適用於真正偉大的喜劇，王爾德那種，或者二十年不遇的好東西⋯⋯當你邀請我一起

[1] Sir George Alexander，1858-1918，英國演員、戲劇製作人和劇院經理。

吃晚飯，跟他見個面時，我就懷疑他的動機不純。我在倫敦斷斷續續生活了十年，我記得很多年前在卡布里見過他，如果他真的那麼急於見我，為什麼不早見呢，可惜啊，現在我是一家報紙的編輯，對他來說很有用，是嗎？」

信中提到的那部戲是1909年1月9日在喜劇劇院上演的《佩涅羅珀》，這次的領銜主演還是瑪麗・坦佩斯特。這部戲講的是佩涅羅珀，一個成功的倫敦醫生忠實的妻子使用各種世俗詭計將丈夫從他討厭、黏人的情婦身邊奪回來的故事。這個主題並沒有多少新意，一年前詹姆斯的《每個女人都知道》就是類似的主題，薩爾杜1883年那部很紅的鬧劇《離婚》也是，大約二十年後毛姆在《忠實的妻子》中再次回歸這個主題。但據毛姆說，這部戲的靈感主要來自「一個年輕的女人……我和她曾有過一段戀情。」這種說法不禁會勾起人們的好奇心。無論事實到底怎樣，毛姆提供了一個出色的劇本，關注時下，向觀眾呈現了一部時髦的作品。在《佩涅羅珀》和他的下一部戲《史密斯》中，毛姆第一次涉及現代社會的現代女性，他將《弗雷德里克夫人》和《傑克・斯特勞》中維多利亞時代的富麗堂皇和富裕繁華換成了橋牌會、電話、大廈公寓、電燈和印花棉布裝飾的明亮客廳。

《佩涅羅珀》再次獲得成功，毛姆將這部戲委託給了查爾斯・弗洛曼，他在提升毛姆作為戲劇家的名氣方面意義重大。那些年，矮胖、禿頂的弗洛曼已然是紐約最負成名的製作人，如今，他正躋身倫敦最重要的劇院經理之列。弗洛曼為人謙和、頭腦聰明、擅長冷幽默，而且擁有無窮的能量，巴里說，「就像大自然的力量……可以點燃一座城市。」戲劇對弗洛曼來說就是生命，他深受業內人士愛戴，大家都認為他是個公正的人，言出必行。這主要歸功於他在倫敦、巴黎和紐約建立了一套用來交換成功劇碼的制度，而且他把重點放在了倫敦，與當代戲劇有關的一切都源自倫敦。弗洛曼經常重複一句話，他寧肯在倫敦賺15英鎊，也不願意在紐約賺15000美元。實際上，個人收益對他來說意義不大。蕭伯納這樣寫過他，「（查爾斯・弗洛曼）是我認識的人裡最富有瘋狂的浪漫精神、最敢作敢為的人。就像查理七世成了一名出色的戰士，因為他有置於死地而後生的激情，同樣，查爾斯・弗洛曼冒著破產的危險成為了著名的劇院經理。」弗洛曼長期租用約克公爵劇院，和許多傑出的經理建立了友好的關係。1901年，他創紀錄地將由他製作的戲劇搬上了倫敦五家劇院的舞台；他簽下西區最好的導演之一迪恩・布希科；正如葛蘭為實驗劇碼設置了一塊場地；弗洛曼也在薩伏伊飯店有一間永久的套房，他從那裡出發，穿著皮大衣，抽著雪茄，小跑著去看排練。他曾在樂池裡謹慎地指揮各個部門，在導演身邊平靜地談話，向某個演員點頭，示意他有話要對他講。他像孩子一樣喜歡甜食，一個裝著糕點的黏糊糊小箱子從不離身。從劇院出來，他最喜歡的娛樂活動是去攝政動物園。20世紀初，弗洛曼實質上已經壟斷了英國戲劇向美國出口的管道，他負責將巴里、平內羅和奧斯卡・王爾德的作品帶到美國。因此，他對薩默塞特・毛姆的劇作感興趣對毛姆在大西洋彼岸立足至關重要。兩人的合作有一個很好的開局，弗洛曼在紐約製作了《弗雷德里克夫人》，在倫敦製作了《多特太太》，接著又買下了《佩涅羅珀》的版權，這部戲連演了三個星期。

至於小說方面，毛姆也像對待戲劇行銷一樣有條不紊，眼睛一直盯著戈爾丁・布萊特，毛姆源源不斷地給他下達指示、提建議。「我在想各種事。」1908年9月毛姆在一封信上這樣開頭，「《拓荒者》在美國那邊有進展嗎？你認為有可能去外地巡演嗎？伍德里奇太太真好，給我寄來了《弗雷德里克夫人》和《多特太太》在外地巡演的收入，但我不知道演出的情況如何……可以安排人把《傑克・斯特勞》譯成法語嗎？」幾個星期後，他告訴布萊特，「我放心了，弗洛曼喜歡我的新戲《佩涅羅珀》……我想，我們必須要個好價錢，否則，他不會尊重我的……我希望聽到你已經安排好翻譯的事了，還有，立刻將我的全部劇作搬上巴黎的舞台……」

在這個階段，從沒想過當演員的毛姆發現他很喜歡製作戲劇的過程。他喜歡看排練，總是穿得乾乾淨淨出現在劇院裡，他是少數受演職人員歡迎的作者之一，他安靜地坐在正廳的前排座位上，不會指手畫腳，總是很配合地把需要改動的地方寫在筆記本上。他和導演一起工作得很愉快，儘管迪恩・布希科的太太兼演員愛琳・范布說，「他和多特（迪恩的暱稱）相處很融洽。我相信他們真心欣賞彼此的成就，但我們不知道，除了他們都對製作那部戲感興趣之外，是否真的那麼理解或喜歡彼此。」毛姆喜歡簡單的工作氛圍，黑暗中的觀眾席和空蕩蕩的舞台。他享受輕鬆的同志情誼，大家在煤氣燈照亮的化妝室裡聊閒天、開玩笑。「和劇組的一個人在街角的餐館匆匆吃頓午餐，喝杯苦苦的濃茶，還有四點鐘女傭拿進來的厚厚的麵包和奶油。」毛姆最怕的是首場演出，總是緊張得要死。「我試著把我的作品的首演當成別人的。」他寫道，「即便如此，我還是很不舒服……真的，我就不該看自己的戲，無論是首場，還是第幾場，但是我覺得有必要了解一下觀眾的反應，這樣才知道怎麼寫。」《佩涅羅珀》首演那晚，他最後一次向喊「編劇」的觀眾鞠躬答謝，因為近來有家報紙抱怨他過於賣力地推銷自己。「我讀到報紙上說我既沒有禮貌，又沒有尊嚴……我決定首場演出時再也不到幕前去了。」

毛姆有很多劇作家朋友，比如亨利・亞瑟・瓊斯、聖約翰・格里爾・歐文、阿爾弗雷德・蘇特羅，還有起初不被看好的哈利・格蘭維爾－巴克。他總是三句話不離本行，喜歡跟同事們探討寫作技巧。比如，他和蘇特羅經常看彼此的劇本，互提意見，蘇特羅在毛姆寫《史密斯》時幫了大忙，蘇特羅寫喜劇《困惑的丈夫》時，毛姆也是個好參謀。「我斗膽給你提個建議，」他看完那部戲後寫信道，「一般來說，在喜劇的倒數第二幕結尾製造一個強而有力的情境會很有用，我的意思是說非常搞笑的情境，即便接近鬧劇也沒關係。只要從頭到尾逗觀眾笑就夠了。讓他們捧腹大笑才是明智之舉。」然而，說到演員，撇開戲劇的範疇，毛姆從來就沒對他們感興趣過。實際上，即使是在後台，這個非正式的場合，毛姆的態度也會被認為冷淡。「跟毛姆在一塊兒時我總是很緊張，」愛琳・范布說，「聽到一句誇獎都會受寵若驚。」雖然他欣賞演員們的才華和勇氣，也經常被他們唯妙唯肖的模仿和軼事逗笑，但私底下他認為不太值得跟演員交往。

當然，有一個例外，那就是美麗的蘇・瓊斯，他依然迷戀她。蘇一如既往的誘人、惹人喜愛，然而，她身上有某種令人捉摸不透的東西，兩人的關係沒什麼進展。讓毛姆沮喪的是——蘇對他甜蜜、慷慨，對其他人也一樣。他向傑拉德・凱利求助，「勇者還沒有得到美人，勇者只是把美人煩得要死。現在，我把唯一的希望寄託在你身上了。」他懇求凱利從巴黎過來給予他支持。與此同時，毛姆盡量討蘇的歡心，他曾試圖為她在《傑克・斯特勞》中爭取一個角色，但沒辦到，現在他又利用自己的關係讓她在《佩涅羅珀》裡扮演女僕佩頓。毛姆對蘇的能力不抱什麼幻想：「她不是一個特別好的演員。」他說，「不過，還是能為她爭取到做替補演員的機會，或者讓她扮演一些小角色。」穿女僕裝的蘇很可愛，甚至贏得了《星期日泰晤士報》的青睞，稱讚「埃塞爾溫・西爾維婭・瓊斯小姐飾演的女僕恬淡寡欲、無懈可擊。」她的情人為她做了件好事，蘇取得了一次小小的成功，還應邀參加了赫伯特・畢爾邦・特里在國王劇院舉辦的莎士比亞演出季。她在那裡很快捕捉到了特里左顧右盼的眼神，為了打擊情敵毛姆，一天晚上，特里在薩伏伊飯店告訴蘇，她是在浪費時間，「他是個同性戀，」聽到這個消息，蘇一點也不苦惱。

傑拉德・凱利在毛姆與蘇的關係中扮演著十分重要的角色，他和毛姆一樣喜歡蘇，他也是毛姆最親密的朋友。這個朋友在應對女人方面更有經驗，所以，毛姆很依賴他，但在其他方面，毛姆則把凱利當成一個他摯愛的但又很氣人的弟弟，毛姆會給他事業上的忠告，怪他不懂得利用機會。他鼓勵凱利去旅行。「我想，你應該出國待一陣子，去義大利或西班牙，或者兩個地方都去。」1908年3月，毛姆寫信對凱利說，「但願你從情感糾葛中抽出身了，去國外生活一段時間吧，讓明媚的陽光照在你的身上。」凱利記住了他的忠告。

後來，他認定最明媚的陽光在緬甸，於是，毛姆借給他錢，讓他去了。凱利希望成為一名肖像畫家，毛姆留心把傑出人士介紹給他，毛姆讓他牢記，大眾想要什麼就給他們什麼，這一點很重要。「你馬上就要來英格蘭了，我懇求你藉此機會給一個漂亮女人畫張像。如果你能示人的作品只是一系列對蕩婦精湛的描繪，就別指望有人會委託你作畫。」畢竟，凱利必須考慮到他不能就這樣懈怠下去。「我認為奧賓[1]和尼克爾森[2]是你此時最強勁的對手。近一段時間他們倆在公眾中的聲望有所提高，你卻原地踏步……我對你這個夏天沒有任何作品拿出來展覽感到失望透頂。不要因為我把這些忠告一古腦塞給你就生我的氣，這完全是出於對你真摯的情誼，而且我十分欣賞你。」

毛姆對凱利的真摯情感甚至體現在他發現凱利也和蘇睡過覺之後，他在信中用不自在的打趣口吻提到朋友「可惡的背叛」。毛姆越來越清楚地認識到蘇天性就是個隨便的女人，她不止跟他睡覺，還跟他的很多熟人睡覺。不只是凱利，還有沃爾特・佩恩以及凱利在白貓那裡的好友艾弗・柏克。「我所有的朋友都跟她上過床。」毛姆的說法未免有點誇張，但也無可厚非，「這讓她聽起來像個蕩婦。其實她不是。她身上不帶一絲邪惡……她不淫蕩。她天性如此。」很簡單，蘇喜歡性，沒有道德上的顧慮，認為一個男人帶她出去吃飯，吃完飯跟他上床是很自然的事。正如凱利所說，「威利是她唯一真正愛過的男人……但這並不能阻止她繼續過隨便的生活。」毛姆承認自己也挺隨便的，他漸漸相信他

❶ Sir William Orpen，1878-1931，英國畫家，尤以政治家和戰士的肖像畫聞名。
❷ William Nicholson，1872-1949，英國靜物、風景和肖像畫家。

可以娶她。有一段時間，他瘋狂地迷戀她，現在也很喜歡她。她不專屬於他，這很重要嗎？肉體方面不那麼緊要，吃醋真是個事嗎？「我從來沒這麼喜歡過別人，」他想，「我為什麼要煩惱她跟我的朋友們上過床呢……儘管她在道德上比較散漫，但她是一個非常好、非常可愛的女人。」他現在35、6歲了，打算安家的話，應該就在不久的將來。蘇最近跟丈夫離了婚，儘管沒明說，應該也不會反對再婚。所以，時機似乎很合適。

這是個勇敢的決定，可是和他同時代、同階層的大部分性口味傳統的男人一樣，他也十分珍視給人一種恪守常規的表象。他壓根不希望壓制自己的同性戀傾向，但同時覺得女人也對他有吸引力，於是導致他錯誤地以為自己「四分之三正常，只有四分之一同性戀」。婚姻可以進一步讓天平向他期望的方向傾斜，至少可以允許他作為異性戀者進入上流社會。正如約翰・哈利維爾在《一個體面的男人》中所說的那樣，「一個人只有非常堅強、非常自信，才能違背通常的觀點，如果你不具備這些特點，還是不要冒這個險了，就像凡夫俗子那樣隨大流吧，走老路至少是安全的。不刺激、不勇敢，相當無聊，但安全極了。」

蘇寬容的天性是她自身魅力的重要組成部分，再加上她來自一個戲劇環境，戲劇界向來包容不墨守常規的人，毛姆很理解這種包容心，但他不可能在他的親戚身上發現這個特點。他的兩個在世的哥哥，查爾斯和 F. H.，都已為人夫、為人父，都是勤奮的律師，都是受人尊敬的資產階級的中流砥柱。哈利自殺後，在大家震驚之餘，所有不受歡迎的友誼的證據再也掩蓋不住，顯然，他們無法接受家庭內部再有類似的事浮出水面。從來都是局外人的毛姆不希望過兩個哥哥那樣的生活，一個星期在辦公室待六天，一年帶著小桶和小鏟子去海邊度假一次。然而，他內心裡還是有種強烈的、遵守規範的願望，想扮演英國紳士的角色，有個妻子照顧家，招待朋友，給他生孩子。

結婚也不意味著完全改變性取向。倫敦有廣大的同性戀人群，存在著一種繁榮的次文化，一個謹慎的社交網，各種男性賣淫者，從梅費爾妓院的專業人士到皮卡迪利大街的孌童，從下班後去音樂廳附近轉悠的禁衛軍士兵——他們很有男子漢氣概，身穿鮮紅色的制服——到「兼職」的業餘愛好者：服務生、店員、男僕。夜幕降臨後，他們在公園裡遊蕩，在街角走走停停，希望碰到一個客人，在他們的周薪外，多賺幾個先令。傑明街的土耳其浴室享譽歐洲，那裡的全體員工，從按摩師到修腳師再到經理都是同性戀。浴室經營很得體，員警雖然清楚裡面在幹什麼，但視而不見，這個地方尤其受到主顧中的社會名人的青睞。毛姆這種性欲旺盛又謹小慎微，害怕被曝光的男人和孌童在一起是相當危險的。（王爾德告訴雷吉，他和妻子去購物，在皮卡迪利大街的「斯旺和埃德加」百貨商場外看到孌童時，他就知道自己「死定了」。）土耳其浴室更安全，但生性挑剔的毛姆討厭這種明目張膽的露天市場。到目前為止，最適合的去處是一些富有同情心的女主人提供的「安全屋」，艾達・萊弗森是她們當中的女王，在這兒，志趣相投的男士們，有已婚的，也有單身的，可以見面約會，不必擔心接下來會曝出醜聞。

傳統社會中，毛姆的「兩面派」不會受到懷疑，他英俊的相貌、日盛的聲譽和謙遜謹慎的態度迷倒了很多人。男人和女人都覺得他的外表很有魅力。「我清晰地記得，」小說家路易斯・馬洛寫道，「那張懷疑謹慎的臉看上去是那麼美麗光滑、輪廓鮮明，彷彿是稀有象牙雕成的：那種美兼具了西方的古代文明和東方的奢華與智慧。」毛姆尤其吸引女人，但他看起來一點也不分心，專心致志地聽從她們口中說出的每一個字。而且，他身上和性格裡帶著一絲神秘感，他的專注無疑又增添了一份魅力。艾達・萊弗森在她的一本小說裡為這個時期的毛姆畫了張像，她的觀察力實在敏銳。在《限度》中，吉伯特・赫里福德・沃恩這個人物的原型就是毛姆，他的朋友們叫他吉利。沃恩「白皮膚、黑頭髮，34歲，相貌十分英俊，他是一個紅得發紫的劇作家，時髦聚會追逐的對象。他的行為舉止和其他人一樣，只是比一般人稍微安靜些。除非特別善於觀察的人……乍看起來，他並沒有聰明到嚇人的地步。他有那麼一兩個特點，有時很容易讓人產生誤解。其中一個特點是，無論他看什麼東西或什麼人，他那雙不透明的黑眼睛總是充滿生動的表現力，女人會把這種觀看誤以為是讚美。」

「史芬克斯」準確地抓住了毛姆採用的技巧，比如，如何回應他的成功，轉移嫉妒心和關於虛榮的指責。

> 沃恩知道想得到一個角色的盧斯科姆小姐肯定會向他獻殷勤，於是善意地將自己和這個女人盡量隔開。儘管如此，她還是把身子從桌子那頭探過來，說：
>
> 「那些巧妙的東西您是怎麼想出來的，沃恩先生？真不明白您是怎麼做到的。」
>
> 「是啊，我們都想知道。」福斯特船長說。

「很容易，真的。」沃恩說，「有個竅門。」

「是嗎？」

「就是這樣。」

「您是怎麼掌握這個竅門的？」

「哦，僥倖罷了——一點點運氣。」沃恩說……

書中慎重地提到了他的私生活，很多想引他上鉤的未婚姑娘對此非常感興趣，「史芬克斯」巧妙地處理了這個主題，編造了他和一個旅店老闆女兒的感情糾葛，以避開大眾的視線。葛萊蒂絲是個「粗俗平庸」的女人，這也是蘇留給艾達的印象，這樣的故事大概源於她對毛姆感情生活中那個年輕漂亮的女人的憎恨。

和《佩涅羅珀》一樣，毛姆的下一部戲《史密斯》的主題也效仿了巴里1902年的《可敬的克萊登》，劇中的僕人比主人高尚得多。《史密斯》中則是一個年輕的客廳女侍，一個農夫的女兒，她的正直與雇主的唯利是圖和自私自利形成鮮明的對比。她贏得了男主人公——這家少爺的心。由弗洛曼製作的《史密斯》的首演定在喜劇劇院，那天是1909年9月30日，這是一年中毛姆的第三部戲：《佩涅羅珀》的首演在一月，三月開演的是《高貴的西班牙人》，這是根據法國劇作家厄內斯特·格雷內特－丹庫特[1]的一部鬧劇《風流寡婦》（Les Gaietés de Veuvage）改編的。扮演史密斯的是十九歲的瑪麗·洛爾，她長得漂亮極了，這個角色就是為她寫的。儘管很年輕，瑪麗·洛爾已經成名，前一年她參演了蕭伯納的《結婚》，取得了巨大的成功，所以有傳言說，她正在和倫敦最著

[1] Ernest Grenet-Dancourt，1859-1913。

名的劇作家之一交往也不足為奇。F. H. 的妻子奈麗是個有癮的媒婆，她曾十分積極地給小叔子介紹對象，瑪麗・洛爾就是其中的一個，她曾邀請瑪麗・洛爾到肯辛頓花園的家中共進晚餐。瑪麗・洛爾身材苗條，一頭淺金色的頭髮，那天她打扮得很浪漫，穿了一條粉紅色的薄紗裙，髮間還別了一朵玫瑰花。毛姆帶她參加過一次舞會，她還去鄉下找過他，那幾天他正在對《史密斯》這個劇本做最後的潤色。很快，他鼓勵傑拉德・凱利給她畫像，但和給蘇畫像不同的是，毛姆沒有要給他錢的意思。總之，如果奈麗希望他們的關係有所進展，她會失望的。他們只是朋友。「我很喜歡他。」洛爾小姐說，「我們在一起時很開心。」

毛姆的作品供不應求，他越來越覺得如果想寫作的話必須離開倫敦。有時候他會去布萊頓幾天，住在大都會飯店，白金漢郡的塔普洛有一家小旅館，他也很喜歡，因為那個旅館附近有一座高爾夫球場，打高爾夫球已經成為他的愛好。寫作需要久坐，毛姆意識到鍛鍊身體的重要性，更重要的是，他需要保持健康的體魄，改善從小就虛弱的體質，他的呼吸道和肺部尤其容易感染。因此，他騎馬、散步，每個星期去巴斯俱樂部打一次壁球，但幾乎任何休閒活動都不如打一場高爾夫球更讓他開心。1908年創作《佩涅羅珀》時，他在一個田園詩般的地方，義大利科莫湖邊的瓦倫納找到了一家旅館，第二年，他又去到那裡寫《史密斯》，此前他好像得了胸膜炎，想藉此機會休養一下。瓦倫納很美，在療養院住了幾個星期後，山間的空氣對他大有裨益，而且這裡還有一座很棒的高爾夫球場。劇本快寫完時，他邀請傑拉德・凱利和幾個朋友過來玩，有歐沃爾特・佩恩、斯蒂文斯夫人、內特・賽萊特，還有他的哥哥 F. H.，他也是個高爾夫愛好者。「美好的一天。打了一下午高爾夫……晚飯後打橋牌，贏了12法郎。」F. H. 開心地在日記本上寫道。

離開英格蘭找個僻靜的地方寫東西跟他的旅行癖無關，儘管旅行是毛姆最大的生活動力之一。「我很清楚，我總是渴望離開，渴望到國外去，」他對凱利說，「其實，旅行時還不如在倫敦舒坦呢，但我就是無法克服這種推著我向前走的焦躁心情。」一直到晚年，這種焦躁感依然迫使他走出去，只要不太忙，能抽出空來，他就會動身起程。1908年，除了瓦倫納，他還去了馬德里、君士坦丁堡、布爾薩[1]、卡布里島和希臘的科孚島（克基拉島）；1909年，他去了巴黎、安特衛普、布魯塞爾，還去伯羅奔尼撒半島徒步旅行了一趟；1909年，他第一次去了美國，這一年，他還去了法國南部、米蘭、雅典和威尼斯。「真的，想讓信裡不出現華麗的辭藻實在太難了。」他從希臘給凱利寫信道，「鳥兒在我身邊歌唱。下面有片林子，橄欖樹、柏樹、正在長葉子的楊樹和無花果樹；起伏的群山，一個又一個山坡，遠處積雪覆蓋的山頂，夕陽下一片玫瑰紅……這一切都美極了。」

有時，沃爾特・佩恩會陪著他，大多數情況是他一個人。在城市裡，他喜歡看戲、逛畫廊，通過書信和凱利詳細討論他看到的東西，當然，也會談到其他的事。儘管方式不同，但兩個人都喜歡遠離英國的社會壓力帶來的自由感。身在巴黎的凱利沉浸在醉人的自由之中，逃離他所謂的「圍繞著倫敦人的性經驗的常規和偏見」。顯然，這種說法在更大程度上適用於毛姆。生長於法國的他時常被英國人的拘謹惹

[1] 土耳其西北部城市。

惱。「在我看來，英格蘭是這樣一個國家，那裡有我不想履行的責任和令我厭煩的義務。」他說，「只有將海峽置於我的祖國（儘管出生在英國大使館，從技術層面講屬於英國領土，但實際上，法國才是毛姆的祖國，但他一直將自己視為道道地地的英國人。）和我之間，我才能感覺到徹底的舒服自在。」一旦有機會出行，他就會抓住。「有個友善的人提出開車帶我環遊法國。」1907年，他開心地寫信告訴凱利，相信他的朋友肯定知道他指的是什麼。1907年坐船去那不勒斯途中，他向凱利彙報情況，「我遇到一個埃及帕夏❶，他為我的魅力所折服，向我提出不可能會誤解的建議……我高傲地拒絕了，但我不可能對讚美無動於衷。」

1909年，他和雷吉・特納去了佛羅倫斯，和卡布里一樣，那裡也有一大群外國同性戀者。他們住在阿諾河邊的一間公寓裡，後來，路易斯・馬洛和他的一個年輕的朋友也加入進來，雷吉成了這群人的中心，因為他會講已故的偉大的王爾德的故事。用馬洛的話說，雷吉是「連接奧斯卡和所有古代雞姦罪的活著的紐帶」。「啊，是啊，是啊，我知道。他很好，我知道。也很隨和。但沒奧斯卡好。跟奧斯卡不一樣。哦，不，他永遠不會像奧斯卡那樣！」

毛姆的下一部戲《第十個人》的大部分是1909年10月在瓦倫納寫的，這部戲在形式上有一些變化。除了《一個體面的男人》和《拓荒者》，到目前為止，毛姆所有的戲劇作品都是輕鬆的社會喜劇。只有《比米什太太》❷沒有找到製作

❶ 帕夏，鄂圖曼土耳其帝國官職名或敬稱，相當於英國的勳爵。

❷ 《Mrs. Beamish》，講的是一對受人尊敬的中年夫婦被迫說出一個驚人的事實──他們沒有結婚，所以，他們那個自命清高的兒子是私生子。這個劇本從來沒有製作過，也沒有出版過，只有手稿存世，目前存放在華盛頓的國會圖書館裡。

人。其他的戲劇作品，從《弗雷德里克夫人》到《史密斯》都大受歡迎，並給作者帶來豐厚的回報。毛姆很坦率，也許太坦率了，他認為創作這類東西太過容易，不必費心思隱瞞構思有多輕鬆，寫起來多容易、多快。「我認為寫劇本的難度被誇大了，」他得意地寫道，「我腦子裡總是同時裝著一打戲，當一個主題出現時就會自動分出場次，每一『幕』都直勾勾地盯著我，所以，寫完一部戲的第二天就開始寫新戲對我來說不成問題。」

毛姆在接受一家報紙採訪時曾相當輕率地表示，他對悲劇和玩觀點的嚴肅作品沒有耐心，他用輕鬆的口吻說，劇作家把自己當回事就太不明智了，因為劇作家的首要或者說唯一目的就是娛樂大眾。他只是在自嘲，卻遭到評論界普遍的誤解。向他發起攻擊的人中有麥克斯・畢爾邦。他說，「如果他現在只想實踐輕喜劇，那就讓他一門心思撲在那上面吧。最初的志向引領他走上戲劇之路，有人仍在一絲不苟甚至無利可圖地追求自己的理想，他卻嘲笑他們，很難說他有風度。」曾經批評《佩涅羅珀》是「懶散的技巧」（slovenly workmanship）的威廉・阿徹[1]指責毛姆「不為大眾的口味差異留餘地，事實上，很多人極不喜歡『一個偉大的中心思想』，也不喜歡空洞的瑣事。」聖約翰・漢金[2]是一個無情的現實主義者，據說，他的作品甚至能讓易卜生的戲顯得很歡快，他評論的角度略有不同。在一篇名為《毛姆先生戲劇成功之悲劇》的文章中，他用刻薄譏諷的口吻說，「毛姆寫有

[1] William Archer，1856-1924，英國戲劇評論家。
[2] St. John Emile Clavering Hankin，1869-1909，英國維多利亞時代的隨筆作家和劇作家。

分量、有品質的作品時總是被拒絕，現在他開始生產無足輕重的糖果了，倫敦戲劇界卻被他踩在了腳下。」

但毛姆知道自己在做什麼：他理解觀眾，知道如何給他們提供他們想要的東西。德斯蒙德・麥卡錫[1]這樣評論毛姆的戲劇，「他的作品足夠玩世不恭，會讓感情脆弱的俗人在開心的同時以為自己意志堅強；也足夠聰明，可以滿足智力水準遠不達標的倫敦觀眾。」然而，功成名就並不意味著毛姆對負面意見漠不關心，很多年間，他一直回過頭來為自己的立場辯護。

「評論家們指責我為大眾寫作，」他在《總結》中寫道，「我並沒有真的這麼做……我只是用那服務於目的的部分自我撰寫喜劇。目的就是讓大家開心，我的目的達到了。」

他認為，就是從他成名那時起，知識界將他拒之門外。儘管他經常否認，但被他們拒絕讓他耿耿於懷了一輩子。「我本是一個謙遜且受人尊敬的人，但知識界不僅對我不理不睬……還像路西法那樣用力將我拋入無底的深淵。我很驚訝，也有點受傷。」他力求保持平衡，於是在寫接下來的兩部戲《第十個人》和《格蕾絲》時刻意轉變了方向，回歸更嚴肅的故事和主題。可惜，這兩部戲都不成功，大概過了兩年多，毛姆才重新開始寫戲。1909年末，他在給戈爾丁・布萊特的信中說，「我累了、倦了。這之後我打算先不寫劇本了。過去的兩年我寫了四部戲，八部戲上演！我真覺得我有權利鬆懈幾個月。」

由弗洛曼和亞瑟・伯切爾製作的《第十個人》講述的是

[1] Sir Charles Otto Desmond MacCarthy，1877-1952，英國文學評論家和記者。

貪婪、墮落和不幸的婚姻，想要離婚卻被拒的可憐妻子將毀掉兩個男人在議會的事業，一個是她憎惡的丈夫，一個是她深愛的男人。一個精明的英格蘭北部政客帶來了令人震驚的結局。「在世上走一遭，你會明白，十個男人，九個無賴。」他告訴那個寡廉鮮恥的丈夫，「你忘了最終會遇到第十個男人。」這部戲是1910年2月24日上演的，被媒體評價為「枯燥乏味」和「老掉牙」，只演了四個星期。「首場演出反應平平。」毛姆向艾達・萊弗森彙報說，「評論家太過苛刻。可是，我不在乎，我不在乎。」《格蕾絲》後來更名為《鄉紳》，毛姆從《旋轉木馬》中選取了一個主題加以改編，講的是格蕾絲・卡斯蒂雍（Grace Castillyon，劇中是茵索麗，Insoley）和他卑鄙的情人雷吉的故事。這個版本的雷吉顯然比最初版本的雷吉好多了，這部戲沒有講他和格蕾絲的感情，講的是格蕾絲的良心危機：她被迫拿自己的道德處境與一個因為懷了私生子而自殺的獵場看守人的女兒作比較。1910年10月15日，弗洛曼出品的這部戲在約克公爵劇院首演，演出時間比《第十個人》稍長一些，儘管評論界盛讚領銜主演愛琳・范布和扮演格蕾絲那個可怕婆婆的特里夫人。在很多找碴的評論中，罵得最狠的是《星期六文學評論》（不是麥克斯・畢爾邦，他剛剛辭職。）：「毛姆操縱木偶太久了……忘了駕馭血和肉的技巧。」毛姆足夠達觀地接受了這兩次失敗，承認這兩部戲「在現實主義和戲劇性方面都不夠坦誠。」

當然，兩次小小的挫敗絕不會讓他一蹶不振。36歲的毛姆正春風得意，盡情享受生活。「我很幸運，事業順利，也很忙碌。」毛姆說，他還有名，所有人都想認識他。在平靜的表象下，這個時髦的劇作家精力充沛、興致昂揚，他所表現出來的輕浮的歡快既出人意料，又是那麼迷人。他被形容為「倫敦最詼諧的單身漢和最不知疲倦的舞者之一。」請柬如潮水般向他湧來，隨處可見他的身影。他身穿白色燕尾服，打著白色領結出席舞會和首場演出；他穿著西班牙的奇裝異服在切爾西藝術舞會上跳兩步舞；在柯芬園的慈善晚宴上他和大家一起跳活力十足的穀倉舞；他去梅費爾和肯辛頓參加午餐會和晚宴，第二天下午，他遵照禮儀，穿著一塵不染的雙排扣長禮服戴著大禮帽去拜見前一晚的女主人。「如果她不在家——你多麼希望她不在家——就留下兩張卡片……但是，如果她在家……你就會被領到樓上的客廳。你盡量聊個十分鐘，然後撿起放在腳邊地板上的帽子，起身告辭。當大門在你身後關上時，你就可以長長地舒一口氣了。」

傑拉德・凱利在他的畫像《弄臣》中出色地捕捉到了這一時期毛姆的特點。最近，凱利回到倫敦，在騎士橋區租了間畫室，一天，毛姆穿著長禮服，戴著一頂灰色的大禮帽去見凱利。「他開始打扮得衣冠楚楚了，」凱利回憶道，「他走進門，開心地給我看他那頂灰帽子。」這位劇作家坐在一扇華麗的烏木屏風前，眼睛明亮，目光警覺，一條腿隨意搭在另一條腿上，帽子微微傾斜，皮鞋閃閃發亮，手套一塵不染，一隻手放在一根尖部是金子的細長手杖上，一副典型的愛德華七世時代溫文爾雅的花花公子形象。

手頭寬裕的毛姆在梅費爾的中心地帶——切斯特菲爾德街6號，花8000英鎊租下一幢五層樓的喬治王時代風格的房子，租期為800年。他開玩笑說，「這幢房子是弗洛曼建的」。他打算和沃爾特・佩恩搬進去住，但此前還有很多事要做，還得買家具。「你的房子被裝飾一新了。」他告訴弗洛曼，「你來的時候會認不出那是切斯特菲爾德街6號。」毛姆給家裡買畫時最開心，有一張是奧賓的，兩張菲力浦·威爾遜·斯蒂爾❶的風景畫，以及聽從了都柏林市立現代藝術美術館的創始人休·雷恩的建議，買了塞繆爾·德·維爾德的一幅畫，畫的是話劇《西爾維斯特·達格爾伍德》的某個場景中的兩個演員；他又花22英鎊買了一幅佐法尼❷的畫，畫的是悲劇《守護威尼斯》中的大衛·加里克❸和西柏夫人❹，還有一個小版的雷諾茲❺的畫，畫的是《喜劇與悲劇之間的加里克》，這兩幅畫都曾歸亨利·歐文爵士所有。這是他最早收藏的兩張戲劇繪畫作品，後來他收藏了40多張，有的是在舊貨商店花幾個英鎊買的，最後他把這些畫全部遺贈給了英國國家劇院。

在緊張專注的工作間隙，毛姆繼續忙於絢爛的社交生活，他受邀參加高雅人士的聚會，他一直對觀察這些人的道德習俗有濃厚的興趣，並收集有用的材料用在他的創作裡。正如評論家德斯蒙德·麥卡錫所言，毛姆穿行在倫敦的社交圈子裡，「帶著職業文人所特有的含蓄與疏離」。毛姆有強烈的求知欲，舉個例子來說，上流社會「依然把如何統治大英帝國當私事來談論。尤其令我詫異的是，大選來臨之際，他們會討論湯姆是否應該負責內政部，狄克是否對愛爾蘭滿意。」他最近認

❶ Philip Wilson Steer，1860-1942，英國畫家。作品多為風景畫和肖像畫。善於運用光的魅力，描繪廣闊的空間。
❷ Johann Zoffany，1733-1810，英國皇家美術學院創建人之一，他擅長描繪人物眾多的風俗畫，偶爾也畫肖像畫。
❸ David Garrick，1717-1779，英國演員、劇作家、戲劇導演。
❹ Mrs. Cibber，1714-1766，著名歌手及演員。
❺ Sir Joshua Reynolds，1723-1792，英國18世紀偉大的學院派肖像畫家。

識的熟人裡有一個野心勃勃的政治女主人，聖赫利爾夫人的女兒，一個富有的議員的妻子。毛姆和桃樂絲・奧胡森之間也是那種柔情蜜意且帶有調情意味的友誼，他和其他比他年長的女人，比如艾達・萊弗森和維奧麗特・韓特也保持著這種關係。（「我親愛的奧胡森夫人，你是個不守信用的女人，你信誓旦旦地保證給我寫信，結果連一張風景明信片都沒寄過……我十分想念你。」）奧胡森夫婦在白金漢郡的斯托克波吉斯有一幢鄉間大宅，毛姆是這裡周末聚會的常客，這裡的客人構成很有意思，有政客、作家，還有武裝部隊的頭目。「非常感謝，我度過了一個愉快的周末，」一次聚會後，他給女主人寫信道，「這正是我喜歡的休閒方式。好累啊，這個星期餘下的幾天我都要躺在床上了吧。」

毛姆第一次見到溫斯頓・邱吉爾就是在斯托克莊園（Stoke Court），當時的邱吉爾是阿斯奎斯政府的內閣大臣，他娶了桃樂絲・奧胡森的表妹克萊門蒂娜・霍齊爾。斯托克莊園附近有一座高爾夫球場，毛姆和邱吉爾時常下午一起打球，回來喝很多茶，然後一起參加華麗的晚宴。一天深夜，女士們回房休息了，先生們換上便服，一邊喝著白蘭地，抽著雪茄，一邊聊天，毛姆突然插了句話，嚇了邱吉爾一跳：一個自以為是的年輕人正從作家的角度滿嘴胡說，突然毛姆插了一句話，這句機智且具有毀滅性的話讓那個年輕人閉了嘴，所有人都放聲大笑。第二天早上，邱吉爾走到正在安安靜靜讀報的毛姆身邊，對他說，「我想跟你簽一個君子協定，如果你保證永遠不取笑我，我也保證永遠不取笑你。」

儘管他很高興受歡迎，也很喜歡看到生活的這一面，但毛姆絕不是一個唯命是從的人。1910年2月，他覺得有必要批評一下艾達·萊弗森，她過分利用兩人的親密關係讓一個毛姆不認識的人接近他。「我親愛的『史芬克斯』，請替我感謝你那位朋友的盛情邀請。」他在信的開頭這樣寫道，「我不會接受這個邀請的。邀請一個與你素不相識的人一起吃飯是無禮的行為。想認識任何一個人都有公認的方式。我不明白，為什麼因為我碰巧是個作家，這些方式就可以被忽視……」

5月6日，1910年的倫敦戲劇季還沒到來就傳來愛德華七世的死訊，儘管從嚴格意義上講，愛德華時代就此結束，但實際上一直持續到1914年。那個月的大部分時間毛姆都待在義大利，他寫信給維奧麗特·韓特，他很高興舉國哀悼的那些沉悶日子，他不在英格蘭。那段時間，劇院不演戲，整個社會毫無生氣。而毛姆當時正在準備第一次去大西洋彼岸。弗洛曼一直催他過去。《多特太太》、《史密斯》和《佩涅羅珀》已經在紐約上演了，毛姆驕傲地告訴平克，「《弗雷德里克夫人》是美國近來最紅的戲之一。」他本打算前一年就去美國，但由於生病推遲了行程。不過，現在他準備好了。「我10月22號出發，乘坐『卡羅尼亞號』。」他寫信給弗洛曼，毛姆興致勃勃，想像自己向大海出發，他告訴布萊特，「就像征服美洲大陸的哥倫布一樣。」

第六章
西芮

1910年10月22日，毛姆乘坐「卡羅尼亞號」——卡納德航運公司最大也最優雅的一艘郵輪——從利物浦出發了。經濟遊的日子結束了，從現在開始，在接下來的半個世紀裡，只要有可能，毛姆都會像王子一樣旅行，享受北大西洋航線上歐洲輪船所能提供的最豪華舒適的服務。此後很多年，毛姆多次橫渡大西洋，他發現「卡羅尼亞號」的一等艙並不是太豪華，比不上不久後出現的「阿基塔尼亞號」、「茅利塔尼亞號」和慘遭厄運的「鐵達尼號」。舉例來說，「卡羅尼亞號」上幾乎沒有獨立廁所，即便是高級乘客大多也只能在走廊的廁所裡對付一下，或者在窗邊的便桶裡解決問題。越洋需要六天時間，一到紐約，毛姆就穿過熙熙攘攘的碼頭逕直來到他下榻的酒店——位於紐約市中心曼哈頓中心地帶第五大道的紐約瑞吉酒店，這是一座17層的布雜藝術風格[1]的堡壘。瑞吉酒店建於1903年，是紐約第一家高層酒店，酒店裡有電梯，床頭有電話，還有原始形態的空調，被視作結合了宏偉與現代的最新成就。附近的第五大道上，代表著舊秩序的阿斯特家族和范德比爾特家族雄偉的大廈依舊矗立，周

[1] Beaux Art，一種混合型的建築藝術形式，主要流行於19世紀末和20世紀初，其特點為參考了古代羅馬、希臘的建築風格。強調建築的宏偉、對稱、秩序性，多用於大型紀念建築。

遭則全是新秩序的證明：一幢幢拔地而起的摩天大樓，霓虹燈，喇叭鳴響的汽車，地鐵，電車和高架鐵路。

「毛姆」在百老匯已經是個響噹噹的名字：埃塞爾·巴里摩爾主演的《弗雷德里克夫人》頗受好評，接下來是由比莉·伯克[1]主演的《多特太太》，瑪麗·坦佩斯特主演的《佩涅羅珀》，還有九月份在帝國劇院首演的《史密斯》，由瑪麗·博蘭[2]領銜主演的這部戲票房也不錯。由於查爾斯·弗洛曼的熱情歡迎，再加上把他介紹給很多名人，毛姆發現他在紐約很受歡迎，並在最貴的餐廳受到款待。「我下個星期每天的午餐和晚餐都預訂出去了……我用力享受這一切。」到紐約後不久，他就向朋友彙報。很快，他彬彬有禮、英國式的矜持和剪裁精美的服裝讓他成了一個大名人。《紐約時報》注意到「很多為了向他致敬舉辦的社交活動」，於是評論道：「毛姆先生是這麼多年來拜訪美國的英國劇作家中最受社交圈歡迎的一位。」

有一個紐約客給他留下了難忘的印象，那就是他的「多特太太」——比莉·伯克。一頭紅髮的比莉·伯克從14歲起就在英格蘭的音樂廳裡唱歌，現在她是一名頗受歡迎的喜劇演員，正在向成為正統演員努力，她成功扮演了毛姆戲中的角色，這給了她不少信心。在她看來，毛姆的優雅更有巴黎味兒，而不是龐德街[3]風格。「燕尾服，條紋褲，滾邊的外套，時髦的手套，一根手杖，作工精美的鞋子，帶一圈黑邊的灰帽子，修剪得乾淨俐落的鬍子。」

---

[1] Billie Burke，1884-1970，美國演員，她還是美國著名的音樂劇製作人佛羅倫茲·齊格菲爾德的妻子。

[2] Mary Boland，1880-1965，美國舞台劇和電影演員。

[3] Bond Street，這條倫敦最富時尚色彩的街道以英王查理二世的密友湯瑪斯·龐德爵士命名。從18世紀以來就是時尚購物者和淘寶者的天堂。

毛姆喜歡有美女作伴，這個興奮的女演員令他愉快，她的仰慕也讓他很是得意。演出結束後，他們一起去跳舞，參加戲劇界的派對，通常陪他們一起的還有漂亮的女明星瑪克辛・艾略特[1]，還有同樣來自英國的約翰斯頓・福布斯－羅伯遜，他的演員妻子是瑪克辛・艾略特的妹妹格特魯德・艾略特。一天晚上，聚會結束後，他們決定一起去阿斯特酒店的夜總會，「我們不是那兒的會員，而且來得太晚了，差不多凌晨兩點了。」比莉・伯克回憶說，「但我們還是去了……走下阿斯特酒店舞廳鋪著紅地毯的大樓梯，我可以用『出場』這個詞來形容，因為沒有一個精神正常的女演員在有機會挽著薩默塞特・毛姆的手臂下樓時不激動萬分的。」她在回憶錄中寫道，「他那雙特別會放電的棕色眼睛，」她又戀戀不捨地補充道，「啊，是啊，毛姆先生，您確實有一雙會放電的眼睛，我當時都有點愛上您了，先生。」

為毛姆神魂顛倒的可不只是伯克小姐一人，很多女人不可避免地把他當成如意郎君的人選。畢竟，他英俊、有名、有錢，而且未婚。他和蘇・瓊斯仍在交往，但知道的人很少，他對同性的偏好更是秘密。他時常戲弄那些想為他找妻子的媒婆們。瑪麗亞・佛萊明就是其中一個，她是美國人，離婚後住在英國，毛姆在信中開玩笑地說：「我注意到你為我找了個妻子，我有興趣跟她見上一面……但願她瘦弱，憔悴，胸部窄小、凹陷，弓腰駝背。」

在紐約時，毛姆特別渴望和一個同為劇作家的小夥子重敘友情，他就是人稱「百老匯神童」的二十四歲的愛德華・謝爾登。謝爾登的父親是芝加哥富有的房地產商。他的兩部

[1] Maxine Elliott，1868-1940，美國舞台劇演員。

戲都大獲成功，轟動一時，其中一部是他還在哈佛大學念書時寫的。從小就癡迷戲劇的謝爾登高個子、黑頭髮、聰明、敏感、溫文爾雅，他富有且英俊，曾一度十分迷戀女演員桃莉絲・基恩，但兩人沒有走到一起。和毛姆一樣，謝爾登在性取向上比較模糊。1909年，他去過一趟歐洲，1910年夏，回到美國。他和毛姆很可能就是那段時間在倫敦相識的。毛姆覺得他很迷人，希望能有進一步的關係，但謝爾登閃爍其詞，很快就躲開了。儘管如此，兩人還是有很多共同點，並成為了摯友。毛姆在紐約時經常住在謝爾登那間裝飾得極富異域風情的公寓裡——法國家具，威尼斯的玻璃器皿，青銅鏡，厚厚的黑地毯，還有落在棲木上的金剛鸚鵡。

毛姆從紐約去了波士頓，和亨利・詹姆斯共進晚餐，後者住在劍橋[1]他新寡的嫂子那裡。多年以來，毛姆對詹姆斯作品的態度越發模稜兩可，既不大認可，又十分欽佩。不大認可的是，他發現詹姆斯的作品中缺少小說家必不可少的共鳴，欽佩的是他高超的寫作技巧。「亨利・詹姆斯滿足於『隔窗觀察』，他有幽默感、洞察力、敏銳，但構成人類基本情感的瑣屑之事，對他而言，是難以理解的……」毛姆在倫敦時見過詹姆斯兩次，他對他很好奇，但有點反感這位「親愛的大師」期盼受人崇敬的那股勁兒。不過，毛姆依然覺得他人不錯，興致好的時候，他也會很風趣。但這次詹姆斯的心情很糟，他正在哀悼他死去的哥哥威廉，他渴望盡快回英格蘭去，出生地讓他感覺渾身不自在。毛姆準備離開時，詹姆斯執意要送他到街角，陪他一起等回波士頓的電車。

❶ Cambridge，緊鄰美國麻塞諸塞州波士頓市西北方的一個城市，與波士頓市區隔查爾斯河相對。這裡是兩所世界著名大學—哈佛大學和麻省理工學院的所在地。

「我跟他說不用，我能自己去那兒，但他不聽。不只是因為他天性善良、有禮貌，而是因為，美國對他來說似乎是一個奇怪的、可怕的迷宮，他覺得沒有他帶路，我肯定會絕望地迷路……這時，電車駛入了我們的視線，亨利焦躁萬分，拼命地揮著手，儘管電車離我們還有四分之一英里遠。他擔心車子不停，懇請我以最快的速度跳上車，因為它不肯多停留一刻，一不小心，我就會被拖在車後，非死即傷。我向他保證我自己坐慣了電車。你坐的不是美國電車，他對我說，它們的野蠻、非人、殘忍是超出想像的。他的焦躁情緒深深地感染了我，車子剛一停我就立刻跳了上去，感覺自己就像九死一生一樣。我看見詹姆斯在馬路中央立著兩條短腿，目送著電車遠去，感覺他似乎還在為我的僥倖逃脫而瑟瑟戰慄。」——《隨性而至，我認識的小說家們》

回到紐約前，毛姆在華盛頓待了四天。他在那兒收到了一個叫約瑟夫・波蒙特・毛姆的人寫來的信，此人是毛姆家族美國分支的一員，他邀請毛姆去紐澤西州的特納夫萊見一下他們的家長拉爾夫・毛姆——一個教師和當地的顯要人物。見面後，毛姆發現，外號「蒙蒂」的約瑟夫・波蒙特是個十八歲的小夥子，黑頭髮、黑眼睛，看上去很敏感的樣子。毛姆暗暗吃了一驚，他們倆長得太像了。「家族成員的相貌驚人的相似，」毛姆回憶道，「最奇怪的是，這個年輕人也有明顯的口吃。」毛姆照著他說的乘電車去了特納夫萊——哈德遜河上游幾英里遠的一個村莊。在那兒，他和親戚們進行了一番長談。1850年代，拉爾夫・毛姆的父親從倫敦移民到康乃狄克州，他這一支和羅伯特・奧蒙德・毛姆那支並沒有明確的聯繫，威利・毛姆的父親同樣出身卑微，也來自英格蘭北部的同一地區。

1910年12月回到倫敦後，毛姆隨即面臨兩難境地，一方面要工作，另一方面還要裝修切斯特菲爾德街的房子。最要緊的是潤色《餅和魚》這個劇本，因為耶誕節後這部喜劇就將開始彩排。1903年一整年他都在寫《餅和魚》，但當時並沒有引起任何人的興趣。於是，不得已，毛姆將它改編成了小說《主教的圍裙》，現在又回到了他最初想要的形式。這部戲於2月24日在約克公爵劇院上演，儘管弗洛曼－布希科公司的製作很精美，首演的迴響也很熱烈，但只演了幾個星期。毛姆的同事們向他表示祝賀，「巴里認為這是我最最好的作品。蘇特羅也很熱情。其他人嘛，艾迪・諾伯洛克❶難掩興奮之情，給我寫了好幾封長信。」他自己也很開心，但觀眾的反應令他困惑不解。「人們去看了，也笑了，從劇院裡出來時卻表示不喜歡。」就像他解釋的那樣，「觀眾驚訝地看到一個神職人員在舞台上被取笑，所以人們就不想來了。」經過反覆思考，他得出一個更進一步的結論，他對自己的職業身分總有清晰的判斷，他告訴傑拉德・凱利：「我想，觀眾只是厭倦我了。我一直能料想到這種可能，所以，心情很平靜。我可以讓他們休息一兩年，他們就會忘掉這件事，然後滿懷渴望地回來看我的新作品。我把大部分劇作家用十年完成的東西壓縮到三年半來完成，所以，我筆下的人物變得單調乏味也沒什麼稀奇的。」

毛姆總能退一步思考自己的位置，這對他來說並非難

❶ Edward Knoblock，1874-1945，美國劇作家，大部分職業生涯在英國度過。

事。在過去的15年間，從寫《蘭貝斯的麗莎》開始，他就在不停地工作，產出驚人。現在，多虧大西洋兩岸每周都有大筆款項入帳，還有沃爾特・佩恩謹慎的投資，他可以允許自己過一段悠閒的日子。對於這樣一位多產且成功的作家而言，一部作品的失敗固然遺憾，但也沒什麼大不了的。弗洛曼不但不為此擔憂，還出10000英鎊巨款讓毛姆為比莉・伯克寫一部新戲，但毛姆不感興趣，拒絕了。比莉・伯克在紐約演出成功後還要去加利福尼亞演《多特太太》，「這會給我帶來兩三千鎊的收入。」毛姆告訴凱利，「約翰・德魯[1]的《史密斯》要演到六月份，所以，我還有錢支付房租，不必動用老本。」

工人們要離開了，毛姆急於把全部精力放在裝修房子上面。他和沃爾特・佩恩繼續同住，佩恩已經離開法律界，接手他父親的音樂廳和劇院生意。兩人在一個叫霍華德的室內設計師的協助下全力以赴地創造一幢優雅的城市別墅，選家具，買地毯，仔細考慮掛什麼畫好……「霍華德對我們很好，」毛姆向凱利彙報，「他的建議很實用，品味好像也不錯。不過，他對厚重風格和鍍金的欣賞我無法苟同，我唯一喜歡的鍍金的東西就是罪惡。」凱利在毛姆的建議下去西班牙待了幾個月，他在那兒收到一封毛姆的來信，讓他找各種裝飾品——陶器、玻璃、繪畫、布料。凱利為毛姆畫的那幅《弄臣》掛在客廳壁爐對面最顯眼的位置上。「這是你最好的作品之一。」毛姆告訴他，「你想不到我的畫像裝了新框有多美，多高貴啊，真正的裝飾品。」接著，他驕傲地說，

[1] John Drew Jr.，1853-1927，美國輕喜劇演員。他的妹妹喬治安娜是著名的巴里摩爾三兄弟約翰、埃塞爾和萊諾的母親。

「無論誰來都會誇讚一番。我自己的房間，樓上那個長條形的，裝修得非常成功。」這是毛姆的寫作室，和樓下形成對比的是，這個房間很寬敞，幾乎沒放什麼家具，臨街有兩扇窄窄的框格窗，屋子中央擺一張粗糙的牌桌當寫字台用。入住前的最後一項任務是雇傭工作人員——廚子、女傭和一個男管家，克羅夫特兼任貼身男僕，陪雇主周末外出。最後的結果非常令人滿意。「我一輩子沒住得這麼舒坦過。」毛姆宣稱。最早拜訪切斯特菲爾德街的客人之一是小說家休・沃波爾，他將6號描述為「梅費爾那幢不顯眼的歡樂房子，成為我們很多人在倫敦最歡樂、最舒適、最好玩的去處。」沃波爾永遠忘不了主人帶他參觀那幢房子時的情景。「我記得，樓下的社交功能區和頂樓他的工作間構成一種奇特的反差，我一上來就驚住了。過去了這麼多年，他家的頂樓依然是我見過的最適合寫作者的空間。」

房子快裝修完成時，毛姆意識到那種熟悉的不安感再次向他襲來。復活節期間，他在巴黎住了幾天。「今天早上，我在林蔭道上散步，」他寫信給凱利，「我再次感到第一天來巴黎時那種美妙的愉悅。我的思維是那樣活躍，似乎有一種騰雲駕霧的感覺，那一刻是純粹的、完整的幸福。」六月，天氣悶熱，他和佩恩去了勒圖凱，避開喬治五世加冕的節日氣氛，接著他們又去愛爾蘭打高爾夫，然後去巴利亞利群島幾日，回到倫敦後準備秋天再去紐約。不過，現在他渴望去更遠的地方，他滿腦子都是對遠東的憧憬，「曼谷和上海的風景，日本的港口，棕櫚樹，藍天，深色皮膚的人，東方的香氣。」還有一個沒有定下來的旅行計畫與凱利有關，凱利打算去緬甸長住。「我想去緬甸找你，在那待一陣子，」毛姆告訴他，「然後說服你跟我一起去中國。」但結果沒他想像得那麼容易。

前五年毛姆的心思全在戲劇上，現在他的興趣減弱了。當然，還有一點工作要完成：九月份，海涅曼要出一本他的戲劇集，他得給這本書寫前言；改編兩部法國作品，故事梗概出自艾伯爾・塔里德[1]之手的《布萊頓之行》，還得為畢爾邦・特里爵士改一版《資產階級紳士》。可是，他越來越想寫小說了。「在應戲劇之急寫了幾年劇本後，我再次把熱切的期望寄託於小說這片廣闊自由的領域。」他寫道，「我知道心中這本小說篇幅很長。為了不被打擾，我謝絕出版界經理們紛至沓來的約稿函，並暫時退出了戲劇圈。這時，我已經37歲了。」

這本書有很大程度的自傳成分，跟他24歲那年嘗試寫下的《斯蒂芬・凱里的藝術氣質》差不多，講的是童年和青年時的故事以及丟臉的性困擾。不過，這次毛姆的成熟度和信心有了很大提升，他不再畏縮，在堅持真實性方面不會妥協。這個主題越來越吸引他，他有一種衝動，想寫一個和他從前不一樣的東西，龐雜的回憶強壓在他身上，「這一切壓得我喘不過氣來，日日夜夜佔據我的思緒，做夢都會夢見，我想脫身出來。」為了不受外界干擾，毛姆去了伯克郡的桑寧戴爾高爾夫俱樂部，在那裡寫作進行得很順利。「一切順利，我高興極了。我很滿意每天早上可以坐下來寫東西，堅持不懈地寫下去，不必擔心篇幅是不是太長，內容會不會乏味，能不能受歡迎，是否某個女演員願意出演。恐怕，這本書要比我想的長多了，那也沒辦法，我有太多話要講……」

[1] Abel Tarride，1865-1951，法國演員和劇作家。

八月，他又去愛爾蘭打高爾夫。「我快寫完了。」他告訴桃樂絲・奧胡森，「我很希望這能是一本好書。現在書這麼多，如果不是非同尋常，似乎沒有理由寫，除非能給作者帶來愉悅，感謝上帝，至少這是獨立於結果之外的。」

從那時起的兩年半時間裡，不時有小說快寫完的消息傳出來，但不知怎麼，結局總是躲在一個勾不著的地方，毛姆從來沒有經歷過這種事，他習慣幾個星期就完成一部作品。他從1911年秋開始寫，出版社史無前例地預付了500英鎊，到了第二年春天，這本小說看樣子快結束了。經過一段時間高密度的寫作後，他去了巴黎幾天，他寫信給凱利：「休息休息，清醒一下腦子。我覺得，再有一個月就能寫完了，但我很累，擔心這樣繼續下去會匆匆收尾，或者變得很機械。既然所有要寫的東西全裝在我的腦子裡，我想暫時放一放也沒什麼壞處。」七月中旬，威廉・海涅曼收到一封信，毛姆在信中解釋說：「書還沒準備好，得等到秋天了。」下一次提到這本書則是在他1914年5月寫給凱利的一封信上：「我正在努力寫，等你回來的時候就有得看了。」然而直到那年秋天，這本書才交到海涅曼手上，並準備於第二年八月出版。

如此長的醞釀不只是因為篇幅浩大，而是因為毛姆一次只閉關幾天，時間長了就不願意了。簡單地說，有太多東西讓他分心。1911年，國王加冕後的第一個冬季戲劇演出季星光熠熠，巴甫洛娃[1]和尼金斯基[2]表演的俄羅斯芭蕾舞，蘇特羅、蕭伯納和阿諾德・貝內特的新戲，毛姆都去看了。貝

---

❶ Pavlova，1881-1931，20世紀初芭蕾舞壇的一顆巨星，她為芭蕾作出了無法估價的貢獻。

❷ Nijinsky，1890-1950，尼金斯基在國際舞台享有盛名是因為他打破了因循已久的古典芭蕾模式，推翻了古典芭蕾的美學，因而被西方稱為「舞蹈之神」。

內特的戲《蜜月》「簡直是一場災難⋯⋯囉哩八嗦的，太恐怖了。」毛姆美滋滋地向凱利彙報，「後來，我在瑪麗・坦佩斯特家吃晚飯時遇到他（貝內特）了，」他用一種嘲笑的口吻繼續說，「他擅長扮演名人。他向你問好，讓我轉達一句鼓勵的話。他太太這兩三年老了不少，瘦骨嶙峋的，臉上全是褶子，很難看，很平庸，很土氣。她給我感覺不愛出鋒頭，是不是阿諾德・貝內特用五鎮[1]鐵棍修理過她？」他和凱利經常拿伊諾克・阿諾德在巴黎時的話題尋開心。

另一件讓他分心的事是，他和一個俄羅斯女人有了一段短暫的戀情。亞歷山卓・克魯泡特金公主，她是當時流亡在倫敦的奉行無政府主義的知識份子彼得・阿歷克塞維奇・克魯泡特金親王的女兒。薩沙・克魯泡特金身材高大，豐滿性感，高顴骨、大嘴巴、眼睛微微向外凸。聰明熱情的薩沙和一些社會主義者是朋友，比如威廉・莫里斯[2]和蕭伯納。薩沙還經常和幾個俄國的藝術家和革命者在一起。這一時期歐洲人對俄國的一切都很著迷，毛姆覺得在她的聚會上能接觸到俄國歷史和文學很是興奮。他還認識了佳吉列夫[3]和巴甫洛娃，他們喝著伏爾加，熱烈地討論托爾斯泰和杜斯妥也夫斯基。他們去了巴黎幾日，住在左岸的一家小旅館裡。他們參觀羅浮宮和法蘭西喜劇院[4]，還去一家俄國俱樂部跳舞，薩沙吃了好多頓大餐，胃口好得幾乎嚇壞她的情人。[5]毛姆

---

❶ 貝內特以寫「五鎮」小說著稱。

❷ William Morris，19世紀英國設計師、詩人、早期社會主義活動家及自學成才的工匠。

❸ Dyagilev，1872-1929，俄國藝術活動家。佳吉列夫俄羅斯演出團對整個歐洲的芭蕾發展影響巨大。

❹ 法國最古老的國家劇院。1680年10月21日奉路易十四之命創建，由原莫里哀演員劇團與馬萊劇團、勃艮第府劇團合併而成。位於巴黎黎塞留街與聖・奧諾雷街拐角處。它實現了莫里哀生前的願望，故法蘭西喜劇院也習稱莫里哀之家。

把她介紹給他的哥哥查爾斯，查爾斯顯然很驚訝，「他就是不相信我能跟這樣的大人物上床。」用毛姆這句不太文雅的話來說，查爾斯沒想到，威利居然和一個真正的公主有這麼親密的關係。這段風流韻事是支令人愉快的插曲，幾個星期後，兩個人和平分手，「沒有惡語相向」。

毛姆再次踏上旅途，旅行的誘惑他從來抗拒不了太久。1912年3月，他去西班牙待了六個星期。八月，他在沃爾特・佩恩，還有他的哥哥 F. H. 和嫂子奈麗的陪伴下去了巴黎、布拉格、馬倫巴和慕尼黑。九月，其他人都回家後，他隻身去了羅馬。十一月，他終於回到倫敦，但只停留了一個月，便又去了紐約，去做一個年度調查，為的是他的新戲，跟小說毫無關係。這部戲的名字叫《應許之地》，這部戲1913年11月第一次登上美國舞台，第二年的二月份在倫敦的約克公爵劇院首演，演出很成功，但出於戰爭爆發戛然而止。從那時起，毛姆才開始潤色他的那部厚厚的小說。

《人性枷鎖》是一部略有瑕疵的佳作，充分暴露了毛姆作為小說家所有的長處和弱點。30萬字能裝滿16個中等大小的筆記本，這是毛姆最長，同時也最富個人色彩的一本小說，他寫作時充滿了驚人的活力和幹勁。兒時和青年時的「豐富回憶」持續推動他的意識，這一時期的故事為小說提供了主要情節，線性敘事以一種刻意簡單樸素的風格展開，完全沒有《斯蒂芬・凱里的藝術氣質》中的柔化和美化。小說講述的是主人公菲力浦自我發現的旅程，主要圍繞著受虐性迷戀的可怕經歷展開。他相信他是在尋找生命的意義，尋

❺ 毛姆在他的短篇小說《愛和俄羅斯文學》中描述了這一插曲，並收錄在文集《英國間諜阿申登》中。

找地毯上的圖案[1]，結果同亨利·詹姆斯的那篇著名的小說一樣，令人捉摸不透。不過，這本書揭示了一種觀點：過分的解放毫無意義。「他的無足輕重變成了強大無比。既然生活毫無意義，塵世也就無殘忍可言了。」

小說的結局出人意料，菲力浦突然意識到自己完全是自欺欺人。「其實，並非是什麼自我犧牲精神驅使自己考慮結婚一事，而是自己對妻子、家庭和愛情的渴望。他還在乎什麼呢？對他來說，緬甸的寶塔和南海群島的環礁湖，又算得了什麼呢？」這個意外的結尾是這本小說中唯一沒有說服力的地方，否則，這將是一個扣人心弦的故事。毛姆在解釋為何做出這樣一個特別決定時說，當時他滿腦子想的都是結婚的事。「我尋找自由，我以為可以在婚姻中找到。」他寫道，「產生這個念頭時我還在寫《人性枷鎖》，所以，我就把這個願望變成了虛構的故事，在小說的結尾描繪了一幅我所渴望的婚姻的圖景。」除了最後這幾頁，其餘部分都給人留下了極為深刻的印象，絲毫不亞於毛姆同時期最優秀的幾個作家——貝內特、吉辛和喬治·摩爾——的作品，還有早期對他產生過重要影響的塞繆爾·巴特勒[2]那本他非常欣賞的小說《眾生之路》。巴特勒對他的影響顯而易見，尤其是在講述菲力浦童年在牧師寓所和學校生活的那部分——淒慘、有趣、觀察入微。

顯然，毛姆從他的個人經歷中選取了大量素材，很多地點、情境和次要人物都可以從生活中辨認出來。比如，傑拉德·凱利為兩個人物作出了貢獻，一個是在巴黎學藝術的勞森，另一個是背叛菲力浦，和米爾德麗德私奔的那個朋友。莎

❶《Figure in the Carpet》，亨利·詹姆斯的一個短篇小説名。
❷ Samuel Butler，1835-1902，英國作家。

莉・阿特爾涅既有蘇・瓊斯的美貌，也有她的性感魅力和母性溫柔。莎莉的父親索普・阿特爾涅簡直是毛姆的老導師溫特沃斯・胡舍的翻版——工人階級的太太，九個孩子，還有毛姆以前常去的艾塞克斯的長掃帚農舍。有趣的是，有一組事件描寫得極為逼真，但完全是二手資料，即菲力浦做店員的經歷。毛姆完全沒有過類似的經驗，於是找到一個叫吉伯特・克拉克的年輕演員，他在皮卡迪利大街的百貨公司上過班。毛姆讓克拉克寫一篇六千字的文章描述他的經歷，並付給他三畿尼。「我無法形容你給我的東西讓我多麼開心。」毛姆告訴他。克拉克說：「毛姆一字不差地用了我寫的東西。」

故事的核心主題，也就是菲力浦的「枷鎖」，是他對可怕的米爾德麗德受虐性的迷戀。這個奇怪的雌雄同體的人物原型仍是個謎。某個理論家說是蘭貝斯的一個妓女，另一個人則認為是茶點店的女招待，而可能了解內情的、毛姆曾經的情人哈利・菲力浦斯則斷言「她」是個男孩。可以確定的是，他或她，或者他和她的混合體確實存在過，毛姆在很小的時候就遇見她了，她的原型是毛姆在1898年創作的《斯蒂芬・凱里的藝術氣質》裡的蘿絲。毛姆有可能從後來的經歷中挑出一些特質和事件加在了原來的形象上。

菲力浦每一個被束縛的細節聽起來都是那麼真實。他的墮落被毫不留情地詳細描述出來，他的欲望、他卑微的奉獻、他備受煎熬的自我憎惡。米爾德麗德是個殘忍的女人，但同時毛姆也讓我們看到她是應該被憐憫的。毛姆作為小說家的最大長處之一就是塑造立體人物的能力，無論男女，並能彼此相互呼應。米爾德麗德是那麼冰冷無情，愛上格瑞菲思後又變得可憐兮兮，被他隨意拋棄後痛苦萬分。「他練就一種嘮叨小事的特殊本領，專聊些他知道能刺痛她內心的瑣碎小事。他的話綿裡藏針，說得又很圓滑，叫她聽了有苦說不出。」

儘管有瑕疵，《人性枷鎖》依然是毛姆的主要成就。毛姆向來樹立一種難以取悅的疏離形象，而在這部作品中，他一反常態地投入，用熱烈的激情席捲了讀者。這本小說沒能成為一流作品，部分受限於想像力，部分歸因於散文風格，有時讓人略感單調，還有一部分原因是，作者不願捨棄不太相干的材料。毛姆更傾向於H·G·威爾斯那種百科全書式的說教——額外奉獻宗教、哲學和藝術，而不是像亨利·詹姆斯那樣克制地加以精挑細選。毛姆對自己的作品有敏銳的判斷，他知道《人性枷鎖》和他從前的任何作品都不在一個水準上，他還知道他這麼做是為了取悅自己，獲得全部的書寫自由。正如他對海涅曼所解釋的那樣：「我意識到過去我過多地向所謂的大眾品味妥協，很多作家由於貧窮被迫考慮這樣或那樣寫是否會影響書的銷量，但我認為讓任何這類想法影響到我都是可恥的。」

選擇書名頗費周折。毛姆列了個單子，比如《上坡路》、《經歷》、《康莊大道》、《冬日》、《日行》，但哪個名字似乎都不夠準確。海涅曼贊成《生命的大道》，毛姆則認為太過平庸。「不好意思，我太挑剔了。」他寫道，「但這本書是我的寶貝，我不想讓它流於平淡無奇。」最後毛姆鎖定了《華冠灰塵》這個名字，這是對《以賽亞書》第61章中「賜華冠與錫安悲哀的人，代替灰塵。」一句的誤引，結果發現已經被人搶佔了，於是決定借用史賓諾沙[1]的《倫理學》中一個章節

[1] Spinoza，1632-1677，西方近代哲學史重要的理性主義者，與笛卡爾和萊布尼茨齊名。他的主要著作有《笛卡爾哲學原理》、《神學政治論》、《倫理學》、《知性改進論》。

的標題。1915年8月12日，《人性枷鎖》由多蘭公司在美國出版。一天後，海涅曼公司也在英國出版了該書。喬治・多蘭慶祝他的公司能與毛姆和海涅曼合作，並在回憶錄中表達了對這部作品的欣賞，「如果可以任由我寫一本書，倘若我有足夠的天賦和才智的話，我會寫《人性枷鎖》。」

最初媒體的反應相對緘默。歐洲捲入戰事後讀者沒心情讀大部頭的嚴肅作品，大西洋兩岸的評論很有禮貌，但並不激動。有些人認為毛姆是現代現實主義的追隨者，重要性比不上阿諾德・貝內特和康普頓・麥肯齊。有的人則宣稱這本書給他們留下了深刻印象，儘管有點困惑，很難給這本書分類。傑拉德・古爾德[1]在《新政治家》雜誌上撰文道：「某些方面是美的，但整體上十分奇怪。」年底，傑出的小說家西奧多・德萊賽[2]在《新共和》周刊發表了一則短評，將這個作品完全歸入了另一類。「有一部小說，它至關重要，」德萊賽寫道，「不道德，正如這類小說所必須的那樣，它編織華麗，有趣，有價值，從頭到尾。」他最後總結道，「薩默塞特・毛姆是一個偉大的藝術家。」自此，《人性枷鎖》在評價方面穩步攀升，然而直到1920年代，毛姆的小說《月亮和六便士》大賣後，這本書才被重新挖掘出來，成為一部公認的經典。1934年，這部小說被拍成電影，由萊斯利・霍華德[3]和貝蒂・戴維斯[4]主演，在近半個世紀內被認為是一部經典電

[1] Gerald Gould，1885-1936，英國作家、記者、評論家。

[2] Theodore Dreiser，1871-1945，美國現代小說的先驅、現實主義作家之一，他還是一個自然主義者。他的代表作《嘉莉妹妹》真實再現了當時美國社會，而《美國的悲劇》則是德萊賽成就最高的作品。

[3] Leslie Howard，1893-1943，出生於倫敦，舞台劇、電影演員，代表作為1939年的《亂世佳人》中的衛希禮，他還曾兩度獲得奧斯卡影帝提名。

[4] Bette Davis，1908-1989，美國電影、電視和戲劇女演員，兩度榮獲奧斯卡最佳女主角獎。

影。

不過，這都是將來的事。1911年，毛姆開始寫《人性枷鎖》時，他的小說被認為在他的全部作品中只佔次要地位，他的聲望主要基於他是一個成功的劇作家。儘管如此，他的出版人海涅曼和多蘭依然敬重他，將他的名字排在享有聲望的作家之列。喬治・多蘭是個愛爾蘭裔加拿大人，高個子，儀表堂堂，為人謙和但很有威嚴，他每年都會來倫敦買一次書，和他簽約的作家有休・沃波爾和因為在美國賣出了十萬冊《老婦人的故事》而名聲大噪的阿諾德・貝內特。他認為毛姆和海涅曼是他出版生涯中最值得關注也最令他滿意的兩個合作者。毛姆和多蘭只是工作關係，跟威廉・海涅曼就親密多了，他們有很多共同點。海涅曼也是個小個子，有點口吃，有語言天賦，精通法語、德語和義大利語。海涅曼渾身散發著魅力和活力，熱愛音樂和繪畫，同樣喜歡戲劇（易卜生和平內羅的劇本都在他那裡出過）。人們常說，只有他的出版天賦能和他的交友天賦相提並論。很多作家贊同這個觀點，其中包括康拉德、吉卜林、羅伯特・路易斯・史蒂文生[1]、高爾斯華綏、畢爾邦、亨利・詹姆斯和H・G・威爾斯。

1915年就預言薩默塞特・毛姆將成為最暢銷的作家為時尚早，儘管在戲劇界，在倫敦西區和美國的百老匯，毛姆無疑是個寶貝。查爾斯・弗洛曼自然不願意他放棄寫劇本。毛姆曾禮貌地詢問他的健康狀況，弗洛曼回答說不好，「一部分是因為天氣，但更重要的原因是你不給我幹活。」最後，弗洛曼決定面對這個問題。

---

[1] Robert Louis Stevenson，1850-1894，英國浪漫主義代表作家之一。代表作品有《化身博士》，《金銀島》等。

「我想讓你寫一部新戲。」他聲明。

「好吧。」毛姆說。

「幹嘛不重寫一下《馴悍記》呢，換個背景試試？」

「那行吧。」

毛姆越想越覺得這個點子有意思。就在他前思後想的時候，他想起了當年在坦布里奇韋爾斯（唐橋井）時曾住在一起的一位阿姨——茱莉亞阿姨雇來的女伴，這個女伴最終離開她，去跟在加拿大務農的哥哥一起生活。「我記得很清楚，我那個年邁的親戚看到這個前女伴寫信告訴她，她嫁給了一個雇工後有多麼震驚。」這段回憶就是這個劇本的起點，為了深入了解，毛姆決定動身前去探個究竟。1912年底，毛姆從多倫多出發，途經紐約，在加拿大中西部度過了寒冷的一個月。他住在一個荒涼的草原農場裡，或許茱莉亞阿姨的前女伴就是那裡的女主人。曼尼托巴的原始狀態和毛姆所習慣的舒適與現代形成了鮮明反差，然而毛姆還是情不自禁地對這種艱苦的環境感到新奇。他寫信向朋友彙報：

「儘管這裡的生活很不方便，枯燥無聊，」但他覺得「那種古怪的、緊張的生活很有意思。」十二月底，他回到紐約，在一封寫給女演員瑪貝爾・比亞茲萊（奥伯利・比亞茲萊的妹妹）的信中這樣描述：

> 我的上帝，他們過的是什麼日子啊……被白雪皚皚的草原包圍，與世隔絕，沒有鄰居，每天操勞奔命，只為三餐。夫妻倆鬧起彆扭來，幾個星期不跟對方說一句話。我待過的一家，那個妻子自殺了。另一家則瀰漫著奇怪的瀕於瘋狂的陰鬱。我很慶幸我離開了。然而，這

是一次有趣的經歷，草原，即便是白雪皚皚的草原，也有一種奇怪的魅力，它久久縈繞在我的記憶裡。

這部戲特別關注當下，戲的名字《應許之地》會讓人立刻聯想到旨在吸引英國人去加拿大定居的那句熟悉的廣告語。《應許之地》勇敢地討論了性的支配與服從的問題。當時，女性選舉權與解放是媒體經常報導的內容。毛姆很清楚，這部戲的主旨能否準確地傳達給觀眾，很大程度上取決於對兩個主要角色的詮釋。諾拉除了勇氣和激情，還有深藏於內心的悲傷，這種悲傷源於一種擔心自己將來會變成一個貧窮老處女的恐懼。至於法蘭克，雖然樣子粗魯，但骨子裡其實是個正派善良的男人，這一點能否表現出來也很重要。初次見面時，他們被彼此強烈地吸引，法蘭克雖然說起話來粗聲粗氣，但心腸總歸是好的，否則第三幕的婚內強姦的場景會顯得很殘酷，給人不舒服的感覺。這一幕的弦外之音是，諾拉看似瞧不起法蘭克，生法蘭克的氣，其實她是在生自己的氣，因為她渴望他的肉體。

1913年11月，《應許之地》在華盛頓首演，接著轉往康乃狄克州的紐黑文（紐哈芬），最後於12月25日登上紐約的舞台。比莉・伯克是票房保證，正如毛姆對傑拉德・凱利所說的那樣：「觀眾當然對這部戲一無所知，他們是來看明星的。」可惜，伯克小姐無視諾拉這個人物的複雜性，簡單地把這部戲當成浪漫喜劇，她飾演的諾拉就像一隻爭強好勝的小火把，靠著得意洋洋噘起小嘴就把男人搞定了。不用說，她讓這個角色失去了意義。「主要角色喪失了光彩，被她演成一個天真無邪的少女，」毛姆氣憤地抱怨道，「那個小賤人糟糕的演技……」情況後來變得更糟，比莉・伯克顯然也很不高興，氣憤所有的讚美之詞都歸了那個扮演法蘭克的演員。伯克在她的回憶錄中寫道：「《應許之地》對我來說是那種寫得很好但很枯燥的戲。我的服裝毫無吸引力，一條黑裙子，還有一條特別難看的藍裙子。而且加拿大農民勾不起紐約觀眾的興趣，戲裡面全是誠實啊，正直啊……她的性格轉變對我來說太突然了，別的優秀的舞台劇女演員也許能演好這部戲，但我不能。」

美國這邊的評論總體來說是好的，但國境以北則有一定程度的不悅。這部戲「給出的關於加拿大西部的概念是完全錯誤的。」《艾德蒙頓日報》抱怨道。《每日公報》則表示抗議，「加拿大男人做夢也不會對他們的妻子呼來喝去。如果加拿大男人只有一件事做得好，那就是對待妻子的方式。」翌年三月份，憤慨之聲達到了頂點，去加拿大演出的計畫被迫取消。1914年2月《應許之地》在英格蘭製作時，一個與比莉・伯克不在一個水準上的演員擔綱主演，愛琳・范布，這個敏感聰慧的女演員毫不費力就表現出了諾拉性格中的陰影和焦慮。《英國評論》特別稱讚了她的表演，將這部戲與幾星期後上演的蕭伯納的《賣花女》相提並論。「毛姆先生的『《賣花女》』是強大的，有點野蠻、性感、悲慘；蕭伯納先生的《賣花女》則是雌雄同體的、面無血色的、有才智的、中性的。認真比較一下這兩部戲，我們會觀察到一個意義深遠的現象，毛姆先生大膽地甩掉了娛樂的標籤，敲擊出新鮮且有力的音符，蕭伯納先生則保守地遵守著以逗樂觀眾為主要目的的非自然戲劇的舊公式。主題造就了一台好戲，我們必須恭喜毛姆先生重新獲得了真正的藝術，並說服了觀眾。」

為了監督《應許之地》在美國的製作，毛姆於1913年11月15日來到紐約，1914年1月初回家，兩個星期後便是他的40歲生日。然而這次，也就是第三次去美國時，他帶著一個額外的目的。蘇·瓊斯也要到美國來，毛姆為她在愛德華·謝爾登的《羅曼史》中爭取到了一個小角色，這部戲在百老匯上演時獲得了成功，此時正在芝加哥的公主劇院演出。毛姆離開英國前沒來得及跟蘇道別，他決定這次不能再錯過了，因為他終於打定主意要向她求婚。他在《總結》一書中描述了他此階段對婚姻的態度：

> 如果我有意結婚生子，現在正是時候。這似乎是我所涉及的生活模式中必要的圖案，在我天真的幻想中（雖然我已不再年輕，以為自己擁有世俗的智慧，但我在很多方面還很幼稚），婚姻會帶給我安寧，擺脫戀愛的紛擾，以及隨之而來令人煩惱的複雜情況。這種安寧可以讓我想寫什麼就寫什麼，不必浪費寶貴的時間，不必心煩意亂，過上一種安寧、穩定、有尊嚴的生活。

論社會階層，毛姆可以娶一個遠比他出身高貴的女人，這樣一個迷人成功的男士被認為是理想的結婚對象，而且持這種想法的人絕不可能只在戲劇圈裡。然而，蘇才是他想要的女人，他愛她。他知道，雖然蘇在生活方面很隨便，但她也是愛他的，正如他對他的朋友阿爾弗雷德·蘇特羅所說的那樣：「你真的認為，B和別的人上過床，A就會愛B少一些嗎？反之亦然。我不這麼認為。」不出去巡演時，蘇大部分時間都小心謹慎地在切斯特菲爾德街度過，毛姆已經習慣了這個溫暖舒服的女人為他營造的避風港。她理解他，完全接納他，她天性隨和，不需要她時絕不會打擾，也不會提討厭或者難以實現的要求。她自信，也給毛姆信心，毛姆雖然看起來很老練，實則經常焦慮，缺乏信心。簡而言之，她信任他，他想要她，並相信他們倆能過上美好的生活。

離開英格蘭前，毛姆做了精心準備。他買了一枚昂貴的訂婚戒指——一圈鑽石繞著兩顆大珍珠，他安排好行程，以便在紐約求婚成功後可以在芝加哥陪伴蘇，她要在那裡演出兩個星期。之後，他們會在婚姻登記處悄悄舉行婚禮，然後立刻前往大溪地度一個長長的蜜月。蘇乘坐的郵輪到達紐約那天，毛姆去碼頭接她，在上岸的喧鬧人群中，毛姆一眼就認出了她，她正在和一個高個帥哥攀談，但這個帥哥很快就消失了。蘇見到毛姆很高興，熱情地吻他，但她不能久留，去芝加哥的火車一個小時後就要出發了。接下來的幾個星期，毛姆都在忙他的戲。十二月初，他趕到芝加哥，在蘇入住的酒店訂了個房間，他打電話約蘇見面。聽到毛姆的聲音，蘇似乎很開心，但她不讓他到劇院來，擔心他坐在觀眾席裡會搞得她很緊張。不過，她答應演出結束後跟他一起吃飯。大概十點半左右，蘇打來電話說準備好了，毛姆來到她的小套房。蘇美麗動人，和往常一樣深情地擁抱他，和他談她的戲，但總感覺有點不對勁，她似乎焦躁不安，有時幾乎處於歇斯底里的邊緣。點好的菜她幾乎沒動，很快，毛姆叫來侍者撤下飯菜。毛姆認為是時候向蘇平靜地說出那句話了：「我是來向你求婚的。」

（蘇）停頓了一下，對我來說時間過去了很久。然後，她說：「我不想嫁給你。」我吃了一驚。

「你真的這麼想嗎？」我問。

「是。」

「為什麼不？」我問。

「就是不想。」

我掏出買好的那枚訂婚戒指，遞給她。「這是給你的。」

她看著那枚戒指，「很漂亮。」她說。接著，她把戒指還給了我，「如果你想和我上床，可以，但是我不會嫁給你。」

我搖頭，「不，我不會那麼做。」

我們相對無言坐了一會兒。我打破沉默，說：「嗯，沒什麼可說的了，不是嗎？」

「是。」她回答道。我明白她想讓我走。我收好戒指，起身，吻了她，跟她道了聲晚安。

雖然上面這段話是過了快50年才寫的，但50年間，這段往事深深銘刻在毛姆的腦海裡，和他從芝加哥回到紐約後寫給傑拉德・凱利的那封信中的內容幾乎沒有任何出入。「我周遊世界的計畫化成了泡影。我去芝加哥見了蘇，發現她歇斯底里，我拿她沒辦法，見了面我再跟你細說。可憐的人兒，她的神經，她的消化系統，都出了問題，美國總是能給人帶來這種麻煩，她需要靜養。可是，我無法讓她明智起來，回到英格蘭，並擁有我。」

在回憶錄《總結》中，毛姆講到他回倫敦不久，走在皮卡迪利大街上，一眼就看見《標準晚報》上的大字標題：「女演員嫁給伯爵之子」。他馬上就猜到那個女演員是誰了，於是買了報紙，果不其然。事實上，拒絕毛姆求婚兩個星期後的12月13日，蘇就在芝加哥結婚了，當時毛姆還在紐約。她的丈夫是安格斯·麥克唐納[1]，安特里姆伯爵的小兒子。毛姆猜到麥克唐納就是他看到的那個下船時和蘇說話的帥氣旅伴，他還猜到是麥克唐納讓她懷孕的，「我知道她在這方面有多麼不小心」，這就是蘇為什麼會緊張不安和消化系統紊亂的原因，之前毛姆以為她只是壓力太大了。

這些事，除了凱利，毛姆幾乎沒有告訴任何人。他善於隱藏，沒有流露出失望之色，然而實際上失去蘇·瓊斯讓毛姆備受打擊，過了好久他才恢復，而且從未停止過後悔。即使過去了很多年，只要有人提起蘇都會在他心裡激起強烈的情緒波動。他真心愛過她，以為能跟她過上幸福的日子，即便不是完全傳統意義上的婚姻也沒關係。當然，他會有外遇，她可能也會有，但他們仍能將婚姻維持下去。毛姆沒有預見到，隨著失去蘇·瓊斯，他也永遠失去了對這種滿足感所抱有的全部希望。

毛姆從來沒有責怪過蘇的決定，還表示相信安格斯·麥克唐納應該比自己更適合做她的丈夫，既然木已成舟，他不得不大方讓步。麥克唐納這個英俊的冒險家，精力充沛，魅力十足，他帶著妻子回到英格蘭，在坦布里奇韋爾斯附近安了家。奉子成婚的蘇後來發現自己是子宮外孕，她再也不能生孩子了。他們的婚姻並不幸福，因為她和丈夫沒有什麼共同點。人到中年的蘇變成了一個紅臉龐的胖女人，演藝事業

[1] Angus McDonnell，1881-1966，英國工程師、外交家和保守黨政治家。

也被她完全拋到了腦後，她開始酗酒，安格斯則沉迷於其他女人，她人生的主要興趣只剩下了養寵物狗。1948年，她死後葬在格萊納姆，那是她丈夫在北愛爾蘭的老家。蘇在演藝事業上是個籍籍無名的小輩，假如沒有被毛姆作為蘿絲的原型栩栩如生地寫進他最好的小說之一《尋歡作樂》裡，她也許早就被世人遺忘了。

1914年1月，懷著沉重的心情回到倫敦的毛姆愈發開始努力地工作。《應許之地》的票房不錯，弗洛曼催他為下一個戲劇季再寫四部戲，其中有一部寫給瑪麗・坦佩斯特，一部寫給傑拉德・杜穆里埃❶。當然，他的生活不僅僅是工作，因為他又遇到了一個女人，一個在他去美國前不久認識的女人。一開始，他只是覺得她有趣、有魅力，但並沒多想，直到命運再次將她帶入他的視線。一段短暫、輕鬆、無牽無掛的戀情似乎是幫他緩解失去蘇的悲傷的良方。但他萬萬沒有想到，自己即將捲入一生中最漫長、最悲慘、最具毀滅性的關係。

這段關係開始於前一年，也就是1913年一個無害的秋夜，毛姆不久後便要乘船去紐約。他正坐在切斯特菲爾德街的頂樓書房裡讀書，這時電話鈴響了，鄰居卡斯泰爾斯太太求他幫個忙。她和她丈夫請了兩個朋友共進晚餐，一起看戲，到了最後一刻，一個朋友退出了，她問毛姆願不願意替他來。「恰好我沒什麼要緊的事，也沒看過那部戲，」毛姆回憶道，「所以，我說我很願意去。」於是毛姆換上晚禮服，走到卡斯泰爾斯家，主人把他請進客廳，將他介紹給另一位客人。韋爾康太太35、6歲，不是傳統意義上的美女，卻

❶ Gerald du Maurier，1873-1934，英國演員和經理。

很引人注目。她寬口，鼻子有點大，奶白色的皮膚，褐色的大眼睛，穿著入時，手上戴著兩顆凸圓形切割的祖母綠。顯然，她也覺得毛姆很迷人。席間，毛姆表現得十分風趣。他們準備去劇院時，韋爾康太太把嘴湊到他耳邊恭維道：「真希望我們不要去看戲了。我想聽你說一整晚。」第二天下午，照例給女主人致電道謝時，毛姆提到他認為她的朋友非常迷人。卡斯泰爾斯太太告訴他，西芮・韋爾康是美國製藥大亨亨利・韋爾康的太太，他們的婚姻並不幸福，這對夫妻已經分居了。

幾天後，毛姆在歌劇院看到西芮・韋爾康坐在前排，便走過去和她搭話。她顯然很高興見到他，解釋說不好意思沒請他來家裡作客，因為她暫住在大理石拱門附近一個討厭的公寓裡，她在攝政公園的新家正在裝修。「她打算一住進去就舉辦暖屋會，希望我能來。」此後不久，毛姆就去紐約監督《應許之地》的製作，並向蘇・瓊斯求了婚。

1914年2月26日，《應許之地》在倫敦開演，巧的是，西芮的暖屋會就定在那晚。毛姆送給她兩張前排的票，打算從劇院出來後直接去她家。首演那晚，毛姆緊張得不得了，看到布幕升起幾分鐘後西芮才溜進座位裡，他氣得差點決定不去參加她的聚會了，但為了給她暖屋，他已經拒絕了所有的邀請，無事可做的他還是去了攝政公園約克陽台4號。聚會辦得很成功，請來了一支樂隊，客人們都很活躍，打扮入時，很多人祝賀毛姆的新戲上演。興奮的毛姆玩得十分盡興，還和女主人跳了幾支舞，直到凌晨才回家。他說：「從此，我幾乎每天都見到西芮。」

西芮・韋爾康看上去是個傳統的上流社會女人，其實不然。她生於1879年，比毛姆小5歲，是偉大的社會改革家，「巴納多窮孩子之家」的創立人湯瑪斯・巴納多之女。巴納多有六個孩子（第七個是男孩，夭折了），她是長女，長大後被稱作西芮的關德琳・莫德，成長經歷非同尋常。巴納多和他的妻子（也叫西芮，但家裡人叫她比格姆）是美國宗教派別「普利茅斯兄弟會」的成員。巴納多先生是個虔誠的福音派信徒和狂熱的禁酒運動成員。在哈克尼舒適的家中，他將生活重點放在每天讀《聖經》和祈禱詞、嚴格守時、順從、鄙棄世俗娛樂，喝酒、抽煙和看戲都是絕對禁止的。巴納多的性格中有愛炫耀、咄咄逼人、倔強、傲慢和專橫的一面，同時他也是個極富個人魅力的好心人。他的孩子們對他充滿敬畏，同時也很愛他，尤其是大女兒，她從父親身上繼承了很多性格特點，最突出的是火爆的脾氣，想要為所欲為的鋼鐵般的決心（小時候她有個外號叫「女王」），以及商業才能。巴納多很可能有一點猶太血統，他的父親是定居在都柏林的普魯士皮貨商。他是個了不起的商人，賺了很多錢，但仍然入不敷出，因為他把大部分錢用在了各種各樣的慈善事業上，因此時常面臨經濟困境，財力緊張，無法滿足妻子對生活水準越來越高的要求。

西芮17歲時，巴納多一家從哈克尼搬到瑟比頓的聖倫納德小屋，一座自建的維多利亞女王時代風格的大宅。比格姆是個堅強、果斷的女人，比丈夫務實得多，她在這裡時不時地舉辦聚會，為的是讓年長的女兒們有機會遇到合適的小夥子。這對西芮而言是向前邁出了幸運的一步，她喜歡社交生活，嚮往更廣闊的世界，父親曾帶她去加拿大參加一個兒童之家的開幕典禮，她第一次嘗到了其中的滋味。他打算把西芮培養成傳教士，讓她去中國，這種職業選擇和她自身的抱負之間存在天壤之別。她渴望離開家，那個令人陰鬱壓抑的家，她有兩個弟弟死於白喉，還有一個妹妹落下終身殘疾。她不願把生活重心放在宗教上，對父親的慈善行為也毫無興趣，她不喜歡孤兒、巴納多之家，討厭吟唱聖歌時在一旁鋼琴伴奏。她和當地的一個小夥子曖昧過一段時間，後來母親鼓勵她將目光鎖定在一個更大的獵物身上——巴納多夫婦的朋友，一個中年的美國人——他在泰晤士河邊租了一棟房子，搬進去之前暫時住在聖倫納德。

亨利（哈爾）・韋爾康46歲，相貌英俊，體格健壯，一雙藍眼睛，一把濃密的薑黃色的鬍子，極其富有。和他十分欽佩的湯瑪斯・巴納多一樣，他也在一個虔誠的、節制的環境中長大。儘管他已經丟棄了明尼蘇達的童年生活帶給他的大部分影響，但仍然保留了本性中強烈的傾向，比如利他主義，渴望改善同胞的生活，他人生偉大的目標是根除貧窮地區的疾病。他長期定居英格蘭，他設在英國的藥業公司巴勒斯—韋爾康（Burroughs Wellcome Ltd.）做得非常成功，徹底改變西藥的藥片最早就是這個公司生產的。韋爾康喜歡女人陪伴，但他既沒有時間，也沒有考慮過結婚。然而迷人活潑的西芮確實贏得了他的喜愛，他在河上有條獨木舟，隨時願意去參加聚會，他對她的關注令她興奮。最重要的是，韋爾康可以幫助她逃離那個令人窒息的家，帶她進入她渴望的精緻富有的世界。

然而那個夏末，韋爾康不告而別，這條大魚似乎要脫網了，必須迅速採取行動，老謀深算的比格姆知道韋爾康這次是去蘇丹考察，於是派女兒追了過去。一天，當哈爾・韋爾康正在喀土木潛心研究疾病對土著人的影響時，看到討人喜歡的巴納多小姐和一群穿著花邊裙、打著陽傘的英國女士從一艘尼羅河郵輪上下來，他驚訝壞了。這個計謀很成功，西芮訂婚後回到英格蘭，並於1901年6月2日，在瑟比頓的聖馬可教堂舉辦的一個安靜的儀式上成為了亨利・韋爾康太太。

這場婚姻幾乎從一開始就是災難。韋爾康是一個非常有原則、聰明、精力充沛且善於交際的人，他更善於跟群體打交道，而不是個人。舊習難改，他把全部心思都放在工作上。作為醫藥領域的能人，政府和國家元首有問題都會諮詢他，他習慣了他人的順從和敬重，常常表現出專橫和傲慢。娶了熱心公益的老朋友的女兒，他以為找到了理想的妻子——高尚，溫順，忘我，一心取悅他，促進他的慈善事業，不過他真是打錯了算盤。輕佻放縱的西芮以為婚後能過上奢華生活，舉辦首都最優雅的社交聚會，定期去歐洲大陸最時髦的地方度假，但很快她就不再抱這種幻想了。韋爾康婚後的第一個家是肯特郡一幢租來的房子，西芮發現，她招待的不是「世俗之人」（gens du monde），而是白髮蒼蒼的教授和他們古板老氣的太太，他們坐在花園裡喝茶，討論開發一種抗白喉疫苗的可能性。韋爾康夫婦出去參加的往往是盛大集會，悶熱的酒店宴會廳裡密密麻麻擠滿了人，年輕的韋爾康太太只能呆坐在主席台上，忍受傑出的科學家們冗長的報告，在這之前，還要沒完沒了地頒發各種獎盃、獎章和獎狀，實在是無聊透頂。更糟糕的是去國外旅行。韋爾康完全無視物質享受，不帶妻子去勒圖凱或比亞里茨，而是在歐洲不為人知的地方遊蕩，癡迷於尋找各種醫療器械和製品，他的收藏品後來達到一百萬件之多。出去一趟就是幾個月，而且路況很糟，汽車經常拋錨，晚上睡在簡陋的小旅館裡，白天逛滿是灰塵的商店、博物館或者擁擠喧鬧的集市。韋爾康把這樣的遠行當成冒險和奇遇，而他的妻子卻無時無刻不在憎恨這種感覺。

兩人還有其他不和諧的地方，但從來沒有說起過，只是後來，西芮向她的一兩個摯友透露，她討厭丈夫的性要求。韋爾康年近五旬，薑黃色的頭髮開始花白，海象髯、紅臉蛋、大肚子，嘴裡一股濃重的煙味，不可能吸引一個21歲的年輕女人。此外還有家暴的跡象，性虐待的傾向，臥房中要忍受的痛苦，這些都令她私下裡很害怕。

1903年6月，從加拿大和美國長途旅行回來後不久，西芮生下一子，取名蒙特尼。夫妻二人都很寵愛這個孩子，然而，他的到來並沒有讓父母言歸於好，而是進一步將他們分開。有嬰兒要照顧的西芮拒絕繼續遵從丈夫的要求，而且毫不遲疑地表明自己的觀點。她悶悶不樂，他急躁易怒，兩人激烈的爭吵當中，韋爾康絕不可能總佔上風。他為這個年輕時髦的妻子感到驕傲，但同時也期盼她能夠完全順從於他，他認為她沒有履行做妻子的義務，因此愈發氣憤。他也很不高興她似乎越來越喜歡跟年輕男子在一起，顯然，那些人對她更有吸引力。

1909年，韋爾康夫婦再次來到美國，到了這個時候，他們的不和已經很明顯了。他們去了紐約、華盛頓和加利福尼亞，然後來到厄瓜多，住在美國駐基多公使館裡。韋爾康應美國政府的要求去考察感染疾病的巴拿馬運河區的衛生狀況，這個項目對他極有誘惑力，他的妻子卻根本不感興趣。這期間，一個叫阿切爾·哈曼的金融家也住在公使館，亨利・韋爾康突然憤怒地指責妻子與這個人通姦。西芮激烈地予以否認，但她的丈夫根本不聽，吵鬧不斷升級，嚇壞了的西芮只得去了紐約。這對夫妻從此再也沒有見過面，也沒說過一句話。兩個人通過中間人辦理了合法的分居手續，韋爾康慷慨地同意付給西芮每年2400英鎊的生活費，孩子歸西芮監護到11歲，這期間發生的所有費用由父親承擔。無論西芮和哈曼之間是否發生過什麼，韋爾康都深信是妻子的錯，認為她是個傷風敗俗的女人。他從未原諒過她，並為此痛苦了一輩子。只要他在場，任何人都不許提她的名字或者他們九年的婚姻，西芮的私人信件直接交由律師處理，她寫信的主要目的是可憐巴巴地向他要錢，或者表達對蒙特尼的健康狀況的擔憂。

分手風暴平息後，西芮盡情享受自由，往返於倫敦和巴黎之間。她人生第一次做了自己的主人，錢財充裕的她縱容自己奢華的品味，她對藝術的愛好體現在服裝和裝修上。毛姆後來用她在約克陽台的客廳做了他最成功的喜劇之一《卡洛琳》的背景。女主人公在攝政公園的客廳寬敞、通風，「……裝修得很奇幻且令人愉悅，它出自一個渴望走在時尚最前沿的女人之手，但融合了她個人的品味。地毯、靠墊、沙發套和椅子都很明顯地受到了未來主義的影響，但並沒有離譜到將房間僅僅變成一件珍品。散落各處的大花瓶讓自然的持重與人類放肆的想像力形成鮮明的對比。」

西芮的父親於1905年去世，她讓比格姆搬過來跟她一起住，她很高興母親在身邊所提供的受人尊敬的偽裝。因為毫無疑問韋爾康太太並不十分受人尊敬，儘管她逃避了離婚帶來的恥辱，但更加難以取悅的那個社會階層還是有點不待見她。她不僅不該拋棄丈夫，隨後還做出了輕浮的舉動——一段激情之戀。她曾在一個年輕有魅力的驃騎兵德斯蒙德・菲茲傑拉德中校身上寄予厚望，後來她的希望破滅了，他跟薩瑟蘭伯爵夫人走了。也有些有錢人追求她，比如，格拉蒙公爵，一個波旁家族的王子，還有美國百貨業大亨戈登・賽弗里奇。據說，此人為她支付了約克陽台的房租（西芮還讓他找人訂做了寫有「韋爾康」字樣的門墊），還資助她買昂貴的衣服，給一大群傭人發薪水——她有一個男管家兼貼身僕從、廚子、廚房女僕、專職司機，韋爾康每個月給她那200英鎊根本不夠用。

跟毛姆好起來那會兒，西芮內心很焦急。賽弗里奇對她失去了興趣，她35、6歲了，「一個剛過最好時光的名媛」，有人這樣評論她。雖然她享受生活，但已經開始渴望安全感。韋爾康隨時可能跟她離婚，沒有一個富有的情人提出要娶她，人近中年的她需要受人尊敬的地位和一大筆可自由支配的收入。她對兒子蒙特尼的愛是深沉的、發自本能的，擔心他體弱多病，擔心他學習成績差，只要情況允許，出國時都會把他帶在身邊。然而韋爾康的態度愈發頑固，1912年蒙特尼被送進寄宿學校後，他開始嚴格限制西芮探視孩子，導致不僅是她，連孩子也跟著一起痛苦，他跟母親的關係一直很親密。

於是，1913年，當威利・毛姆走進她的生活後，他幾乎就是西芮想要的一切。「倫敦最迷人的男人」，富有、時髦、單身。不久，西芮就決定擁有他，這意味著，她必須主動展開進攻。1914年，暖屋會過去三四個星期後，這段時間她和毛姆天天見面，西芮宣布要去巴黎，她在奧賽碼頭有套公寓，她建議毛姆也來。他們分頭前往，到了巴黎後，毛姆打電話約她出去共進晚餐，而後他們回到她的公寓，他們在那兒第一次做了愛。第二天上午，毛姆回到倫敦，幾天後，西芮也回來了，他們愉快地過起了小日子，幾乎每天晚上一起吃飯睡覺。「一切都是那麼的愉快，」毛姆說，「我們這個圈子的人心照不宣，都知道我是西芮的情人，我為她感到驕傲，也對自己很滿意。」她很會誇人，她的歡樂和活力給毛姆帶來快樂，他欣賞她總是把自己打扮得乾乾淨淨、漂漂亮亮的，他尤其樂於炫耀她本能的時髦。毛姆曾帶西芮去拜望他的嫂子奈麗，他的一個小侄女在日記上寫道：「威利叔叔帶韋爾康太太來喝茶，她戴了一頂特別滑稽的帽子。」毛姆喜歡看苗條的她穿著綢緞晨衣，薄得幾乎透明的下午茶禮服走來走去。他有時會陪西芮去龐德街購物，然而毛姆在某些方面卻不諳世事，他從來沒想過作為情人的他應該付帳。西芮經常款待大家，派頭十足，毛姆已經是邀請名單上必寫的名字。

這一切都很有趣。毛姆知道西芮對他有好感，知道他的戲劇家身分讓她在朋友們面前有面子，但是他認為，他們的關係不過是兩個久經世故的成年人間的風流韻事，誰也不想有任何認真的瓜葛。所以他毫無防備之心，西芮告訴他「她瘋狂地愛著他」時，他還會哈哈大笑。他感動了，虛榮心得到了滿足，但從來沒當過真，哪怕就那麼一刻。

接下來發生的一件事提醒毛姆事情比他原以為的要嚴肅得多。他和西芮在里奇蒙公園散步，令他驚訝的是，西芮鄭重其事地對他說想給他生個孩子。毛姆吃了一驚，他很喜歡小孩，希望有一天能有自己的孩子，但不是跟一個他不愛的女人，他不打算跟她成家。他用最簡單明瞭的語言向她解釋把一個私生子帶到這個世上會遇到多麼大的法律和社會難題，但西芮無視這些問題，解釋說，她有個弟弟結婚了，沒孩子，他會很高興撫養這個孩子，過個三四年，她再辦個收養手續，沒有人會知道的。這個計畫很簡單，也很迷惑人，如此簡單以至於毛姆甚至有點動心，但後來理智還是佔了上風。他告訴西芮，這是不可能的，他和這件事不沾邊，她也不要再有這種想法了。

接下來的那個月，也就是1914年4月，西芮邀請毛姆和兩個朋友到比亞里茨來。過了幾天，那兩個朋友走了，西芮建議毛姆開車過邊境去西班牙，毛姆喜歡這個國家，跟她說起過很多次。他的第一反應是要謹慎，和一個已婚女人私下交往是一回事，沒有協力廠商陪伴明目張膽一起旅行則是自找麻煩。他不希望損害西芮的名譽，也不希望韋爾康對妻子採取懲戒行動時將自己牽扯進去。但是西芮叫他放心，她和丈夫達成了友好協議，她解釋說，雙方都可以自由與他人交往。於是他們出發了，第一晚在雷昂，然後去了聖地亞哥－德孔波斯特拉，他們住在漂亮的拉雷埃斯卡特雷科斯酒店的一間套房裡。天氣很暖和，兩個人都很放鬆，毛姆第一次在沒有保護措施的情況下跟她做了愛，粗心地讓她自己考慮預防措施。在德孔波斯特拉待了快一個星期後，他們開車去了巴黎，然後乘「金箭號」郵輪回到倫敦。

回到家不久，毛姆就受到了驚嚇。一天早上，西芮打來電話，說必須見到他，事情緊急。他到了她家，發現她躺在床上，面色蒼白、眼淚汪汪。看到他來了，她哭著告訴他，她流產了。「我想等事情確定了再告訴你。」她流著淚說。

毛姆很是震驚，以為她已經放棄了要孩子的想法，但他對自己的焦慮不安隻字未提。他坐在她床邊，握著她的手，盡力安慰她，用手帕為她擦眼淚。「你想讓這段感情就此打住嗎？」她低聲問。「你想結束嗎？」她病了，不快樂。他知道蒙特尼的事給她帶來痛苦，非常為她難過。「當然不，」他說，「我為什麼要這麼做呢？」很短的時間內，西芮就痊癒了，接下來的幾個星期，他們繼續像往常一樣過日子，彷彿什麼也沒有發生過，吃飯、跳舞，一起參加聚會，在里茲酒店用餐。毛姆的朋友裡只有傑拉德・凱利知道這個秘密。「我有很多話要對你說，」毛姆寫道，「但我不敢寫出來。我要告訴你一個奇怪的進展情況，絕對機密。」

毛姆以為逃過了一劫。他很願意在短時間內繼續見西芮，特別是在她情感脆弱的時候，但這件事對他觸動不小，讓他意識到，就他而言這段感情不會有真正的未來。儘管還是喜歡她，但已經開始有點厭倦她在身邊，她的依賴讓他渾身不自在，急於想脫身。令他反感的是，比如，每次見完面，她立刻就會問：「什麼時候才能再見到你？」儘管韋爾康似乎沒有表現出任何想要跟妻子離婚的意向，但這種可能性還是搞得毛姆很緊張。西芮「依然愛得那麼瘋狂」，他向一個女性朋友彙報道，「她丈夫去百慕達了，沒聽說要滅了我，我又可以喘口氣了。」不過為了安全起見，他決定消失一陣子，於是他離開倫敦，和傑拉德・凱利一起去了卡布里島，在那裡度過了七月。

這是一段短暫的、田園詩般的放鬆期。他們住在切爾柯拉別墅，一幢白色的小房子裡，小說家 E・F・本森（多多）和約翰・埃林漢姆・布魯克斯也住在這裡。本森那本帶一點隱晦的同性戀色彩的小說《柯林》會喚起這段時間在卡布里生活的回憶。他時常從英國來此小住，布魯克斯則是這裡的常住民，這種安排很方便，並不僅僅因為布魯克斯和本森是朋友，而是像他們的一個鄰居所委婉地表述的那樣，「他們有文學之外的共同愛好，於是卡布里對他們兩個人來說是稱心如意的休養地。」這幢別墅面向南，覆蓋著繁茂的百香果和白花丹，前面有一溜陽台，後面有一間大工作室，蜥蜴趴在牆上曬太陽，柳丁樹開花了，好脾氣的塞拉菲娜給他們做飯，他們在花園葡萄架下的陰涼裡悠閒地吃飯。早上的時間用來工作，毛姆正在寫一部新戲的第一稿，然後四個男人步行到蒂姆貝里諾浴場，在清澈的海水中游泳、曬太陽，欣賞卡布里青年，他們一如既往的帥氣、親切。關上百葉窗，在涼爽的房間午休後，毛姆會上一堂俄語課，老師是一個來自奧德薩的古怪的流亡者，他每天下午都會到別墅來。上完課，他們通常會打一場網球賽，或者漫步到索拉羅山的山坡上，吃完晚飯，他們走幾步路去廣場上的莫爾加諾酒吧，和那裡的常客喝酒、打牌。小說家康普頓·麥肯齊和他的妻子也來了。

麥肯齊夫婦在阿納卡布里租下了羅薩尤別墅，兩戶人家經常走動，毛姆最關心的是定期送來的英國報紙。「從英格蘭各個郵局寄來的一捆捆報紙吸引了他，他從不加掩飾。」費斯·麥肯齊回憶道，「我給他畫了張像，畫裡只有一把椅子，一張打開的報紙和兩條交叉的腿，我給這幅畫起了個名字，叫《薩默塞特·毛姆和朋友們共進晚餐》。」最近剛出版的新小說《凶街》，讓康普頓·麥肯齊在某種程度上成了一個名人。他很喜歡有作家朋友為伴，儘管有時候看到本森和毛姆拿布魯克斯惡意地打趣，心裡很不舒服。在他看來，「他們對可憐的布魯克斯很不友好。」布魯克斯惹他們厭煩的原因顯而易見：他比從前胖了，頭更禿了，那張虛弱、英俊的臉上燃燒著一種濃濃的赤土色，除此之外，布魯克斯並沒有什麼變化。他懶惰、和藹可親、以自我為中心，大家討厭他總是大聲朗誦他翻譯的埃雷迪亞[1]的詩，他沒完沒了地擺弄，卻從來沒有譯完，更折磨人的是他在立式鋼琴上「邦邦邦」敲奏貝多芬的樂曲。「他的洞察力不錯，」本森寫道，「在他懶惰的灰燼下的某處燃燒著真實的火焰……（不過）他的懶惰是不可原諒的。」（1929年，布魯克斯在卡布里島逝世後，毛姆寫了一個主要基於布魯克斯和他在卡布里島生活的短篇小說《吞食魔果的人》，他在文中這樣描述布魯克斯的性格，「他對於其他人毫無用處。但是另一方面，他也不損害任何人。他唯一的目標就是自得其樂，看來他確實做到了。」）

八月初，切爾柯拉別墅寧靜的單身漢生活突然被打破了，先是四號爆發的戰爭，接著是西芮從羅馬發來的一封電報，她通知毛姆她很快就到卡布里島。毛姆嚇壞了，他的恐懼傳染給其他人。布魯克斯「驚慌失措」地跑去向麥肯齊夫婦通報這個消息，告訴他們，毛姆跟一個女人扯在了一起，擔心必須娶她不可。「毛姆要是帶一個女人來切爾柯拉，我可不知道該怎麼辦，」布魯克斯哭號道，「我想，本森也不喜歡這樣。」麥肯齊也很震驚，懇求毛姆要立場堅定。身後有這樣的支持，毛姆立刻回電，讓西芮不要來，他和凱利正打算回英格蘭。西芮無視這封電報，乘船來到了卡布里，就像她15年前乘船去喀土木找韋爾康一樣。結果她發現，毛姆正像他說的那樣，正打算離

[1] José María Heredia，1803-1839，古巴詩人。著名詩作有《在喬盧拉的神壇》、《尼亞加拉瀑布頌歌》、《流亡者之歌》、《暴風雨中》、《致大海》等。

開。她不可能在愉快的氣氛中度過那段短暫的時光：沒有人希望她在那裡，最不希望她來的正是毛姆。

倫敦這座城市正處於備戰的混亂狀態，並開始動員徵兵。40歲的毛姆太老了，不能入伍[1]，但他內心充滿了強烈的愛國激情。「對我來說，英格蘭在地圖上的形狀是意義深遠的，」他試著分析自己獨特的愛國主義行為，「這是一種彙聚了驕傲、嚮往和愛的情感，一種讓犧牲變得容易的情感。」他決定在戰爭結束前，也就是在年內便積極投身抗戰。他的很多文學界的同仁，如H・G・威爾斯和阿諾德・貝內特書寫戰爭，威爾斯在家裡寫，貝內特去了法國北部，向讀者描述前線的情況。毛姆和他們都不一樣，毛姆壓根就沒想過寫作，他要的是行動。毛姆認為流利的法文是他最大的長處，於是聯繫了跟他一起打過高爾夫的老球友溫斯頓・邱吉爾，然後又聯繫了英國海軍大臣，主動向他們請纓。令他失望的是，邱吉爾的回信寄到了白廳一個部門長官那兒。不打算戰爭期間在寫字桌後面度過的毛姆對此不予理會，轉而向紅十字會提出申請。紅十字會當時正要派幾輛救護車去前線，需要翻譯。特立獨行的弗雷德里克・特雷韋斯爵士——維多利亞女王的特別外科醫生、波耳戰爭的老兵，被任命為英國陸軍部紅十字會工作組的組長。在他的激勵和影響下，每天都有醫生、護士、護理員、司機和擔架員源源不斷地渡過海峽來到法國。他們的貢獻必不可少，然而，毛姆天性裡有不願墨守成規的傾向，而且極富冒險精神。真正吸引他的是紅十字會的靈活和近乎業餘的特點，紅十字會依靠的是各種各樣、稀奇古怪、能力參差不齊的志願者。

十月的第三個星期，紅十字會接受了毛姆的申請。毛姆穿

❶ 18歲到41歲未婚男子的徵兵制度直到1916年1月才有。

上制服，準備離家。然而，在這之前毛姆和西芮有過一次不愉快的面談。西芮告訴他，她又懷孕了。毛姆十分驚駭，這次他確信自己中了西芮的圈套。他憤怒、驚愕，氣得無法掩飾自己的情緒。西芮本來盼望能從他那兒得到情感上的支持。結果，見他板著一張臉，大為震驚。她大哭起來，抽泣著說，她只是太愛他了，想要他的孩子。「她讓我覺得自己是個畜生。」毛姆回憶道。雖然很氣憤，他還是想表現得體面一點，儘管厭倦了這段關係，他還是對西芮保有一份感情，一個身處困境的孕婦總是能觸動他。即便如此，他還是堅定地認為，絕不能在驚恐之下就承諾任何一種永久的結合。他們談了話，漸漸恢復了相對的平靜，毛姆可以出發，做他想做的事去了。「最後，我答應等到瞞不住的時候，我會帶她去一個沒人知道的地方。」西芮對這個許諾很滿意。

10月19日，毛姆在布洛涅上岸，和其他志願者一起去紅十字會的總部所在地巴黎飯店報到。一排排蒙著帆布的救護車停在碼頭上，整個城市因卡其布軍裝沸騰起來。到處都是一群群戴著鴨舌帽、打著綁腿的男人，他們或站著抽煙、聊天，或漫無目的地走來走去，在接到命令前打發時間。幾英里外，比利時邊境的伊珀爾正在發生激戰，無論白天還是黑夜，隆隆的炮火聲時斷時續。英國遠征軍頑強阻止德軍前進，傷亡率駭人聽聞，死傷人數很快就上了萬。毛姆所在的單位離開布洛涅，加入位於法區的一支美國的紅十字會分隊。他們的任務是將傷患從戰場上運到戰線後方的死傷急救站，再把傷患從那兒運到幾英里外的杜朗、亞眠和蒙迪迪耶的後方醫院。「天很冷，雨也無情，」毛姆向傑拉德・凱利彙報，「路況很糟糕，路兩邊有三英尺深的爛泥。如果一支護送隊逼你下去，幾匹馬才能把你拉上來。」臨時救助站設在戰場邊的教堂和穀倉裡，救助站裡亂亂哄哄，擠滿了人，醫院裡的條件要好一點。所有人被傷患數量之多搞得不知所措，醫生們筋疲力盡，物資供應不足，缺少醫療設施，醫院成為疾病感染的滋生地。

毛姆這樣的紅十字會志願者經常會被要求上戰場，有時候還要冒著炮火，這個工作不僅要求高，而且很危險。有時候夜裡接到通知，一隊救護車就這樣在冰冷刺骨的天氣裡上路，漆黑的夜裡不許開大燈，只靠炮火照明，汽車行駛在坑坑窪窪泥濘的路上，每輛車後面摞著六副擔架，到了目的地要輕拿輕放。毛姆一個人幹好幾樣活：抬擔架、開汽車、當翻譯，他的法語和德語在英國醫務人員與病人溝通時派上了用場。有一次，毛姆在一個收了兩三百名傷患的醫院裡，擁擠的病房不通風，散發著血和大便的臭氣。「那裡好像只有兩個負責的醫生，兩個裹傷員協助他們，還有很多對護理知識一無所知的當地婦女。我和一個德國戰俘聊了一會兒，他的一條腿截肢了，我感覺如果他是法國人就不會被截肢。裹傷員讓我跟他解釋一下，必須保住他的性命，還詳細講了那條腿的狀況。」還有一天晚上，蒙迪迪耶的激戰過去後，他們接到命令開救護車去村子裡的教堂。當沒有開燈的汽車一輛接著一輛停下，擔架抬下來時，毛姆看到死屍被扔在門外堆成了山，活人則在鋪著稻草的地上排成一行。唯一的光源是放在祭壇上的蠟燭。

> 說話聲與痛苦的呻吟聲以及垂死者的哭叫聲混雜在一起。一個男孩，傷得很重，他怕極了，不停地尖叫著

「我不想死」，三個士兵站在一旁努力安慰他。他抓著一個人的一隻手，那個人用另一隻手撫摸這個男孩的臉，「不，老兄，你會好起來的……」但他還是繼續尖叫「我不想死」，直到死去。

連續不斷的炮擊使一些志願者受到了極大的震動，被迫目睹雙方致命的武器撕裂的傷口，讓他們的精神遭受創傷。然而毛姆勇敢無畏，敵方的行動經常令他精神振奮。「那天我看到空戰了，這是我看到過的最驚心動魄的場景。」他告訴阿爾弗雷德・蘇特羅。他從敦克爾克寫給海涅曼的信中則說：「我很幸運地親眼目睹了德國人用法國的炮台發動攻擊……我看到了爆炸的炮彈，還有傑克・詹森[1]埋入地下時激起的一大片塵土，真是太棒了。回家的路上，他們炮轟伊珀爾路，那是我開車時的必經之路，炮彈以令人欽佩的頻率落下，卻沒擊中，我去看了一眼彈坑，確實巨大無比。」戰爭很可怕，打一次仗就死幾百人，傷幾千人。接受過醫療培訓的他從不退縮，他有務實的態度以及親切的個性和同情心。很快，他們就讓他運用早就忘了的技能，清洗傷口、塗碘酒、紮繃帶。「我已經有很多年沒幹過這類活了。」他在筆記本上寫道，「一開始，我還有點不好意思，笨手笨腳的，但很快我就發現，我可以盡我所能做點小事……我從來沒見過這樣的傷口，肩膀上的大傷口，骨頭都被擊碎了，流著膿，散發著臭氣；後背上裂開的傷口；子彈射穿肺部留下的傷口；還有粉碎的腳，也不知道那條腿還能不能保住。」

評論家德斯蒙德・麥卡錫和毛姆同在一個單位，這個迷

[1] 以美國重量級拳擊冠軍的名字命名的德國大炮。

人、懶惰、博學的同伴只比他小三歲，毛姆和他建立起珍貴的友誼。他是劍橋大學「使徒會」[1]的成員，認識一些有影響力的人，比如，伯特蘭・羅素[2]和愛德華・摩根・福斯特[3]，經由他的介紹，雷納德・吳爾芙[4]和克萊夫・貝爾很早就加入了布魯姆斯伯里團體[5]，他的戲劇評論，特別是關於蕭伯納的文章和對1910年著名的羅傑・弗萊[6]。他們有很多共同點，有很多可聊的話題。很多人認為，麥卡錫是一個能給人啟發的談話高手，毛姆也這麼認為，於是被他逗引得在無意識的情況下提供了很多資訊。戰爭結束幾年後，當毛姆發現他關於自己作品的觀點被麥卡錫當成自己的觀點詳細記錄成文章並發表後，他大吃一驚。「我有點惱火。」他不悅地寫道，「自己說關於自己作品的實話和別人說出來是迴然不同的，我本該讓這個評論家鄭重其事地承認這些話都是他從我嘴裡

---

❶ 劍橋的「使徒會」由三一學院和國王學院的最優秀的12名成員所組成，這些人不僅要絕頂聰明，而且要出身顯赫，每一個人都注定會成為英國統治階層中的一員。他們每周六在一處秘密會所聚會，討論範圍從哲學、美學到政治、商業。他們有自己嚴格的清規戒律，同時也蔑視社會的普通道德，他們自認為擁有人類最智慧的頭腦，他們認為自己天生就是世界的統治者，並相互之間反覆灌輸這一信念。離開劍橋之後，每周六仍然參加「使徒會」秘密會議的成年使徒被稱為「天使」，他們積極參與選拔新使徒和其他活動。

❷ Bertrand Russell，1872-1970，20世紀英國哲學家、數學家、邏輯學家、歷史學家，無神論或者不可知論者，上世紀西方最著名、影響最大的學者和和平主義社會活動家之一。1950年，羅素獲得諾貝爾文學獎，以表彰其「多樣且重要的作品，持續不斷的追求人道主義理想和思想自由」。

❸ E. M. Forster，1879-1970，20世紀英國著名作家。代表作有《印度之旅》、《窗外有藍天》、和《霍華德莊園》等。

❹ Leonard Woolf，1880-1969，英國政治理論家、作家、出版人，維吉尼亞・吳爾芙的丈夫。

❺ 1907至1930年間生活和居住在倫敦布魯姆斯伯里的一群作家、藝術家和知識份子。

❻ Roger Fry，1866-1934，英國著名藝術史家和美學家，20世紀最偉大的藝術批評家之一。早年從事博物館學，屬於歐洲頂級鑒藏圈子的鑒定大師，後來興趣轉向現代藝術，成為後印象派繪畫運動的命名者和主要詮釋者。他提出的形式主義美學觀構成現代美學史的主導思想。著有：《喬瓦尼・貝利尼》、《視覺與設計》、《變形》、《塞尚及其畫風的發展》等。

聽到的。」德斯蒙德・麥卡錫對毛姆的小說的評價很精準，他也很欣賞毛姆的小說，他是布魯姆斯伯里那些知識份子裡唯一認真關注毛姆的人。1930年代寫到毛姆時，他敏銳地指出：「戰爭對他的才華的發展有十分重要的影響……他那個時候明白了，旅行和獨處對他的才華有多大的益處。」

毛姆和麥卡錫一起從英國橫渡海峽到了布洛涅，有人警告這兩位作家不許向媒體發報導，儘管他們根本就沒打算這麼做。蠢蠢欲動的他們發現在激烈交火的間隙有大段的閒置時間，這令志趣相投的他們非常欣喜。「我們倆既沒有忙得四腳朝天，也沒有閒極無聊。」毛姆解釋說，有麥卡錫陪伴真是好。只要能抽出身，他們就一起吃飯，有時在布洛涅的莫里斯酒店，完全離開麥卡錫妻子的視線，他可以在那兒偶爾跟女朋友約個會。有時候，他們會在鄉下的小酒館裡慢悠悠地喝紅酒、抽雪茄，或者在他們駐紮的村鎮裡閒逛。有一天，毛姆差點兒喪命。當時毛姆在伊珀爾的大廣場上，他剛走開想湊近去看看中世紀的紡織會館（Cloth Hall）的遺址，剛才靠著的那面牆就被一枚德軍的炮彈轟塌了。「這讓觀光也變成了一件麻煩事。」他在給傑拉德・凱利的信中寫道。他所在的單位一直在行軍中。他們住過伊珀爾附近的一座修道院，每個房間15到20人，睡在鋪在地板上的草墊子上。杜朗的住宿條件就舒服多了，毛姆被安頓在一個退休店主家，店主的妻子很關心他，睡覺前還給他準備熱牛奶。在靠近比利時邊境的斯滕福德，他住在一家討厭的小旅館裡，食物噁心，沒有浴室，儘管如此，毛姆還是很開心。「工作很辛苦，也很乏味，但不需要負責任，這很不錯。不需要我做什麼決定，讓我幹什麼，我就幹什麼。幹完活，時間就全是我自己的了，即便浪費時間，我也覺得心安理得。這之前，我一直認為時間太寶貴了，不能虛度一分鐘……責任感如影隨形。對什麼負責？嗯，我想是對我自己，對我的天賦，我希望充分利用我的天賦和我自己。現在我自由了，我享受著自由。自由的愉悅中有一種性感得近乎撩人的特質。」

然而，他並沒有完全切斷職責。他們在敦克爾克附近的馬洛駐紮時，麥卡錫走進毛姆的小臥室，發現他正借著一豆燭光在小說的校樣上做標記。眼前整潔的場景讓天生做事沒有條理的麥卡錫很是驚訝，長長的紙條整齊地放在狹窄的床上，修改之處極少。「我評論了幾句，他回答說，在把手稿送給印刷工人之前，他都會認真地修改一下。」

到了九月底，顯然，戰爭不會很快結束，毛姆給西芮寫信，催促她再考慮一下是否想讓妊娠繼續下去，現在她已經有三個月身孕了，這不是要孩子的時候。「她沒理會我的信。」他不快地回憶道，「她打定主意要生下這個孩子。」毛姆很不情願地回到英格蘭，他的心情很沉重，因為，他不想進一步跟西芮以及她的處境攪和在一起。但更重要的原因是，他最近遇到了一個男人，在接下來的30年裡，他成為了毛姆生活的中心。

第七章
代號「薩默維爾」

1914年10月到布洛涅後不久，毛姆所在的單位和一群美國的紅十字會志願者聯合起來，這群志願者中有一個22歲的青年。傑拉德·哈克斯頓是個身材纖細、相貌英俊的小夥子，中等身材，灰藍色的眼睛，一頭柔滑的淡褐色的頭髮，鬍子修剪得很整齊。哈克斯頓說一口道地的法語，聽不出一點美國口音，他迷人，愛交際，到處尋開心。他自願參與救護車服務，因為和當兵不一樣，這個差事提供了刺激和風險，但不必事先參加漫長無聊的培訓，救護車服務人員屬於軍官，但沒有指揮的責任。碰巧他和毛姆都在當地一座城堡裡的臨時醫院工作，傑拉德認出了這位著名的劇作家，他在報紙上見過毛姆的照片。當時毛姆正在安慰一個受了重傷的英國士兵，那個士兵喊著要水喝，但醫生禁止他喝水。「對不起，我能幫你做點別的嗎？給你家裡寫封信？」「寫信？」那個士兵嘲笑他，討厭地模仿毛姆的口音，「這輩子都別想！」就在這時，傑拉德走了過來，遞給那人一支煙，給他講了幾個黃色笑話，把他的注意力從疼痛上轉移開。當晚，他和毛姆站在俯看花園的陽台上，聊戰爭結束後做什麼。毛姆說他想寫作，想旅行。傑拉德想要什麼？他問。「從你那兒，還是從生活中？」這個青年語帶挑逗地反問道。「也許二者都有。」毛姆回答，「也許到頭來是一回事。」哈克斯頓毫不猶豫地表明，他感興趣的是「娛樂和遊戲……有人照顧我，給我買衣服，帶我參加聚會。」這之後，兩個男人來到傑拉德的房間，他有一瓶琴酒，「這就是一切的開始。」

雖然共度的時間很短暫，但兩個人都明白，他們的相遇意義深遠。毛姆立刻就被這個青年迷住了，他的樣子和個性正是毛姆無法抗拒的類型：有點機會主義、放蕩、自我放縱、好脾氣。就像《旋轉木馬》裡的雷吉・巴羅－巴西特和《克拉多克夫人》裡的傑拉德・沃德雷，哈克斯頓渾身充滿活力——「他有個習慣，踮著腳尖在房間裡走路，好像是在為賽跑熱身。」他很清楚自己有性魅力。在危險四伏的環境中，人們容易情緒高漲，親密的同志之情催生熾熱的友誼，戰友之誼和同學之誼往往會導致更多的東西。就是在這種激動人心的氣氛中，毛姆和傑拉德・哈克斯頓開啟了漫長的戀愛之旅。

維米嶺戰役❶過後，下面這首打油詩流傳開來：

> 拜恩侯爵在浴缸裡沉思，
> 啊，維米嶺帶給我多少回憶！
> 那個年輕可愛的騎兵，
> 格拉黛絲・庫珀，我的意思是，
> 我的天哪，好懸，近在咫尺！

❶ 第一次世界大戰中西部戰線的一次戰役，發生於1917年。維米嶺戰役是阿拉斯戰役的序幕，也是加拿大參與的最有名的戰役。

令人沮喪的是，有關傑拉德1914年以前的生活和境遇的資料很少，毛姆也小心地隱藏甚至毀掉與他們後來交往有關的資料。不過可以確定的是，這是毛姆一生中最重要的關係，儘管毛姆的朋友和家人在傑拉德的性格和影響方面存在巨大的分歧。即使是他的樣貌也有自相矛盾之處，他那張誘人的臉孔很難解讀，一隻眼睛歡樂頑皮，另一隻眼睛則充滿威脅。有人把他看做一個仁慈的、善於施展魅力的人，他的好脾氣在很大程度上抵消了比他年長的毛姆的易怒和反覆出現的憂鬱。「他能用魅力把鳥兒從樹上吸引下來……毛姆總是為他陶醉。」作家亞瑟・馬歇爾[1]說。休・沃波爾也贊同這個說法，他在日記中寫道，哈克斯頓很迷人，他的性格中混雜著善良和精明。美學家哈羅德・艾克頓[2]則帶著幾分妒意寫道，哈克斯頓「永遠那麼年輕……快樂、不負責任，正是憂心忡忡的男人盼望得到的那種伴侶。」還有人認為，傑拉德・哈克斯頓幾乎就是魔鬼的化身。「賊眉鼠眼」、「聲名狼藉」、「下流胚子」，「基本上就是個騙子」，這些詞句反覆被提及。作家彼得・昆內爾[3]對哈克斯頓的表述令人難忘，他說，「（他）非常有男子氣概……長了一張不知檢點的臉。」很多人——包括昆內爾——都認為哈克斯頓對毛姆的影響完全是有害的，他把同性戀底層社會中一些最骯髒的部分介紹給了從前很挑剔的毛姆。然而，或許毛姆對傑拉德的描述最能透露內情。1941年出版的小說《佛羅倫斯月光下》中的羅利・弗林特，其原型就是傑拉德，「他一副放蕩

---

❶ Arthur Marshall，1910-1989，英國作家和廣播員。
❷ Harold Acton，1904-1994，英國藝術史家、作家、詩人。
❸ Peter Quennell，1905-1993，英國傳記作家、文學史家、編輯、散文家、詩人和評論家。

的樣子，不喜歡他的人會說他賊眉鼠眼。可是，羅利・弗林特完美地闡釋了何為性感。他身上有某種令人神魂顛倒的東西，粗魯背後的溫柔，嘲弄背後令人激動的溫暖。還有他性感的嘴唇和灰眼珠的愛撫。」

費德里克・傑拉德・哈克斯頓出生於1892年10月6日，同一個月，毛姆開始在聖托馬斯醫院學習。哈克斯頓的父親亨利・雷蒙德・哈克斯頓是一個著名作家，也是威廉・藍道夫・赫茲❶報業王國中的龍頭《舊金山考察家報》的主編。亨利・雷蒙德・哈克斯頓是個英國僑民，他性格強悍、野心勃勃，是個酗酒的無賴，高個子，派頭十足，蓄著鬍子，衣冠楚楚。他先是娶了一個沒什麼名氣的女演員艾格尼絲・湯瑪斯，但很快就拋棄了她，喜歡上了美麗的薩拉・蒂博。蒂博來自一個在加州早期歷史中起過重要作用的顯赫家族。第二任哈克斯頓太太有文化、有教養，鋼琴彈得好極了，幾乎達到了專業水準。她的熟人中有著名的小說家、作家和記者安布羅斯・比爾斯❷的門徒格特魯德・亞瑟頓❸。哈克斯頓夫婦似乎有一個有趣的圈子，比爾斯也是亨利・哈克斯頓的朋友，還有史蒂文生的繼子勞埃德・奧斯本。老哈克斯頓在歐洲遊歷甚廣，婚後不久，他們便離開美國，在巴黎安家，傑拉德就出生在那裡。母親很寵愛這個獨生子，曾向一個女友形容他是一個「粉嘟嘟的布丁捲，肉呼呼得像奶油」。傑拉

❶ William Randolph Hearst，1863-1951，美國報業大王、企業家，赫茲國際集團的創始人。赫茲是一位在新聞史上飽受爭議的人物，被稱為新聞界的「希特勒」、「黃色新聞大王」。他在20世紀初掀起的黃色新聞浪潮，對後來新聞傳媒產生了深遠影響。

❷ Ambrose Gwinnett Bierce，1872-1875，美國作家，以短篇小說聞名。其小說以恐怖和死亡為題材，諷刺辛辣，語言精煉。

❸ Gertrude Franklin Horn Atherton，1857-1948年，美國小說家。《黑牛》是其最著名的流行暢銷小說。

德很小的時候父母就分居了，父親去了紐約，薩拉則移居倫敦，母子倆住在聖約翰伍德，生活困窘。

傑拉德很可能從此再也沒見過他父親。1892年，亨利·哈克斯頓來英國參與推銷《大英百科全書》，此後很多年，他的大部分時間在倫敦度過，住在薩伏伊酒店的一個套房裡，策劃了一系列廣告活動，其中最有名的是在《泰晤士報》上。1904年，《大英百科全書》和《泰晤士報》結成互利合作，他調到報社工作，擔任廣告部經理，直到1911年因健康原因退休。

奇怪的是，儘管生活在倫敦，哈克斯頓似乎從來沒有聯繫過他的妻兒。在保存下來的幾封薩拉·哈克斯頓寫給她在加州的友人露易絲·莎倫的信中，她從未提及與丈夫有任何交流。顯然，薩拉很缺錢，總是為錢發愁，她不止一次向莎倫夫婦借錢。她還抱怨，關於如何教育傑拉德，身邊沒個人可以諮詢一下，顯然表明兒子生活中父親角色的缺位，沒有父親令他痛苦，再加上母親身體不好，很少有精力或者有錢帶他出去玩。「我過著極其無聊單調的生活。」薩拉向莎倫太太抱怨，「不過，大概這樣對我來說是好的。只是我不知道該怎麼辦，從長遠來看，所有的想法和感受都會變得狹隘起來。」薩拉為兒子盡了最大的努力，不辭辛苦地給他找合適的學校，還給他買了一條狗，星期日帶他去鄉下散步。不過她說得沒錯，這種生活的確無聊，到了青春期，傑拉德就急著逃離這個家。母親的焦慮和脆弱，不停地抱怨感冒和神經痛，還有她的依賴感都讓他感到窒息和壓抑。

除了很少的這些細節，傑拉德·哈克斯頓的早期生活幾乎無跡可尋。後來發生了一件事，那是在他認識毛姆的第二年，也就是1915年，傑拉德遇到了一個麻煩事。11月13日，毛姆當時在國外，23歲的傑拉德和一個男人在柯芬園的一家旅館裡被捕，被控六項嚴重猥褻罪（這個法律名詞涵蓋了除雞姦外所有的罪名）。12月7日在老貝利（英國倫敦中央刑事法院的俗稱）被傳訊時，兩個男人都為自己作無罪辯護，在兩個大律師的幫助下——很可能是毛姆花錢雇來的——他們被無罪釋放。不過法官堅信傑拉德是個壞種，利用他的美國國籍幹壞事，後來他作為不受歡迎的外國人被登記入冊，並被驅逐出境，永遠不准再踏上英國的土地。

不過就目前而言，這都是將來的事。1915年1月初，毛姆在西芮的召喚下，離開部隊，回到英國。他們在多佛見面，從那兒坐火車去中立國義大利。毛姆決定讓西芮在羅馬生孩子，這麼做神不知鬼不覺。他們在平西歐附近找了間公寓住下來，等待孩子降生。這段時間，兩個人都不快樂。毛姆想傑拉德想得很苦，擔心他在前線遇到危險，對於西芮的抱怨和不停希望獲得關注的需求，他並不太想做出富有同情心的回應。不過他至少還有寫作，他正在寫一部戲，天氣允許的話，還可以去打打高爾夫，而西芮則被鎖在公寓裡，完全依賴他的陪伴。她不會講義大利語，對讀書、做針線活和觀光都不感興趣，除了毛姆，她只見英國醫生。對兩個人來說，日子似乎永無盡頭。「這裡冷得要命，成天下雨，苦不堪言。」毛姆沮喪地寫信告訴海涅曼。而在給傑拉德·凱利的信中，他則表達了明確的焦慮，「如果我能在這裡，在這種條件下寫作該有多好啊。哦！我真是個徹頭徹尾的傻瓜！但我只能咬緊牙關挺過去。」接著他又寫了段宿命的話，「到頭來，未來該怎樣就怎樣，一切都有可能發生，我幹嘛要操那個心呢。」

當然，戰爭期間每個人的未來都是不確定的，對義大利表示打算加入協約國的說法也沒什麼指望。在1915年3月寫給海涅曼的一封信中，毛姆表達了他對所見到的大多數義大利人的消極態度的反感，「你知道我這兒的銀行經理怎麼跟我說嗎？『我們想要的是協約國決定性的勝利！然後你就會看到我們義大利人怎麼做了！』這是最普遍的態度，他們誰也沒有意識到自己的醜態。我在英國報紙上讀到羅馬舉行了支持干預的示威遊行，但我見過兩三次，無非是兩三百個市民平心靜氣地散步。他們的座右銘是：我們不想打仗，但如果非打仗不可的話，你們有人，你們有船，你們也有錢。」

西芮分娩的日子臨近時，毛姆給她的母親寫信，叫她到羅馬來。他還沒見過巴納多太太，擔心看到他和她女兒姘居會作何反應，但他沒必要有這個顧慮。在東區的那些年，比格姆什麼都見識過了，後來她住到約克陽台，也習慣了對西芮的某些行為睜一隻眼閉一隻眼。「她認為這是世間最自然不過的事。」毛姆欣慰地彙報道。5月4日晚，西芮準備生產，但很快就發現情況不太妙。到了半夜，醫生很擔心，叫了輛救護車把她送到了位於蘭其茲路的醫院。5月6日，就是在那裡，化名威爾斯太太的西芮剖腹產下一個女嬰，取名叫伊莉莎白・瑪麗，後來大家一直叫她麗莎，她父親的處女作《蘭貝斯的麗莎》裡的那個麗莎。幾天後，醫生告訴西芮，她再也懷不上孩子了，這個消息讓她陷入了絕望。她已不再年輕，快36歲了，生活的境況也不明朗，她盼望能有更多的孩子，與兒子蒙特尼分開的痛苦讓這種渴望愈發強烈。「她哭得很慘。」毛姆說，「我盡力安慰她。我也只能做這個了。」三個星期後，西芮的身體恢復到可以出遠門了。6月9日，四個人回到倫敦，毛姆回到切斯特菲爾德街，西芮、比格姆和麗莎住進了附近的一家旅館，因為約克陽台的房子租出去了。

毛姆的行李箱裡裝著一個新劇本，《上流人士》已經寫完了，他知道弗洛曼迫不及待想要看到它。然而，弗洛曼突然去世了。5月1日，弗洛曼乘卡納德郵輪公司的「盧西塔尼亞號」郵輪從紐約出發，但七天後這艘郵輪在愛爾蘭外海遭到魚雷襲擊，近2000人喪命，其中就有查爾斯・弗洛曼。據倖存者說，這個劇院經理表現得十分鎮定，他把救生衣遞給另一個乘客，自己則平靜地站在甲板上抽完了一根雪茄。經過記者們的一番修飾，他的遺言是《彼得潘》裡的一句話：「死是一場大冒險。」弗洛曼的死訊傳來，毛姆大為震驚，他喜歡並信任這個獻身戲劇的人。然而不能浪費時間，要把製作這部戲的計畫付諸實施。「我很高興知道這一切仍在繼續，彷彿查爾斯・弗洛曼還活著一樣。」毛姆寫信給弗洛曼的商業夥伴阿爾・海曼，「我想你知道這是約克劇院秋季演出季的開幕戲。」

在復辟時期風俗喜劇的傳統中，《上流人士》遵循了戈德史密斯[1]和謝立丹[2]開闢的道路，但極大地拓寬了範圍。行為的雙支點不是倫敦和鄉下，而是英格蘭和美國，儘管處理

---

❶ Oliver Goldsmith，1703-1774，英國18世紀中葉傑出的散文家、詩人和戲劇家。在戲劇方面，最值得讚賞的是他在《世界公民》、《威克菲爾德的牧師》和《屈身求愛》中創造的喜劇感。

❷ Richard Brinsley Sheridan，1751-1816，18世紀英國最有成就的喜劇家。最有名的作品是《造謠學校》被稱為18世紀三大喜劇之首；他的第一部喜劇是《情敵》，是18世紀三大喜劇之末。

手法不同，但更寬闊，也更輕鬆，情節上與亨利・詹姆斯的短篇小說《倫敦生活》驚人地相似。

一個評論家將《上流人士》形容為「耀眼的冰光」，一部幽雅、老道的風尚喜劇，時髦、精緻、令人發笑——事實上，這正是那類能吸引有厭戰情緒的倫敦公眾的戲。可惜，公眾看不到。首先這部戲沒有通過宮務大臣辦公室的審查，除非修改貝茜撞見格雷斯頓夫人和一個牛郎在一起的那一幕——他們說服毛姆將看到這一驚人場景的人從一個天真的小姑娘變成一個小夥子。但接下來出現了一個更大的障礙，外交部擔心這部戲會惹到他們最強大的同盟國，突然認定這部戲有反美傾向，宣布禁演。因此《上流人士》沒能在倫敦首演，而是於1917年3月最先登上了紐約的舞台。諷刺的是，這部戲在美國獲得了圓滿成功，儘管能聽到憤慨的聲音，譴責主題傷風敗俗。有人在《紐約戲劇鏡》上撰文譴責這部戲「道德骯髒」，「令人不快」，但評論家們普遍喜歡這部戲，觀眾也大量湧入劇院。「一部富有批判性、極為有趣的戲。」《紐約時報》說。後來為《時代周刊》撰寫戲劇評論的學者路易斯・柯能伯格[1]發表觀點，「自凡布魯[2]以來，還沒有哪個人像毛姆在《上流人士》中如此嚴厲、不留情面地為倫敦上流社會畫像。」1923年，這部戲終於來到倫敦，登上了環球劇院的舞台，主演是瑪格麗特・班納曼[3]和康斯坦斯・科利爾[4]，收穫的評價和在美國時一樣高。德斯蒙德・

❶ Louis Kronenberger，1904-1980，美國評論家、作家、小說家和傳記作家，撰寫了大量關於18世紀戲劇的文章。

❷ Sir John Vanbrugh，1664-1726，英國劇作家和建築師。王政復辟時期風尚喜劇作家之一。他的戲劇粗俗而不失機智。

❸ Margaret Bannerman，1896-1976，加拿大女演員。

❹ Constance Collier，1878- 1955，英國舞台劇和電影演員，表演指導。

麥卡錫為《新政治家》撰文讚歎道，「太棒了，又無情又好笑。」非常有影響力的評論家詹姆斯·阿加特則稱讚這部戲是「英國劇作家筆下最精彩的作品之一，傑出的諷刺作品，戲劇大師的傑作。」

《上流人士》在倫敦的節目單上附了一張編劇寫的小紙條：「由於本戲在美國上演期間流傳的各種謠言，作者聲明戲中人物純屬虛構。」發布這則聲明更多的是因為擔心名譽受損，而不是尊重事實。6年前在紐約流傳的「各種謠言」指的是格拉斯頓夫人的情人亞瑟·芬威克和西芮曾經的情人美國百貨業大亨戈登·賽弗里奇極為相似。據毛姆後來說，這個人物的原型另有其人，但他並沒有費心將兩個人區分開來，甚至將另一個倫敦大商店芬威克的名字給了這個人物，藉以強調他們之間的相似性，並賦予他所有賽弗里奇眾所周知的粗俗、浮誇和多愁善感。這都是他從西芮那兒聽來的，當時他們在羅馬等麗莎出生，西芮把從前的仰慕者的故事講給他聽，說的最多的就是這個賽弗里奇。「她說他很好笑。」據西芮說，賽弗里奇「瘋狂地愛上了她，要每年出5000英鎊包養她，但她拒絕了。」毛姆回憶道。接著他諷刺地補充說，「我不知道該相信什麼，她編這個故事是不是想打動我。」戲裡那個愚蠢的老頭慷慨極了，總給她買禮物，大把大把地在她身上花錢，因為她對金錢貪得無厭。但這個老頭總是叫她「妞兒」，所以，她只好躲開了。

珍珠：別叫我妞兒，亞瑟，我很討厭這樣。

芬威克：我就是把你當成我的妞兒。我只要對自己說，她是我的妞兒，渾身就暖烘烘的……

戈登・賽弗里奇，這個著名的首演常客在《上流人士》首演時居然沒來，這個情況肯定有人會注意到的。文中還穿插著其他非常私人的所指。比如牛郎那個角色，一個被寵壞了的性感青年，恬不知恥地索取。他的名字叫托尼・帕克斯頓，「一個25歲的英俊青年，衣著鮮亮，風度翩翩，笑容迷人。」在托尼・帕克斯頓和他的恩主──肥胖的德・敘雷訥公爵夫人（來自芝加哥，娘家名字是米妮・霍奇森）那一幕中，反映了西芮和毛姆之間痛苦的關係。米妮迷戀帕克斯頓，反覆央求他保證愛她。「希望你不要不停地問我愛不愛你，這會把我逼瘋的。」托尼氣呼呼地說。

托尼：你覺得無論我在做什麼都能感覺到你的目光黏在我身上，我會開心嗎？我每次把手伸出來，你的手都會把它按住。

公爵夫人：我愛你就會情不自禁。

托尼：是，但你沒必要表現得這麼過分。做愛的時候你為什麼不讓我主動？

如果毛姆以為把西芮帶到國外去，他們的關係就能保密的話，他很快就會醒悟過來的。和妻子大鬧分手後，亨利・韋爾康似乎對她的所作所為不感興趣，照顧蒙特尼那段時間，只要她守規矩，跟誰交往都無所謂似的。但實際上，韋爾康並非無所謂，他對西芮離開他的怨恨與日俱增，決定只要合適的機會出現就立即跟她離婚。得知西芮和那個著名的劇作家搞在一起後，他知道抓住了他想要的把柄：毛姆富有、單身，他們高調離婚時，這則醜聞會讓西芮被認定為過錯方，這樣她就會名譽掃地。早在1912年1月，韋爾康的律師就開始搜集證據，雇用私人偵探跟蹤這兩個人，比如他們發現這兩個人在海斯的帝國酒店過夜，「毛姆先生和韋爾康太太入住相鄰的兩個房間。」麗莎出生後，毛姆和西芮回到倫敦，韋爾康的律師團隊已經在英國駐羅馬領事的幫助下收集了證據，採訪了證人，比如那家醫院的護士，還有為韋爾康太太接生的英國大夫。

這期間，毛姆對此一無所知，他打算做些跟戰爭有關的工作。「我現在無所事事，」毛姆抱怨道，「好像沒人要我了。」救他的人是西芮。她的友人是約翰・沃林格少校（後來升為上校）的情婦，沃林格是秘密勤務局（後來的英國秘密情報局SIS）的軍官。西芮安排四個人共進晚餐。沃林格監管一個英國在德國和瑞士的情報網，毛姆給他留下了深刻的印象，他給了毛姆一份在日內瓦的工作，並安排他年底赴任。

這時家裡頭的事到了緊急關頭，西芮收到一封韋爾康律師的信，表明她的丈夫打算跟她離婚，並把毛姆列為共同被告（韋爾康本來也想連帶著戈登・賽弗里奇，但賽弗里奇已婚，有四個孩子，而且和韋爾康一樣，也是共濟會的會員）。這正是西芮所渴望的。她盼望擺脫韋爾康，性格強悍的她根本不在乎離婚會損害她的名譽，只要能再婚就行。然而，這個消息對毛姆來說卻是毀滅性的，西芮曾斷言韋爾康不希望改變現狀，他真的信了。毋庸置疑，他理虧，他將被公開列為共同被告。他知道，萬一西芮離了婚，他再不娶她的話，很不光彩。他感覺自己上當了，受騙了，非常憤怒。毛姆從來沒表示過想要娶她的意思，一直以來西芮都無視這個現實，但這次毛姆的反應把她嚇壞了。她擔心他會反悔，拒絕履行對她不可辯駁的義務。她想盡一切辦法要博得他的同情。

一天晚上，毛姆正跟一個醫生朋友在切斯特菲爾德街吃飯，西芮的電話打了進來，她說她服用了過量的安眠藥，讓他必須立刻過來。兩個人立即來到西芮所在的酒店，醫生忙碌起來，他給比格姆打電話，讓她來照顧女兒幾天，直到她痊癒。西芮很洩氣，自導自演了一齣自殺戲，但毛姆依然不願做出最後的承諾。為了準備接下來的官司，毛姆諮詢了一個著名的離婚律師喬治・路易斯爵士，律師坦率地告訴他前景渺茫，反對他的證據不容置疑，韋爾康準備充分加以利用。在毛姆的要求下，他只答應做一個讓步，不會在法庭上提及毛姆的孩子麗莎。路易斯強烈建議他花錢擺脫掉西芮：他對她的評價很低，把她看成拜金女，一個日漸衰老且不擇手段謀取錢財的女人。「娶她你就是傻子。」他告訴他的客戶並建議毛姆給她兩三萬英鎊了事，加上每年韋爾康給她的1000英鎊，即使她不再嫁人，下半輩子也衣食無憂。毛姆確實動了這個心思，而且他有很強的榮譽感。但是他下不了拋棄西芮的決心，他對西芮還殘留著一點好感，而且她畢竟是他孩子的母親。此外他還有一個顧慮，他決定不跟律師商量。西芮意識到他有同性戀傾向，而且掌握了一些和他睡過覺的男人的名字，他知道她這人冷酷無情，拿這些證據勒索他不是沒有可能。「你想娶她嗎？」路易斯氣憤地問。「不想。」毛姆回答，「但是不娶她我會後悔一輩子的。」路易斯聳了聳肩，「那就沒什麼好說的了。」

1915年11月，也就是和路易斯最後一次面談後，毛姆去了瑞士。開庭前不久，西芮也來了，離婚必定會吸引公眾的視線，她希望能在外頭躲幾日清閒。這段日子對兩個人來說都不好過。毛姆不停地到處走，一走就是好幾天，留下西芮一個人。等他回來時，西芮要麼發脾氣，心懷怨恨，要麼就是面對他冷淡的禮貌，眼淚汪汪地黏著他，不停地向他告白，懇求他告訴她到底做錯了什麼，是否對她還有感情。他們沒完沒了地打嘴仗，「只要我們結婚，一切都會不一樣的。」西芮告訴他。「可是，也可能會更糟。」毛姆嚴肅地回答。一天晚上，他去看戲，令他哭笑不得的是，舞台上幾乎複製了他的困境。法國劇作家喬治・德・波多－里奇（Georges de Porto-Riche）的《愛》是一部辛辣的諷刺小品：丈夫被妻子搞得抓狂了——她令人討厭的愛，她的自私，她對他的情緒過分的敏感，還有她從不讓他安靜讀書工作的方式。「我坐在那裡看得毛骨悚然。」毛姆向凱利吐露心聲。他向一個光棍朋友發洩心中的怨氣，「你還沒有喪失一個人待著的權利！（你的情婦）不吃醋，不會著了魔一般的好奇，不會在你寫信時趴在你的肩膀上。她不會旁敲側擊地跟你說點話，好像沒什麼特別的意思，卻讓你心情低落、喪失勇氣。如果你偶然出去吃頓飯不帶著她，半夜回來時你會看到她還醒著，躺在床上，面無表情，但聲音沙啞，眼睛裡充滿了醋意。那個女人賴在我身上了。我就像是她的陽光和空氣。我的存在不僅對她的幸福，甚至對她的生命都是必不可少的。離開她，我就是個十足的混帳。」

1916年2月離婚案開庭，被告和共同被告都回到倫敦，毛姆是從日內瓦回來的，他的新戲最後一次彩排，他必須到場。至於避開公眾，沒有比這個時機更糟的了。開庭時間定在2月14日，不到一個星期前的8號晚上是《卡洛琳》的首場演出，媒體廣泛報導了此事，所以，劇作家的名字已經在公眾的視線裡了。由於沒有辯護人，毛姆和西芮都沒有出庭，沒有聽到韋爾康指控他們通姦。法庭作出中間裁定，韋爾康獲得蒙特尼的監護權。媒體對此事的態度十分克制，總體來說，只概述了一下法庭上出示的證據和判決結果。

「謝天謝地，終於結束了。」幾天後，毛姆告訴凱利，「你也知道，案子公諸於眾了。但在我看來，好像不會給我惹太多的麻煩，只有當事人對此事感興趣。」他幾乎立刻返回了日內瓦，西芮則在一個診所裡休息了幾天，然後去了巴黎，並在那兒住了快一年。「過幾個星期你肯定會見到她的。」毛姆寫信告訴凱利，「她會把我們精心制定的合理計畫告訴你。我想，你會同意這麼做是明智的。」「這個合理計畫」的細節不為人知，但有一點很清楚，毛姆的心情並沒有像他在寫給凱利的信中說得那麼平靜。對他的哥哥 F. H.，他則更坦率地表達了最近這次考驗帶給他的壓力。「整件事給我帶來了太多的苦惱和憂慮，但我試著這樣來安慰自己，只有體驗過各種各樣的人生經歷，無論其中的一些經歷多麼令人痛心，作家才能有望到頭來創作出具有永恆價值的作品。我想，最大的麻煩已經過去了，但只有時間能告訴我這場災難的最終結果是什麼。過去的八個月我所經歷的事已經夠糟糕的了，未來不可能有更糟糕的煩惱等著我。」

或許沒有預料到和西芮在一起的未來漫長且痛苦對毛姆來說是幸運的，至少可以暫時將焦慮拋在腦後，享受最近在戲劇事業上耀眼的成功。由迪恩・布希科製作的《卡洛琳》在新劇院上演後立刻取得成功，這是一隻手綁在寫字桌後面的毛姆所能寫出的巧妙且極為高效的作品。「最好的高雅喜劇。」這部戲裡的明星愛琳・范布認為。這部戲原名《不可企求的人》，與作品同名的女主人公卡洛琳是個留守女士，丈夫駐外十年後突然死去，獲得自由身的她本可以嫁給羅伯特，一個討人喜歡的王室法律顧問。長期以來，二人保持著一種愉快且無可指摘的關係，羅伯特是卡洛琳的藍顏知己。表面上看，這兩個人結婚再合適不過了，但令二人沮喪的是，他們對前景都不看好。漸漸地他們意識到，兩個人之所以如此互相吸引，是因為羅伯特得不到卡洛琳。儘管朋友們使勁撮合他們倆，但卡洛琳最終還是設法回到了原來的生活軌道上。她「發現」丈夫並沒死，原來只是誤傳，於是，她和羅伯特又恢復了老朋友的關係。《星期日泰晤士報》說，《卡洛琳》「像羽毛一般輕盈。」《每日郵報》則稱讚它是「自然快樂的典範。」不過，這個作品源於痛苦的經歷，西芮的影子依稀可見。毛姆在戲中巧妙地回避了即將到來的婚姻的威脅，卻展現了黯然的共鳴。這個主題最先在卡洛琳和她的女僕庫珀的對話中顯露出來。

庫珀：夫人，我認為男人不想結婚。他們天性裡就沒這個東西。您得推他們一下，不然，他們永遠也走不到那一步。

卡洛琳：萬一他們後悔了呢，庫珀？

庫珀：哦，夫人，那就太晚了。

卡洛琳在下一幕向羅伯特解釋了她為什麼不願意結婚，這段話就像是毛姆本人說的。

你知不知道那種感覺，你在做長途旅行，夜裡，火車開進某個你從未到過的陌生城市。所有的光在閃爍。你興奮極了，你覺得任何奇遇都可能發生在你身上……哦，羅伯特，如果你正坐在我對面，我知道，那就永遠不可能了。

在編劇看來，飾演卡洛琳的愛琳·范布「給出了她輝煌的職業生涯中最精彩的演出之一。」評論家們也贊同這個觀點。「我從來沒取得過像《卡洛琳》這麼巨大的成功。」毛姆向他的哥哥吹噓道，「我們的戲每個星期入帳2000英鎊，迪恩·布希科告訴我，這是他搞戲劇以來知道的一部喜劇賺到的最大一筆錢。報紙交口稱讚……除了齊柏林（Zeppelin）這類人。我想，這部戲可以一直演到夏末，甚至演到耶誕節。」

寫這封信時，毛姆已經回到了瑞士，他只被允許離開工作幾天。前一年夏天，他認識了沃林格少校，為英國軍事情報部門工作的事已經底定。沃林格探聽了毛姆的口氣，確定他願意參與，於是建議在他位於巴茲爾街的辦公室再見一次面。這次面談很順利。沃林格尊敬毛姆，毛姆也同樣尊敬沃林格。他給毛姆的印象是不擇手段和詭計多端，一個間諜首腦必備的兩大素質。沃林格年近五旬，身材瘦削，臉上滿是皺紋，留著牙刷鬍。他是印度警察局的局長，被召回倫敦監督印度民族主義者在英國開展的顛覆活動。1915年他開始為情報局服務，迄今為止，他的行動收效甚微。作為一名間諜小說迷，沃林格採用了很多種他熟悉的計謀，比如讓間諜化裝成服務生，但很快就被瑞士官方識破，他們對瑞士的中立性有很強的保護意識，迅速逮捕並驅逐了所有可能搞破壞的外國人。最近沃林格又損兵折將，一個間諜去警察局告發了另一個間諜，第二個人又供出來兩個人。第五個間諜因精神崩潰被召回，毛姆代替的就是這個人。

在沃林格看來，毛姆不僅有出色的背景，還有理想的擋箭牌——作家在一個中立國找個清靜的地方寫作。沃林格解釋說，他的主要任務不是提供情報，而是作為一名協調者，在德國的法蘭克福、科布倫茲、特里爾和美茵茲的間諜網之間傳遞消息。「幹得好的話，得不到感謝，」沃林格提醒他，「遇到麻煩也得不到幫助。」毛姆毫不猶豫地接受了這些條件。能夠成為一名間諜對他有強大的吸引力。毛姆向來是個偽裝大師。對毛姆而言，扮演一個角色不是什麼難事。天性羞怯的他向來更喜歡傾聽，而不是訴說，對他人生活的著迷則讓他的洞察力非同一般。毛姆天生對情報工作的喜愛顯露給了更多的人，戰後他創作了一系列關於諜報活動的小說，眾所周知的是他以自己為原型並以主人公的名字命名的小說集《英國間諜阿申登》。

1915年秋末，代號「薩默維爾」的毛姆來到日內瓦，住進湖邊宏偉的丹格特瑞大酒店。他立刻發現，這座平靜的瑞士城市已經被戰爭變成了一個國際陰謀的溫床，來自各個交戰國的間諜和革命者們利用這個中立國的安全狀態往來穿梭。各大飯店生意興隆，接待的客人魚龍混雜。一天的某些時段，丹格特瑞大酒店簡直是歐洲語言的巴別塔，此外還混雜著一點俄語、土耳其語和阿拉伯語。晚上獨自用餐時，毛姆喜歡分辨出那些和他一樣表裡不太如一的人：一個為英國情報部門工作的保加利亞人，一個向柏林彙報情況的妓女，一個據說從事反英活動的埃及人，還有一個德國公爵卡爾·古斯塔夫·弗穆勒[1]，毛姆在戰前就知道他是劇作家。「他舉止迷人，熱衷藝術。但是現在，『阿申登』和他都假裝從未見過彼此。誰都知道對方是幹什麼的，『阿申登』本有意就此打趣他，但他忍住了，以免這個德國人認為他的行為進一步證實了英國人面對戰爭時的輕率態度。」

儘管周遭的氣氛有點緊張忙碌，但毛姆認為總體來說他的工作是安全的、平淡的，雖然為了防身，他的口袋裡總是裝著一把小左輪手槍。他的大部分工作是聽取從德國回來的間諜的彙報，下達指令和發工資。毛姆把他們說的話認真地記錄下來，再加上自己的評論，寫成詳細的報告，用密碼發送出去。這個活兒很繁瑣。「沒有比編碼和解碼更沉悶的事了。」毛姆通過阿申登的嘴說出這句話，「密碼分兩個部分，一部分在一本小書裡，另一部分寫在一張紙上，離開協約國前要牢記在心，然後毀掉。阿申登把一組組數字一個個破解出來，然後把每個字匆匆記在一張紙上。他的訣竅是把注意力從字面意思上移開，因為他發現，如果留意詞語，就會貿然下結論，這樣往往會犯錯。所以他就機械地破譯，把字一個一個寫下來，也不去留心看。」

此外每個星期都有那麼兩個早上，毛姆步行去博地弗廣場的市場，從一個老農婦手中買半磅奶油。找他零錢時，她會往他手心裡塞張紙條。如果被發現，他們倆都會被送上被告席，所以要謹慎為之。可是對毛姆來說，兜裡揣著那張紙條回酒店的路上更加危險，因此走這段路時，他會盡量加快

❶ Karl Gustav Vollmoeller，弗穆勒最著名的是為瑪琳·黛德麗的電影《藍天使》所寫的劇本，以及與麥克斯·萊因哈特合作的《奇蹟》。

腳步。每個星期，毛姆還會乘一艘小汽輪，渡過日內瓦河，到法國那邊的托農去，和一個同事見面交換意見，接受倫敦發來的指令。這需要冒更大的風險。由於這些起止都在瑞士境內的往返旅行，所以還是不要在護照上做標記為好。但即便如此，毛姆還是擔心有人會跟蹤他，比如敵方的特務，或者隨時能執行逮捕並把參與間諜活動的外國人驅逐出境的秘密員警。為了避免引人注意，毛姆寧可留在甲板上，也不願到暖和的大廳裡去。儘管他穿著毛皮襯裡的大衣，戴著長圍巾，帽子拉得很低、遮住耳朵，依然感覺天氣寒冷刺骨。冬天的湖面經常波濤洶湧，一陣陣凍雨從山上吹過來讓他感覺透心涼，他不禁渴望酒店房間裡的溫暖，好想洗個熱水澡，坐在壁爐旁吃飯、看書、吸煙斗。

規律的作息導致他的生活在一定程度上單調而乏味。毛姆形容，在很多方面這樣的生活「和城裡職員的生活一樣規律單調」。然而這樣並非毫無益處，可以給他留出很多時間幹自己的活，他非常擔心寫不完《卡洛琳》就被發現，然後被捕。正如到日內瓦幾個星期後，他在給凱利的信中所寫到的那樣：「日內瓦，一切謠言的中心。這裡安靜、和平，完全無事可做。我努力過著愉快而又枯燥的生活：每天上午寫作，劇本寫得很順利；下午，我去散步或騎馬；晚上，要麼去看戲，要麼打橋牌，三缺一的時候給他們湊個數。」正如他所說的，這樣的生活在很多方面是令人滿意的，夠充實，夠多樣，有充足的時間寫作讀書。「在這種情況下，覺得生活可能是無聊得未免荒唐，然而就像空中一朵孤獨的雲，確實有那麼點無聊。」

不過，無聊感偶爾也會被驅散，「薩默維爾」必須發揮更積極的作用。他剛到瑞士時接到的第一項任務是調查一個英國人。那人娶了個德國老婆，住在盧森，他們懷疑他受雇於德國人。毛姆打著跟他德國老婆學德語的幌子認真觀察了他兩個星期，最後得出結論，他幾乎可以被肯定是個叛徒。圈套設好了，根據指令，毛姆將「無意中」透露給他新認識的這個人，他在倫敦的審查部門有關係。不出所料，這個英國人把消息及時傳遞給了德國情報部門，他假裝想回國找份戰時工作，讓毛姆把在審查部門的朋友介紹給他。沒過多久，這個毫無防備的獵物就被捕了，並被遣送回國受審。還有一次，毛姆被沃林格派到巴塞爾確認另一個受到懷疑的間諜的情況。「古斯塔夫」是一名瑞士商人，他在合法生意的掩護下定期去德國，回來時透過日內瓦向英國情報部門彙報情況。這次，沃林格的懷疑又是對的。毛姆通過聰明的詢問發現，其實「古斯塔夫」從未離開過巴塞爾，他只是把德國報紙上的報導和他從餐館和啤酒屋裡聽來的流言蜚語，捏合成一篇篇報告。1916年2月，毛姆又接到一項任務，這次發布指令的是情報局外事部門的長官曼斯費爾德・卡明爵士上校。卡明把他的懷疑告訴諜報中心主任沃爾特・科克少校，毛姆手下的一個間諜「伯納德」拿走了很多錢，卻從未交過一份像樣的報告。他們再次派毛姆去查明真相，他後來在《英國間諜阿申登》中描寫了這一幕。兩個人像往常一樣在咖啡館見面。

（阿申登）向他下達命令後準備結束這次會面。

「很好。」伯納德說，「不過，回德國之前，我想要2000法郎。」

「是嗎？」

「是的，現在就要，在你離開咖啡館之前……」

「恐怕我給不了你……」

那名間諜把身子湊過來，他沒有提高嗓門，而是用只有阿申登能聽到的聲音憤怒地說：

「你以為我會為了你給我的那點糊弄叫花子的錢就去冒生命危險嗎？不到十天前有個人在美茵茲被抓起來斃了。他是不是你們的人？」

「我們在美茵茲沒人。」阿申登漫不經心地說，其實，他知道這是真的。他很困惑為什麼收不到那邊的情況了，伯納德的資訊給出了解釋。「你接受這個工作的時候就很清楚會得到什麼，如果你不滿意，當初就不該接受。我連多給你一便士的權力都沒有。」

「看到我手裡拿的是什麼了嗎？」伯納德說。

他從兜裡掏出一支小左輪手槍，意味深長地摩挲著。

「你想幹嘛？當掉它？」

他氣得聳了聳肩，把槍放了回去。

一旦「伯納德」和「古斯塔夫」這些人的騙術被戳穿，毛姆極少有機會知道他們接下來的命運如何，正如他所說的那樣，「他不過是一部巨大且複雜的機器上的一枚小鉚釘。」毛姆在瑞士待了大概八個月，從1915年10月到1916年5月，其間他只回過倫敦幾天，參加《卡洛琳》的首場演出。情報部門非常重視作家們寫報告的本領和敏銳的觀察力，毛姆離開日內瓦後，他的位置被他的朋友，同樣是劇作家的艾迪・諾伯洛克取代，他的工作經歷非常類似，「沒完沒了的苦差事，接近戲劇性的時刻非常罕見。」諾伯洛克在瑞士待了四個月，然後和另一個作家間諜康普頓・麥肯齊一起去希臘執行任務。這時，沃林格的行動已經陷入一片混亂。「在我們看來，沃林格的瑞士行動只是浪費錢罷了。」1916年7月，科克少校這樣寫道，「他的組織毫無用處，事實上沒有提供一條真正有價值的情報。他不具備相關知識，也沒時間在軍事情報方面做出成績。」7月28日，他在日記上記錄了與沃林格上校的「分道揚鑣」。儘管英國情報局對沃林格不滿意，毛姆還是給予了他一定的尊重。在《英國間諜阿申登》中，沃林格以 R 上校的身分出現，他被描繪成一個克制、勤勉、勇敢、精明的人。

毛姆回到英格蘭時健康狀況很差，整個冬天每星期都渡過日內瓦湖很容易引起胸部感染，而且他的情緒焦慮抑鬱。8月30號，韋爾康收到終審判決，現在毛姆想要娶西芮的話，法律上不存在任何障礙。他很清楚遲早是逃不掉的，但至少可以把這件不可避免的事再往後拖一拖。「我想恢復被我的愚蠢和虛榮擊碎的內心的寧靜。」他寫道，「我願意娶西芮，但目前的情況是，我不準備倉促行事。」他的兩部戲《卡洛琳》和《上流人士》將在美國上演，於是1916年10月，毛姆乘船前往紐約，打算監督彩排。同時他將劇本從弗洛曼的公司轉到約翰・拉姆齊手裡，拉姆齊是毛姆英國劇本經紀人戈爾丁・布萊特的合作夥伴，弗洛曼死後，他的公司工作效率很低。

奇怪的是，在美國參戰前六個月，紐約的氣氛完全格格不入，街上燈火通明，商店裡充斥著奢侈品，劇院和餐館生意興隆。戰爭似乎離那裡很遙遠，大部分報紙把更重要的版面給了波士頓紅襪隊在大聯盟世界大賽上輸球一事，而不是傷亡慘重的索姆河戰役[1]。令毛姆吃驚的是，美國人普遍抱有親德情緒，許多人贊同威爾遜總統的觀點，英國和德國的野心同樣令人討厭。「這裡的人很同情德國人，」他告訴凱利，「尤其是知識階層，比如教授、文人之類的。其餘的人則欣賞法國人，但沒有人欣賞英國人。我想，如果德國人和英國人單挑，德國會獲得大部分人的支持。」毛姆想找到更多的戰時工作，希望被派到俄國去，但目前他的健康狀況很危險，他的「週期性肺病」發作了，必須抽出一定時間去一個暖和的地方修養一下。很多年來，他一直希望去一趟南太平洋地區，腦子裡一直在構思一本關於高更的小說，這次機會終於來了。

儘管分別很久，毛姆還是和那個迷人的青年傑拉德・哈克斯頓保持著聯繫。傑拉德目前在芝加哥無所事事，於是毛姆立刻建議他以秘書的名義陪他去玻里尼西亞，此前哈利・菲力浦斯扮演的也是傑拉德這個角色，傑拉德欣然同意。出發前不久，傑拉德來到曼哈頓，就在他們開心地忙著準備行裝的當口，西芮突然發來一封電報，宣布馬上就要到美國來，孩子和保姆也跟著她一起來。從日內瓦回來後，顯然毛姆大部分時間不在西芮身邊，他先去了巴黎，然後去了紐約。毫不奇怪，西芮開始擔心起來。最終判決已經下來了，他們沒有理由不立刻結婚，（毛姆在《回望》中寫過這段，

[1] 第一次世界大戰中規模最大的一次會戰，時間發生在1916年7月1日到11月18日間，英、法兩國為突破德軍防禦並將其擊退到法德邊境，在位於法國北方的索姆河區域實施作戰。雙方陣亡共130萬人，是一戰中最慘烈的陣地戰，也是人類歷史上第一次把坦克投入實戰中。

「離婚書還沒有完全下來，即使我想跟西芮結婚，也不可能。」但實際上，離婚判決書已經下來了，他可以跟西芮結婚。）如果毛姆打算逃避責任，她別無選擇，只能面對他，堅決要求他履行諾言。毛姆憋了一肚子火去碼頭接她。兩人都很緊張，毛姆緊張是因為西芮是這個世界上他最不想見到的人，西芮則擔心他會趁她不備溜走。陪她回到酒店後，毛姆立刻告訴她，他正打算離開美國，這一去就是幾個月，無論如何，他不打算改變計畫。聽他這麼說，西芮歇斯底里起來，大吵大鬧了一番，搞得毛姆越發厭惡她了。等她終於平靜下來後，毛姆向她保證絕不食言，等他一回來，他們就結婚。話已經說到這個份上，西芮也該知足了。

在傑拉德的陪伴下，毛姆懷著極大的解脫登上了去舊金山的火車，他們要從那裡坐船出發，開始漫長的海上旅程的第一段，此後的四分之一個世紀裡，他們還將在一起旅行很多次。毛姆興致高昂，出發去尋找「美和浪漫」，他還充滿感情地說：「很高興能讓大海將我和騷擾我的麻煩隔開。」從小讀赫爾曼・梅爾維爾[1]、皮耶・羅逊[2]和羅伯特・路易斯・史蒂文生有關玻里尼西亞的小說時，南太平洋點燃了他的想像力。年輕時在巴黎，他為高更和他大溪地時期的畫作著迷，那些夜晚在白貓餐館聽羅德里克・奧康納談論高更，他就喜歡上了這位畫家和他的畫。過去的幾年裡，他一直在反覆琢磨寫本小說，後來終於出版了取材自高更生平的《月亮和六便士》。毛姆寫道，「我相信去大溪地一定會得到我

---

❶ Herman Melville，1819-1891，19世紀美國最偉大的小說家、散文家和詩人之一，在20世紀20年代聲名鵲起，被普遍認為是美國文學的巔峰人物之一。毛姆認為他的《白鯨記》是世界十大文學名著之一，其文學史地位更在馬克・吐溫等人之上。

❷ Pierre Loti，法國小說家，代表作有《冰島漁夫》和《菊夫人》。

想要的能讓我開始寫作的材料。」早在1913年他就想去，並希望把蘇・瓊斯作為他的太太帶在身邊，但那些計畫全部泡湯了。現在他出發了，帶著他的伴侶，傑拉德・哈克斯頓已經成為他感情生活的中心。

他們要走很遠的距離，第一段是在一艘定期往來於太平洋的美國班輪「大北方號」上度過的。到了海上，傑拉德・哈克斯頓才第一次顯現出他是多麼重要、多麼有價值的一個人。天生愛交際的傑拉德和同船的乘客交起朋友來不費吹灰之力，他很樂意跟他們一起喝酒、聊天、打牌，一玩就是幾個小時，然後回來把他們講給他的故事說給毛姆聽。毛姆的好奇心很重，一直在尋覓好的寫作素材，同時，又小心翼翼地保護自己的隱私，天性極為矜持。「乘船旅行時，我從不跟任何人說話，除非有人先跟我說話。」他寫道。但和「熱情洋溢、友好得無法控制的」傑拉德在一起，毛姆就可以擺脫社會責任的壓力，享受傾聽和觀看，儘管他總是一副和藹可親的樣子，時刻準備輪到他時打一下牌。對於這個階段的毛姆而言，打牌是一種有趣的消遣方式，而對傑拉德來說，打牌基本上是一種生活方式。這個不計後果、敢於冒險的賭徒很會打牌，他能將精力高度集中，懂得複雜的技巧，經常在牌桌上贏一大筆錢。船上的大部分時間，傑拉德喜歡待在煙霧繚繞的大廳裡賭博，毛姆則只在吃飯時間和晚上跟眾人在一起，大部分時間他都在甲板上讀書、記筆記。廣闊蔚藍的虛空深深攫住了他的心。一英里又一英里過去，見不到一個活人，「沒有一條貨船，沒有一條帆船，也沒有一條漁船。這是一片空曠的沙漠。此刻，空虛用一種模糊的、不祥的預感充滿了你。」

400乘客中有一個人很特別，這個人也成了毛姆一生的朋友。伯特蘭・阿蘭森原姓亞伯拉罕森，比毛姆小三歲，來自一個在瓜地馬拉擁有咖啡種植園且富裕的德國猶太人家庭，他在那裡長大、上大學。阿蘭森是一個有天賦的金融家，曾是舊金山最年輕的證券交易員，現在他是家族投資經紀公司的資深合夥人，住在一幢俯瞰海灣的大宅裡。他高個子，相貌高貴，喜歡高爾夫和義大利歌劇，也喜歡西班牙歷史和文學，所有這些興趣都能保證他把自己推薦給毛姆。他雖然為人拘謹害羞，但十分勢利，喜歡攀龍附鳳，並急於掩蓋自己的猶太血統。他很晚才結婚，一直很依戀母親，家裡人都知道他是同性戀。阿蘭森生來崇拜英雄，幾天之內，他就對毛姆著了迷，毛姆的名望令他興奮，毛姆的魅力和老練給他留下了深刻的印象。他們倆一聊就是幾個小時，阿蘭森被毛姆廣博的知識和豐富的閱歷吸引，毛姆則很高興遇到他，可以充分利用他在金融方面的專業知識。很快他就讓阿蘭森全權管理他的投資，一種信任的表示換回了豐厚的回報。他們的友誼從此開始，並將晴朗無雲地貫徹到底。許多年後，毛姆回憶道：「沒有哪個朋友比親愛的伯特更忠誠、更慷慨、更體貼。」

漫長的遠航先到夏威夷和薩摩亞群島，然後向南轉向斐濟、東加和紐西蘭，接下來向北在回加州的路上停靠大溪地。第一個停靠港是檀香山。1916年11月14日，他們到了那裡，在那兒待了三個星期，等待前往澳大利亞的一艘名為「索諾瑪號」的小輪船到達，他們已經買好了下一程的船票。哈克斯頓和毛姆，還有陪了他們一小段時間的阿蘭森，藉此機會仔細考察了這座島嶼。他們最喜歡的地方是一家海濱酒店的陽台，酒店提供豐富的飲品和香煙，英俊的夏威夷男孩在陽光照耀下的海面上衝浪，他們在陽台上觀賞這些男孩古銅色的美妙的胴體。他們對檀香山鬧區的反差很好奇，一邊是現代的美國城市，有銀行、時髦的商店，沿著人行道停著一排排別克車和福特車，一邊又有粗陋的依威來紅燈區，公開為各種性口味提供服務。

他們在依威來的最後一個晚上，員警突擊搜查。第二天，船起航前幾分鐘，只見一個女人慌慌張張跑上跳板。原來這位莎蒂·湯普森小姐是想逃避法律制裁的妓女。剛一上船，她就恢復了平靜，但引起了同船乘客的反感，其中有個醫生和他的太太，還有一對傳教士夫婦。她用留聲機大聲播放散拍音樂，成天喝得醉醺醺的，明目張膽地在她的船艙裡接待船員。「和我的船艙隔兩間就是她的船艙，那部該死的留聲機從早唱到晚。」毛姆回憶道。「索諾瑪號」從檀香山出發，來到西薩摩亞的帕果帕果，新來的人必須在此停留幾日，因為城裡出現了麻疹病疫情。囚禁在同樣骯髒的膳宿公寓裡，瓢潑的季風雨把他們困在室內，毛姆和其他旅客還要繼續忍受湯普森小姐厚顏無恥的行徑。她的一個男朋友管她叫「來自檀香山的尤物」。那個傳教士更是被她這個人，被散拍音樂，被她接待無數薩摩亞客人時生銹的床墊彈簧發出的吱嘎聲氣得夠嗆，最後他去找管理員訴苦，這一寶貴經歷為毛姆最著名的短篇小說《雨》提供了關鍵情節。

毛姆第一次在熱帶的經歷緊緊地抓住了他的想像。在帕果帕果、阿皮亞、巴比提、蘇瓦、薩花夷，無論他去哪兒，都為周遭美麗的異域風情著迷，同時他也時刻留意殖民者時而悲慘、時而平淡，土氣得出人意料的生活。位於西薩摩亞後來屬於美國管轄區的帕果帕果恰好顯示了這種現象。一旦在堡礁裡面，船進入一大片美麗的潟湖，三面就會被一幅戲劇性的背景圍繞。聳立的火山懸崖上覆蓋著茂盛蔥綠的植被。沿海岸線是白沙灘和瘦長的椰子樹，更遠處的芒果和鱷梨樹叢中點綴著怒放的木槿、夾竹桃和白色的緬梔花。到處都是土著的小屋，高高的茅草屋頂猶如蜂巢。薩摩亞人高個、優雅，男人敞著懷，裹著顏色豔麗的沙灘裙，年輕的姑娘們則披著長長的黑髮，頭上通常會戴著用香氣撲鼻的緬梔花編成的花環。從港口還能看到兩三幢整潔美觀的小平房，一座聖公會教堂，俱樂部，網球場，一棟樸素的政府大樓矗立在整潔的花園中，還有掛在旗杆上無精打采的星條旗。

毛姆去薩摩亞時正好趕上雨季。剛到帕果帕果的那幾天，毛姆和傑拉德都沒做好心理準備面對如此驚人的熱帶氣候，令人喘不過氣來的高溫，一天下好幾個小時的暴雨，隨著雨水一起來的令人胸悶氣短的熱氣。兩個人穿上最薄的襯衫，淺色的亞麻西裝，晚上則按照土著的習慣，只穿襯衫和沙灘裙。晚上，他們光著身子在蚊帳裡睡覺，但可怕的昆蟲把蚊帳鑽得到處都是洞。白天，在兩場滂沱大雨的間隙，他們會在淡水池裡游泳，騎著小馬沿寬闊的長滿草的小路去維利馬，向在那裡度過晚年的羅伯特・路易斯・史蒂文生致敬。史蒂文生的墓地在一片陡峭的山坡上，大汗淋漓的兩個男人需要兩個咯咯笑的薩摩亞姑娘把他們推上去，毛姆每隔一會兒就會劇烈地咳嗽幾下。在這裡，毛姆感受到了高更的畫中所蘊含的悠然自得和精神上的情色。性在這裡幾乎無處不在。年輕的情侶在眾目睽睽下做愛，一點都不覺得難為情。睡覺前，他經常發現一個黑眼睛的姑娘心甘情願脫光衣服躺在他的蚊帳裡——給她一把硬幣就可以把她轟走。這裡的一切都是公開出售的。天黑後，傑拉德尤其喜歡四處尋找定期在海灘上舉辦的通宵狂歡會。

人類墮落前島嶼的美麗，潟湖的深藍，植物絢麗的色彩，夜晚南部天空的無垠，這些都令毛姆沉迷不已，與此同時，毛姆也對熱帶地區更家常的生活感興趣，最有價值的材料是從跟他交談過的商販、混血兒、種植園主、醫生和傳教士那裡得來的。這個衣冠楚楚黑頭髮的英國男人和他那個「特別英俊的旅伴」，很快就跟那些在英國俱樂部裡和破舊不堪的中央酒店陽台上喝酒的常客們熟絡起來。到了島上，同樣是傑拉德負責結交新朋友，在撞球室或酒吧裡流連，先認識那些怪人，再把這些人奇怪甚至可怕的故事講給毛姆聽。毛姆被這些故事迷住了，正如他在《總結》中所表述的那樣：

> 我進入了一個新的世界，小說家所有的本能欣喜地跳出來吸收新鮮事物。吸引我的不只是島嶼的美麗，遇到一個又一個新鮮的人同樣令我興奮。我就像一個博物學者，來到一個國家，發現那裡的動物多得無法想像……他們幾乎都沒文化。他們在和我不同的學校學習生活，得出不同的結論。他們有他們的狹隘。他們有他們的偏見。他們通常是乏味的、愚鈍的。但我不在乎，因為他們不一樣……在我看來，和那些跟我長久生活在一起的人比起來，他們更接近人性本身。我撲向他們，就像很多年前撲向聖托馬斯醫院那些排隊走進門診部的人。

雖然在每個地方只待幾個星期，但毛姆很快就理解了社會文化方面的細微差別：敵對，勢利，以及土著和歐洲人之間、土著和混血兒之間微妙的關係。無論走到哪裡，他都會詳細記錄他遇到的人，「我去船艙或瀉湖邊的酒店房間時，一般都會寫下一幕特別的場景，或者與某個特別的人的交談，以備將來寫進小說裡。」漸漸地，「會圍繞一個暗示，一個偶然事件或一個愉快的發現形成一篇小說，而且描繪得栩栩如生。」現在他寫短篇小說的興趣又來了，而且來得異常猛烈，他的南太平洋故事集《一片樹葉的顫動》[1]標誌著他又重新找回了他最為精通的風格。

毛姆幾乎在每一個轉角都能找到靈感，詳細的筆記解釋了尋找靈感是他一生熱愛旅遊的原因：他要滿足想像的貪婪需求，這種永不知足的需求在很大程度上助長了他的不安和旅行癖。正如多年後他寫給一個年輕學生的信中所說的那樣：「作家不能等經歷來找他，他必須出去找經歷。」一次又一次，一個故事最初的模樣從簡短的筆記中被發現。例如，剛到薩摩亞時，他碰到了一個叫「紅毛」的人，一個悶悶不樂的年輕人，「穿著一件無袖汗衫，一條髒兮兮的粗斜紋布褲子，」在帕果帕果郊區經營著一個又髒又亂的小吃店。那篇以他的名字命名的小說是根據筆記本上的許多線索構思而成的。這個故事的講述人是尼爾森，一個心情憂鬱的瑞典人，住在海邊一幢獨門獨院的平房裡。一天，一個上岸過夜身材肥胖的老船長突然到訪，這個船長是個典型的令人反感的人，「客人個子很高，超過六英尺，而且很胖，面孔

[1] 這個書名來自聖伯夫的一句話：「生活中，只有一片顫動的樹葉能將莫大的幸福與極度的絕望隔開。」

紅紅的，長滿疙瘩，腮幫布滿青筋，五官都好像陷進了肥肉裡，他的眼睛充血，脖子埋在一圈圈肥肉裡。除了後腦勺那一小綹近乎白色的長捲髮，他的頭差不多禿光了。」兩個男人坐下來喝威士忌，尼爾森向他的客人講述「紅毛」這個美貌青年的浪漫故事。（在毛姆所有的小說中，這是極少的有同性色情描寫的段落之一。）

> 你第一次看到他的時候，他那美貌簡直使你大吃一驚。人們管他叫紅毛，是因為他有一頭火紅的頭髮，天然捲曲，他把頭髮留得很長……他長得像個希臘神話裡的天神，寬肩細腰。他像阿波羅，有著普拉克西特列斯刀下的那種柔滑與豐滿，還有那種溫柔的女性美，其中自有一種使人煩惱而又不可思議的東西。他的皮膚白得耀眼，十分柔和，像緞子一般。他的皮膚就跟女人的皮膚一樣。還有他那張臉，就像他的身軀一樣美。一雙藍藍的大眼睛，顏色很深，以至於有人說是黑色的，而且和一般紅頭髮的人不同，他的眉毛也是深色的，睫毛很長，同樣是深色的。他容貌端正，無懈可擊，那張嘴真真像一個鮮紅的傷口。他當時二十歲。

紅毛愛上了一個當地的姑娘，兩個人幸福地生活在一起，直到有一天他被一群捕鯨者綁架，從此，人們再也沒在島上見過他。老船長似乎對這個感人的故事沒有表現出一丁點的好奇，他對威士忌和雪茄的興趣倒是濃得多，儘管他依然足夠友善地聽著。因此，當尼爾森意識到陷在對面椅子裡那個胖子的身分時，他著實吃了一驚。

「你叫什麼名字？」他猝然問道。

那個船長的臉皺成一團，狡猾地嘻嘻一笑……

「他媽的已經這麼久沒有聽到我的名字了，我自己也都快忘記了。不過，三十年來在這一帶的島上，人們一直管我叫『紅毛』。」

與此形成對照的是湯普森小姐，「粗野的臉相，薄具姿色。她穿一身白色衣裙，戴一頂白色大帽，套在麻紗長筒襪裡的粗胖小腿在高勒白漆皮長靴統上鼓了出來。」毛姆根據這些簡短的筆記構思了湯普森小姐的形象（毛姆向來對這些事不在意，他懶得給虛構的湯普森小姐再起一個名字），這個出色且駭人的短篇小說後來更名為世人皆知的《雨》。用毛姆自己的話說，「讓莎蒂・湯普森和傳教士的經歷發生情感碰撞，印在紙面上令人震驚，同時打了個審查的擦邊球。」毛姆寫這篇小說時極其克制，故事的背景置於帕果帕果一個容易導致幽閉恐懼症的破陋小客棧裡。情節跟隨自以為是的大衛森先生，他懷著施虐的熱情追求一個妓女，宣稱想要拯救她淫蕩的靈魂。熱帶暴雨不停地下，戲劇在這種背景下展開。白天，這個傳教士威嚇欺凌他的犧牲品；晚上，他則懷著近乎手淫的狂野為她的改過自新而祈禱。「我要她接受人類的懲罰，作為奉獻上帝的祭祀。」戴維斯的話音因為激動顫抖起來，幾乎說不清那些在他嘴唇上翻騰的字句。在他無情逼迫的壓力下，淫蕩快活的莎蒂終於被擊垮了。她悲慘地相信自己是有罪的，乞求大衛森將她送進耶穌的懷抱。最後一次和莎蒂見面時，傳教士屈從於性欲，毀了自己，也毀了莎蒂對所有人以及對上帝的信任。

她昂首挺胸。簡直沒有人能用言語形容她那種輕蔑藐視的神情，以及答話中充滿的傲慢和憎恨。

「你們這些男人！你們這些又醜又髒的賤豬。你們全是一路貨，你們這些鬼傢伙。臭豬！臭豬！！」

離開傳教士和湯普森小姐，這兩個男人繼續他們的旅程，先後來到斐濟和東加，甚至遠達紐西蘭。在向北去大溪地之前，他們乘坐過很多不同類型的船隻，從美國的汽輪，到敞篷的快艇，再到裝滿香蕉和乾椰子肉往返於島嶼間的小商船。有一次他們在一條敞篷的小划艇上過了一個星期。最難忘的經歷是從帕果帕果到阿皮亞，他們乘坐的那條破舊的縱帆船散發出石蠟的臭氣，燈光昏暗的船艙裡，中國廚子為他們端上晚餐：肉丸、杏子罐頭，還有加了煉乳的茶。「吃完晚飯，我們來到甲板上。」毛姆回憶道，「不一會兒，幾個船員也上來了，坐下來抽煙。一個帶著斑鳩琴，另一個人拿了烏克麗麗和六角手風琴。他們彈起琴，唱起歌，邊唱邊拍手打節奏。兩個人站起來跳舞。那是一種野蠻的舞蹈，粗獷原始，節奏很快，跳的時候手足動作急速，身子扭來扭去。它是肉感的，甚至是色情的，而且是沒有激情的色情。最後他們跳累了，都直躺在甲板上睡著了，一時萬籟俱寂。」

1917年2月，他們終於來到法屬玻里尼西亞的大溪地島。長久以來，這是毛姆夢寐以求的地方，他迫不及待地想要親眼見到15年前偉大的高更描繪過的島嶼。他們在首都巴比提的緬梔花旅館住下，這幢建築有點奇怪，老闆娘是個胖女人，叫魯瓦伊娜・查普曼，有一半大溪地血統，她有個性、有魅力，在整個南太平洋地區都很有名。從旅館到海邊只需走幾步路，傑拉德很高興，在毛姆搞研究的時候，他可以在海邊遛達，欣賞棕色皮膚穿鮮紅遮羞布的水手。最初很難找到什麼人能多談幾句高更，儘管毛姆和一個認識這位畫家的珍珠商人埃米爾·利維聊過，還有一個叫「維尼」布蘭德的人，此人在1903年高更死後不久發現了他的屍體。然而，實際上最好的消息提供者是魯瓦伊娜·查普曼，她曾是高更的朋友，她給毛姆提供了一些有趣的細節，並把他介紹給一個關鍵人物。那人是個女酋長，住在距巴比提35英里遠的馬泰亞，她告訴毛姆一個驚人的消息：不遠處的一座房子裡有高更的畫。那是一棟兩居室的破平房，主人是個塌鼻樑、黑皮膚的土著，他笑眯眯地把客人請進門。毛姆一眼就認出了高更的作品。據說1892年，當時身患梅毒並最終死於此病的高更被帶到這裡來，由一個當地的農民照顧，為了表示感謝，高更在三扇玻璃門上畫了畫。其中的兩扇玻璃門破損嚴重，被孩子們劃壞了，但第三扇玻璃門保存得不錯，門上畫著一個性感的大溪地女人，黑髮、半裸，手上拿著一枚很沉的綠色麵包果，毛姆立刻提出要買下這扇門。主人對畫不感興趣，願意賣給他，價錢只要夠他換一扇新門就行。

「多少錢？」我問。

「一百法郎。」

「好的。」我說，「我給你兩百。」

我想最好在他改主意之前就把這幅畫帶走，於是，我們從車裡拿出工具，擰下合頁，把門抬走了。

一回到巴比提，毛姆就把這扇門小心翼翼地裝箱，準備取道紐約、倫敦，最後運往瑪萊斯科別墅。毛姆把這扇門安在他的寫作間，一直到他去世前不久，這幅畫一直在那裡，被他視作最珍貴的財產之一。

1917年4月8日，毛姆和傑拉德離開大溪地。兩天後，美國參戰，一封傑拉德母親催促他參軍的電報正在舊金山等著他。他和毛姆告別後去參軍，毛姆則去紐約和西芮團聚。

和傑拉德・哈克斯頓長期交往的過程中，毛姆體驗到了各種各樣的情緒變化——激情、愛、溫柔、狂怒、沮喪、厭倦、悲慘、絕望。不過，他們從南太平洋地區回來後，毛姆已全心全意地愛上了傑拉德。毛姆的一個密友這樣描述這段感情，「這是他頭一次完全美好、完全恰當的愛情」。另一個人說，「毛姆非常喜歡哈克斯頓，這是他一生唯一的愛。哈克斯頓是個無賴，但他年輕、迷人、體格健壯、充滿陽剛之氣。有那麼一段時間，毛姆肯定是為他神魂顛倒的。」他們交往的早期，毛姆曾把葉芝的一首詩《貴婦的第一首歌》抄送給傑拉德，他認為這首詩概括了他的感情：

我在戀愛中
而這是我的恥辱
傷害我靈魂的東西
我的靈魂愛慕
還不如一隻四條腿的動物。

毛姆完全臣服於這個青年，幾乎從各個層面來講，他都是一個理想的伴侶：英俊、快活、友善、愛冒險，脾氣隨和，很有幽默感，而且和毛姆一樣，性欲旺盛。毛姆只有跟哈克斯頓才能充分討論腦子裡構思的故事。確實，傑拉德愛喝酒，喝多了脾氣就不好，暴露出清醒時深埋內心的憤怒。在南太平洋地區時，他曾打過兩次架。一次是在阿皮亞，中央酒店的酒吧招待譏諷他逃避戰爭和愛國的責任。在小說《佛羅倫斯月光下》裡，羅利・弗林特是毛姆虛構的另一個傑拉德，喝醉的他「聒噪、吹牛皮、粗俗、愛吵架，兩三杯酒下肚就控制不住自己。有時，我會忍不住對他大發雷霆，然後我們就會大吵一架。」但多數時候，傑拉德還是「善良的、溫和的、溫柔的」，對兩個人來說，這段關係都很有收穫。傑拉德把毛姆看作父親一般的長者，他從小就缺少父愛，同時毛姆閱歷豐富、久經世故，能讓他過上他所渴望的那種生活，盡量遠離聖約翰伍德單調乏味的窮酸日子。在毛姆的庇護下，他被放任和嬌寵，經濟上有安全感，同時由於他天性愛交際，他找到了生活的目標和需要扮演的重要角色。

在回憶錄《回顧》中，毛姆承認傑拉德為他做出了重要貢獻。「要是沒有他，」他寫道，「去南太平洋地區旅行時，我永遠也收集不到那些短篇小說的素材，後來那些故事結集出版，取名為《一片樹葉的顫動》。」總共有六篇小說，最先發表在雜誌上，1921年又以短篇小說集的形式出版，毛姆並沒有把這本書獻給傑拉德，而是獻給了伯特蘭・阿蘭森。「這是對你一直以來善待我所給出的一點微不足道的感激。」諷刺的是，到目前為止最成功的小說《雨》屢遭拒絕，直到被H・L・孟肯[1]的《時髦圈子》雜誌接受。幾個月後，《一片樹葉的顫動》面世，所有的故事流暢、多彩、戲劇般簡潔，都很受歡迎，而引起轟動的卻是

[1] Henry Louis Mencken，1880-1956，美國作家和編輯。

《雨》。評論界普遍認為這是「一篇純粹具有譏諷意味的驚悚傑作，無可挑剔」，展現了作者對偏狹的宗教性的憎惡，以及對人性弱點所秉持的冷靜觀點。《雨》一次次再版，為毛姆大賺100多萬美元版稅。這篇小說還被改寫成舞台劇，改編成音樂劇；羅蘭・珀蒂[1]根據這篇小說為巴黎歌劇院編排了一部舞劇；而且至少三次被拍成電影，扮演莎蒂・湯普森的分別是葛洛麗亞・斯旺森[2]、瓊・克勞馥[3]和麗塔・海華絲[4]；1946年還有一個電影版的《來自哈林區的骯髒格蒂》；瑪麗蓮・夢露死前不久簽了一份電視劇的合約，她將在其中飾演莎蒂。許多欣賞者中有詹姆斯・米契納[5]，他因《南太平洋故事集》榮獲普利茲獎。羅傑斯與漢默斯坦[6]獲得巨大成功的《南太平洋》就是根據《南太平洋故事集》改編的。米契納寫道：「想寫南太平洋的人不能讀毛姆，這是給這篇小說設置的不利障礙之一。不過我必須承認，在書寫這片廣闊的地域之前，我通常會把《雨》從書架上拿下來，重讀前三段，提醒自己，一個人可以多麼完整地用幾句精準的話就構建出一個現實的舞台。我認為，這幾段文字大概構成了現存的心情故事（mood story）最好的開局。」

---

❶ Roland Petit，1924 -2011，法國芭蕾編舞大師。

❷ Gloria Swanson，1897-1983，美國女演員，1950年以《日落大道》獲得奧斯卡最佳女主角提名。

❸ Joan Crawford，1904-1977，好萊塢黃金時代著名女影星。曾憑《欲海情魔》獲第18屆奧斯卡最佳女主角獎。

❹ Rita Hayworth，1918-1987，美國1940年代紅極一時的性感偶像，1946年因在電影《巧婦》中激情四射、放蕩性感的螢幕魅力而紅遍全美，又以極為出色的舞蹈技巧而名噪一時。

❺ James Michener，1907-1997，美國作家，他被譽為美國20世紀歷史的編年者和史詩作家。

❻ Rodgers & Hammerstein，合作最久、創造出不朽音樂神話的音樂劇雙人組，他們分別是理查・羅傑斯和奧斯卡・漢默斯坦，前者負責作曲，後者負責作詞。他們的音樂劇在1940及50年代叫好又叫座，大多被搬上大銀幕，獲得多項東尼獎、奧斯卡獎和普立茲獎，最為人熟知的有《國王與我》《音樂之聲》等。1949年創作的《南太平洋》贏得了普立茲戲劇獎及最佳音樂劇雙重榮譽。

不過，1907年還沒有到來。毛姆要和共度六個月時光的傑拉德分別，面對要回到紐約的西芮身邊這個現實。他答應過要娶她，現在他要實踐他的諾言。他對此沒有多說什麼，他對已婚狀態這個概念的厭惡可以從他的作品中看出來。《卡洛琳》的情節基於這樣一種假定：愛情在婚外最繁榮，婚姻制度是一種令人掃興的東西，是陷阱。《一片葉子的顫動》其中的一個短篇小說《愛德華・巴納德的墮落》中（這裡的情節後來被擴充並重新加工成《剃刀邊緣》），我們被要求為主人公鼓掌，他逃離芝加哥的婚姻，去南太平洋群島過上了快活的單身生活。毛姆從玻里尼西亞回來一年後，滿懷憤懣地寫就了《月亮和六便士》，小說中的藝術家無情地拋棄了婚姻和家庭，直到那時，家庭生活一直壓抑著他的創作才能。「再沒有誰比這種結了婚的單身漢更叫人可憐的了。」講述者充滿感情地評論道。實際上，沒有必要尋找線索，因為毛姆毫不遲疑地坦白了自己的感受。婚姻進入第三個年頭時，毛姆在寫給西芮的一封信中以直率到殘忍的態度表明了自己當時的態度：

> 我覺得自己被置於一種原以為不可能發生的情境之中。我知道，我把自己變成了一個十足的蠢貨，但我想，我也把……變成了一個十足的蠢貨。我娶你是因為，我準備為我的愚蠢和自私付出代價；我娶你是因為，我認為這對你的幸福和伊莉莎白的利益而言是最佳選擇，但我娶你不是因為我愛你，這一點，你再清楚不過了。

在這種情況下，婚姻的不幸也就不足為奇了。1917年5月

26日下午三點，毛姆和西芮在紐澤西的一位法官面前舉行了婚禮，一切都是毛姆的朋友和同為劇作家的奈德·謝爾登安排的。謝爾登是見證人之一，另一個見證人是西芮的朋友，一個英國邊遠地區的貴族太太亞歷山卓·科爾布魯克。新娘說自己32歲，其實她37歲，新郎後來只記得當時站在一個法官面前，「他先宣判了我們前頭那個醉鬼，然後宣布我們結為夫妻，接著又宣判了我們後頭的那個醉鬼。」宣讀結婚誓詞的時間很短，但毛姆實在太厭惡他的新娘了，甚至都懶得看她一眼。婚禮結束後，他們在葛萊美西公園旁邊的布雷武特酒店舉行了一個小型的招待會，毛姆的幾個戲劇界的熟人聚在一起慶祝了這場「命中注定的糾纏」——其中一個人這樣形容他們的婚姻。招待會後，這對新婚夫婦住進曼哈頓市中心德文酒店的一間套房。關上房門，毛姆想起了他最喜歡的一本小說，塞繆爾·巴特勒的《眾生之路》中的一段話：「哪怕義大利人所謂的『死神之女』將她冰涼的手放在一個男人身上的時刻，也不比他和他娶回家卻沒有真正愛過的女人單獨在一起的最初那半個小時更可怕。」

六月的大部分時間毛姆是在紐約度過的，他主要忙於戲劇方面的工作。之後，夫婦二人帶著兩歲大的麗莎和她的保姆一起去東漢普頓的海濱度假。就是在這裡，在七月初的長島，毛姆意外接到了一個朋友威廉·懷斯曼的電話，問他是否對某種戰時工作感興趣。威廉·懷斯曼上校是個英國準男爵，當時才30多歲，他被曼斯費爾德·卡明招募到英國情報局的美國分部工作。兩個國家之間懷有種種敵意，這個位置很微妙，但懷斯曼睿智狡猾，做出了不俗的成績。到1917年4月6日美國參戰時，他已經建立了一個強大的關係網，並與美國的情報人員，英國外交部和美國國務院建立起緊密聯繫。對於兩個政府而言，讓俄國繼續參戰是當前的首要任務。兩個革命黨中更溫和的孟什維克黨承諾繼續作戰，而列寧領導的布爾什維克黨則不惜一切代價爭取和平。布爾什維克最近出局了，亞歷山大・克倫斯基領導的孟什維克黨擁有大多數席位，因此協約國想支持克倫斯基和由他領導的聯合臨時政府。為了達到這個目的，懷斯曼組織了一次行動，旨在支持克倫斯基，在日益喧嚷的布爾什維克少數派的攻擊下，他的地位看起來岌岌可危。大西洋兩岸都批准了這個計畫，最近他得到一筆可觀的經費，英國政府將75000美元以他的名義存入摩根大通銀行，美國人也會提供一筆數額相當的款項。現在他需要派遣一名密使前往彼得格勒（今聖彼得堡），與首相和他的同事們會談，謹慎地散布消息，做一些宣傳工作，並定期彙報當地不穩定的局勢。有間諜經驗的薩默塞特・毛姆似乎是理想的人選。

懷斯曼的建議令毛姆震驚，受寵若驚的他很快表示對此很感興趣。吸引他的不只是可以親眼見到托爾斯泰、契訶夫和杜斯妥也夫斯基的國土，還有可以再次從事與戰爭有關工作的機會。同時不能完全忽視的是，這項任務可以允許他至少在一段時間內擺脫婚姻的責任。可惜，當時毛姆身體欠佳。雖然在熱帶時他的健康狀況暫時有所改善，但回來後又惡化了，他總是感覺很疲憊，睡眠品質差，發燒，還經常咳血。最近的一份X光化驗報告證實了他的懷疑，他患了早期肺結核。毛姆還很擔心傑拉德，自從這個年輕人離開美國去南非參加軍訓，就再也沒有聽到他的消息。他要是去俄國的話，哈克斯頓聯繫到他的可能性微乎其微。然而這個機會太難得了，絕對不容錯過。在考慮了48小時後，毛姆決定接受懷斯曼的建議。

接下來的幾個星期，毛姆忙得馬不停蹄。他坐火車從長島到紐約，跟懷斯曼會談，定行程，辦簽證，為旅行做一切必要的準備。毛姆聽了一些人做的有關時局的簡要報告，特別是史蒂芬・懷斯拉比❶的彙報，他是一個有影響力的改革派拉比（Reform rabbi），跟彼得格勒的猶太社區聯繫密切；伊曼紐爾・沃斯卡❷，一個波西米亞裔的美國特務，他是捷克斯洛伐克國家委員會的情報部門主管，和他密切合作的是托瑪斯・馬薩里克教授❸，此人是捷克斯洛伐克共和國的創始人和未來的總統，目前正在俄國幫助籌建針對同盟國的斯拉夫抵抗組織。和從前一樣，毛姆的代號仍是「薩默維爾」，官方身分是作家，這次他是給英國媒體寫報導的記者。離開前，最後一個細節必須弄清楚。「不知道你們是否打算為我的工作支付薪水。」毛姆寫信給懷斯曼，「我不會假裝說我需要一份薪水，但在瑞士那會兒，我曾拒絕接受任何酬勞，但後來我發現，只有我一個人免費為組織工作，然而人們並不因此認為我愛國或慷慨，只認為我愚蠢。如果有薪水，我自然更滿意，如果沒有，我也不會不願意去。我把這個決定交給你來做。」懷斯曼明白他的意思，答應給他薪水和經費。

毛姆向西芮道別——她似乎毫無怨言——然後就去了舊

❶ Stephen Samuel Wise，1874年-1949年，匈牙利裔美國宗教領袖，激進的猶太復國主義者，也是世界猶太人議會的創始人。

❷ Emanuel Viktor Voska，1875年出生於波西米亞，1960年死於捷克斯洛伐克布拉格的監獄中，一戰和二戰期間美國的情報軍官。

❸ Tomas Garrigne Masaryk，1850年-1937年，捷克斯洛伐克共和國的締造者和首任總統。1882-1914年任布拉格大學哲學教授。

金山，7月28日，他將從那裡出發去彼得格勒。他在襯衫下面的皮帶裡藏了一筆巨款——21000美元的匯票，等時機合適時兌換出來。他的旅伴是三個友好的美國人，他們經由彼得格勒去美國大使館工作，還有沃斯卡和三個捷克同事，他們充當毛姆和馬薩里克之間的聯絡人。旅途中，大家心照不宣，毛姆要把這幾個捷克人當成陌生人。「薩默維爾」要假扮成私人間諜，毫無疑問，萬一有麻煩的跡象，他的雇主就會抵賴。這條船從加利福尼亞州開到日本的橫濱，這是毛姆第一次瞥見遠東的模樣，此後的年月裡，毛姆一直對這個部分的世界著迷。他告訴傑拉德・凱利，「就那麼匆匆一瞥真是叫人乾著急啊。」他從橫濱換乘一條俄國輪船到了符拉迪沃斯托克（海參崴），再從那裡乘坐一列穿越西伯利亞的火車到達彼得格勒。一到俄國首都，他就和沃斯卡逕直去涅瓦大街的歐羅巴酒店休息。火車上他一直不舒服、發燒，還要準備第二天跟英國大使見面。

1917年8月，抵達彼得格勒的毛姆發現眼前這座城市一片混亂。六個月前的二月革命迫使沙皇退位，此後這裡經歷了一段亂糟糟的無政府時期。寬闊的大街上，坦克和裝甲車成為熟悉的街景，時不時耳邊就會傳來炮火聲。德國人無情地向缺少衣物和彈藥的俄軍發起進攻，成群的俄國逃兵在街上閒逛，絕望而危險。效忠臨時政府的哥薩克人和要求政府下台的布爾什維克之間頻繁爆發衝突。犯罪活動猖獗，不安的人群不分晝夜地湧向城市的街道。基本物資嚴重匱乏，天不亮，裹著圍巾和頭巾的婦女就排成長隊耐心地等待分發麵包、牛奶、糖和煙草。這座有宏偉的大廈、運河和橋樑、鍍金的圓頂和尖塔的帝國大都會已經顯露出骯髒破敗之相。儘管存在危機，這裡依然保持著一定的正常面貌：電車、四輪馬車和轎車仍在有商鋪、餐館和大酒店的時髦的涅瓦大街上往來穿梭；戲院和音樂廳照常營業，電影院裡貼著卓別林、范朋克和瑪麗・畢克馥的巨幅海報；咖啡館雖然只供應一種三明治和一杯茶，但依然人滿為患。

皇宮岸堤的艾米塔吉博物館附近，彼得保羅要塞對面是英國大使館，這座18世紀的輝煌的建築是凱薩琳大帝下令修建的。毛姆到的第二天就按時出現在這裡。根據懷斯曼的要求，倫敦只對毛姆現身彼得格勒做了極為模糊的解釋。據外交部電：「薩默塞特・毛姆先生在俄國執行一項秘密任務，他要將他對俄國局勢的某些階段的觀點呈現在美國公眾面前。」除了這份語焉不詳的聲明，英國大使館還將盡量在他有需要的時候提供協助，尤其是在傳送報導時，以密碼形式送交英國駐紐約領事館。第二天，毛姆被領進一間裝飾豪華的接待室，牆上掛著維多利亞女王、愛德華七世、喬治五世和瑪麗女王的巨幅畫像，毛姆等了很久大使才現身。到這時，毛姆的心情已經緊張到極點，對方表現出的冷淡更加劇了他的口吃。喬治・布坎南爵士的樣子令人生畏，他又高又瘦，一頭銀灰色的頭髮，戴著單片眼鏡，蓄著小鬍子，身穿黑色燕尾服和灰色長褲，簡直是一個用硬紙板剪出來的大使。「他雖然冷淡、乏味，但真是一表人才。」毛姆不情願地記錄道，被如此冷漠地對待，毛姆心中難免刺痛。喬治爵士的態度尖酸地表明這位著名作家遠非受歡迎之客。喬治爵士是一名嫻熟而傑出的外交家，此刻他正承受著巨大的壓力，試圖在各種參戰派別間取得平衡，並努力說服搖擺不定的克倫斯基繼續作戰。就在這時，這個沒什麼經驗的業餘間諜登場了，他不僅被准許和克倫斯基直接接觸，他的加密電報也由大使館發送，但大使館無權閱讀，內容甚至對大使本人保密，尤其是最後一條嚴重冒犯了喬治爵士。會面結束後，毛姆寫道：「我意識到，需要幫助時，不能對這個部門抱太大希望。」

對毛姆來說，最緊迫的任務是見到總理，為此他聯繫了他的老情人薩沙（亞歷山卓・克魯泡特金）。薩沙如今是列別捷夫夫人，離開英國回到俄國後，她積極投身革命。在孟什維克圈子裡，她是個熟悉的身影，她雕塑般的身材、長柄眼鏡和英式服裝惹人注目。她是臨時政府熱情的支持者。她和克倫斯基很熟，非常樂意為毛姆引見。然而現實令人失望，曾經活潑強悍的領導者克倫斯基，雖然才36歲，卻是個病人。他貓在冬宮這個安樂窩裡，喪失了原有的願景和果斷，耳根子變軟，變得很容易受他人影響，且不停地改變主意。他知道自己已經失去了控制權，危在旦夕的前景令他恐懼。克倫斯基「看上去很不健康」，毛姆回憶道：

> 他戰戰兢兢的，坐下來不停地說話，手裡抓著一個煙盒，不安地擺弄著，打開，又合上。他的語速很快，語氣不容置疑。他的緊張搞得我也很緊張。談話過程中，一股可悲感油然而生。我對他最終的印象是，這是一個筋疲力盡的男人。他更擔心做錯，而不是急於做對什麼。

毛姆第一次見這個孟什維克的領導人就認為他不值得獲得協約國的支持，不久後親眼目睹的一個事件又加深了他的這種印象。九月一個潮濕的夜晚，毛姆和薩沙・列別捷夫參加一個在亞歷山德羅夫斯基劇院舉行的大會。劇院裡燈光明亮，包廂裡坐滿了外國外交官，舞台上的長桌後面坐著常務委員會的委員們。會議開始前，身穿一套樸素的棕色制服、鬍子刮得乾乾淨淨、頭髮像刷子一樣的克倫斯基邁步從側翼走出來向聽眾發表講話。突然，他停了下來，聽眾席裡有人發出詰問。據在場的一個人說：「說著說著，他衝下主席台，突然哭了起來……這個男人掌握著偉大的、沸騰的俄羅斯的統治權，簡直不可思議。」英國記者亞瑟・蘭塞姆也記錄了俄國領導人崩潰的一幕，「當他面對一群又一群反對者時，」他的額頭冒出了汗珠子。毛姆也對他印象平平，「我從來沒見過有誰在公共講台上臉色真的變得鐵青。」他回憶道，「如果我坐得再近一些，沒準能聞到他身上恐懼的味道。」

儘管克倫斯基有如此丟臉的表現，毛姆還是繼續和他協商，他們每個星期在城裡最好的梅捷德維德餐館見上一面。「薩沙做女主人和翻譯，」他回憶道，「我為客人們準備了大量的魚子醬，由派我到彼得格勒來的兩個政府埋單，他們大口吞嚥，吃得津津有味。」吃完飯，他們繼續在薩沙的公寓裡聊天，克倫斯基在房間裡來回踱步，就像在公共集會上那樣對著毛姆滔滔不絕地演講。臨時政府面臨的局勢越來越令人絕望。國外，協約國敦促克倫斯基繼續作戰；國內，面對饑荒和冬日臨近的群眾則要求和平。對克倫斯基來說，這個英國人在對付協約國方面已然成為越來越關鍵的人物。曾經是聖路易斯一名穀物商人的美國大使極少出頭，英王的代表則難以置信地冷酷無情。最近的一次會面時，喬治・布坎南爵士明確表示，如若不瓦解軍隊就別期盼得到進一步的幫助，實際上，俄軍已經基本上四分五裂了。憤怒又沮喪的克倫斯基轉過身背對這位大使，昂首闊步走出了房間。小拿破崙派頭，布坎南這樣諷刺他。這個行為在效果上是戲劇化的，但結果卻是令人尷尬的，導致這位俄國領導人無法直接與唐寧街聯繫，必須通過薩默塞特·毛姆才能私下傳遞消息。

與此同時，毛姆將報告歸檔，在酒店度過漫漫長夜，並把消息譯成密碼，這個笨差事容不得匆忙。他精心地編制了一些代號，克倫斯基的代號是「雷恩」，列寧的代號是「戴維斯」，托洛斯基的代號是「科爾」，喬治·布坎南爵士的代號是「德沃爾」，口令是「紐約金先生的朋友」。他的報告獲得懷斯曼的高度評價，他知道可以信賴毛姆，毛姆——英國在此領域的重要間諜——發回來的評定意見既準確又具有政治上的機敏性。9月24日，懷斯曼給倫敦外交部的埃里克·德拉蒙德爵士發去一封密電：「我收到了毛姆發來的有趣的電報，他問能否與彼得格勒的英國情報部門合作，這麼做既對雙方有利，又可以避免造成混亂。我認為不該反對，他非常謹慎……」

和從前在瑞士時一樣，毛姆領導著一隊間諜，這些人由他親自挑選。他派兩人去瑞典和芬蘭調查有關這兩個國家和同盟國結盟的傳聞；他費盡心思讓一個間諜潛入布爾什維克的秘密會議，結果並不成功，倒是美國人達到了目的。他在彼得格勒與各色人物保持密切聯繫，這其中當然有沃斯卡，還有托瑪斯·馬薩里克。「語音輕柔、心不在焉、不動聲色」的托瑪斯·馬薩里克領導的捷克組織，給人留下了高效的深刻印象。毛姆建議給馬薩里克的斯拉夫人新聞局提供大量經濟援助，承認它作為反德宣傳機構和秘密行動先鋒隊的重要性。毛姆還和克倫斯基的國防部長伯里斯·維克多羅維奇・薩溫科夫[1]進行了具體的協商。薩溫科夫被毛姆形容為他見過的最非凡的人物。他曾負責暗殺帝國官員，事情辦得乾淨漂亮。作為一名堅信重組軍隊和繼續作戰的人，他對協約國來說至關重要。

一開始毛姆是樂觀的，相信上層的決心，街上的群眾大體心情不錯也給他留下了深刻的印象，但沒過多久，他的幻想就開始破滅了。他相信這次行動無望：克倫斯基太弱，列寧和布爾什維克黨迅速得勢，臨時政府內部普遍存在不可逆轉的失敗情緒。回望當年，毛姆寫道：「需要做時沒完沒了地說，搖擺不定，只能導致毀滅的冷漠，誇張的抗議，無誠意和三心二意無處不在，讓我開始嫌惡俄國和俄國人。」

不過把政局抛到一邊的話，這裡仍有很多可學、可享受的東西。毛姆決定充分利用這段時間探索這座城市，讓自己沉浸在俄國的語言和文學裡。每天早上他會上一節俄語課，貪婪地閱讀過去和當代偉大俄國小說家的作品，這些作家包括亞歷山大・伊凡諾維奇・庫普林[2]、柯羅連科[3]、索洛古勃[4]和米哈伊爾・阿爾志跋綏夫[5]。他還看芭蕾舞，看戲，聽音樂會。出於好奇，他看了一部不知名的俄國喜劇，當劇情展開時，他覺得越來越熟悉，於是掃了一眼節目單，結果發現作

[1] Boris Viktorovich Savinkov，1879-1925，俄國革命者，社會革命黨著名理論家、活動家，臨時政府三巨頭之一，同時也是作家。

[2] Aleksandr Ivanovich Kuprin，1870-1938，俄國作家。代表作為長篇小説《決鬥》。

[3] Vladimir Korolenko，1853-1921，俄國作家、社會活動家，代表作《盲音樂家》。

[4] Fyodor Sologub，1863-1927，俄羅斯白銀時代文學最具藝術成就的現代派作家之一。代表作品《卑鄙的魔鬼》、《火環》。

[5] Mihail Petrorich Artzybashev，1878-1927，俄國作家和劇作家，自然主義風格的主要擁護者，代表作有《薩寧》、《工人綏惠略夫》等。

者的名字是「Mum」，這部戲的名字叫《傑克・斯特勞》。

遇上好天氣，他會沿著涅瓦大街散步，沿著兩邊都是戲院的拱廊散步，穿過花園大街街角的市場，走過聖以撒廣場，經過噴泉運河旁的普希金故居，路過大廈和辦公樓，沿著鋪有鵝卵石的狹窄的小路漫步，路兩邊盡是破敗的木屋。一天，他在涅瓦大街盡頭古老的亞歷山大・涅夫斯基修道院周圍閒逛時，心中突然湧出一股強烈的思鄉之情。

> 白樺樹上的白嘴鴉嘎嘎叫，我的記憶瞬間被帶回了坎特伯里。同樣灰色的雲朵懸在頭頂，我想家了。我站在大教堂的台階上，望著長長的一行修道院的建築。然而我看到的卻是坎特伯里大教堂帶飛拱的長長的中殿，還有在我迷離的雙眼中比歐洲任何塔都要壯觀可愛的中央塔。

來信很少，不定時地放在外交包裹裡送達，這無疑又加重了他的思鄉情。「我渴望讀到英國的新聞，但知道的極少，所以請你抽出半個鐘頭給我寄些當下的小道新聞來看看。最近就能安定下來過上正常的日子，每天早上安靜地讀厚厚的《泰晤士報》，吃上有麥片粥和果醬的早餐似乎難以置信。」毛姆渴望得到傑拉德・哈克斯頓的消息，自從他動身來到俄國就再也沒有傑拉德的消息。他只知道傑拉德坐船去了南非，但幾個星期過去了，還是沒有任何消息。毛姆開始往最壞的方面想，他的船被擊沉了？他死了？實際上，傑拉德還在海上：1917年10月26日，傑拉德乘坐的那艘軍艦，日本的「日立丸號」在印度洋的馬爾地夫附近被臭名昭著的德國突襲艦隊「狼」（Wolf）截獲，所有乘客和大部分船員被帶走，這艘日本軍艦被沉入海底。接下來的幾個月，「狼」帶著200名囚徒向北，繞過好望角，穿過南大西洋，途中又襲擊了四艘船，終於在1918年的最後一個星期返回了它的基地基爾港。傑拉德從這裡又被拉到德國北部的居斯特羅集中營，並在那兒一直待到第二年的十一月，敵對狀態結束之時。

與此同時，身在彼得格勒的毛姆努力為自己的閒暇時光尋找愉快的社交活動。歐羅巴酒店裡充斥著協約國的間諜，他們會舉辦很多社交聚會，特別是英國婦女參政權論者艾米琳·潘克斯特來了以後，每天下午她都會開門迎客，用她的普萊瑪斯爐[1]煮茶給大家喝，她的房門向所有願意來訪的人敞開。基本物資越發緊缺，蘋果2.5美元一個，麵包主要由橡子和稻草做成。所有人都饑腸轆轆，著魔一般地談論著食物——烤牛肉、烤羊肉、加糖和奶油的真正的咖啡。儘管如此，正如沃斯卡所言：「我們在歐羅巴酒店，有時候會玩得很開心，忘記了革命……我們也學著俄國人的樣子說『Nichevo！』（無所謂！）像當地人一樣平靜地做事。」

希望拓寬交際圈的毛姆給諾伯洛克寫信：「我知道你朋友遍天下，如果你碰巧在這兒也有朋友，希望你允許我給他們寫信。」這座城市充滿了外國訪問者、外交官、觀察員、記者和商人，有很多是美國人。其中有一個美國銀行家，正在俄國辦理給克倫斯基政府的貸款，他人很絮叨，自鳴得意，天真的同時又很招人喜歡。毛姆喜歡跟他在一起，後來得知這位銀行家死於街頭槍擊，他很難過。毛姆在阿申登故事集（《哈林頓先生的衣服》）中回憶了這一事件。此外，還有一對迷人的美國新婚夫婦來此見證革命，約翰·里德[1]和路易絲·布萊恩特，

[1] 一種可攜式汽化煤油爐

兩人都是作家，也是堅定的馬克思主義者。（1981年由黛安·基頓和沃倫·比蒂主演的電影《烽火赤焰萬里情》就是以里德和布萊恩特的生活為藍本拍攝而成的。）里德想寫一本關於十月革命的經典作品《震撼世界的十天》，他曾在墨西哥和義軍領袖龐丘·維拉[2]待過一段時間，他的寫作計畫吸引了毛姆。毛姆有興趣了解更多，於是邀請這對夫婦共進午餐。席間，他不僅僅向里德詢問了墨西哥的情況，還想知道為什麼富裕的中產階層出身的他會轉而相信激進主義。毛姆環顧左右，神神秘秘地湊到路易絲耳邊詼諧地說：「你不會告訴別人你跟一個英國間諜共進過午餐吧？」路易絲覺得這個說法太荒謬了，哈哈大笑起來。「即便他說他是英國駐教皇國的大使，我都不會覺得更滑稽。」她後來評論道。

這裡還有一個毛姆的老熟人，就是小說家休·沃波爾，被歸類為不適合參軍的沃波爾起初到俄國來是為紅十字會效力的，現在他是一個美其名曰「盎格魯俄羅斯宣傳局」的小型情報搜集部門的頭頭。雖然英國大使館很依賴這個部門，但其實它的用處不大，工作效率也不高。亞瑟·蘭塞姆說：「它給人一種殷勤好客的印象，但到頭來是個笑話。」毛姆和沃波爾最早是1911年在倫敦認識的，現在他們都很願意繼續這段友情。沃波爾寫起二流作品來輕車熟路，多產得令人咂舌，同時野心勃勃，不顧一切地希望被大人物接納，一心想成名立萬，成為舉世矚目的文豪。他不知廉恥地推銷自己，拍著名作家的馬屁，給他們寄去如潮水般的仰慕信，每次都要求被接見，這樣

❶ John Silas Reed，1887-1920，美國左翼新聞記者，美國共產黨創始人之一，名著《震撼世界的十天》的作者。

❷ Pancho Villa，1878-1923，墨西哥1910-1917年革命時之北方農民義軍領袖。1923年，遭遇暗殺而身亡。

他就可以當面奉承了。即使收到差評，他也會熱情洋溢地感謝評論家費心作出有益的評論。別看他盲目自大，虛榮得不得了，其實臉皮很薄，很敏感，多愁善感到令人尷尬，很多人覺得他對愛的渴望不可理解，但沃波爾不是個壞人：他友善、熱情，只要與自己的作品無關，他還是一個富有洞察力的評論家。自然，能遇到毛姆這個名人，他很激動，他在10月27日的日記中快樂地記錄了這次見面的情形：「與威利・毛姆愉快用餐。他非常有趣。」幾天後聽完音樂會，他又寫道，「今晚與威利・毛姆共度，他還是那個令人愉快的他——有趣、聰明，而且特別友善。」

毛姆也很喜歡這樣的會面，能和一個博覽群書、基本上屬於同一個圈子、有很多共同朋友的人聊天感覺不錯。沃波爾無法自控的同性戀傾向也是原因之一。臉蛋粉撲撲、戴著眼鏡的休精力充沛，性生活豐富多彩。「我很好色，但如果性生活得到滿足的話，我也會變得很盡責、很純潔。」他心滿意足地評價自己。他不停地墜入愛河，在同性戀圈子裡很有名，據說他是唯一一個把亨利・詹姆斯弄上床的人。「不，不可能，不可能。」那位穿長睡衣的大人物再次跳出來喊道。毛姆很喜歡這個故事，經常靠講這個段子蹭吃蹭喝。同伴如此專注地聽他喋喋不休，沃波爾深感榮幸，他吹噓自己的成功，吐露忙碌的感情生活的起落沉浮，粉紅色的臉蛋容光煥發，卻沒有意識到他如此近距離地供人觀察。他知道自己給他人留下了深刻的印象，但從來沒想到過這種印象可能是荒唐可笑的。他圓鼓鼓的腮幫子、凸出來的眼球和激動時發出鼻音的小嘴讓他的同伴忍不住想到天竺鼠。後來，毛姆將沃波爾寫進了他的小說，不過目前他們的關係很和諧，休因為有這樣一個友善的新朋友而感到幸福喜悅。

沃波爾十分欽佩毛姆對風雲多變的政壇的觀察。「他看俄國就像我們看戲，找出主題，然後專注地觀察藝術家如何將其展開。」他寫道。但現在這部戲要閉幕了。到了十月中旬，所有人都清楚布爾什維克即將掌權，懷斯曼意識到「作為反動帝國主義的特務」的毛姆是個名人，決定將他召回。得知毛姆即將離開，克倫斯基把他叫到冬宮，讓他給勞合·喬治首相❶帶個口信。這個口信的中心內容是請求英國給予德國和平，但這種和平沒有附加條件和補償條款，換句話說，開出了德國不可能接受的條件，毛姆只能將這個口信記在腦子裡，不能寫下來。在這種情況下，克倫斯基相信他還有機會讓他的叛軍不出局。「我必須讓俄國的士兵們知道他們為何而戰，」他說，「我們沒有長靴子、暖和的衣服和食物，我不知道如何才能繼續下去。當然，我不會對人民這麼講。我總是說，無論如何都要繼續下去，除非我找到一種說法，告訴我的軍隊這是不可能的。」他還加了兩個條件，像往常一樣，要求得到更多的槍炮彈藥，並要求替換掉喬治·布坎南爵士，「他似乎無法融入新的環境。」（1962年，當時住在紐約的81歲的克倫斯基在接受採訪時表示，他不記得和毛姆商談過，只記得在一個短暫的官方招待會上見過他一面。他記不起來並不稀奇，畢竟他年紀大了，況且1917年，他的壓力很大，很多事需要他去關注，當然還有失敗造成的有失顏面的環境。然而保存於耶魯大學圖書館的懷斯曼的文件證實了毛姆的說法。）會面剛一結束，毛姆就給倫敦發了封密

❶ David Lloyd George，1863-1945，英國自由黨領袖。1916年12月7日出任首相。

信，不久他就收到了回覆，為了確保行動的保密性，他們將派一艘驅逐艦到挪威的克莉絲蒂安尼亞（今奧斯陸）接毛姆回家。

當天晚上，毛姆在芬蘭火車站乘一列火車離開彼得格勒，踏上第一段旅程。到這時候，他已經迫不及待地想要離開了。不僅因為他從克倫斯基那裡一無所獲——他離開兩天後，列寧領導的布爾什維克革命爆發，「那十天震動了全世界」，克倫斯基的臨時政府被推翻——而且他的身體狀況很糟糕，肺部嚴重感染、發燒、渾身乏力，食物短缺造成的營養不良的症狀愈發嚴重。毛姆要在克莉絲蒂安尼亞等上一天，於是他買了一磅巧克力吃。穿越蘇格蘭北部後，毛姆於11月17日抵達倫敦，他立刻致電唐寧街，約好第二天會見。勞合・喬治待他極為禮貌，表示很高興見到這位優秀的作家，也非常欣賞他的劇作。他就這個方面說了幾句，接著將話題轉向戰爭和時局，毛姆感覺這位精明的首相已經清楚自己要說什麼，但卻並不想讓他說出口。毛姆從口袋裡掏出一張紙條，他沒有遵照克倫斯基的指示，而是把那條口信寫下來了。他把這張紙條塞到勞合・喬治手裡，首相匆匆瞥了一眼。「我不能這麼做。」說完，他把紙條還給毛姆。「我該怎麼對克倫斯基說？」毛姆問。「就告訴他我不能這麼做。」他重複了一遍剛才的話，然後站起身說他要參加一個會議，就離開了那個房間。

回到酒店，毛姆考慮下一步該做什麼。他最關心的是自己的健康狀況，他被確認患上了肺結核，醫生建議他立刻去療養院。可毛姆沒時間，11月20日，他參加了一個在《泰晤士報》的主編辦公室舉行的，由英國高等法院首席大法官魯弗斯・以撒斯主持的報告會。與會者中有英國軍事情報部門的主管麥克多諾爵士將軍，威爾遜總統的權力掮客秘書戈登・奧金克洛斯，E・M・豪斯上校，令毛姆吃驚的是，還有剛從美國回來的威廉・懷斯曼。擔心控制不了自己的口吃，毛姆將他的報告交給懷斯曼朗讀。聽了他的報告，幾乎沒有人發表評論，正如外交部代表埃里克・德拉蒙德爵士在他的報告中所指出的那樣，「恐怕現在只剩下歷史價值了。」寫到俄國這次任務時，毛姆心情沮喪，所有的努力都白費了。「可悲，我失敗了。」不過，追憶往事時，他補充道，「在我看來，如果提前六個月派我過去，至少還有成功的可能。」不過他的上級對他的表現還是很滿意的，願意給他派發新任務。懷斯曼建議他擔任波蘭集團在倫敦和巴黎的聯絡人，不過布加勒斯特有份緊急任務，這次不是向孟什維克，而是向哥薩克人提供支持，鼓勵羅馬尼亞繼續戰鬥。和從前一樣，這份工作落到毛姆頭上讓他深感榮幸，他經不住誘惑想接下來，但同時他也清楚自己的身體狀況已經不允許再次旅行。

> 既然我可能崩潰，（我想）理智的做法是告訴他們我得了肺結核，醫生勸我去療養，但如果他們找不到值得信賴的人選，我也很願意承擔下來。魯弗斯・以撒斯看著我，面露微笑。「既然如此，我想我們不該讓你去。」他說，「去療養院吧，祝你盡快康復。」

毛姆遵照專家的建議去了蘇格蘭北部的一家療養院。過了快兩年他的身體才完全康復，還好及時治療。儘管如此，他還是有點後悔當初拒絕羅馬尼亞那份工作。「我知道，我犯了個大錯。我應該去冒這個險，即使我的作用不大，至少冒險本身是值得的。」

第八章
面紗之下

1917年11月底離開倫敦去蘇格蘭時，毛姆的病情已經很嚴重了。亞伯丁郡班科里近郊的「迪河上的諾爾德拉」是一家專門治療肺結核病的大型私人療養院。這家療養院於1900年開業，是一幢巴伐利亞風格的木質建築，仿照位於黑森林中，開發戶外療法的德國諾爾德拉風格建成。儘管在大北邊，迪河畔冬天的氣候卻比較溫和，窗子一直開著，病人們24小時暴露在蘇格蘭涼爽的空氣中，可以俯瞰平坦的綠色草坪和厚密如華蓋的針葉樹林。除了新鮮空氣，治療的基本原則還有躺在床上休息，逐步增加鍛鍊，食用大量營養品，尤其是新鮮的肉和蔬菜，還有大量牛奶，這裡的生活毫無壓力。「迪河上的諾爾德拉」創立人大衛・羅森醫生堅持要把療養院變成一個寧靜的避風港。病人飯後要小睡，每個病人身邊配一名專職護士，不允許從事不必要的活動，病情嚴重的甚至禁止把手放在腦後，以免傷到肺部。無論如何，病人入院的最初幾個星期拒絕訪客。享受這樣的服務當然價格不菲，每年大約3000英鎊，但治癒率並不理想——很多病人在這裡死去，還有一些人常年留在此地，病情卻不見明顯好轉。但直到1940年代發明抗生素前，這仍然是最佳療法，將患者與外部世界隔開至少能在防止感染擴散上有所幫助。

毛姆在班科里住了一年多。最初的幾個星期，他幾乎沒下過床，病症令他筋疲力竭，肺結核奪去了他母親的生命，如今又牢牢地抓住了他。不過，漸漸地他的病情開始好轉，不久他就開始享受這種作為病人的寧靜生活了。他喜歡躺在床上，沒有壓力，也沒有責任。

> 我很喜歡病房的私密感，巨大的窗子敞開著，只需望著冬夜滿天的星斗。」他寫道，「這給我一種怡人的安全感、遠離感和自由感……日子很單調，唯一令我興奮的是讀書和沉思。時間過得飛快，快得難以想像。

他漸漸恢復了體力，開始更積極地參加療養院的日常活動。他十一點鐘起床，四點休息，這期間，他和其他病人混在一起，有時候和他們一起吃飯、打牌，天氣好的時候，他會裹著毯子坐在陽台上。這些男女不知道他們中間的這位作家對他們抱有多麼濃厚的興趣。毛姆開心地給艾迪・諾伯洛克寫信道：

> 肺結核病人愛上彼此的方式裡，有某種東西會吸引你對死亡的熱愛，有場景、有醜聞，還有戲劇中的所有道具。你想像不出，如果她不應允你的懇求，你用出血（我總也拼不對這個該死的單詞）來威脅心愛之人是多麼有效……一個人來了，四天後就死了，來蘇格蘭一趟就待這麼短的時間好像不值得。

最初的幾個月，毛姆覺得不可能工作，但他渴望了解倫敦的消息，迫不及待地想知道仗打得怎麼樣了，劇院什麼情況，以及他的同事和朋友們過得如何。「收到郵件永遠是一天中最興奮的時刻。」他寫信給阿爾弗雷德・蘇特羅，「收到信的人立即就能成為周圍人嫉妒的對象。」一件趣事發生在毛姆新戲首演的那晚，那是1918年1月26日，在環球劇院。寫於前一年的《小屋之愛》是個不合邏輯的小品，講的是一個熟悉的主題（此前毛姆在《丘比特和斯維爾牧師》和《主教的圍裙》中也探討過這個主題），一個富有的寡婦戲弄向她求婚的唯利是圖的人，她先允許他們求婚，然後告訴他們倘若她再婚將失去財產。「沒什麼意義，只是純粹的娛樂。」作者承認。他把這部戲委託給開始做管理工作的瑪麗・洛爾，這是她第一次既當製作人又兼演員。幾年後，德斯蒙德・麥卡錫在《新政治家》雜誌中撰文形容這部戲：「這部戲如此微不足道，我都快記不清它的名字了。」多虧洛爾小姐的精彩演繹，這部戲才連演了驚人的127場。

匱乏的體力無法支撐毛姆繼續積極地寫作，於是他只能不停地展開想像。他開始反覆思考過去兩年的經歷，籌畫新的作品。近在手邊的材料是從他的病友們那兒收集來的，很多私人的戲劇性事件在短篇小說《療養院》中得以轉述。但實際上，他自己近期的經歷要豐富得多——他在瑞士和俄國從事情報工作時遇到了很多人和事，有的平凡，有的則不。由於他的工作性質需要保密，況且戰爭仍在繼續，在未來的一段時間內，這篇小說不可能出版。不過他一直惦記著這件事，現在他開始以虛構的另一個自我——阿申登的功績為基礎，撰寫一系列個人的、真實的、現實主義風格的間諜小說。十年後《英國間諜阿申登》面世，「（這）是對我在戰時情報經歷的真實記述」。

這一系列小說的出版人解釋說，《英國間諜阿申登》的出版「被威利在外交部的神秘老闆們阻延了」。據報告，這一系列本來有31篇小說，但當毛姆把手稿拿給溫斯頓・邱吉爾看時，邱吉爾堅持要求他刪掉其中的14篇，因為他認為這些小說違反了《官方保密法案》。

阿申登故事集真實再現了毛姆在1916和1917年間的秘密行動，除了一個分三篇講述的極有趣的一連串事件——《無毛墨西哥佬》、《深膚女子》和《希臘密使》，這三個故事根據曾在西班牙做過類似工作的傑拉德・凱利的敘述改編而成。阿申登是個迷人的人物，幾乎在各個方面都準確地反映出創作者是一個孤獨的男人，非常害羞、孤僻、超然，同時有著不可救藥的好奇心。和同時代其他小說中的間諜不同，阿申登是一個容易犯錯的人，他喜歡物質享受，有時候易怒，時不時要擔驚受怕，雖然是個經驗豐富的旅行者，卻從骨子裡害怕坐火車——除非貓在角落裡，行李放在頭頂的架子上，有半個小時的空餘時間，否則他不會開心。有時太早到火車站，他會放棄本來要坐的那趟火車，選擇更早的一趟，但這樣他又要為差一點誤火車會帶來的一切痛苦傷腦筋。當R上校（也就是沃林格上校）派他去盧森調查一個受到懷疑的叛徒時，阿申登和毛姆一樣喜歡角色扮演。旅行時，他懷揣一本新護照，上面寫的是假名字，這給他一種擁有新身分的愉悅感。他經常會對自己產生一絲厭倦，只做R上校輕鬆創造的一個人物，能讓他稍微轉移一下注意力。在瑞士時，他大部分時間是在日內瓦度過的。阿申登盡職盡責地執行上級指令，面試間諜，每個星期過一次河去法國，從市場裡賣奶油的女人手裡接過紙條，時刻小心避免引起瑞士官方的注意。

正如他經常說的那樣，他的大部分工作是例行公事，甚至有點無聊，不過還是會有非常戲劇化的時刻出現。當這個業餘間諜的另一面顯露出來時，人們會發現，他不僅勇敢，而且很無情。比如在《朱利亞・拉札里》中，阿申登的任務是抓住一個叫錢德拉・拉爾的印度人，他是由柏林操控的一個危險的煽動者團體的頭目。R 上校發現他正在中立國瑞士，阿申登的任務是引誘他到法國來，將他逮捕後帶回英國嚴肅處理。這次行動的工具是與小說同名的朱利亞，一個半老徐娘，音樂廳裡的三流舞者。她是那個印度人的情人，阿申登要採用一點敲詐的手段強迫她給拉爾寫信，懇求在洛桑的拉爾來法國看她。朱利亞憂心如焚，她很清楚萬一這個詭計奏效，等待拉爾的將會是什麼。那幾天，她一直在懇求阿申登不要強迫她背叛自己的情人，然而他無動於衷，顯然，他沒有被她的絕望打動。朱利亞猶豫了。她把手放在心口上，接著一言不發地伸向紙和筆，但阿申登對她寫的信不滿意，要求她重寫。寫完，她撲倒在床上，再次哇哇大哭起來。她的悲痛是真實的，但她的表現中有某種戲劇化的東西讓阿申登無法感動。他感覺他和她的關係就像醫生面對一種無法減輕的痛苦一樣，不受個人感情的影響。

這本書中有六個故事的原型發生於毛姆在彼得格勒執行任務的期間，但他基本上忽略了與克倫斯基的政治協商，而是專注於更私人的關係。最棘手的是英國大使喬治・布坎南爵士，他在書中以赫伯特・威瑟斯彭爵士的身分出現。毛姆對他的偽裝薄到幾乎透明，阿申登第一次拜見大使時，他被「毫無例外地禮貌接待了，但那種冷漠能讓北極熊脊背發涼。」

最優秀的俄國故事是《哈林頓先生的衣服》，這是一篇小型悲喜劇傑作，講的是一個真實的故事，阿申登在從符拉迪沃斯托克出發穿越西伯利亞的火車上認識了一個美國銀行家，並跟他交上了朋友。火車咔嗒咔嗒穿越俄羅斯時，絮叨、心善又荒唐的哈林頓先生簡直讓阿申登抓狂。「哈林頓先生很討厭。他惹惱了阿申登，激怒了他，搞得他煩躁不安、大發雷霆。」在火車車廂裡，即使阿申登想打開書本阻止對話繼續下去，依然無法躲開他的滔滔不絕。

> 阿申登看書時，突然發現哈林頓先生那雙淺色的大眼睛正盯著他，他的心突突地跳了起來。他不敢抬頭看，甚至不敢翻書頁，因為他知道，哈林頓先生會把這個動作看成開啟一段談話的充分理由。他不顧一切地把目光集中在一個字上，就像一隻小雞用嘴畫直線，當他意識到哈林頓先生放棄了這種企圖時，他才敢呼吸，繼續讀書。

即便如此，哈林頓先生身上還是有很討人喜歡的地方。他心眼好、體貼、恭敬，他是那麼的有禮貌，即使阿申登有心殺了他也下不了手。大概短短的時間內，他內心已經對哈林頓先生產生了某種非常類似感情的東西。兩個人在彼得格勒繼續見面，阿申登幫這個美國人找了個翻譯阿納斯塔西婭・亞歷山德羅夫娜（原型是毛姆的老朋友薩沙・列別捷夫）。

也許這個美國人正是透過毛姆認識了捷克激進主義份子伊曼紐爾・沃斯卡，而就是沃斯卡親眼目睹了「哈林頓先生的慘死」。沃斯卡的描述生動地表明毛姆的小說與事實多麼貼近。據沃斯卡說，那個街區發生了暴亂，酒店勸客人們撤離。美國人愚蠢地想取回還沒有送到房間的洗好的衣服，於是他在翻譯的陪伴下去找他的衣服。沃斯卡在他的回憶錄中寫道：「半個小時後，我聽到街上有槍聲，沒太在意。槍聲停了，接著那個翻譯驚慌失措地走進大廳。從洗衣房回來的路上，他們遭遇了巷戰。由於急忙找地方藏身，他們走散了……我跑過去看戰鬥過的場景，見他死在排水溝裡，身下壓著那捆洗好的衣服。」

當時毛姆是否也在場並看到了排水溝裡的屍體，還只是聽沃斯卡說的，不得而知。故事中，槍戰結束後，阿申登和阿納斯塔西婭去空蕩蕩的大街上找哈林頓先生。「他趴在一灘血水中，骨頭突出的禿頭非常白，整潔的黑外套髒了，沾滿了泥漿，但他的手緊緊地攥著那個包裹，裡面裝著四件襯衣、兩條連衫褲、一條睡褲和四個領子。」

毛姆去世幾年後，他的藝術史家朋友肯尼斯・克拉克回憶說，毛姆「經常說起他非常喜歡的情報工作。我想，他喜歡它照進人性的那束光。」這段評論的精華在《英國間諜阿申登》中被證實並加以強調。毛姆對行動和冒險的興趣並沒有那麼大，他更感興趣的是非常環境對人的影響。他從來沒有美化過他的任務，沒有喪失過冷靜和客觀，而是平心靜氣地觀察周遭的環境。比如他在描述 R 上校，也就是沃林格時，表示欣賞他的詭計多端、他的智謀、勇氣和果敢，同時他也注意到這個人不懂世故到令人驚訝的地步，他在時髦餐館裡笨拙的表現出乎人們的意料。「他確實是個重要人物，有權力成就或毀掉手底下的一大批人，但他就是不知道怎麼給服務生小費，每次面對這樣的情形，他都會流露尷尬的神色。對於出醜的懼怕折磨著他，他既擔心給的太多，又擔心給少了會招來服務生冰冷的輕蔑。」同樣，雖然毛姆是一個獻身祖國事業的堅定的愛國主義者，但他也意識到這會牽涉到道德的雙重標準。在《抛幣定奪》中，他描述了阿申登的一次任務，倘若成功的話，會有很多無辜的人死去。執行任務的人遵照上級命令選擇不去知道這件事是怎麼做的。他心懷嫌惡地反思他們的虛偽。

> 他們渴望達到目標，但在手段上有所遲疑……雖然他們很樂意從籍籍無名的間諜的行動中獲利，但面對骯髒的工作，他們會選擇閉上眼睛，這樣就可以把乾淨的手放在心口上，祝賀自己從來沒有做過與體面的身分不相符的事情。

在很大程度上，正是這種洞悉一切解釋了《英國間諜阿申登》為何能對間諜小說寫作產生如此非凡的影響。間諜小說作為一種類型出現於20世紀初，厄斯金・柴德斯的《沙岸之謎》至今仍是此類經典的至高典範之一。最受歡迎的間諜小說家有《三十九級台階》的作者約翰・布肯，超級暢銷小說家還有威廉・勒奎斯和 E・菲力浦・歐朋海默，這兩人都很擅長撰寫厚顏無恥地逃避現實和情節誇張的故事。他們的主人公都是超人英雄，一成不變地執行極為重要的任務，挫敗政治暗殺或打擊倫敦的國際間諜網。在不顧一切地與國王和國家魔鬼般的敵人對抗時，總能以智取勝，避開橫死的結局。這些氣氛頗為緊張的冒險故事對描繪現實毫無興趣，與《英國間諜阿申登》存在著天壤之別。可能有一個例外，那就是約瑟夫・康拉德的《密探》，但這篇小說與其說是間諜小說，不如說是政治小說更為準確。毛姆是描述真實間諜工作的第一人。他和同為小說家的康普頓・麥肯齊都做過間諜。不過，在希臘從事過情報工作的麥肯齊將這段經歷形容為純粹的鬧劇。（麥肯齊的《希臘回憶》於1932年出版後被召回，他還因違反《官方保密法案》被起訴。）毛姆則將間諜世界形容為不僅道德上可疑，而且通常單調乏味。

儘管這種寫法令讀者吃驚，但毛姆還是為全新一代的英國間諜小說定下了基調。「現代間諜小說始於薩默塞特・毛姆的《英國間諜阿申登》。」評論家兼犯罪小說家朱利安・西蒙斯寫道，後來許多此類型的追隨者都同意這個觀點，比如艾瑞克・安布勒、連・戴頓、約翰・勒卡雷，還有將《英國間諜阿申登》形容為「那本詼諧現實的小說」的格雷厄姆・格林[1]。安布勒說：「阿申登的氣質對我產生了很大的影響。」勒卡雷寫道：「阿申登故事當然影響了我的作品，我想，毛姆是以清醒得近乎平凡的現實態度書寫間諜活動的第一人。」毛姆堅定的現實主義也吸引了大西洋彼岸的讚賞者。1950年，菲力浦・馬洛這個人物的創造者，犯罪小說作家雷蒙・錢德勒給毛姆寫信道：

> 《英國間諜阿申登》是獨一無二的。沒有比這更偉大的間諜小說了，根本沒有。我一直在找，我知道，帶有間諜元素的不錯的冒險小說有那麼幾本，但總是很過火，太炫技，男高音唱得太吵。它們和《英國間諜阿申登》比起來，就像歌劇《卡門》之於梅里美寫的致命的小故事。

[1] Graham Greene，1904-1991，英國小說家、劇作家、評論家。第二次世界大戰期間他作為軍情六處的官員被派往非洲。戰後創作了大量間諜小說。

《英國間諜阿申登》最終於1928年出版，英國的出版公司是海涅曼，美國是達博岱和多蘭。毛姆把這本書獻給了他的間諜朋友傑拉德・凱利。這本書慢慢地才獲得了最終的稱讚。部分原因是，公眾對戰爭的興趣慢慢地恢復過來（埃里希・瑪利亞・雷馬克的《西線無戰事》、羅伯特・格雷夫斯的《向一切告別》和R・C・謝里夫的戲劇《旅行的終點》第二年才面世。），還有一個原因則是，當時的間諜小說迷對這種低調處理的小說沒有心理準備。大部分評論家贊同《紐約時報》的評論：「這是薩默塞特・毛姆『掛二檔』寫出的樣本。」儘管有那麼一兩個人直率地表達了不喜歡。最不仁慈的評論出現在《Vogue》雜誌上，作者是 D・H・勞倫斯。勞倫斯寫道，倘若仔細觀察的話，毛姆筆下的人物都是騙子，是毛姆用來表現他幽默的傀儡。雖然書剛出版時迴響不夠熱烈，但《英國間諜阿申登》越來越受歡迎，出了很多版本，譯成許多語言，被改編成一部戲（至今沒有製作出來）和一部電影《間諜》，電影導演是希區考克，主演是約翰・吉爾古德、彼得・羅和瑪德琳・卡羅爾。最有趣的是，它被用作情報工作手冊。有那麼幾年，這本書是新加入軍情五處❶和軍情六處❷之人的必讀書。同時，這本書還啟發了蘇聯軍事情報部門對英國間諜小說的研究。正如作者所言：「一系列只為娛樂而寫的小說卻帶來了奇異的結果。」然而它獲得的最高褒獎，或許是二戰期間德國宣傳部長戈培爾博士提到過這本書，並認為它是英國犬儒主義和殘酷無情的典型例子。

與此同時，蘇格蘭漫長的冬天讓位給春天，毛姆感覺身體

❶ Military Intelligence Section 5（MI5），英國負責國內反間諜、反恐怖的情報部門。
❷ Military Intelligence Section 6（MI6），英國政府情報和間諜機構。

正在漸漸好轉。令他欣喜的是，醫生准許他去南方過夏天，條件是秋天回來再做進一步治療。被毛姆稱作「夫人」的西芮來班科里看他，帶來了一大堆消息，比如她在鄉下租了一棟房子，租期三個月。查爾斯・希爾園美觀、寬敞，帶一個大花園，還有一間舒適的書房，毛姆可以安心工作。這幢房子在薩里郡的欣德黑德附近，去倫敦很方便，這個迷人的所在周圍有樹林、荒野和平緩的山丘。選擇這裡還有一個原因：西芮和韋爾康的兒子，15歲的蒙特尼在欣德黑德上學。前夫強行將母子分開給西芮帶來了巨大的痛苦，她希望這樣離得近能有機會見到兒子。她請求增加與兒子見面的次數，但一再遭到韋爾康的拒絕，儘管韋爾康常年在國外，蒙特尼放假時不得不和他的一個老師待在一起。和從前一樣，西芮只能匆匆看兒子一眼，而且必須有第三方在場，通常見面的地點是朗廷酒店的酒吧間。韋爾康的律師強調，無論如何不能讓蒙特尼接觸毛姆，這個限制讓西芮的處境變得愈發艱難。至少現在她還有個她喜愛的小女兒，三歲大的麗莎。毛姆也喜歡他的女兒，儘管生的不是男孩讓他有點失望。在鄉下的這個夏天，三個人相處得比較友好，西芮很高興丈夫回到她身邊，毛姆也很開心自己被從療養院放出來。私下裡，他對他的婚姻狀況沒有任何期待。「我不知道將來會怎樣，」他寫道，「只能抱著最好的希望，順其自然吧。」

儘管毛姆的身體還很弱，動不動就覺得累，他還是很高興發現了一兩個興味相投的鄰居，尤其是作家羅伯特・希琴斯，他們以前在倫敦見過。希琴斯是個小說家、劇作家和音樂評論家，他是麥克斯・畢爾邦的朋友，也認識亨利・詹姆斯和奧斯卡・王爾德。他的小說《綠色康乃馨》諷刺了王爾德和1890年代的唯美主義者，這本小說因醜聞獲得了巨大的成功。他還用一本暢銷的羅曼史《阿拉的花園》賺了大錢。最近，他和瑞士小說家約翰・克尼特爾共同建造了一座房子。克尼特爾有老婆孩子，但這對希琴斯來說不是障礙，和很多那個時期堅定的單身漢一樣——比如E・M・福斯特、休・沃波爾——希琴斯很高興自己的感情和家庭生活圍繞著一個已婚男人，他的妻兒也是大家庭的一部分。毛姆很高興見到希琴斯。他、希琴斯和約翰・克尼特爾幾乎每天一起騎馬，經常去弗瑞漢姆龐德酒店喝茶。他們打網球和槌球，西芮也來湊個數。到了晚上，兩對夫妻共進晚餐，約翰・克尼特爾調製一種極烈的雞尾酒，幾杯酒落肚後，氣氛就活躍起來了。一天晚上，作曲家毛德・瓦萊麗・懷特[1]來希琴斯家作客，毛姆知道她去過北非，就告訴她，他正在構思一部以開羅為背景的戲劇作品，讓她寫幾段合適的音樂。「他和毛德在鋼琴前待了很久，」希琴斯回憶說，「毛德給他彈奏了以埃及之行為靈感的音樂。」

隔三差五地就會有朋友從倫敦過來，比如休・沃波爾就在查爾斯・希爾園住了兩晚。在彼得格勒與毛姆熟識起來的沃波爾，見毛姆娶了這麼一個女人很是驚訝。「她人很不錯，」休在日記中寫道，「但我搞不懂毛姆到底看上她什麼了。我認為她對他的冷嘲熱諷太敏感了。」不過，他更感興趣的是看到他的朋友正在努力寫一本小說。

《月亮和六便士》寫於1918年的五月到八月間，以保羅・高更的生活為藍本。高更和書中那位藝術家查爾斯・思

[1] Maude Valérie White，1855-1937，出生於法國的英國作曲家，維多利亞時期知名的歌曲創作人之一。

特里克蘭德有明顯的相似之處。和高更一樣，思特里克蘭德也是一個受人尊敬的證券經紀人，有老婆孩子，但他為了追求藝術自由拋家捨業，過著窮困潦倒的生活。高更深受梅毒和毒癮之苦，最後死於心臟病發作，思特里克蘭德則死於痲瘋病。毛姆在講述這個故事時採用了第一人稱的寫法，自從20年前《一個聖徒發跡的奧秘》之後，他就沒有再用過這種敘述方法，但毛姆無疑越來越依賴這種方法了，尤其是在寫短篇小說的時候。這個沒有名字的「我」只是一個小角色，主要功能是評論和觀察。書中那個年輕的小說家非常貼近毛姆本人，同樣年輕、自負、冷幽默、帶著一絲令人愉快的惡意。思特里克蘭德太太資助他，這個錢財有限的普通女人有成為一名文學女主人的野心。她在阿施里花園樸素的沙龍裡遇到了身為證券經紀人的丈夫，一個乏味無趣、相當平凡的傢伙，他平時讀《笨拙》和《體育時間》雜誌，壁爐架上掛著一幅莉莉・蘭特里❶的畫像。但令所有人震驚的是，他突然拋棄家庭去巴黎當了一名窮藝術家，思特里克蘭德太太向故事的講述者求助。

講述者來到巴黎後發現思特里克蘭德和他在倫敦認識的那個男人截然不同，他無情、暴躁，堅定不移地走在自己的路上，對拋在身後的生活絲毫不感興趣。

> 「你想到過沒有，你的妻子痛苦極了？」
> 「事情會過去的。」（思特里克蘭德回答）……

❶ Lillie Langtry，1853-1929，英國女演員。她是澤西教長的女兒，因生在海峽群島的澤西島，教名又叫莉莉（Lily，百合），故以「澤西百合」聞名於世。莉莉・蘭特里可稱得上維多利亞時代倫敦最著名的「職業美女」。

講述者在巴黎有個藝術家朋友，戴爾克・施特略夫，一個愚蠢的傢伙、蹩腳的畫家，但他秉性仁慈、為人慷慨。正如身無分文的高更得到他的朋友埃米爾・舒芬尼克爾無微不至的照顧，卻用勾引朋友之妻加以報答，思特里克蘭德也用類似的方式背叛了施特略夫。勃朗什・施特略夫和思特里克蘭德私奔了。他拋棄她後，她選擇了自殺。時間流逝，講述者仍在巴黎，他偶遇思特里克蘭德，思特里克蘭德對關於勃朗什的話題漠不關心。不過，最後他還是被說服給講述者看了他的作品，不情願地允許他進入自己的畫室。這個情景會讓人想起毛姆參觀性情乖戾的羅德里克・奧康納的工作室。

「我想你不願意我說話吧。」我說。

「這還用問，他媽的。我要你閉上你的嘴。」

幾年後，講述者去大溪地旅行，在島上得知畫家剛剛去世。查爾斯・思特里克蘭德終於在南太平洋群島找到了圓滿，跟一個當地女孩生活在一起，創作出令人不安卻輝煌的傑作，讓他得以死後名揚天下。回到倫敦後，他發現思特里克蘭德太太享受著繼承者的身分，丈夫死後她靠賣畫過上了舒服的日子。令人倒胃口的是，她家起居室的牆上掛著幾張思特里克蘭德畫作的彩色複製品。「每天能欣賞這些畫，實在是很大的樂趣。」一個客人禮貌地說。「一點兒不錯。這些畫是極有裝飾意義的。」她得意地回答。（想必高更太太讀到毛姆如此描寫畫家的妻子，心裡一定很不舒服。）

「極有裝飾意義」是傑拉德・凱利挖苦毛姆的話，他過去經常打趣毛姆，說他對藝術的主要興趣在裝飾價值上。確實，凱利對這本小說做出了很大貢獻，是他把高更的作品介紹給毛姆的，也是他先認識的羅德里克・奧康納，羅德里克・奧康納很了解高更，毛姆將他好鬥的性格忠實地再現在思特里克蘭德身上。也是凱利說服毛姆更正文中的小錯誤。舉個例子來說，書中有這樣一個場景，施特略夫被思特里克蘭德逼得忍無可忍，打算拿起調色刀砍壞他的一幅作品。「我指出，」凱利說，「調色刀是砍不了畫的。我建議他改成刮刀，因為刮刀尖銳鋒利。」凱利懷疑自己充當了施特略夫，那個被諷刺為「巧克力糖盒子的大畫師」的靈感來源。「我總是很確定，」他愉快地承認，「毛姆筆下所有糟糕的畫家都是我。」但這次他錯了。施特略夫這個人物是根據小說家休・沃波爾的形象塑造的。幸好休沒有察覺，他沒認出這個胖呼呼、傻里傻氣、禿頂、紅臉蛋的傢伙是自己，「一些人很不幸，即使他們流露的是最真摯的情感也會讓人覺得滑稽可笑」。他的作品「陳腐、粗俗得令人難以置信」，他的行為舉止在講述者看來像極了「焦躁不安的天竺鼠」。倘若沃波爾發現自己為這本小說做出了貢獻，無疑會痛苦地尖叫起來，但這根本無法與後來面對《尋歡作樂》中的阿爾羅伊・基爾時所要承受的痛苦相提並論。

《月亮和六便士》自1919年4月出版以來，一直是買帳的觀眾多，叫好的評論家少。充滿異域風情的大溪地島，顯然吸引了剛從戰爭中擺脫出來的人。小說的主題也很有趣，講的是一個天才的本性，以及富有創造力的藝術家的殘忍無情與他所逃離的社會之間的衝突。毛姆在書中還引用了自己在維奧麗特・韓特的沙龍裡的經歷，當時他還是一個籍籍無名的年輕人。他在書中以微妙諷刺的筆觸描寫資產階級。他筆下的維奧麗特，也就是小說家羅斯・沃特福德是充滿柔情的。而他對思特里克蘭德太太的描繪則不同了，帶著些許惡意，暴露了很多個人感情，比如中了婚姻和社會習俗的圈套。思特里克蘭德太太「同任何一個正派的女人一樣，她真實地相信只有依靠別人養活自己才是規矩的行為。」而思特里克蘭德很多次厭女症的發作則與深埋於毛姆內心的感受緊密相連。令人失望的是，這本小說最大的瑕疵正在於對查爾斯・思特里克蘭德的描繪，到頭來他簡直是個畜生，一個可憎的人。從一個守本分的一家之主到一個怒髮衝冠的毒舌天才，中間的過渡未免太突然，難以令人信服。正如凱瑟琳・曼斯費爾德[1]為《雅典娜神廟》雜誌撰文時所說的那樣，「我們必須被告知他的某些心路歷程，我們必須看到他對自己的感受更充實、更詳盡的評論，而不是一味地說：『見鬼去吧。』」儘管有些評論家持保留意見，但這本書七月份在美國一問世就立即獲得了勢不可擋的成功：初版印數只有5000，到年底就賣出了將近10萬冊。這本書的暢銷，讓人們回過頭來又對毛姆的一本早期作品《人性枷鎖》產生了濃厚的興趣，這個結果出乎所有人的預料。

八月底離開欣德黑德後，毛姆在切斯特菲爾德街住了兩個月，他的老朋友沃爾特・佩恩為了給毛姆一家騰地方已經於夏末搬出去了。不過，他和毛姆依然保持聯繫。佩恩在攝政公園租了一棟房子，毛姆還送給他幾幅畫，其中一幅是傑拉德・凱利給他畫的畫像。佩恩結了兩次婚，毛姆很喜歡他的第一任妻子，但討厭他的第二任妻子——一個離過婚的匈

[1] Katherine Mansfield，1888-1923，出生於紐西蘭，短篇小説作家，紐西蘭文學的奠基人，被譽為一百多年來紐西蘭最具影響力的作家之一。著名作品有《花園酒會》、《幸福》和《在海灣》等。

牙利女人。儘管如此，他們的友情沒變，直到1949年佩恩去世前，他一直給毛姆提供財務方面的建議。

十一月，毛姆回到「迪河上的諾爾德拉」繼續養病，儘管健康狀況尚未達標，毛姆依然感覺自己精力充沛，對未來摩拳擦掌。戰爭終於結束了，他迫不及待地再次踏上了旅程。「我正計畫征服遠東。」他告訴凱利，「口袋裡有充足的盤纏，時間想要多少有多少，這樣出發太棒了，因為上帝知道去哪兒。」先前住在療養院時，他的身體太糟無法寫作，現在他捨不得停下來，在18個月內完成了四個劇本：《凱撒之妻》（原名《天堂的鑰匙》）、《家庭和美人》、《周而復始》和《陌生人》。

《凱撒之妻》於1919年2月進入彩排階段時，他回到了倫敦。他坐在燈光昏暗的觀眾席裡，讓這部戲的女主演費伊·康普頓❶有點怯場，她總是記不住台詞。「他沒對我發脾氣，」她說，「但他會讓我們停下來，說『必須說對詞』！我這麼年輕的演員當然會害怕，畢竟這是我頭一次出演重要角色。」然而，3月27日這部戲在皇家劇院開演後，這個作品的成功還得感謝康普頓小姐的表演，因為除此之外乏善可陳。這部戲的靈感來自拉斐特夫人那本著名的小說《克萊芙王妃》，講的是一個已婚女人放棄不倫之戀的故事。《凱撒之妻》的背景設置在當代的開羅，美麗的英國領事夫人愛上了丈夫的隨員。所有相關的人都表現出最大可能的美德和高貴，最終所有人的榮譽得以保全。正如毛姆在劇本的引言中所解釋的那樣，經常有人指責他專注於可惡之人，所以他

❶ Fay Compton，1894-1978，英國女演員，出身於著名的演員世家，作家康普頓·麥肯齊是她的哥哥。

想寫一部作品，「裡面所有的人都是可敬的」。因而不難想見，為何結果會如此索然無味。但這部戲在當時的迴響還不錯，「一個不得罪人的成功之夜。」《泰晤士報》評論道。這部戲在倫敦演了很多場，由比莉・伯克領銜主演的紐約版的場次則少一點。1925年，這部戲被改編成電影《癡戀》，這個故事最後出現在螢幕上是1951年的英國電視劇版。

《凱撒之妻》首演後不久，毛姆再次病倒。四月，《月亮和六便士》出版，他去了卡布里島，沒帶上妻子。他在切爾柯拉別墅住了三個星期，等他回到倫敦時，身體終於痊癒了。

前一年的夏天，在欣德黑德，他和西芮長時間地討論過他們的婚姻，這個無法逆轉的事實遠非理想，但平心靜氣地想，這個安排對雙方都有好處：給西芮帶來財務安全，給毛姆一個看似體面的生活，這也是他所渴望的。此外，他們要共同承擔做父母這個重要的責任。或許二人能想出一個尚可的生活方式？西芮依舊想住在她位於攝政公園的家，最初替她交房租的是戈登・賽弗里奇，毛姆忌諱其中的關聯，堅持要在切斯特菲爾德街安家。對他和沃爾特・佩恩兩個單身漢而言，那曾是一個寬敞的家，但現在就顯得有點擁擠狹窄了。這座房子共有五層，卻很窄。為了給保姆騰地方，毛姆必須讓出通風良好的頂層書房，在一樓一間臨街的小會客廳裡將就。顯然這個書房不理想，毛姆也很容易被打擾，但至少空間足夠大，放得下主人特別依戀的那張大寫字桌。

毛姆的婚姻生活在梅費爾的這座房子裡正式開始了。最初兩口子好像過得還不錯，人們看到他們同時出現在聚會上、美術館裡和首演現場——包括1919年毛姆的兩部戲的首演——他們還經常在家裡招待客人。「最後以毛姆夫婦的晚宴結束。」他們的一個朋友回憶道。另一個朋友則記得這些聚會「非常令人愉快」。當然，毛姆的哥哥 F. H. 和嫂子奈麗也很高興看到他的生活終於安定下來了，他是活著的三個兄弟中最後一個成家的。西芮去拉特蘭門時，他們也會熱情地接待她。三個侄女——凱特、昂娜和黛安娜一直很喜歡他們的威利叔叔，他和藹可親、平易近人，每次見面還會慷慨地給她們零花錢。現在她們迷上了這個嬸嬸，她的時髦搞得她們眼花撩亂。女孩們買現成的衣服穿，西芮的衣服卻是在巴黎的浪凡和香奈兒定製的。她把她不要了但沒怎麼穿過的衣服送給她們，還給她們講時尚潮流，姑娘們都興奮極了。「我的品味天生就很糟糕，喜歡衣褶、蝴蝶結、飾邊和玫瑰花蕾。」凱特回憶道，「西芮試著訓練我的眼力。」雖然 F. H. 一向對人冷淡疏遠，但對他的弟妹卻很有好感。他對妻子的態度謙敬如賓，在孩子們眼中是個可畏的父親，而跟西芮在一起時卻像變了個人似的，大獻殷勤，迷人得很。兩人有時會一起吃午飯，毛姆在國外時，F. H. 偶爾也會去切斯特菲爾德街和西芮共進晚餐。

儘管在公共場合毛姆夫婦看似相處甚歡，但私下裡兩人的關係就沒那麼寧靜祥和了。主要問題是，這對夫妻幾乎沒有共同點，西芮愛上他的丈夫就是個錯誤，這將一切複雜化了，給原本就難以承受的關係增添了額外的負擔。毛姆害羞、沉默寡言、高度自律，回避任何形式的情感表露。相較之下，西芮容易激動、情緒起伏不定、自我放縱，喜歡大吵大鬧，尤其是在睡覺前。「別再跟我鬧了！」毛姆常常這樣懇求她。西芮熱愛交際，一擲千金，喜歡參加派對，不願意一個人待著，不顧及丈夫有時渴望安靜和獨處的想法。「西芮就是不明白寫作對毛姆有多麼重要。」她的一位女性朋友說，「他希望上午完全屬於自己，她卻非要他帶她去『亨利』或者別的什麼地方。」她意識不到他工作一天有多累。有時，毛姆寫了一天累得要死，下樓吃飯時卻發現家裡鬧鬧哄哄一大群人，都是妻子請來的客人，而他一個也不認識。客人一走，他們就開始吵，有時候一直吵到凌晨兩三點鐘。最後毛姆筋疲力盡地爬上床，第二天還得早起寫逗人開心的對話，而西芮，只要她願意，可以一直躺到吃午飯的時候。西芮對裝飾設計擁有非凡的眼光，喜歡給家裡添置漂亮的東西，花大筆錢買新衣服。她最喜歡聊這兩個話題，一聊就是幾個小時。「你不跟我談別的，只談裙子和家具。」她的丈夫有一次怒氣沖沖地說，「你知道我有多麼討厭這兩個話題嗎！」

她喜歡時髦輕浮的人，丈夫的很多老朋友讓她感覺不自在，她最不喜歡的人是傑拉德・凱利。搬進切斯特菲爾德街後，她堅持要摘掉掛在客廳壁爐上方凱利為年輕時的毛姆所畫的那幅極好的《弄臣》。她把這幅畫還給了畫家，而且毫不掩飾她認為凱利是個討厭鬼。凱利來家裡吃飯，西芮就悄悄溜出去，找更有意思的人玩。當她和丈夫的作家朋友們在一起時，她會做出萬能的熱情的表情，搞得毛姆渾身不舒服。聽她滔滔不絕地談論那些，他清楚她連翻都沒翻過一下的書時，他更是氣得火冒三丈。令他氣憤的是，她不能、也不願讓他一個人安安靜靜地待著。他想找點事讓她的生活變得忙碌起來，但也被她固執地拒絕了。她從不讀書，對打牌也沒興趣，而且很快就放棄了做慈善事業的想法，傳統女人做的針線活更是對她沒有一絲一毫的吸引力。

西芮只想獲得丈夫的認可和關注。戲劇是她能理解的少數領域之一，這是他們的共同興趣，並在短時間內得到了應有的尊重。寫劇本時，毛姆會給她讀一段段的對話，也很高興她有時候來看彩排，還不止一次帶她觀看在紐約的首演。毛姆尤其重視西芮在服裝和布景上的建議，《凱撒之妻》籌備期間，就是西芮帶康普頓小姐購置服裝的。「我一點發言權都沒有，」那個女演員回憶說，「西芮都一手包辦了，事實就是這樣。毛姆十分信任她的品味，他做得很對。」每部新戲開演前，毛姆總是很緊張，他會讓西芮安排演出結束後的演職人員聚會。首演前，很多人排好幾個小時長隊購買正廳後排和頂層樓座的便宜票，西芮可憐這些人，總派人給他們送三明治和裝在暖瓶裡的湯。

動不動就吵鬧，沒完沒了的責備，每年詢問和考驗毛姆是否對自己還有感覺，這些令他抓狂的行為都是西芮缺乏安全感、渴望被愛的表現。正如毛姆的一個朋友後來所說的那樣：「我想，如果西芮沒有愛上他，他們的婚姻或許能維持下去。」正因為她愛他，她才不顧一切地想要看到任何形式的情感表露。這同時也讓她希望在肉體上得到補償，她發現丈夫感覺越來越難滿足她的需求了。對西芮而言，毛姆是她認識的最好的情人，但她早就不吸引毛姆了。他告訴一個男性朋友，他妻子的性要求「貪得無厭、令人無法忍受」。他還對另一個朋友透露，他覺得和西芮的肉體關係是個大難題，跟她上床時不得不充分調動想像力。他要面對妻子愈發尖刻的責備，而強烈的性沮喪無疑加重了這一切，毛姆被迫把一些令人不快的事實擺在她面前。「我們結婚時，我43歲，你也不那麼年輕了。」他冷酷地提醒她，「你不可能忘了我們是在怎樣的情形下結的婚。在那種情形下，你得到了丈夫的恭敬、關心、仁慈和感情，你應該知足了，但你真的別奢望激情的愛。」

所有這些吵鬧和爭論的起因，當然是不在場的傑拉德·哈克斯頓。1919年2月，從德國戰俘營獲釋的傑拉德非法來到倫敦，希望能見到毛姆。可惜當局很快就抓住了他，在兩個人見面前就將他驅逐出境。此後，他再也無法踏足這個國家。儘管如此，哈克斯頓對毛姆的婚姻仍有深遠的影響，構成巨大的威脅，這才是毛姆和西芮吵架的真正原因。蘇·瓊斯知道毛姆的同性戀傾向，但她可以忍受；西芮也知道，卻被嫉妒折磨得痛苦萬分。如果她丈夫喜歡的是女人，她可以想辦法對付，如果是個娘娘腔的溫柔男人，她可以跟他交朋友，然而西芮在見到傑拉德——她丈夫癡迷的那個擁有超凡魅力的小夥子之前，就預感到他是個危險的敵人，打敗他的可能性微乎其微。

在蘇格蘭的療養院休養期間，毛姆就花了很多時間計畫與傑拉德一起去遠東旅行。現在戰爭結束了，他更是迫不及待地想立刻動身。然而1919年的大部分時間裡，賺錢的劇場生意卻將他困在倫敦。三月《凱撒之妻》首演，八月《家庭和美人》（在美國，這部戲的名字是《太多丈夫》，「家庭和美人」這個名字源自一首紀念特拉法加海戰的流行歌曲《尼爾森之死》，這個主題在倫敦比在紐約更能引起共鳴。）在倫敦和紐約開演，《陌生人》也進入了排演階段。

此外，毛姆還得搬家。切斯特菲爾德街那棟房子的空間有限，他們要搬進一幢大得多的房子——馬里波恩區溫德漢姆廣場街2號。溫德漢姆廣場街是一條安靜、寬闊的街道，北面通向布萊恩斯滕廣場。2號房子是一幢攝政時期風格的大宅，共四層，一樓有三扇優雅的、帶陽台的窗戶，入口帶門廊，很氣派。西芮終於可以自由支配她躁動不安的能量和設計才華了，她負責監督房子的裝修，她野心勃勃地想把這裡打造成高端娛樂場所。毛姆盡量不插手，如果不寫作、看彩排、或去拍賣行看畫，他的大部分時間是在加里克文學俱樂部度過的，偶爾他也會帶他的老朋友們，蘇特羅或休・沃波爾，回家共進晚餐。沃波爾寫了篇日記，記錄下這樣一個夜晚。那是一個愉快的夜晚，他寫道，不過「威利看上去病快快的，百無聊賴。恐怕，他的婚姻不太成功。」

家庭生活之外的毛姆春風得意，八月末他的新戲被媒體廣泛報導。《家庭和美人》是一部快節奏、輕佻、十分滑稽可笑的鬧劇，展現了那個時代極為不幸的一面，為期四年的戰爭奪去了一個女人的丈夫。情節先是集中在維多利亞身上，這是一個漂亮得令人愉快，但又自我中心到無情的年輕女人。據傳聞，他的丈夫三年前在伊普爾戰役中犧牲了，但其實威廉並沒有死，而是在回倫敦與妻子團聚的路上。可是他不知道，妻子這時已經再婚，嫁給了自己最好的朋友弗雷迪，不僅如此，情況變得更複雜了，貪得無厭的維多利亞又在考慮嫁第三個男人——一個富有的企業家。她打算甩掉威廉和弗雷迪，因為她認為戰爭讓她犧牲了太多。「我自認為沒有多少女人嫁過兩個傑出服役勳章獲得者。」她得意地說，「我盡了自己的一份力。」然而兩個男人不僅沒有灰心洩氣，反而欣然接受這個獲得自由的機會，因為他們厭倦了她的自私。弗雷迪抱怨道：「我承認，有時候我想不通，為什麼我想要一個東西就是自私，而她想要一個東西就是應當應分呢？」威廉對這種情況再熟悉不過了：「我搞不懂，為什麼我的事情可以被打擾，而世上的一切都不能妨礙她的生活？」兩個男人立即展開激烈的競爭，巴望著做出犧牲，爭取到跟她離婚的機會。第三幕的劇情非常滑稽，引入了兩個新人物：一個時髦的離婚律師和他的同事——一個刻板的老處女蒙特默倫西小姐，她靠專門扮演共同被告賺點零花錢。在他們的精心策劃下，兩個朋友終於獲得了自由，維多利亞也如願擁有了富有的第三任丈夫。

《家庭和美人》正是厭戰的觀眾所渴求的那種輕浮歡樂的喜劇。有關時事的主題——配給制、黑市、缺少僕人，荒唐可笑的場景，機智詼諧和妙語連珠的對話讓倫敦觀眾看得很開心。（相反，受戰爭和戰爭餘波影響沒那麼大的紐約人則覺得這部戲不好玩，上演一個星期就停演了。）就連其中含蓄的玩世不恭，完全拒絕把任何事當真的態度也被認為是巨大的玩笑。作者的意圖是表明這種經歷不只與他個人有關聯。維多利亞的母親說：「男人和女人的區別是，男人天生就對婚姻生活反感。如果有耐心和決心，偶爾給他點甜頭，你可以訓練他對婚姻上癮，就像訓練一條狗站起來走路一樣。但是狗更願意四腳著地，而男人也更想要自由。」

「開心的娛樂」是評論界的共識，這部戲「時髦、機智、精美……一部禮貌、歡樂的小傑作。」《家庭和美人》在表演屋劇院連演了幾個月，無與倫比的查爾斯·霍特里為這部戲的成功貢獻不小。他不僅是演員，作為這部戲的導演，他還領導著一群出色的演員。維多利亞的扮演者是格拉黛絲·庫珀，這位36歲的女演員經典冷豔的容貌讓人忽略了她的通情達理和出眾的商業頭腦。雖然17歲就登台，但她的天賦並不高，正如她的一個同事所言，演戲對格拉黛絲來說只是謀生手段。但是她非常勤奮、絕對可靠，毛姆後來寫道：「她把自己從一個平庸的女演員變成了一個卓有成就的女演員。」戰爭期間，她開始涉足行政工作，曾和法蘭克・柯共同管理表演屋劇院。《家庭和美人》是他們合作的第四部戲，這部戲不僅是表演屋劇院和毛姆互利合作的起點，也標誌著毛姆和庫珀聯起手來，毛姆接下來三部戲《信》、《聖火》和《面紗》的女主演都是庫珀。兩人成了朋友，毛姆十分欣賞格拉黛絲的自律和果斷，況且她還是個光豔明媚的金髮美人。毛姆在寫《信》中的萊斯麗克・羅斯比和《聖火》中的斯特拉時，腦子裡想的都是格拉黛絲・庫珀，正如毛姆所承認的那樣，他知道她演繹這些角色時會「或多或少無意識地」為他所描寫的人物增光添彩。（當那個矯揉造作的男演員歐尼斯特・塞西傑問毛姆為什麼不給他寫個角色時，毛姆回答：「我給你寫了，但演的人總是格拉黛絲・庫珀。）

這幾部戲上演後，毛姆覺得終於可以踏上計畫已久的遠東之旅了。這次旅行為時六個月，毛姆做了詳細的筆記，這些筆記成了後來出版的《在中國屏風上》。1919年8月，他從利物浦出發去紐約，然後乘火車穿越美國，接上在芝加哥的傑拉德，之後去西海岸乘船。他們先坐船到了香港，然後去了上海、北京和北部的奉天[1]，最後經由日本和蘇伊士運河回家。

對毛姆來說，中國是個令人陶醉的地方，後來他公開表示這個國家可以「給你一切」。他來訪的那段時間，中國正處於動盪之中。1912年推翻帝制後，大部分國土落入封建

[1] 瀋陽的舊稱。

軍閥手中。一種近乎中世紀的封建經濟和一心想要現代化和改革的學生運動之間產生了深層分裂。風雨飄搖中，名不符實的北京政府雖然在國外得到了正式的承認，各大強國也在此設立了大使館，但在國內卻基本上處於被忽視的狀態。這是毛姆第一次到一個不會說當地語言的國家，離開大城市基本上要靠翻譯，但他並不在乎這種束縛，因為他的興趣在英國僑民身上，他關注的是背井離鄉生活在中國社會環境下的西方人。和以前在玻里尼西亞一樣，毛姆遇到了美國和歐洲的醫生、外交官、商人和傳教士，他們和他們太太的生活是他觀察的對象。他的筆記本裡寫滿了他們的故事：領事、大班、恨嫁的老處女、討厭本職工作的傳教士、想家想瘋了的英美煙草公司代理商，還有來自法國南部生活在白牆修道院內思念家人的聖潔女院長。當然也有例外，但為數不多，他跟一個中國人見面聊過，這位老先生是著名的儒家學者[1]，退隱多年，梳著一條灰白的辮子，有一口變了色的牙。他曾是皇太后的某個大總督的秘書，在牛津大學和柏林大學讀過書，講一口流利的英文，為人還算隨和。一番恭維後，他開始大談歷史和哲學，還熱情地談起中西關係。「你們將你們邪惡的發明強加給我們。」他大聲訓斥這個稍顯驚愕的客人，「可是你們難道不知道我們是一個對機械有天賦的民族嗎？當黃種人也可以製造出同樣精良的槍炮並迎面向你們開火時，你們白種人還剩下什麼優勢呢？」（毛姆把這位老學者的慷慨陳詞記在本子上，並原封不動地用在1922年的戲劇

[1] 此處所說的「學者」是指辜鴻銘。辜鴻銘（1857-1928），祖籍福建，生於南洋，學貫中西，號稱「清末怪傑」。他熱衷向西方引介東方文化，並將《論語》、《大學》、《中庸》譯成英文，著有《中國人的精神》等，影響極大。當時西方有「到中國可以不看紫禁城，不可不看辜鴻銘」的說法。

《蘇伊士之東》裡的李泰成身上。)

儘管在中國旅行很麻煩，也很緩慢，但毛姆和哈克斯頓還是走了很遠的路，他們身後有一隊戴著大草帽、穿著藍衣衫的苦力們用扁擔挑著他們的行李。他們體驗了各種交通工具，坐過轎子，騎過小馬。有一次他們連續走了幾天，晚上住在鄉下破陋的客棧裡，有時甚至睡在光禿禿的土地上。他們乘坐的舢板沿長江行了1500英里到達成都，日落時分，從帶雉堞的城牆上甚至可以望見西藏的雪山。鄉下的美景，翡翠綠的稻田，路邊優雅的竹林都令毛姆著迷。還有寬闊的平原，狹隘的山道，窄窄的運河，寶塔和寺廟，帶飛簷的農舍和村落。腦子裡一有新想法，毛姆就立刻寫在紙上，經常是在移動過程中匆匆記下，比如坐在滑竿上或在一條順流而下的舢板上。一路上，他們參觀過聖祠和廟宇，去茶室和大煙館坐過，見過農夫拉著行動遲緩的水牛犁地，見過小腳女人在路上搖搖晃晃地走。夜晚他們看見好幾條舢板，帆在月光下如幽靈一般。一次，他們在一個偏僻的地方看到一群蒙古部落的男人穿著黑色的綢衣綢褲，腳上登著翹頭的靴子。他們也不是總能看到那麼如畫的風景。有一次，他們來到山坡上的墓地，看到一座可怕的小塔，那是中國人丟棄女嬰的風俗證明。

> 塔邊胡亂丟棄了許多隻破籃筐。」毛姆寫道，「我繞了一圈，看到一邊有十八乘八英寸那麼大一個長方形的洞，洞口垂下一條粗繩子，洞裡散發出一股奇怪的噁心氣味……這是一座嬰兒塔，那些籃筐是裝嬰兒用的，拽著那條繩子就能輕輕地放下去，那個氣味就是來自腐

爛的屍體。我站在那裡，一個活潑的小男孩向我走過來，告訴我那天上午就送來了四個嬰兒。

中國的農村和北京、上海、香港這些大都市之間有天壤之別。毛姆和哈克斯頓停靠的第一站是香港，這裡明顯具有英國風格，乾淨、高效，讓人想家。這裡有俱樂部、賽馬場、網球場，鋪著印花棉布的舒服的客廳。六點整，穿白衣的僕人會端上雞尾酒和橄欖。上海則是一個商業氣息濃重的大都市，別有一番風味。大銀行和商鋪設在外灘，街上車水馬龍，繁忙的夜生活圍繞著餐館和夜總會展開，經營者大多是從近來發生革命的俄國逃出來的白俄。這裡和其他大都市一樣，各種性趣味都可以得到滿足，著名的男妓院尤其受歐洲人的歡迎。

古城牆圍繞著的北京則是另一個世界。「真是一次豐富靈魂的經歷，」毛姆作證，「世界上安度餘生最愜意的城市之一。」這裡城中有城，紫禁城、皇城、中國城都被厚實的城牆圍繞，城裡有廟、宮殿、湖、花園、塔和兔窩式的居民區。每條寬闊的林蔭道都被一大片小胡同圍繞，一個門洞會通向一系列芬芳別致的庭院，或者散發著垃圾臭味的擁擠大雜院。在這裡，下水道是稀有的奢侈品，街上到處是明溝，每天早上會有人把糞便運到城外做肥料。正如毛姆所言，「令人作嘔的惡臭」撲面而來。和喧鬧的上海不一樣，這裡的汽車很少，最常見的交通工具是黃包車，充氣輪胎很安靜，車夫腳上穿的也是軟布鞋。大部分外國人住在公使館裡，那裡有俱樂部和一兩個歐式風格的賓館。僑民有豐富的社交生活：騎馬，在西山野餐，舞會、午餐會，還有外交晚宴。作為貴客，毛姆自然接到了邀請，他們的浮華和禮節都被毛姆一絲不苟地記錄下來。更合他口味的是在城裡暢通無阻地漫步，逛市場，看玉器和金器，觀察人群——女人，孩子，還有提籠架鳥的老人。

回家前不久，毛姆給他的經紀人戈爾丁·布萊特寫信道：「不管怎麼說，我搜集了很多資料（除了玩得很開心之外）。」他用他提到的這些資料寫出了三部作品：一部戲《蘇伊士之東》、一本小說《面紗》、還有一本遊記《在中國屏風上》。那本遊記最先準備好交付刊印，毛姆將打字稿交給一個著名的漢學家、英國駐北京大使館二等秘書H·I·哈丁先生審閱。哈丁先生仔細閱讀了這份打字稿，提出了很多修改意見。

> 第124頁 我更傾向於批評「熟悉」這個定語。我不知道毒死不喜歡的親戚這個習慣在中國比在英國更普遍。
>
> 第126頁 我可以反對「奇特」這個定語嗎？中國人可能會給我們留下奇特、古怪、稀奇、奇怪、神秘等印象，但與此同時，我們也會給一個毫無經驗的中國人留下完全相同的印象……

毛姆很感謝他，儘管並不完全同意他的修改意見。「你的建議對我很有幫助，你提了41條修改意見，我接受其中的36條。」他告訴哈丁，「不過有那麼一兩個地方，你誤會了我的意思，比如我說中國人奇特，並不是因為他們是中國人，而是在藝術能力方面，他們確實有別於其他民族……」

按照約定俗成的做法，毛姆將《在中國屏風上》這本書獻給了西芮。1922年出版後，這本遊記獲得了大西洋兩岸的一致稱讚。「一本迷人的書。」路易斯・曼塞爾・菲爾德在《紐約時報》撰文道，「我感覺遇到了一個異常有趣的頭腦，非常聰明、敏感、富有同情心、敏銳、理解力強。」倫敦這邊的傑拉德・古爾德也在《星期六文學評論》上附和他的觀點，祝賀作者觀察入微。「他的描述並非心理描寫那麼自然……他懷著與我們類似的先入之見，向我們展示了中國給西方人的第一印象，因此我們體會到了那種古老的異國文明的『感覺』。」古爾德同時對毛姆不妥協的觀點做出了有趣的評論，和那些習慣指責毛姆的小說犬儒主義的評論家的反應極為相似。「寫法中的冰冷、暴力暗示了殘忍，」古爾德說，「儘管潛在的想法是善良的。」

源自中國之行的第二部作品是小說《面紗》。這本小說1925年才出版，通常毛姆有了一個想法會先醞釀幾年再動筆。這個主題的靈感有兩個出處：一是他第一次去義大利時讀到的但丁《神曲》的《煉獄》篇中的一個情節❶。二是他在旅途中聽人講過的一個在香港的英國女人的故事。他說：「我想這是我唯一一部由故事情節，而不是人物形象為契機發展而成的小說。在這篇小說成書的過程中，我一邊組織故事，一邊尋找合適的角色，這些角色的原型都是我在不同地方認識的真實存在的人物。」

《面紗》講的是一對怨偶——瓦爾特和凱蒂・費恩的故事。他們初次相遇在倫敦，瓦爾特當時休假回家，他是英國政府派往中國的細菌學家。害羞、內省、有學者風度的瓦爾特根本不是凱蒂喜歡的那類男人，但漂亮輕浮的凱蒂已經25

❶ 第五首中有一則故事，錫耶納的一位貴婦的丈夫懷疑她通姦，把她帶到位於馬雷馬的城堡，期盼沼澤的毒氣殺死她。

歲了，仍然待字閨中，她已經開始著急了。凱蒂野心勃勃的母親說過一句不中聽的話，如果她繼續這樣下去，有嫁不出去的危險。於是嚇得凱蒂趕緊嫁給了癡迷於她的瓦爾特。瓦爾特驕傲地帶著新婚妻子回到了香港，這裡豐富有趣的生活讓凱蒂感到了些許安慰。

的確，她丈夫是個悶葫蘆，他急切無能的性愛也乏味至極，不過好在有可以補償的人。英俊的查爾斯·唐生是香港助理布政司，他迷人、善於社交、調情的本事一流。很快，凱蒂和唐生就乾柴烈火地愛了起來，她被這個虛榮且極富魅力的查理搞得神魂顛倒，並愚蠢地相信他也被她迷住了。凱蒂為他們的幽會而活，約會地點往往就在費恩家，他們選的時段很安全，那會兒瓦爾特正在實驗室裡頭忙活。一天下午，他們正躺在床上，看到鎖著的臥室門把手慢慢地轉起來，他們嚇壞了，是的，瓦爾特突然回來了。從此凱蒂的生活發生了不可逆轉的改變。一向盲目摯愛著她的瓦爾特，開始顯露出性格中近乎虐待狂的一面。他變得充滿敵意，少言寡語。他冷靜地向她發出了近乎謀殺的最後通牒：要麼隨他一起去內地一個偏僻的叫梅潭府的地方，致命的霍亂疫情正在那裡肆虐；要麼他就跟她離婚，並將查理·唐生列為共同被告。

一開始，凱蒂採納了第二個建議，她以為查理也瘋狂地愛著她，就像她愛他一樣，有這麼好的機會，他肯定會迫不及待地想跟她結婚，甩掉他那個無趣的老婆。然而在唐生辦公室裡上演了令她羞愧的一幕，終於讓她明白自己犯了一個多麼愚蠢的錯誤，她的情人根本無意捲入這場毀滅性的醜聞。她必須理智，振作起來，隨瓦爾特去梅潭府。「就我的理解，你的丈夫已經做出了英勇和慷慨的表率。在他看來，你就像一個到處淘氣的小鬼頭。我不必誇大其詞說梅潭府是一處療養勝地，但你不能因此就對它心生恐懼。」凱蒂在那個傷心的小鎮度過了淒涼恐怖的幾個星期，每天都有上百人因霍亂掙扎在死亡的邊緣。

凱蒂終於明白了自己的真實處境。瓦爾特對她的愛轉變成了無情的恨，她從唐生那裡得到的所謂的愛原來一錢不值，而她自己則是個自私膚淺的女人。漸漸地，看到瓦爾特拯救生命的英雄之舉，她也開始將目光投向外部世界，自願去法國修道院照顧孤兒。儘管凱蒂還是沒能喜歡上她的丈夫，但她同情他，她最大的希望是說服瓦爾特原諒自己，不是為了她好，而是為了瓦爾特自己好。然而瓦爾特就是無法釋懷，即使聽說她懷孕了，態度依然冷冰冰的。「孩子的父親是我嗎？」他尖刻地問。最後瓦爾特染上霍亂死去了，顯然二人到頭來也沒有和解，似乎變得更明智的凱蒂獨自回到香港。然而毛姆是個現實主義者，絕不會就此甘休。他讓這個意志薄弱的女主人公再次情不自禁地屈服於唐生不經意的誘惑，最終滿懷屈辱和自我憎恨地回到了英國。

凱蒂・費恩是毛姆最出色的虛構人物之一。就像20多年前的貝爾塔・克拉多克，他展現了非凡的移情能力，以及從女性，而不是男性視角塑造女人的能力。他棲息於凱蒂體內，完全擁有了她，從裡到外了解她，直到她的每一根神經和纖維。除去漂亮，凱蒂就是個再普通不過的小東西，愚蠢、自私、頭腦也不夠聰慧，然而毛姆對她深表同情。她從小缺少疼愛，被一個勢利母親的鐵腕操控，長大了又擔心自己變成窮苦的老處女。他完全理解她在面對一個笨拙的丈夫時，想要盡力好好表現。凱蒂感激瓦爾特拯救了她，但他的深愛讓她覺得好笑，他的一本正經和拘謹也讓她煩得流下眼淚。他的態度只在床上有變化，可又激情得令人難堪，這讓凱蒂厭煩透頂。「他還是個熱情似火的人，有點歇斯底里，而且多愁善感……等到凱蒂躺到他的懷裡時，他變得心滿意足，那個平時絕不敢說荒唐話，絕不敢做荒唐事的人，竟然滿口孩子氣的話。」難怪凱蒂面對唐生自信的雄風無從招架。當作者描寫凱蒂因渴望跟大壞蛋查理・唐生做愛而要忍受近乎肉體的痛苦時，他很清楚自己在說什麼。《泰晤士報文學副刊》的一個評論員說：「人們難免會懷疑是否真有必要如此認真地描寫充滿肉欲的情節。」

有趣的是，瓦爾特・費恩身上有很多作者自己的影子。毛姆曾經說過，這個角色的靈感大多來自他的哥哥 F. H.。的確，無論從外貌還是舉止上看，兩個人都極其相似。但瓦爾特也和毛姆很像。毛姆這樣描述瓦爾特：「他太難為情了。要是在晚會上，大家都開始唱歌，裡面保證沒有瓦爾特。他面帶微笑坐在一旁，似乎也從中得到了快樂，但實際上他的笑也是裝出來的。讓人覺得在他心裡這些自娛自樂的人根本是一群傻瓜。」毛姆也是這樣描述自己的：「眾人的歡愉多少令我厭煩。當人們坐在啤酒屋裡，或坐在順流而下的河船上唱起歌來時，我一般會保持沉默……我不太喜歡別人碰我，有人挎起我的胳膊時，我總會稍微克制一下，告誡自己別把胳膊抽出來。」他對瓦爾特情緒激動、過於急切的做愛方式的描寫，會讓人忍不住想到多年前他和維奧麗特・韓特那段笨拙的韻事。「在性方面，他是一個特別感性的男人。」維奧麗特・韓特說。費恩夫婦和毛姆夫婦的家庭生活也有明顯的相似之處，兩個丈夫都天生不愛講話，卻偏偏都娶了個話匣子。和西芮一樣，凱蒂「能一天到晚說個不停……他的沉默卻常常澆滅她的熱情。對於她說的閒話，他從來不搭腔，這讓她很惱火。那些話題的確不需要特別回應，但是有人回應畢竟會讓人高興一些。要是外面下雨了，她就會說：『雨下得好大啊。』她等著他說：『嗯，是啊。』然而，他卻像個悶葫蘆。」

毛姆這一時期的大部分作品都有一個不變的主旨——不幸的婚姻，這部小說也不例外。《面紗》裡不僅費恩夫婦的婚姻不如意，唐生也忍不住背叛忠實的妻子，凱蒂只是他一系列「小打小鬧」中最近期的一個小情人。凱蒂父母的關係也極不愉快，賈斯汀夫人是個殘忍、愚蠢、野心勃勃的女人，她的丈夫同 F. H. 一樣是個法官，孤獨陰鬱，被他的妻子和女兒們看不起。特別值得玩味的是，賈斯汀夫人的南肯辛頓風格的勢利有細微的標準，香港的英國社區也等級分明。凱蒂難過地意識到，作為一名醫務人員的太太，她的社會地位比她在家裡作法官之女的地位要低得多。為了不讓自己顯得那麼勢利，她總是微笑著說話。「就沒人願意勞駕到咱們家待上一會兒。」凱蒂生氣地告訴丈夫，「我才知道，被大英帝國半島東方航運公司代辦處招待一頓晚餐讓我有多高興。」誠然，等故事講到梅潭府那段時，節奏就慢了下來，讀者很快就會受夠笑瞇瞇的修女和她們虔誠敬神貴族出身的修道院院長。但其餘部分還是很吸引人的，三角戀情以一種催眠般的強度展開。這主要功歸於毛姆的兩大優點：作為一名劇作家，他有一雙對對話敏感的耳朵，以及探察心理真相的天分。

1920年4月18號，毛姆回到家中，行李箱裡裝滿了各種寶貝——瓷器、明朝的小像、中國的絲綢，給西芮買的一條金鑲玉的項鍊，做披風用的灰鼠皮，一件白色的松鼠皮大衣，還有一件給麗莎買的小小的藍色苦力服。儘管他立刻就投入到忙碌的倫敦生活中去，但他依然渴望盡快再次離開。過去的半年他與傑拉德近距離地生活在一起，一下子切換到家庭生活實在令他厭惡至極。毛姆始終認為要盡一切努力維持和諧的表象，裝門面很重要，他和西芮應該盡量搞好關係，看在麗莎的份上，也為他們倆好。遠在9000英里之外時，他可以相對平靜地看待他和妻子同住的前景。他從上海給一位女性朋友寫信道：「婚姻生活中，有時會讓人厭煩到不惜一切代價也要逃走，但還是繼續過了下去，由於這樣或那樣的原因，總之他們還是安定下來，變得逆來順受，學會體諒他人。隨著時間的推移，到頭來，事情似乎並沒有想的那麼糟。」然而面對溫德漢姆廣場街的現實生活，毛姆很難順從起來。

西芮渴望愛情，嚮往坦率和溫暖，但她的丈夫是那麼的冷漠，事實上，他顯然沒有能力對她表露出一絲一毫的興趣，她痛苦極了。他客氣但疏遠，她越是不顧一切地想激起他的反應，他越是向後縮。她想擁抱，他卻躲閃。於是她不可避免地求助於眼淚和責備，她大吵大鬧，控制不住地瘋狂譴責，動不動就發脾氣，搞得毛姆時常害怕回家。「我似乎生活在一個充滿抱怨的氛圍裡，這是我不習慣的，我也不認為這麼做是理智的。」他告訴她，「你知道這輩子從來沒有人對我說過你對我說的那些話嗎？沒有人像你這樣抱怨過我，嘮叨過我，騷擾過我。你怎麼還能盼望我對你有感情呢？你讓我覺得可怕。你想一想吧，在46歲的年紀，一個強壯健康的男人，常常得去喝杯雞尾酒才能面對你。你向來生活在一群惡語相向的人中間，可我不是。這讓我感覺羞辱和痛苦。」

西芮感覺自己被排除在丈夫的生活之外，自然怨恨他經常出國，一去就去那麼久，選擇和朋友旅行而不是自己的妻子。她對他說，她很想和他一起旅行，探索邊遠地區。但毛姆在這一點上的態度也很堅決。他不是一個周遊世界的人，從一個豪華酒店搬到另一個豪華酒店。毛姆提醒她，她跟亨利・韋爾康一起旅行時曾經感覺很無聊，他指出，他也同樣帶著特定的目的去旅行，也和亨利・韋爾康一樣經常置身於危險簡陋的環境之中。「和你一起旅行很愉快，」他不情願地承認，「可是我去任何地方都有特殊目的。很可惜，你會妨礙我收集印象。我是去尋找靈感，和你在一起，我什麼也得不到。非常抱歉，但這就是殘酷的現實。」

關起門來時，兩個人沒完沒了地吵，但在外人面前總裝作若無其事。西芮是個有天賦且想像力豐富的女主人，毛姆非常欣賞她身上的這一特質，他的活力程度比她差遠了。早上人們會經常看到他們在海德公園騎馬，西芮一襲精美的黑衣，戴著黑帽子和面紗。騎完馬，他們通常會帶朋友回家吃早餐。還有為老熟人們——如沃波爾、羅比・羅斯、H・G・威爾斯和艾迪・諾伯洛克——準備的午餐會和小型晚宴。毛姆家裡還會舉行大型晚會，極盡奢華和魅力，有珍饈美味和充足的香檳酒。作家奧斯伯特・西特韋爾[1]深情地回憶起在溫德漢姆廣場街舉辦的絢麗的社交派對。毛姆夫婦「對有天賦的年輕人尤其友善」，他回憶道，「在他那幢18世紀的大宅中，刷成米色有筒形穹頂的大會客室裡，他的朋友們會有幸結識所有英美藝術、文學和戲劇界最有趣的人物。」西芮在晚會上如魚得水，儘管並不是毛姆所

❶ Osbert Sitwell，1892-1969年，撰寫詩歌、隨筆、小說和短篇故事。代表作有自傳《左手，右手！》。

有的朋友都對她有好感。「西芮有非常狠心的一面。」有人說。「對西芮著迷很容易，愛上她就沒那麼容易了。」另一個人這樣寫道，「她明亮的眼睛有時會發出銳利的光，冒失的表情和時斷時續的尖嗓子並不適合所有人的口味。」有人甚至挑剔她喜歡宴請賓客：「她的好客並非發自內心，而是因為她沒有能力長時間獨處。」這個人的說法不無道理，「讓她一個人待著，她很快就會煩躁不安。」

8月9日，毛姆從中國回來四個月後，《陌生人》在奧德維奇劇院上演。這部不太讓人滿意的作品回歸了他在1901年的小說《英雄》中涉及的領域。人物還是同樣的人物：約翰，一個戰時告假回家的青年和他虔誠敬神的未婚妻西爾維婭。這部戲講述的不是性與責任之間的掙扎，而是約翰與信仰的鬥爭。他在前線喪失了對上帝的信仰，現在的問題是，他是否會為了取悅彌留的父親領受聖餐？經過一番痛苦的掙扎，他決定拒絕背叛良知，最後卻在西爾維婭的誘使下這麼做了，從而毀掉了兩人的關係。儘管這部戲有強大的演員陣容——領銜主演是巴茲爾・拉思伯恩——但不到兩個月就停演了。《泰晤士報》的批評家撰文說這部戲主題膚淺，戲本身有點枯燥，缺少戲劇性。這個說法代表了當時的普遍觀點，毛姆自己也承認有缺陷。「第三幕的效果沒出來，」他寫信告訴傑拉德・凱利，「發現這一點後，我就不太上心了。我不想顯得自命不凡，但我追求的是完美，當然是一定程度上有限的完美。既然沒達到目的，還是把這種企圖拋到腦後吧。」

與此同時，毛姆專注於新的專案，他的腦子裡充滿了中國留給他的印象。他的家人知道，只要上午九點到十二點毛姆的書房門緊閉，他就不希望被打擾。這讓5歲大的麗莎很懊喪。父親回來了，她很興奮，渴望得到他的關注。「我有點怕他，他是個令人生畏的父親。」麗莎回憶道，「但只要他能回家，我就很開心。」毛姆喜歡小孩，尤其是嬰幼兒，他對他們格外溫柔、有耐心。毛姆的女兒是個動人的小傢伙，又小又輕，甜美白皙的臉蛋，一雙大大的黑眼睛。他愛她，想盡量對她好，但她畢竟是她母親的女兒，這讓毛姆的感情變得痛苦且複雜。值得注意的是，許多年間，毛姆堅持管他的女兒叫伊莉莎白，而西芮和所有人都叫她麗莎。西芮溺愛、嬌慣麗莎，給她買很多昂貴的衣服和玩具，盡量把她帶在身邊。小女孩自然很享受這種寵愛，總想膩著母親，不想跟保姆或家庭教師在一起，而且把盡快換掉新來者當成己任。儘管她知道可以依靠母親，但父親才是那個迷人的陌生人。父親極少出現在她的生活裡，她為此極為珍視父女共處的寶貴時光。毛姆的早年生活中缺少父親的角色，他幾乎不認識他父親，他的牧師叔叔缺少愛心，和他關係疏遠。毛姆缺少一個行為榜樣，雖然他的用意是好的，但不太清楚該怎麼做。「我想他的腦子裡肯定有個好父親的形象，」麗莎後來說，「但一切有點太刻意了。」和西芮不同，她父親不愛請客，比方說，他從來沒帶她看過默劇或馬戲，甚至沒帶她去附近伯克利廣場的甘特茶室吃過霜淇淋。不過他會帶她去動物園，有時和她一起騎馬，讓她陪他一起散步，給她講故事，但從不涉及私人層面的話題。他從來沒跟她說過自己的事，也沒提過他的童年生活。兩個人最喜歡的是那個「快樂的儀式」——晚上他上樓給躺在被窩裡的麗莎讀書。小女孩穿著睡衣，梳了兩條小辮子，剛洗完澡的小臉粉撲撲的，熱切盼望他的到來，毛姆為這種情景著迷。「他讀書的時候從不口吃，」麗莎說，「真的挺奇怪的。」

雖然年紀小，麗莎還是能下意識地感覺到，在同一屋簷下生活的父母關係緊張。有時候她會聽到可怕的爭吵聲，嚇得她悄悄溜走躲起來，免得有人問她為什麼哭。焦慮的症狀之一是這個孩子不願意吃飯，到了飯點就變得特別挑剔，不好伺候。她經常拒絕吃飯，無論盤子裡盛的是什麼食物，搞得她的家庭教師心煩意亂。毛姆在國外的那一整個寒冷的冬天，她一個人在毛姆的書房——整棟房子裡最暖和的房間裡，自己吃早餐。她絕望地看著眼前的香腸和培根，一等女傭離開房間，就把剩下來的油膩食物藏在書架上的一排排書後面。這種花招她玩了好幾個星期也沒被人發覺，直到最後她父親回來，聞到一股噁心的味道，發現珍貴的藏書上蒙了一層腐敗的油脂，書被毀得不成樣子。他自然怒不可遏。還有一次，父親威脅要教訓她時，她擔心他真會這麼做，於是衝進他的書房，抓起書桌上的一摞文件丟到窗外，嘴裡尖叫著：「如果你靠近我，我就把它們全扔出去！」毛姆很吃驚。「我不讓他靠近我。」麗莎說，「我記得我當時很害怕，只想躲過一劫。最後我還是受到了懲罰，但一點也不嚴厲。」

1920年的整個夏天，毛姆都在盡職盡責地扮演丈夫和父親的角色，但現在他打算逃走了。他和西芮的關係變得異常惡劣，為將來做一個嚴肅的決定勢在必行。這對夫妻不合適到令人無望，他們非常不幸福。最近毛姆甚至起了自殺的念頭，他震驚地意識到必須得做點什麼了。畢竟佔上風的是他，他直截了當地告訴西芮：「現在你我只有兩條路可走。」兩個星期後，他把他們爭吵的要點寫成文字：

你要麼接受我的要求，你的來去和來去的頻率以及停留時間都由我來決定，必須心平氣和，不能吵鬧，否則我們就分居……至於伊莉莎白，」他繼續說，「你知道我一直惦記著她。為了她好，也為你和我好，如果你願意讓步的話，我希望我們可以繼續生活在一起。

無論多麼反感這些條件，西芮別無選擇，只能答應。當然，她有充足的時間反覆考慮。發出最後通牒後不久，毛姆再次出國，這次他在外面待了一年多。

第九章
廊台和普拉胡帆船的世界

與他的很多同齡人不一樣，毛姆在其漫長一生中的大部分時間，擁有非凡的與時俱進的能力。正如他對他的朋友艾迪・諾伯洛克所說的那樣：「只要是與藝術有關的作品，原地不動就等於後退。」作為一名劇作家，他與觀眾合拍，留意新的趨勢，並迅速提供不斷變化的市場所需要的東西。「戲如衣服，」他曾經解釋說，「裁縫必須把衣服做得合體，否則顧客就不穿，必須做出流行的款式，否則會讓人感覺自己像個傻瓜。」1925年，年過五旬的他注意到，「戲劇正處於動盪不安的狀態」。他通過觀看法國和德國年輕劇家們的作品，來探索他們的目標是什麼。作為一名小說家，無論是他選擇的主題，還是有時現代到驚人的手法，都表明他跟得上時代的潮流。從商業層面來講，他的短篇小說成為一種全球現象，被譯成幾乎所有的文字。更值得注意的是，作為一名維多利亞中期的作家，他很早就成為電影業一筆寶貴的財富。他在寫電影劇本方面的嘗試不多，他本人對這個媒介興趣有限，他反感大部分電影從業人員，然而他的作品卻通過電影為世人所熟知，其中有很多人甚至完全沒有讀過他的書。1920、30年代和第二次世界大戰期間，毛姆在好萊塢花費了相當長的時間，但很少是心甘情願的。儘管親自參與了很多製作，但他從來沒喜歡過他作品的電影版。「我想像不出有什麼理由讓我去看電影。我受不了看到我的作品被拍成電影。」儘管如此，他還是很精明，意識到這是一個極好的賺錢路子，只要有機會他就不會拒絕。

1920年，他第一次被電影業的先驅人物傑西・L・拉斯基召喚到加州，拉斯基突然造訪倫敦，和很多著名作家簽了約，其中有艾迪・諾伯洛克、亨利・亞瑟・瓊斯（蘇・瓊斯的父親）、阿諾德・貝內特和伊莉諾・格林[1]1912年，拉斯基和他的連襟塞繆爾・戈爾德溫共同組建了一個電影公司，他們的一個雇員是當時鮮為人知的舞台劇導演西席・B・地密爾[2]。1916年，拉斯基和新組建的派拉蒙影業公司聯手，派拉蒙是默片時代最強大的製片廠，旗下有眾多明星，如范朋克、瑪麗・畢克馥、葛洛麗亞・斯旺森和魯道夫・瓦倫蒂諾。儘管離有聲片出現還有一段時間（第一部有聲電影《爵士歌手》直到1927年才發行），拉斯基和戈爾德溫卻相信著名作家對他們的事業至關重要。他們花大價錢從歐洲和美國請來優秀的作家，認為可以輕鬆教會他們為默片創造情節、描畫人物。儘管代價高昂，但實驗卻失敗了。作家的技能是在文字方面，而不是視覺方面，他們被這種新媒介搞得不知所措，大多數人完全無法適應。舉例來說，艾迪・諾伯洛克給地密爾寫的一個劇本因一句無用的台詞被載入好萊塢的歷史：「語言簡直無法形容接下來的場景。」

毛姆雖然習慣給舞台寫對話，但做得也沒多好。1920年11

❶ Elinor Glyn，1864-1943，英國愛情小說家及劇作家。

❷ Cecil B. DeMille，1881-1959，美國電影導演，好萊塢影業元老級人物，他也是美國影藝學院的36位創始人之一。 他從1914年即開始執導電影，早期的代表作是1915年的《矇騙》，被選為美國國家電影保護局典藏。

月，他和傑拉德・哈克斯頓一起來到好萊塢後，立刻發現自己成為創作集體中的一員，被迫聽導演、製片人、其他作家，甚至演員的話，而這些人沒有一個是他尊敬的。「可憎的西席」，他私下這樣稱呼地密爾。原以為每交上一篇故事就能拿到15000到20000美金，結果他失望地發現只賣出了1918年的一個劇本《小屋之愛》（這部1922年發行的名為《考驗》的電影被改得面目全非。）和一個傭金為15000美元但從來沒用過的劇本。「回顧我與電影界的關係，恐懼只因有了那15000美元而得到了緩解。」離開洛杉磯不久後，他這樣告訴諾伯洛克。雖然嘗試過幾次，但毛姆從未在電影劇本創作方面做出過成績。「我相信這並不難，」1937年他說，「但恰巧我不具備這門本領。」不過他一上來就明白了這行需要的特性，外來的作家中能做到這一點的極少。正如第二年，也就是1921年，他在一篇文章中所解釋的那樣：「寫電影劇本跟寫舞台劇或寫小說不一樣。它是一種非此非彼、模稜兩可的東西，有自己的技巧、規矩、限制和效果。」諷刺的是，儘管毛姆本人從來沒有掌握過這門技能，但在他的有生之年，他的作品被改編成電影的數量卻比任何一個英語作家都多。❶

如果說跟製片廠打交道令人洩氣，工作之餘則有很多可以補償的東西。即使在禁酒時期，依然可以在南加州愜意地過上幾個星期。1920年代初的好萊塢，仍有一種亞熱帶村莊的氛圍。這裡有小農場，檸檬和柑橘樹林，到處是一塊塊長滿了山艾樹和野花的空地，大道兩旁栽種著扇葉葵，胡椒樹和扇葉葵垂掛在小街上，很少有房子高過兩層，私家游泳池

❶ 截至寫這本書時，毛姆的作品共有98個電影電視版本，僅次於他的是柯南・道爾，夏洛克・福爾摩斯的故事被拍成93部電影。

尚不為人知。但毛姆發現，當他走在日落大道上，突然身邊會圍過來一群牛仔、印第安人和伊斯蘭後宮裡的女人，電影世界與瀰漫在日常生活中的幻想和人造之物給人一種超現實感。更匪夷所思的一個偶發事件，使得他的形象第一次出現在電影膠片上。

一天上午，他出門散步，見一小群人在看拍電影，他也走過去湊熱鬧。突然「我被一個強橫的副導演粗暴地推到人群前頭，他衝著我喊：『做出興奮的樣子！』一群裝束奇特的員警在街上忙亂，我想他們被人們稱作『阿呆警察』❶。所以我當了一回演員，但沒有得到酬勞。」住在西班牙風格的好萊塢酒店的毛姆，很高興聯繫到一些老朋友——在百老匯主演《傑克・斯特勞》的約翰・巴里摩爾，正在為范朋克和瑪麗・畢克馥改編《三個火槍手》的艾迪・諾伯洛克，還有希望加州的陽光能幫他治癒關節炎但很快就全身癱瘓了的內德・謝爾登。1921年的跨年夜，諾伯洛克帶著哈克斯頓和毛姆去了一個叫「夢境」的聲名狼藉的舞廳，他們在那裡觀看了一個黑人爵士樂隊的演出，還用茶杯喝非法的威士忌。

毛姆認識了不少電影界的人士，其中有喜劇演員查理・卓別林。卓別林是好萊塢的大人物，世界上酬勞最高、最有名的電影人之一。卓別林當時正在拍他的第一部獨立電影《孤兒流浪記》，這個半自傳性質的故事，取材於他童年在沃爾沃思和蘭貝斯的出租屋和濟貧院裡的貧困經歷。從聖托

❶ Keystone Cops，美國喜劇片創始人馬克・森內特創造了「阿呆警察」這個特定角色。這群員警像從瘋人院裡跑出來的，頭戴銅盔，上衣過分肥大但是褲子卻短了一截，只要走路就一定會下意識地摔倒，動不動就陷入一場瘋狂的追捕，結果一定是人仰馬翻。抓捕盜賊的過程中往往反被盜賊痛打一頓。卓別林幾乎所有的電影中都有「阿呆警察」的身影。

馬斯醫院讀書時起，毛姆就很熟悉那個區域，於是兩人立刻建立起了友誼。毛姆著迷於卓別林喧鬧的幽默和模仿天賦，尤其是他對語言的模仿，比如他一個字也不認識的法語和西班牙語。然而在他活力四射的插科打諢背後，毛姆感知到深深的憂鬱，他對倫敦貧民窟生活的懷念，懷念富裕的洛杉磯大街上所不知的溫暖和熱烈。一天晚上，兩個短小精悍、黑頭髮的英國男人散了很長時間的步，他們在香煙的霧氣中邊走邊聊，向那座城市最窮的地界走去：這裡有骯髒的排屋，昏暗的小店鋪，街上丟得到處是的垃圾，衣衫襤褸的孩子們鬧嚷嚷地玩耍，他們饒舌的母親在一旁看著。卓別林環顧四周，臉一下子亮了，他用歡快的語氣、奇怪的半倫敦腔大聲叫道：「喂，這才是真實的生活，不是嗎？其餘的一切都是虛假的。」山姆·戈爾德溫為《孤兒流浪記》的第一次私人放映會舉辦了晚宴，毛姆應邀參加，他和所有人一起為卓別林這部深刻的作品鼓掌喝采。

離開好萊塢前，一次純偶然的機會，毛姆做成了職業生涯中最賺錢的一筆交易。當時一個叫約翰·科爾頓的年輕美國劇作家也住在好萊塢酒店，一天晚上，他問毛姆能不能借他點東西看看，毛姆就把還他沒出版的南太平洋群島的故事《湯普森小姐》的校樣給了他。第二天早上，科爾頓下樓吃早餐，興奮地說他被這個故事迷住了，想把這個故事改編成舞台劇。這個作品在被《時髦圈子》雜誌接受前，曾經被很多期刊拒絕過，所以毛姆也沒抱太大希望。他心平氣和地同意了科爾頓的建議：科爾頓手頭拮据，毛姆沒讓他支付版權費，但說好利潤五五分成。他們握手成交後，毛姆就沒多想，直到過了幾個星期，這個故事出版後引起了巨大的轟動，各種改編成電影、戲劇的提議源源不斷，版權費價值數千美元。毛姆開始後悔當初怎麼會同意那樣的條件。

第二年，由約翰・科爾頓改編的戲在紐約上演，更名為《雨》，主演是當紅明星珍妮・伊格斯。《雨》大獲成功，連演了大半年，接著在全美進行了漫長的巡演，最終的總收入超過300萬美元。奇蹟仍在繼續，緊接著電影版權以15萬美元售出。1925年，這部戲被貝西・迪恩[1]搬上了倫敦加里克劇院的舞台。至於這部戲的女主角，迪恩的首選是容貌美麗但喜怒無常的塔魯拉・班克赫德[2]，她很渴望得到這個角色，但毛姆看了最初兩天的排練後對班克赫德小姐的表演很失望，堅決要換掉她，這讓這個女演員感覺很沒面子，班克赫德在貝西・迪恩的辦公室大鬧一通後衝出劇院，逕直回到她的公寓，寫了一張紙條誇張地說想要自殺，接著吞下了很小一把阿斯匹靈。幸好，第二天早上醒來時並未產生不良後果，但把編劇和導演折騰得夠嗆。塔魯拉「造成的麻煩超乎你的想像」，毛姆說，「她動用各種關係企圖影響我的決定，但我堅決不同意讓她演，於是我成為她所有朋友謾罵的對象。」最後，莎蒂的扮演者換成了名不見經傳的奧加・林多。林多的表演比較穩，可惜缺少性魅力，聲音沙啞的班克赫德小姐反而性感十足。若干年後，毛姆承認，他的職業生涯中犯下的最大的錯誤，就是阻止塔魯拉出演《雨》。[3]

---

❶ Basil Dean，1888-1978，英國演員、作家，舞台劇和電影導演兼製作人。

❷ Tallulah Bankhead，1903-1968年，美國女演員和喜劇女演員。她性格暴躁而尖刻，以其塑造的高傲人物和用「親愛的」稱呼每個人的習慣而聞名。

❸ 塔魯拉・班克赫德被貝西・迪恩辭退一事鬧得沸沸揚揚，緊接著她便出現在諾爾・寇威爾的新戲《墮落天使》中。首演那晚，她改了台詞：她把「哦，天哪，雨。」改成了「我的上帝，雨！」不出所料，贏得滿堂彩。最後，塔魯拉還是在1933年的紐約新版中出演了莎蒂，並獲得如潮的好評。

毛姆和傑拉德・哈克斯頓於1921年2月離開洛杉磯，他們先去了舊金山，在那兒和金融家伯特・阿蘭森共度了幾日，他們最早是1916年在去夏威夷的路上認識的。2月21日，他們乘船去了檀香山，又從那兒去了澳大利亞，然後動身去最後一站新加坡。

絕大多數讀者會把薩默塞特・毛姆與大英帝國後期，尤其是遠東的大英帝國聯繫在一起。正如人們將吉卜林與印度和英國統治印度的時期等同起來，人們也將毛姆與馬來群島相提並論。在許多人心中，那些以橡膠園、馬來亞的邊遠地區和當地俱樂部裡的橋牌室為背景的著名小說，那些描寫亂倫和通姦，性饑渴的傳教士和酗酒的種植園主，叢林裡的腳步聲和廊台上的謀殺案之類的故事正是毛姆虛構作品的形象和縮影。正如西利爾・康諾利[1]曾經寫過的那樣：「即使一切消亡，還有一個從新加坡到馬克薩斯群島說故事的人的世界留了下來，這個世界專屬於，而且永遠屬於毛姆。我們步入這個廊台和普拉胡帆船的世界，就像走進柯南・道爾的貝克街，會有一種幸福的、永恆的、回家了的感覺。」康諾利解釋說：「他告訴我們以前沒有人說起過的東西，遠東的英國人——法官、種植園主、公務員和他們的女眷，就是這個樣子。」其實毛姆在那邊待的時間很短，1921年待了半年，1925年待了四個月。不過旅行後他出了兩本短篇小說集《木麻黃樹》和《阿金》（又譯《馬來故事集》），書中收錄了毛姆最成功的作品。寫這些小說的那些年，毛姆和傑拉德・哈克斯頓雲遊天下，那是他的創作力最旺盛的時期。

[1] Cyril Connolly，1903-1974，英國作家和文學批評家，有影響力的文學雜誌《地平線》的主編。

毛姆在這兩本書中描寫的世界仍然是一個廣闊的帝國，只是這個帝國的實力被第一次世界大戰大大地削弱了。1914年，面積為1200萬平方英里的日不落帝國似乎固若金湯，總體來說，統治者和被統治者都接受自信的英國人天生的優越感。「當時的英國人普遍認為，除了英國人，沒有誰可能永遠正確，或者曾經相當正確，無疑，全能的上帝是盎格魯撒克遜人，統治棕櫚和松樹，這是上天賦予『鬥牛犬』的特權。」管理殖民地財物的首要目的是為了英國的利益，當然，是仁慈地管理。「沒有人，即便是最可怕魯莽的人也不能質疑我們在這方面的誠意——但也要堅定不移，我的孩子，也要堅定不移，以免帝國的學子們忘了誰是主人，誰是僕人。」然而戰爭期間，這個永遠正確的形象出現了巨大的裂縫，僕人們目睹成千上萬的主人被殺，主人確實正在靠近威風掃地的失敗。與此同時，由於電影的出現，白人的威望和通過武力統治這片遼闊疆域的至高無上的重要性進一步遭到破壞，電影向部分觀眾揭露了主子們始終不變的淫亂、罪惡和荒唐。為了對抗這些令人遺憾的影響，統治精英們決定加強管理，尤其強調道德的端正。關於這個時期，受雇於緬甸殖民地公務部門的喬治·歐威爾❶寫道：「老爺的作為就得有個老爺的樣子，他終其一生都得爭取鎮住土著，這是他維繫統治的先決條件。」不可避免的是，這樣的政策給移民社會的某些領域造成了緊張和壓力。正是這個社會，給1921年3月底來到他們中間的毛姆提供了肥沃的土壤。

❶ George Orwell，1903-1950，英國小說家及散文家。代表作有《動物莊園》和《一九八四》。1903年生於英國殖民地的印度，童年耳聞目睹了殖民者與被殖民者之間尖銳的衝突。與絕大多數英國孩子不同，他的同情傾向悲慘的印度人民一邊。後來被派到緬甸任員警，他卻站在了苦役犯的一邊。

毛姆和哈克斯頓到達馬來亞時，當地正經歷一段相對繁榮的時期，主要歸功於美國汽車工業的發展，為戰前橡膠生意的迅速發展提供了契機。這個區域包括直接隸屬於英國的三個海峽殖民地——新加坡、檳榔嶼和麻六甲，以及由英國管理的四個州——雪蘭莪州、森美蘭州、彭亨州、霹靂州組成。以吉隆坡為首都的馬來聯邦瀰漫著一種自信、穩定的氣息。儘管戰爭帶來巨大的社會動盪，但人們仍普遍相信英國的統治會無限期地延續下去，日常工作照舊繼續，生活水準一直在改善中。即使是最窮的種植園主也開上了汽車，小轎車代替了小馬和雙輪輕便馬車，一個冷藏公司在新加坡開業，兩幢現代的大酒店在吉隆坡拔地而起，這裡有火車站、高檔商店、茶室、高爾夫球場、馬球場和賽馬場。英國人分成兩組，一組是馬來亞的公務人員，另一組是專業技術人員，前者認為自己的社會階層絕對高於後者。大部分上層公務人員構成了統治階層，他們從頂尖的私立學校和大學畢業，而餘下來的大部分人——種植園主、錫礦主、醫生和工程師則不然。毛姆在筆記本中描述了種植園主對政府官員的態度，「摻雜了敬畏、妒忌、輕蔑和憤怒」。他們在背後譏笑那些官員，同時又將遊園會和在駐地長官家中舉辦的晚宴視作生活中的大事。在種植園主中找到一個讀書的文化人很難。這種局面自然會造成一定的分裂和不穩定，人們經常互相攀比，談論上的是哪所學校，在哪個軍團服過役，以及維特島上的度假屋。亮出一個有頭銜的親戚，哪怕是遠房親戚，也被認為像是亮出了一張王牌。毛姆記錄道：

> 馬來聯邦的歐洲移民地，主要是英國的移民地，極

為散落。在一些非常偏僻的種植園裡，一個種植園幾個月甚至幾年也見不到一張白色的面孔。每個月收到一次河運的郵件，有信、書，以及至少過期六個星期的雜誌和報紙。對於《駐地分署》中的沃伯頓先生這類人而言，即使孤獨，也要嚴格保持標準，這一點至關重要。

大部分住在邊遠地區的人，收到郵件後會迫不及待地撕開包裹，翻出最近期的報紙，先掃一眼國內最近發生的事件。沃伯頓先生不這樣。他的報刊經銷人按照他的指示在外包裝上寫上他發送的每張報紙的日期，大包裹到了，沃伯頓先生先看日期，並用藍色鉛筆編上號。他的男管家依照命令，每天早上把一張報紙連同一杯茶放在廊台的桌子上。沃伯頓先生感覺最愜意的時刻，就是邊讀晨報邊啜飲著茶，這給他一種在家裡的錯覺。每個禮拜一，他讀六個星期前那個禮拜一的《泰晤士報》，一個星期下來，以此類推。禮拜天它讀的是《觀察家報》。正如他有穿正裝吃晚餐的習慣，這是他與文明的聯繫。

即便是在城鎮裡，移居者的人數也很少，這更加強化了本來就很濃厚的社區感，人們有意識地黏在一起，盡可能複製家鄉的生活方式。幾乎每個小鎮都以擁有聖公會教堂、板球場和仿都鐸風格的酒館為榮，老爺太太們不遺餘力地教他們的中國廚子怎麼做麵包醬、香菜餡、威爾斯兔子（塗乾酪泥的烤麵包片）和牛肉腰子派。無論天氣多麼炎熱潮濕，早餐永遠是茶、麥片粥、培根、雞蛋或醃魚，此外還有吐司和果醬。一頓典型的晚餐包括番茄湯、瓶裝沙拉醬悶冷蘆筍、烤雞（永遠烤得有點焦）、馬鈴薯泥和罐裝豌豆，甜品是罐裝水果沙拉。

移民社交生活的中心是俱樂部。他們聚在那裡，在涼爽的夜晚聊天、打網球，主要是來放鬆心情，不必再端著架子，擺出一副跟土著打交道時應有的尊貴白人樣。下午四點下班後太陽落山前的時間，可以打兩個小時的高爾夫或網球，打完球，男人們換下運動裝和短褲，摘下硬殼遮陽帽，聚在酒吧裡。在穿白衣、繫紅腰帶的傭人服侍下，他們灌下幾杯烈酒——兩杯 pahit（琴酒混苦精）或兩三杯 stengah（威士忌混蘇打水），在廊台上抽煙、閒聊，抱怨天太熱，抱怨他們的僕人，翻看新到的《Punch》、《女士》和《倫敦新聞畫報》。經常聊的話題是「家」，還有退休以後去哪兒生活。每五、六年才有一次探親假，他們熱切盼望那一天的到來，結果卻失望而歸。他們提前幾個月就開始興奮地計畫去哪兒：倫敦，商店、戲院和餐館。他們將享受生活中最愉快的時光！但一般過了兩個星期，「他們比在叢林裡還孤獨。要是在戲院碰上某個在東方認識的人，他們會感到安慰，約一個晚上見面，大笑一番，互相講述曾經有過的美好時光」。

當然，一旦回到俱樂部，他們不會承認有過類似的不滿。吉隆坡有三個俱樂部，最大的是雪蘭莪俱樂部，那裡有撞球室、橋牌室（幾乎所有人都打橋牌）、閱覽室和午餐廳，一個理髮廳，兩個酒吧——其中一個禁止女士入內。每個星期都會舉辦舞會，用一台手搖式留聲機播放音樂，偶爾有化裝舞會，還有快活的業餘戲劇表演和吸煙音樂會[1]，聽的不是古典音

[1] Smoking concerts，現場表演，主要是音樂，只有男性觀眾。在維多利亞時代很流行。這種社交場合的主要作用是向公眾介紹新的音樂類型。

樂，而是最近剛從倫敦回來的小夥子們充滿熱情演唱的西區流行歌曲。到了晚上，駐地長官經常會過來打一局橋牌，駐地長官宅邸還會定期舉辦正式的晚宴。在熱帶炎熱的天氣裡，西裝筆挺的男人和身穿長禮服的女人們吃著烤牛肉和約克郡布丁，聽著廊台上的軍樂團演奏的吉伯特和蘇利文的曲子片段。毛姆的印象是：「他們厭倦了自己，也厭倦了彼此。他們渴盼掙脫桎梏，獲得自由，然而未來令他們滿懷沮喪。」

儘管殖民地號稱維持高水準的種族和諧，但整體來說，白人對土著的文化習俗並不喜歡。不知疲倦的旅行家亞力克・沃❶這樣描述1920年代的英國人：「他們並不試圖去吸收被佔領國的特點。一個住在檳榔嶼的英國人，身邊圍繞的是馬來人、坦米爾人和中國人，他的哥哥住在南肯辛頓，附近就是漢默史密斯以西的貧民窟，兩個人幾乎都沒有受到周邊環境的影響。」這裡的非歐洲人一般被稱作土著或亞洲人，稱呼他們的語氣裡通常帶有輕微的蔑視，但是他們堅決反對任何白人虐待土著的行為。不同社會階層間的互動極少，除了跟當地的蘇丹，他們會得到應有的尊重，因為他們樂於合作的話對大英帝國的利益十分重要。毛姆在筆記本上描述了他被駐地長官帶去見爪哇的蘇丹。這座蘇丹的宮殿是摩爾風格的建築：「像個巨大的玩偶之家，被刷成亮黃色，這是皇家的顏色。我們被領進一個寬敞的房間，家具是英國的海邊公寓裡能見到的那種，但椅套是黃絲綢的，一個陳列櫃裡擺放著一大套各種各樣的水果，全是用鉤針鉤出來的。」混血兒在這裡的處境尤其微妙。人們對白種男人逛妓院這種事睜

❶ Alec Waugh，1898-1981，即亞歷山大・拉班・沃，英國小説家，亞瑟・沃之子，他還有個更有名的作家弟弟伊夫林・沃。

一隻眼閉一隻眼，但白人絕不能挽著歐亞混血兒或亞洲女人的胳膊出現在公共場合。異族通婚會受到強烈的阻撓，混血兒的日子不好過，兩邊都不把他們當自己人。歐亞混血兒說的英語帶一種叫「chee-chee」的口音，在歐洲人聽來很滑稽，很多人極力掩飾他們的種族來源。比如《黃色條紋》裡的伊澤特。這位哈羅公學的老校友，相貌英俊、衣著時髦，戰爭期間曾是某著名軍團的一員，但伊澤特有一個說出來會令他丟臉的秘密：他的母親是個混血兒。毛姆出色地刻畫了他在這方面的不安全感和絕望的焦慮：他臉皮薄、勢利眼，只要背景低於一等移民的人就會立刻遭到他的蔑視，他唯恐暴露自己的出身。

> （伊澤特）尋思那些在吉索洛跟他很要好的傢伙們是不是懷疑他身上流著土著的血。他很清楚，萬一被他們知道了，等待他的將會是什麼。他們不會說他活潑、友好，他們會說他太他媽的熟悉了，他們會說他像混血兒一樣無能、粗心。如果他說想娶個白種女人，他們就會吃吃竊笑。

如果說移民者默認了男人和當地女人的結合，那麼跨種族的同性戀就連話題本身都是禁忌。儘管事實上，殖民地的工作吸引了有充分理由希望避免在國內成婚的男人，這類人所佔的比例異乎尋常的高。雖然大家嘴上不說，但沒有人不知道，至於廣泛且多樣的隨意性交的機會，海外可比英國多多了，遠東更是無比慷慨。英國人一到蘇伊士以東，新世界就呈現在他們眼前：在開羅和塞得港的酒店露台上工作的男孩，喀拉蚩與天津的男妓院，暹羅人輕鬆接受同性性行為，西北邊境白沙瓦送上門來的青年，據說「得到一個男孩比在路邊採一朵野花還容易。」四州府（馬來聯邦）的性風氣幾乎一樣開明，毛姆曾表示，他一生中最難忘的性經歷發生在一條舢板上，那是一個月夜，他身邊是個馬來亞男孩。

英國統治下的馬來聯邦內部明顯反對種族隔離，戰前殖民者就有納妾的習俗，白種男人跟馬來或中國情婦同居必然會被廣泛接納，原因是很少有歐洲女人願意來東方受苦。然而隨著戰後的經濟繁榮，情況發生了變化，越來越多的英國人帶太太來到東方。這些受人呵護、不懂世故的女人們對她們所要步入的世界全然無知。有些英國女人發現丈夫有亞洲情婦甚至有孩子後大為震驚。關於這個話題，《馬來郵報》上刊登過很多篇文章，其中一篇這樣寫道：「走出英格蘭的新娘只有到了馬來亞才能真正了解丈夫的真實生活……只有女孩一口咬定，未來的丈夫在婚前同樣過的是無可指責的生活，問題才會平息。」當然，這樣的事態給毛姆帶來無窮的樂趣，他一直對性關係抱有濃厚的興趣，他在小說《環境的力量》中照原樣描述了這樣一個實例。新娘子桃莉絲剛剛來到馬來亞，幸福地和她的丈夫蓋伊生活在一起，邊遠地區的異域情調令她著迷。每天蓋伊從法院下班回來，先打一局網球，然後他們就坐在一起，望著平靜的河水和對岸的棕櫚樹，這是一天中最美好的時刻。

> 廊台的百葉窗拉起來了，兩張長椅中間的桌子上放著酒和蘇打水。這是他們一天中喝第一杯酒的時候，蓋伊調了兩杯甜味琴酒，他拉起她的手，握在他的手心裡。

「你在這兒過得開心嗎，親愛的？」

「特別開心。」

她穿了條亞麻裙子，看上去十分清爽。

然而漸漸地，桃莉絲的心情變得不安起來，一個來自小村莊的當地女人隱約對她構成了威脅，她帶著她的三個混血孩子經常在平房附近轉悠。她問蓋伊這個女人是誰，一開始他支支吾吾，後來終於承認這個女人做了他十年的情婦，那些孩子是他的孩子。桃莉絲驚愕不已：「想到那兩條又瘦又黑的胳膊摟著你，我就覺得噁心。想到你懷裡抱著那幾個小黑孩。哦，簡直令人作嘔。我厭惡你的撫摸！」無法克服強烈的反感，她告訴蓋伊，他們的婚姻結束了，她必須回英國去。他懇求她，但說什麼都不管用，他別無選擇，只能同意，儘管他知道桃莉絲的離開會令他心碎。然而，他並不是完全無法安慰。送妻子去新加坡後，他獨自坐著，一個小男孩悄悄走進房間。

他有兩個兒子，這是他的大兒子。

「你來幹什麼？」蓋伊說。

「我母親叫我來的。她說，你需要什麼嗎？」

蓋伊目不轉睛地看著這個男孩。

「告訴你母親收拾好她的東西，還有你們的東西。她可以回來了。」

「什麼時候？」男孩的語氣很冷淡。

「今天晚上。」

如果說男人容易犯錯，女人其實也一樣。帶太太來熱帶的男人會面臨棘手的問題。這裡白女人稀缺，被過於忙碌的公務員或種植園主丈夫忽視的妻子們，自然成為單身漢追逐的對象。造成這種麻煩的部分原因是無聊。丈夫們成天在外，太太們幾乎無事可做，只有少數人對當地的慈善或社區工作感興趣。許多人覺得這裡的生活水準比家裡高得多，哪怕級別最低的公務員也會給配一個廚子，一兩個童僕，一個馬夫或司機，有孩子的話，還會有一個奶媽，一個園丁，一個男洗衣工。需要做的家務活很少，太太們又不能親自去市場買東西，所以她們唯一的職責是點餐，而等丈夫回家前還有好幾個小時的閒置時間。正如當時的一本手冊上所解釋的那樣：「女士們主要的不利條件，是白天經常缺少有趣的消遣。在大一點的城鎮，有歐洲商店的地方，女士們還可以上午去購物或訪友，換成小地方，或者莊園、礦場，生活就很容易單調乏味。當地的氣候不適合做家務，做太多針線活或看太多書會影響視力，上午的時間變得緩慢冗長。下午通常用來睡覺，大多數女人覺得天太熱，有點萎靡不振，所以，午休是很有必要的。」自然，有人把風流韻事當成一種受歡迎的消遣——只是有人下場很慘，比如吉隆坡一個校長的妻子，可憐的普勞德洛克太太。1911年，艾瑟爾・普勞德洛克被控謀殺，槍殺了薩拉一個錫礦的經理威廉・斯圖爾德，她聲稱某天晚上丈夫不在家時，他出現在她家中並企圖強姦她。然而法庭不認可她的說法，斷定斯圖爾德是她的情人，她因發現他和一個中國情婦同居醋意大發，怒而殺之。普勞德洛克太太被判絞刑，但她的朋友和支持者們聯合簽名，遞交情緒激昂的請願書，最終她獲得了蘇丹的特赦。

十年後，在吉隆坡，普勞德洛克太太的律師E・A・S・瓦格納向毛姆講述了這起案子。毛姆立刻意識到它的可用性，於是構思完成了一篇小說。《信》的結構與法庭描述的情形極為相似，書中的這個妻子叫克羅斯比太太，她殺了所謂的強姦犯後被捕並接受審判。小說家在書中添加了一些額外的調料。真實案例中沒有找到普勞德洛克太太和斯圖爾德有親密關係的具體證據，小說中則出示了一封萊斯麗・克羅斯比的親筆信，讓人不得不相信哈蒙德是她的情人。直到那時，她的律師還確信她不必擔心，證明她無罪不是難事。然而，這封信改變了一切：她有罪，除非毀掉這封罪證確鑿的信，否則她將被定罪。這封顯示有罪的信在哈蒙德那個中國情婦手裡，最近發現情人生活中有這個女人存在，導致克羅斯比太太發瘋。這個中國女人準備賣掉這封信，但開出了一個驚人的價碼，律師別無選擇，只能問萊斯麗的丈夫要錢，這個善良、愚蠢的男人完全信任自己的妻子，一刻也沒懷疑過她的品行。聽到對方索要的錢數，一種可怕的感覺懾住了他。

> 克羅斯比臉漲得通紅，嘴角奇怪地牟拉下來。
>
> 「可是……」他不知道該如何表達，臉都憋成了醬紫色，「可是我不明白……你該不會是說他們發現她確實有罪吧？」
>
> 這時，他那遲鈍的智力當中像是透進了一絲光亮。

《信》先是1924年在《赫斯特國際》雜誌上刊載，兩年後收入短篇小說集《木麻黃樹》。《信》成為毛姆最著名的短篇小說之一，這主要歸功於戲劇和電影改編。1927年，毛姆將這篇小說改編成戲劇，在表演屋劇院上演，飾演萊斯麗·克羅斯比的女演員是格拉黛絲·庫珀；1929年有一版由珍妮·伊格斯主演的默片；1940年，著名的華納電影公司出品了由威廉·惠勒[1]導演，貝蒂·戴維斯主演的電影版。具有諷刺意義的是，這篇小說只在馬來亞地區不受歡迎。一個到馬來亞不久的公務人員這樣寫道：「這裡顯然有一群憤怒的人。這部戲激起了強烈的憤慨，我路過此地時，人們依然激動地表達對《信》的看法。毛姆還被譴責辜負主人的好意，搜出他人的家醜寫成書。」毛姆還受到了其他類似的指控，被刺痛的毛姆不得不在美國版的《木麻黃樹》中氣呼呼地加了一篇為自己辯解的後記。

在被中國海沖刷的國度裡，有些偏小的社區是非常敏感的，如果有一部小說暗示說，他們那些居住在市郊的遠房親戚不總是看得上他們的生活條件，並且心滿意足地住在市郊，那些社區裡的成員就會變得焦慮不安……他們身處於東方人之中，就像生活在一個狹小的集鎮，因此他們也帶著集鎮的缺點和毛病。他們似乎懷著惡意的快感去探尋那些人物的原型，尤其當那些人物是吝嗇、愚蠢或惡毒的，而且作家恰恰挑選他們作為小說人物的時候。他們對文學藝術知之甚少，不明白在短篇小說中人物的性格和外表是由複雜情節的特殊需要決定的……不能因為一個讀者閒極無聊，發現小說中的某個人物跟他認識的某個人在思想或身體上有某個共同特

[1] William Wyler，1902-1981，美國電影導演，三度獲得奧斯卡最佳導演獎，三部影片獲得奧斯卡最佳影片獎。1965年他獲得了歐文·G·托爾伯格紀念獎。代表作有《賓漢》和《羅馬假期》。

徵，而且知道作者與這個人有過來往，就將這個人的名字貼在這個人物身上，說：「這就是他的畫像。」

如此乖戾的口吻怎麼可能撫慰受傷的情感，十多年後，四州府的人依然對毛姆耿耿於懷。「分析對薩默塞特‧毛姆的偏見很有趣，因為對他的偏見在此地是如此強烈且廣泛。」《海峽預算》雜誌上的一篇文章這樣開頭：

> 最通常的解釋是，毛姆先生聽到駐地分署的某個醜聞，而後炮製出一篇短篇小說。第二個原因是他們厭惡毛姆先生的講述方式，他在書中所呈現的是歐洲人在馬來亞生活中最糟糕且最不具代表性的側面——謀殺、膽怯、酗酒、勾引和通姦。他總是把冷嘲熱諷的重點放在令人不悅的東西上。難怪在馬來亞過正常生活的白人男女希望毛姆先生去別的地方尋找地域色彩。

一開始毛姆很詫異，後來就對這種指責，對被許多正派、妻管嚴、好心眼的帝國僕人們視作「不忠和背叛的傑作」所引起的憤怒見怪不怪了。評論家洛根‧皮爾薩爾‧史密斯[1]不無興趣地寫道，毛姆的這些小說「完全辜負了他人的信任，這些小說的出版毀掉了那些在東方好心招待過他並向他袒露過坎坷人生中傷心秘密的主人們的生活。」毛姆從來沒有否認過旅行是為了尋找故事，也沒否認過他找到的故事構成了小說的基礎。正如他所承認的那樣，大部分虛構人物

[1] Logan Pearsall Smith，1865-1946，傑出的現代英國散文作家。主要作品有《瑣事集》、《瑣事集續篇》、《再思錄》等。

源於現實生活中的人物。

> 我盡我所能利用他們，利用他們的問題。我沒把他們或他們的情感處境描繪得像他們想像的那麼迷人，因而招致相當多的批評和怨恨。當我重訪其中的很多地方時，許多人粗魯地將我拒之門外。我被公開辱罵，有的人甚至還威脅要對我進行人身攻擊。但我學會了接受這一切……如果他們不喜歡我對他們的真實看法，那就讓他們見鬼去吧。

毛姆和傑拉德都是很好的聆聽者，善於挖掘人的內心世界，他們一再驗證了觀察到的真相，也就是，人們絕不會用對陌生人說話的方式對家人和朋友說話。「我和他們交往到適合我本性的親密程度。」毛姆在《總結》中寫道，「這種親密源自他們的倦怠或孤獨，一旦分開就會被打破，而且不可逆轉。」在酒吧裡，俱樂部的廊台上，或與內陸某個孤單的地區官員在一起時，毛姆會聽到這些看似普通的生活中發生的不同尋常的故事。「……喝著蘇打水或一瓶威士忌，在一盞電石燈的照明半徑內，一個男人對我講了他自己的故事，我相信，他以前從來沒對任何人講過……用這種方式了解一個人，一個晚上能比認識他十年的人了解的都多。」於是，他知道了《書包》中描寫的那個兄妹亂倫的故事；《赴宴之前》中酗酒的丈夫被妻子殺死這個案子的靈感，源自他在新加坡一個晚宴上認識的一對夫婦；和他在內陸同住一家客棧的商人給他講了一個妻子發現丈夫有三個混血私生子的故事，毛姆在這個故事的基礎上創作了《環境的力量》；出現在《叢林中的腳印》中的醜聞是傑拉德聽來的。他們當時在蘇門答臘，毛姆和傑拉德約好一起吃晚飯，但傑拉德一如既往地在酒吧裡流連，毛姆等煩了就自己吃了。快吃完時，傑拉德搖搖晃晃走進餐廳，「對不起，對不起，」他說，「我知道我喝多了，但我有一個特別棒的故事要講給你聽。」接著，他說出了圍繞著「卡特懷特夫婦」（小說中的名字）展開的一系列驚人的故事。乍看起來，他們不過是一對和和美美的老夫妻，晚上去俱樂部開開心心地打幾局橋牌。

在《木麻黃樹》的後記末尾，由於遭到辜負他人的譴責而心有餘痛的毛姆大膽且不顧事實地表明，這本集子中的六個故事裡只有《膽怯》源於真實事件，他直截了當地指出：「靈感得於我親身經歷的一次不幸遭遇。」「不幸遭遇」還是往輕了說，那個遭遇險些要了他的命。

1921年3月，毛姆和哈克斯頓到達新加坡，他們在那裡收郵件（「一定要給我寫信哦，」毛姆請求艾迪・諾伯洛克，「把倫敦所有的秘史全告訴我。」），探索這座城市時他充分利用手裡的介紹信。新加坡是東方大港之一，海峽殖民地的總督府所在地，這裡和其他地方迥然不同——擁擠、喧鬧、充滿異國情調、道德鬆懈。港口一派壯觀的景象，海灣裡擠滿了炮艇、客輪、舢板、碼頭上亂哄哄的軍艦和載客的汽艇登陸上岸，貨物卸到倉庫裡，馬車和計程車等活攬客，導遊們爭先恐後提供你能想像的到的各種服務。這座亞洲城市半東方半歐洲——主要是中國和英國，這裡有熙熙攘攘的街頭生活，露天作坊、市場、大排檔，寺廟、茶室和鴉片煙館緊鄰著歐洲人的街區，那裡有豪華酒店，比如著名的萊佛士酒店，百貨商場、餐館和夜總會，還有帝國政府諾大的辦公樓、公園和公共花園，昂貴的住宅區裡住著富有的西方人和比他們更富有的中國人，中國人控制著大部分更賺錢的行業。毛姆第一次抽鴉片就是在新加坡，抽完鴉片立刻感覺內心平靜、頭腦清晰，可惜到了第二天早上就開始頭痛欲裂，不停地乾嘔。

毛姆和哈克斯頓從新加坡開始遊遍了整個半島，時而住在酒店和客棧，時而住在駐地長官家裡，最不舒服的要數住在偏僻的駐地分署或香蕉種植園。根據毛姆的說法，和相對奢華的官員宅邸比起來，種植園主的家「有點沉悶，很多粗製濫造的家具、銀製飾品和老虎皮。食物也難以下嚥。」他們乘船到達群島中的各個島嶼和更遠的地方，經常乘坐定期穿梭於南太平洋上的採珠船去印尼新幾內亞的馬老奇、班達群島和卡伊群島、托雷斯海峽的星期四島。尤為難忘的是去位於婆羅洲北部沿海的沙撈越（砂拉越）。在這個白人拉者[1]的王國，世界歷史上唯一一個被英王朝統治的東方王國裡，他們受到拉者——非常英俊也非常有英倫作派的瓦伊納・布魯克的接見，他的妻子是活潑古怪的西爾維婭・布雷特，她的姐姐是 D・H・勞倫斯的密友、畫家桃樂絲・布雷特。渴望探索的毛姆和哈克斯頓和一群達雅族[2]船夫乘獨木舟沿施格郎河逆流而上。他們拒絕舒舒服服待在遮陽蓬下，而是盡情享受寧靜美麗的風光——白鷺在深綠色的水面上低飛，沙岸上生長著柔軟如羽毛的木麻黃，更遠處的山坡，還有長滿金合歡和椰子樹的茂密的叢林。每天晚上，他們把船拴在一個達雅族村莊旁，在一間屋頂是茅草的長屋裡過

❶ 或譯作拉惹，是東南亞以及印度等地對於領袖或酋長稱呼，最早源自於梵文的rājan一詞，在印度，它曾被用以作為印度教的國王、領袖的稱呼，用以區別於伊斯蘭教的領袖。至今在馬來西亞玻璃市的統治者，仍被稱作拉者。

❷ 居住在婆羅洲的一支印尼民族。

夜，幾家人——通常2、30口人住在一個長屋裡，這些人熱情得令人疲憊。晚上主人請他們吃飯跳舞，一直到淩晨時分，即使到了這個時候也睡不了覺，嬰兒哭，公雞叫，母雞和狗四處亂逛，房子下面還有豬一邊哼哼一邊拱垃圾。

一天，船正緩緩上行，突然他們看到巨浪靠近，一股怒潮呼嘯著向他們撲過來，潮水迅速增大，直至一堵8英尺高的巨大水牆在他們頭頂爆炸，獨木舟被掀了個底朝天，將他們拋入水中。毛姆和哈克斯頓不顧一切地想抓住船舷，但怎麼也抓不牢，洶湧的潮水在他們四周橫衝直撞，他們一次次被水淹沒。沒過多久，毛姆就鼻青臉腫、筋疲力盡、氣喘吁吁，感覺越來越沒力氣，他知道自己快要淹死了：「我認為最好被沖向岸邊，但傑拉德懇求我抓牢船舷……我喝了一肚子水……身旁的傑拉德幫了我兩三次。」又掙扎了幾分鐘，他們聽到一個船員大喊，那個人抓住了一個從身邊飄過的薄薄的床墊，用床墊托著他們到達了陸地。他們的腳陷進厚厚的淤泥裡，拖著身子向岸上走，最後終於爬到岸邊，癱倒在高高的草叢裡。他們一動不動地躺著，渾身是泥，累得動彈不得，直到毛姆使出渾身力氣站了起來，脫掉髒衣服，用襯衣做了塊遮羞布。這時他才驚恐地看到傑拉德想站起來卻摔倒了，一副痛苦的樣子，他好像心臟病犯了。「我以為他要死了。」毛姆回憶道。手頭沒有救命的東西，什麼也做不了。毛姆在他的情人身邊坐了幾個小時，安慰他，跟他說話，告訴他疼痛會過去，一切都會好的。終於，救他們的人來了，兩個筋疲力竭的人被獨木舟送到一間長屋。慢慢地，他們緩了過來。回想當時，毛姆驚訝於自己居然沒有害怕，儘管他很高興發現自己還活著。「那晚，我穿著乾的紗籠，坐在達雅族人家裡，望著天上黃色的月亮，有一種強烈得近乎性欲的愉悅。」

最初的一兩天，毛姆和哈克斯頓都很高興死裡逃生，似乎其餘的一切都不再重要了。但沒過多久，他們就開始為沉入河底的私人物品煩惱起來，決定回新加坡整裝。八月中旬，他們再次從這裡出發，這次是去爪哇，他們打算在那兒待幾個星期，然後踏上漫漫的回家路。然而幾個星期變成了幾個月，差點淹死的傑拉德的身體依然很弱，到了爪哇後感染傷寒病倒了，不得不住進南部海岸加魯特❶的一家療養院。毛姆的身體也不舒服，患了結腸炎，於是他們待在這個宜人的小山城裡，傑拉德接受治療。只要一天能讀幾個小時書，毛姆就很知足了，毛姆一直把讀書稱作一種癮。他解釋說，讀書是「一種必需品，如果被剝奪一小會兒，他就感覺自己像被剝奪了毒品的癮君子一樣煩躁（《總結》）」。無論在哪兒，他都會準備充足的書，旅行時也會帶一箱子書。可是現在，待的時間比計畫的長很多，他沮喪地發現沒書可讀了，當地能找到的非荷蘭語書只有歌德、拉封丹和拉辛的課本。「我很欣賞拉辛，」毛姆後來寫道，「但我承認，一部接著一部讀他的劇本需要付出一定的努力。」有了這次經歷後，他決定再也不冒沒書可讀的風險了。他買了一個書包——一個皮底的帆布袋，雖然笨重，但容量大。從那時起，他都把書包裝得滿滿的，每次旅行都帶在身邊。

這次落得沒書可讀的「可怕」經歷，顯然對毛姆產生了深遠的影響，其直接的結果就是他制定了一個計畫，回到英國後他就立即給作家協會寫了封信。他說，他希望用他的遺

❶ 當地華人通稱「牙律」。

產設立一個年度獎項，鼓勵英國作家「有機會在他們的『村子』之外生活一段時間」。在遠東旅行期間，他繼續寫道：

> 我驚訝地看到生活在英國以外的英國人讀的是哪類英文書，以及讀英文書的外國人數量之大。
>
> 協會成員如果知道，比如荷蘭人在馬來群島讀的是什麼書，一定會大吃一驚……
>
> 總體上可以這麼說，讀者根本沒有多少機會讀到更好的英文作家的作品……我覺得很奇怪，我能發現這個悲哀的局面的唯一原因是，當今最好的英文作家都太偏狹了……他們對從生活中獲得更廣闊世界觀的讀者沒什麼好說的。

接下來的幾年，毛姆一直在貫徹這個計畫，並最終為年輕作家設立了一項旅行獎學金，該獎項就是著名的「毛姆文學獎」。

採珠船和達雅族獨木舟的船艙很窄，而在返回英國的漫長旅程最後一段，毛姆和哈克斯頓登上了「阿基塔尼亞號」郵輪，這不僅是全世界最大的班輪，也是最豪華的班輪。從紐約出發的乘客中有一個20歲的美國人德懷特・泰勒[1]，把他介紹給毛姆的是他的母親，演員勞蕾特・泰勒。毛姆邀請這個年輕人共飲雞尾酒，和藹地向他講述他從未到過的歐洲，還向他描述了自己在海上一成不變的日常生活：整個上午讀書或寫作，一直到中午十二點，喝杯單份馬丁尼，然後繞著甲板散步到差一刻一點，也就是午飯時間；吃完午飯再次回

[1] Dwight Taylor，1902-1986，美國作家、劇作家。

到船艙，閉門獨處到晚餐時間。毛姆的自律和整潔的外表給泰勒留下了深刻的印象，和毛姆形成鮮明對比的是他的「秘書」傑拉德——刷子一般的頭髮，邋里邋遢，沒精打采，他很少出現在甲板上，大部分時間花在抽煙、喝酒和賭牌上。他玩世不恭的態度令泰勒感到震驚。「我很納悶，」他一本正經地評論道，「毛姆怎麼會允許自己的秘書像個衣衫襤褸的稻草人一樣四處轉悠。」

動身回家前不久在爪哇時，毛姆聽到一個壞消息——他在紐約的經紀公司特里普突然破產了，他損失了很大一部分存款。「我很心煩，」他抱怨道，「我一直在攢錢，就是為了不必再讓自己為了錢而寫作。」他向他的朋友伯特·阿蘭森求助，讓他給自己介紹一個可靠的美國證券經紀公司，阿蘭森立刻毛遂自薦，願意為毛姆管理他的投資產品。他已經替毛姆做了幾份投資，現在他要接手其餘的部分，為了表示對毛姆的欽佩和友情，他決定不收傭金。阿蘭森曾欠毛姆一份人情，因為毛姆曾幫過他的忙。1917年，毛姆在俄國時給他發過一封密電，提醒他盧布要貶值，不然他就會損失大一筆錢。毛姆感謝他的提議，但他不知道將來要如何感激。在接下來的三十六年裡，從1922年到1958年阿蘭森去世，他把毛姆變成了一個大富豪，將定期寄給他的股利券變成了巨額財富。隨著年歲的增長，對毛姆而言，金錢在很多方面意義重大：金錢能給他帶來人身和藝術自由，允許他在願意時出手慷慨，必要時換取寧靜，他買得起最好的東西，在一定程度上補償他青年時的物質匱乏。金錢在他的生活中是一個高度表現情感的領域，伯特·阿蘭森密切參與其中，加深了兩人友誼的深度和質感。阿蘭森是毛姆完全信任的少數人之一，毛姆對他的感激和依賴從未動搖過。「你是個很棒的朋友。」1921年2月去遠東的路上認識他後，毛姆告訴他。過了差不多三十年，他們的關係幾乎沒變，「你一直對我這麼好。」毛姆在1949年寫信對他說，「我永遠也報答不完這些年你對我的關照，只能對你付出深沉且真摯的情感。」

結果，特里普公司破產並沒有最初想像的那麼可怕，到了第二年，毛姆就把最初的損失挽回了大約三分之二。此外他在國外時，有一部新的喜劇上演，這可是一棵搖錢樹。《周而復始》於1921年3月3日在乾草劇院上演，連演了近半年的時間，票房極好，後來於九月登上紐約的舞台，每個星期入帳20000美元（大約有十分之一的收入歸作者所有），而且贏得了一些很有影響力的評論家的讚譽。羅伯特・本奇利❶在《生活》雜誌上撰文道：「一個美妙的場景接著一個美妙的場景，正如人物快速地上下場。」老亞瑟・霍恩布婁❷則在戲劇雜誌上將這部戲稱為「自平內羅時代以後最優秀的喜劇」。當時這部戲大獲好評，在毛姆有生之年一直在大西洋兩岸受歡迎。美國人路易斯・柯能伯格在1952年將《周而復始》形容為「20世紀用英文寫作的極少數值得稱讚的高雅喜劇之一」。英國劇評家詹姆斯・阿加特說：「這位傑出劇作家的寫作技巧堪稱完美，《周而復始》是他最棒的戲。」

《周而復始》精緻優雅，情節安排巧妙，探討的是面對社會壓力，隨著性格戰勝環境，維繫婚內愛情的難題。故事發生

❶ Robert Benchley，1889-1945年，美國幽默作家。他的大多數作品都是嘲笑中產階級日常生活可厭之事的概括描寫。1935年因短片《如何睡覺》獲得奧斯卡獎。本奇利出生於麻薩諸塞州的伍斯特，他是《生活》和《紐約客》雜誌的戲劇評論家。

❷ Arthur Hornblow Sr.，1865-1942，著名的作家、編輯和戲劇評論家。紐約《戲劇》雜誌的出品人。

在多賽特郡的一座大宅裡，阿諾德・千皮恩切尼和他年輕漂亮的妻子伊莉莎白，等待他的母親和她情人的到來。三十年前，凱蒂夫人和已婚的波蒂厄斯勳爵鬧出一樁醜聞後私奔到義大利，從此生活在一起。阿諾德焦慮不安，依然怨恨母親當年拋棄他，可愛的凱蒂夫人和迷人的爵爺之間的浪漫愛情故事卻令伊莉莎白興奮異常，迫不及待想要見到他們。等這對情侶走進門時，所有人吃了一驚：凱蒂夫人是個愚蠢的話結核，濃妝豔抹，染了頭髮，波蒂厄斯勳爵則是個禿頂、壞脾氣的老頭，總是因為風濕病發牢騷。顯然，他們厭煩彼此，難得說對方一句好話。這個鮮活的例子對伊莉莎白沒有影響，她一直打算離開丈夫和情人私奔。聽說這個計畫後，凱蒂夫人激動地懇求伊莉莎白留下來，向她描述自己婚外不幸的生活經歷。「人們為了愛情犧牲了生活，卻發現愛情並不持久。愛情的悲劇並不是生離死別，愛情的悲劇是冷漠。」然而，兩個情人去意已決，最後在態度發生驚天逆轉的凱蒂和波蒂厄斯的幫助下逃走了。儘管吵吵嚷嚷，但這對老情人還是真心喜歡彼此的。

《周而復始》在很多方面為喜劇提供了一個有趣的前提，融合了浪漫與現實，頻繁出現的滑稽的對話背後有著淒涼的寓意。尤其是波蒂厄斯與凱蒂的交流著實殘忍，找不到一絲安慰。總體來說，這對通姦情人是可悲的，對彼此不忠，厭煩了無所事事和背井離鄉。然而婚姻也算不上令人滿意的答案，顯然對伊莉莎白和阿諾德來說沒用，對他們的生活狀態的最佳描述是「親切的冷漠」。「你不能指望一個丈夫結婚三年後還跟他的妻子做愛，」阿諾德斷言，「畢竟男人結婚為的是有個家，為的是不再為性和一切諸如此類的東西操心。」（整部戲都在微妙地暗示阿諾德天性無意成家，他對迷人的妻子缺少興趣，也對沒有男子氣概的裝飾和家具反感。）看到最後一幕兩個年輕的情人私奔後，觀眾不知道這算不算是個大團圓的結局，這種開放式的結局在首演那晚遭到頂層樓座觀眾的噓聲，導致某些評論家也指責作者憤世嫉俗，毛姆已然厭倦了這種老生常談。評論這部戲時，法蘭克・斯溫納頓❶和聖約翰・格里爾・歐文都認為毛姆憤世嫉俗的傾向是個瑕疵，但更有洞察力的德斯蒙德・麥卡錫則認為，憤世嫉俗是毛姆的喜劇天賦背後極其重要的推動力。「這種鋒芒畢露的憤世嫉俗源自作者敏銳的目光，這種天賦在英語國家中極為罕見。確實，《周而復始》是他寫過的最好的戲之一，也是最憤世嫉俗的戲之一。」

除了少數人持保留意見，這部戲獲得了巨大的成功。毛姆很欣慰地告訴他的經紀人戈爾丁・布萊特，《周而復始》恢復了他的財務獨立。毛姆身在國外時，他的聲譽進一步提高，因為靈感來自玻里尼西亞之旅的小說集《一片葉子的顫動》在英國和美國出版了。不出所料，《雨》被認為是最出色的一篇，但正如《星期六文學評論》所言：「每篇獨立的故事都始於靈感，終於藝術的完美。」「我的短篇小說非常成功，所有人都對我好言相向。」他寫信給伯特・阿蘭森，承認他很享受這種被人崇拜的感覺。離開這麼久，回來的感覺很奇怪。離開英國一年多，他發現大家依然做著類似的事，說著相同的話，和他離開前沒有什麼兩樣。

> 「你好，毛姆，你出門了？」
> 「是啊，」我說，「去布萊頓度了個周末。」

❶ Frank Swinnerton，1884-1982，英國小說家、批評家。

「啊，」那人回答，「我說最近怎麼沒見到你呢。」

然而並非一切如故，有兩個大的變化：毛姆的出版商威廉・海涅曼去世了，他的經紀人 J・B・平克也去世了。1920年10月，毛姆離開英國不到三個星期時，年僅57歲的海涅曼突發心臟病去世。由於沒有繼任者，公司陷入困境，直到海涅曼公司的副總裁和紐約的出版商 F・N・達博岱達成一筆交易，說服 F・N・達博岱收購控股股權，同時維持英國公司的完整。達博岱是一個有權有勢且魅力十足的人物，他的公司旗下有很多著名的英國作家，比如吉卜林。達博岱把他兒子帶進了公司——尼爾森還是個嬰兒時，吉卜林曾把那首著名的詩《如果》獻給他——高大、精力充沛、熱愛運動的尼爾森・達博岱不僅和毛姆建立了緊密的工作關係，還是毛姆一生的朋友。平克死得也很突然，1922年2月，他在去美國出差時去世。他在他們合作的早期為毛姆做了很多工作，但現在毛姆至少在美國和在英國一樣出名，所以他決定把業務交給一個美國經紀人查爾斯・漢森・唐恩打理。唐恩被毛姆視作「我在紐約認識的最令人愉快的人之一」，他和達博岱是兩種人，他是個迷人、老練的文人、小說家、詩人、雜誌編輯和專欄作家，曼哈頓書圈裡鼎鼎大名的人物。

備受矚目的毛姆被捲入一輪招待與被招待的活動之中，與沃波爾、諾伯洛克和凱利這些老友小聚，還認識了一些新朋友，比如來倫敦訪問的美國小說家辛克萊・路易斯❶。路易斯身材瘦長，紅頭髮，一張瘦削蒼白的臉，兩年前因小說

❶ Sinclair Lewis，1885-1951。1930年，他的作品《巴比特》獲諾貝爾文學獎。他是美國第一位諾貝爾文學獎得主。

《大街》一舉成名，作者對中西部小鎮生活的詳細描繪吸引了毛姆。毛姆經常坐火車在美國旅行，見過和小說中一模一樣的男人在吸煙車廂裡閒逛，「他們穿著不合身的成衣，花哨的襯衫，戴著顏色鮮豔的領帶，身材很結實，鬍子刮得乾乾淨淨，一頂呢帽扣住後腦勺，嘴裡叼著根雪茄。可是在我眼中，他們卻像中國人和更令人費解的人一樣陌生。」讀過《大街》後，毛姆感覺對這些人有了一些了解，急於和作者聊一聊，於是請他到溫德漢姆廣場的家裡作客。「毛姆好像挺喜歡我的。」路易斯開心地向妻子彙報，「這個月的10號和22號他請我吃飯。」結果第一次見面的情景有點尷尬。那天毛姆還邀請了艾迪・諾伯洛克、畫家安布羅斯・麥克沃伊❶、克里斯多夫・內文森、劇作家兼評論家聖約翰・格里爾・歐文、奧斯伯特・西特韋爾、休・沃波爾，還有精緻優雅的鑒賞家兼藝術贊助人艾迪・馬什。作為女主人，西芮是當晚唯一的女人，但即使她在場也無法阻止路易斯這個貴客發瘋一般的激動，用內文森的話說：「他焦躁不安、滑稽、緊張，從來沒見過這麼敏感、有闖禍天賦的人。晚飯後，辛克萊・路易斯拿過艾迪・馬什的單片眼鏡架在自己的鼻子上，像一條牽在繩子上的狗一樣跟在艾迪・馬什身後晃來晃去。後來為了自娛自樂，他還模仿起牛津風格文謅謅的對話，有時模仿麥克沃伊沙啞的聲音。這搞得大家都很尷尬，因為他模仿得那麼醜陋逼真。」最後，還是內文森化解了這個尷尬，他帶路易斯去了夜總會，毛姆這才鬆了口氣。

二月那個晚上的老友聚會少了一個重要人物——傑拉

❶ 內文森在日記上記錄這次晚宴時沒提到麥克沃伊的名字，很可能是安布羅斯・麥克沃伊，但也有可能是劇作家查爾斯・麥克沃伊。

德・凱利，他可能又去西班牙了，也許從來沒喜歡過他的西芮不准他來。凱利因為他那些時髦的肖像畫過上了好日子。「他是那個時代最可靠的肖像畫家。」肯尼斯・克拉克不冷不熱地評價他。凱利最近結婚了，妻子叫莉蓮，大家都叫她簡。簡是個漂亮的金髮女郎，來自工人階級家庭，給他做過模特兒。毛姆為他們的結合感到高興。「我認為你做了件非常聰明的事，我相信你的婚姻會非常幸福的。」他告訴凱利，他認為簡的溫柔鎮定能平衡凱利容易焦慮不安的個性。除了凱利，諾伯洛克和沃波爾也是毛姆的密友。艾迪・諾伯洛克脾氣好、善於交際，不計後果地花大把錢為他在布萊頓的漂亮房子購置舊家具，毛姆有時也會去他家裡住。諾伯洛克缺錢了——他經常缺錢——就回好萊塢寫電影劇本。沃波爾則越來越成功，他是受讀者歡迎的小說家，文學界的名人，他住在皮卡迪利大街一間豪華的公寓裡，陶醉在與丹麥男高音歌唱家勞里茨・梅爾基奧[1]燦爛而又沮喪的風花雪月之中。雖然虛張聲勢、孩子氣，而且不知疲倦地推銷自己，但總體上，他還是個討人喜歡的傢伙，儘管他習慣帶著一種溫和的冷漠，不理睬那些不再對他有用的人。雖然看似對自己很滿意，但沃波爾極其渴望得到贊同，骨子裡沒有安全感，朋友稍微有點諷刺和取笑，他就神經過敏。儘管如此，他還是很欽佩毛姆，渴望得到他的稱讚。兩個人經常見面，休會迫不及待地把毛姆偶爾表揚他的話記在日記裡。「威利・毛姆來家裡喝茶，稱讚了我的作品，聽得我心裡熱呼呼的……他

[1] Lauritz Melchior，1890-1973，美籍丹麥裔男高音歌唱家，以演唱瓦格納歌劇著名。

居然稱讚了我的『溫文爾雅的幽默』，其他人卻否認這一點。」

這個圈子裡比較新的成員是艾迪・馬什，在未來的很多年裡，他將在毛姆的事業上發揮獨特的作用。只比毛姆大兩歲的馬什，曾被形容為邪惡精靈與曼特農夫人[1]的結合。這個男人十分博學，在牛津大學古典學系獲得雙學士學位，記憶力超強，尤其是對詩歌，稍微鼓勵他一下，他就會用他單薄且有點尖利的嗓子大段地背誦。他是備受推崇的五卷本《喬治詩集》的編輯，還是一名當代繪畫鑒賞家，雖然錢不多，卻收集了很多藝術家的重要作品，這些藝術家包括馬克・格特勒[2]、鄧肯・格蘭特[3]、史丹利・斯賓塞[4]和保羅・納什[5]。馬什的職業是公務員，他給溫斯頓・邱吉爾做過近二十年的私人秘書。現存的毛姆給馬什的第一封信寫於1919年，這是一封感謝信，但沒有說明感謝的內容。「親愛的馬什，」毛姆寫道，「真的非常謝謝你。感謝你為我所做的事。」這裡很可能指的是馬什通過邱吉爾的關係弄到了《英國間諜阿申登》的出版許可。衣著光鮮、對社交生活永不饜足的馬什過著無可挑剔的單身漢生活，他十分喜歡與有才華且容顏俊秀的青年浪漫纏綿，魯伯特・布魯克[6]是一個，還有一個是演員

---

❶ 法國國王路易十四的第二個妻子。1652年與作家保羅・斯卡龍結婚。1660年丈夫死後寡居曼特農城堡。她美貌絕倫，富於同情心。1675年路易十四賜她為曼特農侯爵夫人。1683年法國王后死後，路易十四娶她為妻。

❷ Mark Gertler，1891-1939年。馬什購買了格特勒的兩幅關於花的作品，一幅是《愛情花》，另一幅就是《黃水仙》。

❸ Duncan Grant，1885-1978，英國畫家，紡織品和瓷器設計者，以及戲劇舞美和服裝設計師。

❹ Stanley Spencer，1891-1959，是一位風格獨特的英國畫家。無論在肖像畫、宗教畫、風景畫，還是在寓意畫中都發揮了豐富的想像力。

❺ Paul Nash ，1889-1946，英國超現實主義畫家和戰爭畫家，同時也是插畫家、作家和實用藝術設計者。

兼作曲家艾弗・諾韋洛[7]。由於密切關注艾弗・諾韋洛的職業生涯，馬什喜歡上了戲劇。只要是首場演出，他場場必到，無論戲多麼爛，他都會表現得很狂熱。「天哪！」一天晚上，帷幕剛剛拉起幾分鐘，馬什就為一個演員的出場用力鼓掌。詹姆斯・阿加特驚呼道：「你不會現在就喜歡上這部戲了吧！」馬什有學者的頭腦和敏銳的目光，他開始為作家朋友們校對文稿，主要是為邱吉爾，還有德斯蒙德・麥卡錫、沃爾特・德・拉・馬雷[8]和桃樂絲・L・塞耶斯[9]。

❻ Rupert Brooke，1887-1915，英國空想主義詩派詩人。在一戰期間創作了大量優秀的詩歌，《士兵》為其代表作。布魯克在當時因為他孩童般的長相而被另一位愛爾蘭詩人威廉・葉慈稱為「英國最英俊的男人」。

❼ Ivor Novello，1893-1951，英國作曲家、歌手、演員、編劇，20世紀前半英國最著名的藝人之一。全英原創音樂大獎艾弗・諾韋洛獎以他的名字命名。

❽ Walter de la Mare，1873-1956，英國詩人、短篇小說和長篇小說作家。

❾ Dorothy L. Sayers，1893-1957，女推理小說大師，與阿嘉莎・克莉斯蒂和約瑟芬・鐵伊並稱為推理偵探三女王。

第十章
分居

1923年，從遠東回到英國那年，毛姆50歲，名利雙收，看似自信鎮定。他繼續和往常一樣多產，只要戲單或雜誌封面上有他的名字就會大賣。所有人都想認識他，1920年代的倫敦社交圈很小，他的名字無人不曉。然而，私底下，他過著雙重生活，一邊是讓他越來越反感的西芮，另一邊是令他著迷的傑拉德・哈克斯頓，這種生活似乎維持不下去了。毛姆依舊把倫敦視為基地，他的家，社交和職業生活的中心，然而，這裡也讓他感覺最壓抑、最束手束腳。象徵自由和冒險的傑拉德留在海峽另一邊，毛姆不可能忍受沒有他的日子太久。

五月底回到倫敦的毛姆十月份又走了。中間這四個月毛姆照常忙於工作，包括監督《上流人士》的彩排，這部戲在戰時曾因所謂的反美傾向被禁。9月12日上演後十分成功，連演了一年之久。同時他還要完成兩個短篇小說和一部新鬧劇——《駱駝背》，動筆寫小說《面紗》。此外，他還要搬家，搬到一個更大、更豪華的住處，位於布萊恩斯滕廣場43號的新家離溫德漢姆廣場只有不到100碼遠。阿諾德・貝內特、查爾斯・漢森・唐恩、H・G・威爾斯和維吉尼亞・吳爾芙受邀參加在毛姆家舉辦的晚宴，阿諾德・貝內特滿懷羨慕地說：「太棒了，這傢伙的書房比我家的客廳都大。」毛姆將這次搬家歸結為西芮的社交野心，溫德漢姆廣場已經滿足不了她了，她希望在招待客人的奢華程度上更上一層樓。其實，最早提議搬家的是毛姆，而她發現這麼做確實大有好處，不僅可以招待客人，還可以把新家當成室內裝飾品和「修復」後家具現貨的展示廳。過了一段時間，毛姆才反應過來為什麼今天晚上坐的沙發第二天早上就不見了，為什麼家裡的桌椅可以詢價。但最初毛姆也很滿意這個新家，他告訴伯特・阿蘭森：「太寬敞了，感謝《雨》讓這一切成為可能。」

《雨》的版稅還支付了巴黎十六區噴泉街65號一間小公寓的房租，傑拉德住在這裡，同時毛姆也在這裡度過了不可避免的分居時光。巴黎畢竟比佛羅倫斯更近、更方便。到目前為止，他們已經交往了快十年，他們在同性戀圈子裡被視為模範情侶。艾迪・諾伯洛克打算把他的藍領男友從美國帶到英國一起生活時向毛姆徵求意見。毛姆仔細考慮了一下該如何回覆他，最後他說：「為了你好，也為了他好，我想，你在把他帶離他所熟悉的生活和未來之前應該慎重地考慮……美國的標準和我們這裡的標準截然不同，我想你會受到很大震動，除非你對布魯斯的喜愛強烈到其餘的一切都無所謂。」毛姆和傑拉德的情況則不同，他們沒有社會階層的差異，傑拉德也不會來倫敦生活。儘管如此，他們之間也有問題。

30歲時的哈克斯頓已經變成了一個徹頭徹尾的浪子。兒時他被母親寵愛驕縱，現在被毛姆寵愛驕縱。他是個聰明的男人，懂英文和法文，但除了在戰爭期間工作過一陣子，幾乎從沒有過自己的營生。沒這個心思，又缺乏自律精神，長期無所事事的他很容易過上花天酒地的生活。傑拉德是個酒徒，癡迷賭博，經常債台高築，遇到問題都是他的恩主默默替他擺平。找樂子總得付出點代價，不是嗎？傑拉德在性方面也很沒有責任感。在諾曼・道格拉斯看來，傑拉德「迷人，但非常淘氣。」他經常出沒於巴黎拉佩街那些名聲不好的酒吧和夜總會，這裡是著名的種類繁雜的同性戀市場。毛姆在他的小說《剃刀邊緣》中描述過這條街，「那是一條寒傖狹窄的巷子……男人和眼睛化了妝的矮胖男孩子跳舞。」哈克斯頓偏愛少年，同時也很樂意勾引任何可能上鉤的女性——女僕、初入社交界的少女和已婚婦女，他甚至試圖引誘過傑拉德・凱利的太太簡——有時，也會對特別年輕的女孩下手。他曾吹噓在暹羅用一罐煉乳換了一個12歲的女孩。毛姆的一個同性戀朋友說過，「他從一個淘氣的男孩變成了一個邪惡的男人。他比我們大多數人脫褲子的頻率都勤，而且總是在最不可思議的臥室裡。」

對毛姆來說，傑拉德令他無法抗拒。毛姆癡迷傑拉德，跟他在一起時生氣勃勃，而且非常信賴他對自己作品的看法。雷貝嘉・韋斯特觀察了這對情侶很多年之後說：「傑拉德很可能是唯一讓毛姆真正感覺舒服自在的人……傑拉德就是他的那杯『茶』。」兩人的關係很複雜，不是輕易能看明白的。看到他們在一起的人有時會對傑拉德的無禮感到震驚，傑拉德揮動煙嘴，蠻橫地讓房間另一頭的毛姆過來給他斟酒。「那個英俊的青年懶洋洋地坐在扶手椅上，一條光腿搭在扶手上，舉著杯子要酒喝。那個上了年紀的天才……奠酒，就像為一個年輕的神獻祭。」然而，旁觀者沒能理解這種「同謀共犯」的關係，二人結合的本質以及這場性權力博弈複雜的規則。不止如此，雖然傑拉德的行為經常把他搞得心煩意亂，但他對傑拉德的感情中有保護欲和父愛的成分，他明白這個青年的脆弱，那是一種深埋於內心，其他人無法看到的脆弱。當毛姆生病或心情低落時，傑拉德身上有一種想不到的溫柔，這是一個與患病的母親生活在一起的獨生子才懂得的愛心和關照。最重要的是，哈克斯頓危險的那一面和他身上的壞孩子氣令毛姆沉迷。傑拉德毫無拘束、縱情享樂、自由破壞，但這一切都在毛姆的掌控之中。

相比哈克斯頓對危險和放蕩的喜愛，毛姆的口味似乎循規蹈矩。他喜歡性，很喜歡，基本上碰見漂亮的青年都會求歡，但他喜歡的方式確實簡單傳統。「威利的性生活不一定道德，但極其簡單。」他的同性戀朋友、作家格連威・威斯考特評論道。一次，他和毛姆一起端詳一幅男女用「傳教士」姿勢做愛的裸體畫，毛姆說，可惜兩個男人不能這麼做。「我沒忍心告訴他。」威斯考特說。傑拉德在身邊對毛姆有很大影響，即使不再是或不經常是性夥伴，他們仍密切參與彼此的性活動。哈克斯頓很清楚毛姆特別挑剔，回避放蕩和名聲不好的地方。喬治・丘克[1]說：「傑拉德・哈克斯頓對威利來說太棒了，他讓威利保持與貧民區的聯繫。」因此，是哈克斯頓出入酒吧，流連街巷，挑人，做交易。一次在墨西哥城，他帶回酒店一個年輕的男孩，男孩在準備服務前，跪下來祈禱，在胸前畫十字。

1923年8月9日，哈克斯頓患病的母親莎拉去世。她已經快十年沒見過傑拉德了，倒是毛姆像個孝順的女婿一樣跟她保持著聯繫，只要回英國就去看望她。「我對她很有感情。」毛姆告訴伯特・阿蘭森，「只是，她這輩子過得太苦了……我很欣慰她終於死了。」傑拉德心懷愧疚和悲痛，想

❶ George Cukor，1899-1983，好萊塢經典時期卓越的女性片導演和同性戀導演。他的代表作有《費城故事》、《煤氣燈下》、《窈窕淑女》等。

起母親患病、孤獨、貧窮，而最愛的獨子卻不在她身邊，想起她淒慘的一生，心裡就很難受。

九月底，他們動身去美國，正好散散心。在紐約的兩個半月，毛姆和哈克斯頓過得很開心，儘管毛姆的新戲遭遇滑鐵盧。《駱駝背》這個名字並非源自「壓在駱駝背上的最後一根稻草」，而是出自哈姆雷特戲弄波隆尼爾那一幕。

> 哈姆雷特：你看見那片像駱駝一樣的雲嗎？
> 波隆尼爾：噯喲，它真的像一頭駱駝。

這部戲講的是家人報復家裡專橫的暴君，假裝把他當成瘋子。11月13日，《駱駝背》在范德比爾特劇院上演，只演了15場，第二年在倫敦的表現稍好一些。毛姆的心情並未被這次小小的挫敗干擾到，他更感興趣的是跟赫斯特雜誌集團的主編簽約，他要為《柯夢波丹》、《好管家》和《哈潑時尚》雜誌寫一系列短篇小說，每篇的稿酬是2500美元。他們還和查理・卓別林一起看了場戲，毛姆對這位明星的受歡迎程度印象頗深。觀眾起立為他鼓掌，為了躲開人群，他必須走邊門，從兩萬人中間擠出去。卓別林顯然很開心，毛姆忍不住會想，面對面接受歡呼喝彩肯定是令人陶醉的經歷。十二月底，他們回到歐洲，毛姆和傑拉德在巴黎住了幾日，參加了一場喧鬧的新年聚會，一直狂歡到凌晨。

接下來的幾個月毛姆是在倫敦度過的，主要任務是寫小說《面紗》，這本書將於第二年春天出版。1926年他只有一部虛構作品以書的形式出版，那就是《九月公主和夜鶯》。瑪麗皇后圖書館向200名作家徵集微型手稿，用來裝飾由埃德溫・魯琴斯爵士設計在溫布利的大英帝國展覽會上展出的「玩偶之家」，這本書是毛姆為此項活動做出的貢獻。每本小書一點5英寸高，黃牛皮封面，裡面有皇后的藏書票，書的內容由作家們——湯瑪斯・哈代、巴里、吉卜林、希萊爾・貝洛克[1]和柯南・道爾親自用很小的字體抄寫。毛姆講了一個童話故事：一個小公主喜歡上一隻夜鶯，太喜歡它了，不想讓它飛走，於是把它裝進一隻金鳥籠裡；成為囚徒的小鳥不吃飯，也不唱歌，公主意識到除非放了它，否則它會死掉。「你自由了。」最後，她對它說，「我愛你，所以讓你過你想要的幸福生活。」

寫完《面紗》，毛姆的心情又躁動起來，開始計畫去中美洲旅行，順便尋找新的寫作素材。他寫信給最近結婚的伯特・阿蘭森，祝賀他有了新的身分，並讓阿蘭森給他介紹在墨西哥的熟人。1924年，毛姆和哈克斯頓再次橫渡大西洋。他們在船上遇到了很多朋友，其中有年輕的劇作家諾爾・寇威爾[2]，他們初次見面是在1918年。儘管他們喜歡彼此，尊重彼此的作品，但從來沒有走得太近，主要原因是，寇威爾太喜歡西芮了，所以不可能和毛姆保持密切的關係。乘客中還有為《蘇伊士之東》作曲的尤金・古森斯[3]和這部戲的導演貝西・迪恩。古森斯是個玩牌高手，大部分時間在橋牌室和傑拉德一起度過，迪恩則忙著讀劇本。「我盡量避開哈克斯頓。」後來，他在自傳中意味深長地寫道。毛姆在紐約認識

---

[1] Hilaire Belloc，1870-1953年，英國作家。他的詩作想像力豐富、語氣輕鬆幽默，如《頑童與野獸》和《警戒故事》。他還撰寫小說、隨筆、歷史、評論、遊記和傳記。

[2] Noël Coward，1899-1973， 英國演員、劇作家、流行音樂作曲家。

[3] Eugene Goossens，1893-1962，英國作曲家、指揮家。以演奏現代音樂及創作雙簧管協奏曲聞名。被譽為20世紀著名的指揮家和作曲家之一。

了卡爾・范・韋克滕[1]並和他成為一輩子的朋友。

范・韋克滕身材高大魁梧，比毛姆小六歲，是個了不起的多面手——芭蕾舞評論家、歌劇和爵士樂愛好者，哈林文藝復興[2]著名的推手之一，小說家、散文家，藝術和知識圈裡的頭面人物。雖然結過兩次婚，但其實他是同性戀，天生的花花公子，雖然表面上看不出來，但他很擅長開玩笑。他們是在毛姆和哈克斯頓離開紐約的前一天認識的，范・韋克滕帶他們去了哈林區的一家妓院，這之前，他把一本他最近出版的獻給休・沃波爾的小說《紋身的伯爵夫人》送給了毛姆。三天後，范・韋克滕激動地收到他的新朋友從紐奧良寄來的信，毛姆表示非常喜歡這本書。

毛姆和哈克斯頓在紐奧良短暫逗留後越過邊境來到墨西哥。「我必須承認，我對墨西哥很失望。」在墨西哥首都陰冷多雨的天氣裡待了兩個星期後，毛姆給艾迪・諾伯洛克寫信道：「除了西班牙人帶來的文明，我沒有找到什麼特別有趣的東西。墨西哥城並不令人興奮，我想，我們不會在這裡待太久。我的主要目的當然是為寫小說尋找素材，但就目前來說，一點可能性都沒有……真是令人氣惱，跑這麼老遠浪費時間，但我想，總得嘗試一下，這也是沒辦法的事。」實際上，並非完全浪費時間，他還是挖掘出了兩個墨西哥主題的故事素材。《帶傷疤的人》講的是一個勇敢的反叛者在最後時刻被人從行刑隊的槍口下解救下來的故事。還有一篇是

[1] Carl Van Vechten，1880-1964，美國作家。開始創作小說之前，他是文學、音樂及戲劇評論家。1932年，他放棄寫作，轉向攝影，並在該領域成名。

[2] 哈林文藝復興是於1919至1930中期，一場非官方承認的運動。主要內容是反對種族歧視，批判並否定湯姆叔叔型馴順的舊黑人形象，鼓勵黑人作家在藝術創作中歌頌新黑人的精神，樹立新黑人的形象。由於新黑人運動是哈林文藝復興的主要內容，因此有人把這次文藝復興稱作新黑人文藝復興。

《歇業》，說的是一個當地妓院老鴇精明的商業頭腦，不過，字裡行間透露出作者缺乏對二者的了解。與中國和馬來西亞不一樣，這個國家沒有佔優勢的移民群體，外國居民雖然人數眾多，但來自不同的國家，無法給毛姆提供令他著迷的那種特別的殖民氛圍。

另一位英國作家的反應則大不相同。這時，D·H·勞倫斯和他的妻子弗里達還有他們的畫家朋友桃樂絲·布萊特也來到墨西哥城，這個國家和這裡的人給了 D·H·勞倫斯巨大的靈感。勞倫斯沒見到毛姆，但聽說他也在墨西哥城，就派人從他入住的那家樸素的旅館給毛姆送去一張言辭客氣的便條。「親愛的薩默塞特·毛姆，」他寫道，「我覺得，兩個如你我這樣的英國文人不該像夜間的輪船那樣各走各路，中間隔著一片廣闊的海洋。你願意來我處吃頓午飯嗎？如果願意，可以打電話，或留個口信。」毛姆發了一封拒絕的電報，說馬上要動身去庫埃納瓦卡。勞倫斯出名的臉皮薄，這個回覆讓他感覺自己被怠慢了。四天後的10月25號，勞倫斯在給一個朋友的信中忿忿地寫道：「他該死的眼力和作品……一個說起話來結結巴巴、心胸狹隘的『藝術家』……有點酸腐，緊張不安，唯恐在耶誕節前創作不出一篇毛姆作品，好像他會寫砸了似的！」

又過了一個月，毛姆回到墨西哥城，幾天後再次動身去猶加敦半島，這期間他們終於見了面。美國著名人類學家熱里亞·納托爾邀請他和哈克斯頓、桃樂絲·布萊特和勞倫斯夫婦在她位於科約阿坎區一幢16世紀的別墅裡共進午餐。博學的納托爾穿著優雅的黑絲連衣裙熱情歡迎她的客人，帶他們參觀她美麗的花園。本來這是一個愉快的場合，但氣氛很快就惡化了。傑拉德的一句話冒犯了女主人。桃樂絲·布萊特在沙撈越的妹妹對哈克斯頓和毛姆頗有微詞，所以她本來就對他們沒什麼好印象。毛姆悶悶不樂，勞倫斯神經緊張、咄咄逼人，毛姆對他的冷淡令他憤怒。弗里達・勞倫斯被安排坐在毛姆身邊，「我問他覺得墨西哥怎麼樣，他氣呼呼地回答：『你想讓我欣賞戴大帽子的人嗎？』我說，『我不在乎你欣賞什麼。』」接下來，午餐陷入刻薄的氣氛之中。後來，勞倫斯形容毛姆「非常不招人待見」，「我不喜歡他」，「有點酸腐」，顯然，他認為用「酸腐」這個詞形容毛姆很恰當。四年後，他在給《英國間諜阿申登》挑刺時又用了一次。毛姆在回敬勞倫斯時將他形容為「一個病人，又很易怒……心理被貧窮扭曲了，長了令自己痛苦的妒忌毒瘤。」

去過墨西哥城後，他們繼續前行，去了猶加敦半島、古巴（和大西洋城差不多）、牙買加、英屬洪都拉斯，最後來到瓜地馬拉。從瓜地馬拉市他們又坐船到了印度支那的順化，從那兒經西貢乘船去了馬賽。旅行期間，他盡量每天寫日記，改編《信》的舞台劇本，向他在紐約和倫敦的經紀人下達關於商務、電影版權銷售、新戲製作，以及把小說發表在不同報紙上等指令。乘船回家前不久，毛姆向艾迪・諾伯洛克總結了自己的職業位置。

> ……我得出一個結論，我的異國素材寫作已經走到了盡頭。當然，我做的筆記還可以寫成很多我將來的小說，但我沒有能力吸收的東西太多了。我毫不懷疑別的作家能根據這裡和東方創作出小說和戲劇，但我自己已經做不出更多了……不管怎麼說，我現在收集到的材料還夠我寫個四五年的。

1925年3月底，毛姆回到倫敦，正好趕上《面紗》出版（《面紗》的書名出自雪萊的十四行詩：「別揭開被活人稱為生活的彩色面紗。」）。這篇小說最先在《納許》雜誌上連載，當時兩個主人公的姓不是費恩，而是萊恩，但有個萊恩先生告毛姆誹謗，最後給了他250英鎊他才撤訴，作者答應改名字。《面紗》以書的形式出版後又遇到了麻煩，由於書中那個通姦的角色是香港助理布政司，香港政府要求作者更改故事發生地。可惜，做完這些改動，兩次印刷的4000本書已經售罄，很多本送給了媒體，這些書必須全部召回。儘管這本書立刻躍上美國暢銷書榜，銷量超過10萬冊，並獲得了諸多好評，但毛姆仍然覺得他的出版人喬治・多蘭在推銷這本小說時不夠賣力。這一次不是財務上的問題。毛姆向他的經紀人查爾斯・唐恩解釋說：「我並不急於靠一本書賺大錢，我希望盡可能讓更多的人讀到它。我追求的是卓越，不是利潤。」多蘭在宣傳《面紗》時似乎不夠積極。「他就像賣茶葉一樣，任憑其自身價值銷售，完全是機械而無效的廣告。」他抱怨道，「我不希望多蘭把我當成一隻定期下一枚金蛋的鵝。」

只有毛姆身邊的人才能讀出他在《面紗》中描寫了他的哥哥 F. H.。毛姆承認沃爾特・費恩的很多性格特點來自 F. H.，比如，羞澀、傲慢、冷淡和鋼鐵般的自控力，但在凱蒂的父親伯納德・賈斯汀身上也能看到 F. H. 的影子，他也是律師，一個沉默孤獨的人，時常心情抑鬱。賈斯汀令人同情，遭到他自私且有野心的家人鄙視，基本上被她們置之不理。

> 她們從未想過這位順從的矮小男人心裡想的是什麼。他起早出門，夜晚準時回家換衣就餐。他對他們來

說是個陌生人，但他是她們的父親，自然應當愛她們，疼著她們。

F. H. 在家裡也處於這種強加給自己的孤立狀態，他在內庭工作到很晚才回家，一個人待在書房裡，只在吃晚餐時現身。但和賈斯汀不一樣的是，他沒有被兩個女兒輕視，F. H. 的孩子們怕他，他冰冷、挑剔，和孩子們關係疏遠。他從未靠近過兒童房或教室，用餐時話也不多，開口就是指責，他傲慢的態度——說話時戴上單片眼鏡——讓他的批評顯得越發刻薄。實際上，可悲的是，F. H. 冰冷的外表下也有對情感的渴望，但在家裡無法表達。出了家門，他要活潑得多。薩維爾俱樂部的人認為他親切有趣，很多年輕律師也會回憶起他的友善，他有過一個秘密情人，想必他在這個女人面前會更和善。他對奈麗的態度很冷淡，動不動就發脾氣，也做不到隨意放鬆地對待孩子。毛姆從未與 F. H. 親近過，但他同情這個男人，洞察到他隱藏於內心的孤獨，在更深的層面上懂得他是怎樣一個人。F. H. 內在的憂傷被他的弟弟借賈斯汀的形象感人地描繪了出來。

姐妹倆缺少的父愛被母愛彌補了，奈麗積極參與她們生活的方方面面。她喜愛兩個女兒，和她們一起玩耍，讀書給她們聽，傾聽她們的祈禱，安排全家人去羅姆尼沼澤的小石城海邊別墅度假，F. H. 喜歡在那裡打高爾夫。有時，毛姆也會跟他一起打，來小石城住上一兩晚。有一次他打趣奈麗關於極樂的概念是「在呼嘯的狂風中吃冷羊肉。」凱特、昂娜和黛安娜出生於1900年前後，1916年，他們的父母結婚二十年後，她們當時已近成年，令所有人驚訝的是，奈麗又生了一個男孩。羅伯特・西席・羅默，也就是大家所說的羅賓。

作為家中獨子的他本應激發父親更多的愛，然而，父親對他的態度更冷淡。「我出生時，父親50歲，」羅賓後來寫道，「半個世紀隔在我們中間當然是使我們的關係變得困難的原因之一。」很多年間，羅賓從父親那兒得到的只有無情的拒絕。他的父母本來不想要他，即使後來母親愛他，對他也很嚴厲，奈麗認為男孩和女孩不一樣，男孩必須吃苦，拒絕給予他任何形式的縱容。結果，羅賓的童年生活很悲慘，大部分時間不在家人身邊，照顧他的是一個又一個保姆和家庭教師。他比堂姐麗莎差不多小整整一歲，有時，西芮會帶麗莎去卡多根廣場的托兒所喝茶，西芮在樓下和奈麗聊天。妯娌倆成了好朋友，她們關起門來，坐在客廳的沙發上，分享兩人與各自丈夫相處的難事。這兩對夫妻都配錯了，兩個活潑、愛交際的女人都嫁給了極其有自控力且控制欲極強的聰明男人，而且兩個人的感情都傾注在別處。如果說，奈麗不知道丈夫有情婦，西芮則太清楚她的長期情敵傑拉德・哈克斯頓所代表的危險。她在嫁給毛姆前幾年就知道有哈克斯頓這麼個人，但沒有定睛瞧過他，現在，這個情形即將改變。

丈夫在國外的半年裡，西芮的事業做得風生水起，她將店鋪從貝克街搬到時髦的梅費爾地區。她不僅售賣家具，還做起了設計的生意，裝飾房間、公寓，甚至整棟房子。最近，她在諾曼第海邊的勒圖凱蓋了幢房子，很快那裡就成為富有英國人青睞的目的地。人們從克羅伊登的小飛機場坐飛機過去，或者乘渡船去布洛涅，或者開車從里維耶拉過去，在那裡逗留一個周末，賭博、打高爾夫球，洗海澡。坐落於一片松樹林裡的伊萊札別墅為西芮的現代主義裝飾風格提供了完美的背景，寬敞的客廳被漆成米色和白色，落地窗外是一大片草坪，大壁爐是白色的，地板上鋪著米色的羊皮，椅子和巨大的沙發是米色的，餐廳是白色的，瓷器和刀具是白色的，白色的絲綢窗簾，天然橡木椅上也蒙著白色的皮子。

儘管西芮正確地預估了伊萊札別墅可以展示她的作品，讓她輕鬆打入塞納河谷的古著店和古董店，但這個計畫花費巨大，她手頭沒那麼多現錢，只能到處籌款。於是，乘船從順化出發前不久，毛姆得知了一個令他極為惱怒的消息，那個夏天，西芮把布萊恩斯滕廣場的房子租出去了，她打算在切爾西租個房子住，給毛姆準備了一間臥室兼起居室。「我當然不能在國王路的一個臥室兼起居室裡工作，」他向戈爾丁・布萊特表達自己的憤慨，「總之，我太老了，不能像豬一樣擠在一起生活！」幸好房客將租期延遲至七月，毛姆只打算在倫敦住兩三個月，所以，原計劃無須變動。客輪靠近馬賽港時，他腦子裡想的都是回家見到妻子。他寫信給艾迪・諾伯洛克：「我當然不知道回到家裡要面對的是戰爭還是和平，但我必須回去。」

結果，1925年的夏天是二者的結合。和從前一樣，夫婦二人呈現出一種令人信服的和諧表象。藝術青年們圍繞在西芮身旁，文學青年、小說家和劇作家聚在毛姆周圍。他們又開始在布萊恩斯滕廣場的家中舉辦聚會，戲劇人、作家、出版商、畫家、設計師在這裡與上流社會的文化人齊聚一堂。客人裡有喬治・多蘭、艾迪・馬什、珍妮・伊格斯、格拉黛絲・庫珀、艾弗・諾韋洛、H・G・威爾斯、雷貝嘉・韋斯特、諾爾・寇威爾、麥克・阿倫[1]與性情古怪的柏納勳爵[2]、約翰・拉威利爵士[3]和拉威利夫人[4]，還有戲劇界的同行內德・萊瑟姆、希特維爾夫婦和吉尼斯夫婦。有那麼兩回，D・H・勞倫斯枯瘦的身影也出現在43號的台階上，雷吉・特納幫他和毛姆達成了暫時的和解。「別期待我們是一根莖上的兩朵玫瑰，」勞倫斯警告特納，「也許他人不錯，我也不假裝了解他。他想見我的話，我也想見他。」有時還會有國外來的朋友住在毛姆家，比如，小說家西奧多・德萊賽，毛姆不辭辛勞地款待這位美國客人，每天晚上為他調製在紐約很時髦但在倫敦還是新鮮玩意的馬丁尼酒。後來談到此事，德萊賽說，他喜歡當時的一切，除了那糟糕的雞尾酒。

然而，等客人們走後，他們就開始吵架。傑拉德・哈克斯頓的影子一直在越發激烈的爭吵中若隱若現。西芮依舊渴望得到丈夫的感情，如怨婦一般醋意十足，毛姆與可恨的哈克斯頓的性關係折磨著她。後來她的女兒說：「她真的很在乎性這個部分。」她忍不住嘮叨他、責備他，她的尖嗓子嘰哩呱啦地叫，怒斥毛姆，毛姆要麼冷冰冰地退到一邊，實在受不了也會衝著她大吼大叫。可怕的爭吵搞得毛姆筋疲力盡，心情壓抑，經常感到頭痛欲裂。作為一個極其自律，不願吐露心思、感情不外露的男人，被惹得情緒迸發給他帶來極大的震動，他為自己情緒失控而感到羞恥。西芮則恢復得很快，她天生性子急，在與人對抗中茁壯成長，她的雇員都知道她享受每天反覆無常的戲劇場面，毛姆對這種行為模式太熟悉了，直至無比厭煩。

在毛姆看來，這場婚姻已經名存實亡。他和西芮幾乎沒

❶ Michael Arlen，1895-1956，亞美尼亞散文家、短篇和長篇小說家、劇作家，1920年代生活在倫敦時達到事業的頂峰。
❷ Lord Berners，1883-1950，英國古典音樂作曲家、小說家、畫家和唯美主義者。
❸ Sir John Lavery，1856-1941，愛爾蘭畫家，以肖像畫聞名。
❹ Lady Lavery，1886-1935，畫家，約翰・拉威利爵士的第二任妻子。

有共同點，她時髦輕佻的世界不屬於他，她咄咄逼人的佔有欲令他反感，唯有殘存的幾絲年輕時的美貌他曾欣賞過。40好幾的西芮儘管嚴格控制體重，喝無糖的茶，早餐吃麩質麵包卷，但身材還是變得圓滾滾的。她的膚色依然毫無瑕疵，但臉上抹了厚厚的粉，方下巴和大鼻子愈發突出，還搞了個時髦的伊頓頭，頭髮剪得太短，很難看。現在大家都知道毛姆夫婦的關係已經緊張到即將破裂的程度，有時西芮的謾罵會驚到旁人。他們的一些密友試圖從中調停，但很快發現無濟於事。

他們唯一的共識與他們的女兒有關。然而，有關麗莎的話題是他們最激烈的戰場之一，麗莎曾描述父母關於應該如何教育她時的爭吵「彷彿火山噴發一般」。儘管她被母親寵愛著，在很多方面西芮甚至過分驕縱她，但她並未得到很好的照顧，時常感覺孤單寂寞，有時還很可憐。除了兩個堂兄弟偶爾找她來玩，她幾乎沒有同齡的朋友，西芮現在忙著做生意，經常忘了麗莎，把她丟給一個女傭，忙起來幾天不搭理她。在迪納爾海邊度假的第一天，西芮為即將到來的客人做準備，把女兒寄放在海灘上，天黑後，她驚訝地發現一個員警把孩子送了回來，麗莎哭得稀哩嘩啦。就是在這個假期，她目睹了父母一系列激烈的爭吵，有時她會歇斯底里地大叫，有一次她把油彩抹在臉上試圖遮住眼淚。「我有很強烈的不安全感，」談到這個時期的生活時，她說，「我的童年就是幸福童年的反面。」

麗莎現在10歲了，西芮想把她留在家裡，讓家庭教師給她輕鬆地上課。麗莎8歲時得過肺結核，這讓她的母親越發下定決心呵護她。然而，她的父親堅決認為孩子應該送到學校去，受良好的教育，離開她母親的影響，和同齡人交朋友。

於是，麗莎被送到鄉下一所寄宿學校，西芮不停地打電話，擔心麗莎是否過得舒服，是否得到妥善的照顧。一個星期天的晚上，一群參加晚宴的客人目睹了尷尬的一幕，西芮氣得摔了電話。她回到桌旁，她的丈夫嘲笑她：「西-西-西芮和那個可憐的女人發-發脾-脾氣也不能讓情況有所好-好轉。」西芮氣憤地用冷冰冰的口氣回敬她的丈夫，「你說你想要孩子，你撒謊。你根本不想要孩子，你只想當父親。」而此時學校裡的麗莎非常想家，開始用絕食來抗議，直到把自己弄出病來，最後被送到療養院。後來她逃出療養院，乘火車來到倫敦，回到家，懇求父母不要把她送回去。儘管這個場面很感人，毛姆還是不為所動，堅持要她回學校去。麗莎再次逃走，又再次被送回去。她第三次逃出學校後，西芮再也無法忍受，只能耍個花招。她帶麗莎去看眼科醫生，讓醫生在她的眼睛裡滴了一種藥水，暫時讓她看不清東西，眼睛看不見，她就不能去學校了。

毛姆認輸了，不再試圖影響女兒的教育，而是在牛津街的邦珀斯書店以她的名義開了個帳戶，她願意買多少書就買多少書。在母親的監管下，麗莎所受的教育很隨意，有時跟臨時的家庭教師上課，有時在倫敦、芝加哥、拿索、紐約或任何西芮的生意和漫遊的地方上學。到了成年，麗莎的字依然寫得很幼稚，從來沒有學會正確的拼寫。父親收到她的信很是氣惱，指責她的字「簡直像女招待寫的。」另一方面，她穿著入時、經常旅行，她習慣與母親那些久經世故的朋友為伴，看起來也比實際年齡大些。她的同齡人說：「她有一種小小的、相當動人的高貴。她似乎已經步入了社會，像個流浪兒一樣等待著再老幾歲。」

毛姆雖然欣賞西芮的品味和天分，但憎惡她身上唯利是圖的商人氣，妻子開店足以令他感到尷尬，她還在家裡做生意，經常把陌生人帶到家裡來，在他眼皮子底下賣掉一張桌子、一面鏡子，他覺得這種行為十分可惡。一天，他邀請朋友參加午宴，等客人們落座後，他用諷刺的語氣宣布：「我想，我有必要提醒一下大家，女-女-女士們，先生們，抓緊你們的椅子。我幾乎可以肯定地說，它們是對外出-出-出售的。」在外人面前，他假裝這是個玩笑，他們手頭拮据，西芮被迫工作，賣掉舊家具，但內心裡他憎惡這種情形，討厭家裡人來人往，打亂他的工作節奏。女演員凱薩琳・奈絲比特曾在毛姆家住過幾天，她回憶說：「我承認，毛姆能夠禮貌地接受環境的不斷變化令我很吃驚！但終於有一天，西芮做得太過分了。一天晚上，毛姆下樓吃晚飯時發現他那張神聖的書桌從書房裡消失了，所有的文件和手稿被放在另一張桌子上。西芮歡快地說：『明天就會送來一張特別漂亮的新書桌，親愛的。』我以為他會一拳將她擊倒，但他只是說：『我知道了。』說完，他板著臉關上了門。」這張書桌跟了毛姆二十多年，是他搬進切斯特菲爾德大街前買的，他用得非常稱心，是他的工作生活不可分割的一部分。西芮把它賣掉是一種令人憤慨的野蠻行徑，簡直麻木不仁到了極點。毛姆表面上平靜地接受了這個事實，其實壓抑著一腔怒火。後來，他也承認，正是西芮賣掉了他的書桌讓他最終決定結束這場婚姻。

毛姆越來越為妻子的做事方式擔心。西芮的性格裡缺少道德品質，有一種令她挑剔的丈夫震驚的粗劣。她會給商品開出駭人的高價，她的某些行為讓毛姆緊張，她在跟客戶做生意時太不謹慎。她已經收到兩封律師函，對方因為她做假古董索賠，她在同行間的名聲也不怎麼樣。一個美國室內裝潢師回憶道：「她做生意時很狡猾。」另一個人說：「我對西芮略知一二，但我和所有跟她打過交道的人一樣討厭她，她這個人不老實。」還有人說西芮是一個「粗暴的老無賴，除非不得已，否則絕不會付錢。她是個陰謀家，鐵石心腸。」毋庸諱言，毛姆盡可能不攙和妻子的生意往來，但有一件事讓他被迫看清她是一個缺乏誠信的人。

1920年毛姆從中國給西芮帶回來的那條漂亮的金鑲玉項鍊是西芮的最愛，她經常戴在脖子上，還為那條項鍊投保了一大筆錢。一天晚上，她從巴黎進貨後回到家中，一進門就哇哇大哭起來。「我不知道怎麼跟你說好，」她啜泣道，「我把那條玉的項鍊弄丟了。」她說當時她在羅浮宮，一個小偷拽走了她脖子上的項鍊。毛姆盡力安慰她，西芮向保險公司索賠。幾個月後，這家保險公司的一個員工走在和平街上，發現一家珠寶店的櫥窗裡陳列著同樣一條項鍊，詢問後得知是一個「毛姆太太」賣給他們的。幸好退還賠款後，這家保險公司被說服不再追查此事，西芮才免於被起訴。

差不多在同一時間，毛姆開始懷疑西芮口是心非，這種懷疑被她的一位女性朋友證實了。一個外科醫生的妻子芭芭拉・巴克本來站在西芮一邊，但她後來驚訝地發現，西芮到處散布有關她丈夫私生活的謠言，於是越來越同情毛姆。芭芭拉告訴毛姆，西芮不只有一個情人，而是有兩個。這兩個人毛姆都認識，而且對他們評價都很低。其實，毛姆並不在乎妻子有情人，反倒很高興，既然她也有外遇就不能因為他和傑拉德的關係吵鬧了。發現妻子的欺詐行為後緊跟著又發現她的不忠激發了毛姆的想像力，他在三個不同的作品中用到了項鍊這個元素，他用珍珠代替玉石，作為淫蕩和背叛的象徵，這三部作品分別是1924年寫給《好管家》雜誌的短篇小說《萬事通先生》，將近二十年後出版的小說《珍珠項鍊》和1932年的戲劇《服役的報酬》。

毛姆夫婦開始認真討論離婚的事。在毛姆看來，他們的婚姻沒有未來，越早了斷越好。毛姆明確表示，他不可能和傑拉德分開，他很樂意西芮跟他離婚，離婚後各奔前程。但西芮不想離婚。她很享受做毛姆太太的感覺，她還愛著她的丈夫，仍然希望以某種方式達成友好的妥協。帶著這種想法，下一步顯然是和傑拉德見面，她提過這個建議，但當時毛姆拒絕予以考慮。最後，他們決定八月份兩個男人和西芮在她勒圖凱的別墅裡共度一個星期。還是孩子的麗莎是這次重要會面無聲的見證人。她後來回憶道：「一開始就是個災難。我永遠忘不了那幾天可怕的氛圍……無論從哪個方面來講，西芮和我父親都合不來，勒圖凱插曲是結束的真正開始。」

毛姆盡量讓自己對這個建議保持樂觀的態度，同時，為了勇敢地面對這次嚴峻的考驗，他帶傑拉德先去卡布里島度了兩個星期的假，住在約翰・埃林漢姆・布魯克斯的切爾柯拉別墅。這座小島一如既往的誘人，毛姆不止一次想在這裡買房子，找個庇護所安心工作。離開卡布里島後，毛姆和哈克斯頓去了法國阿爾卑斯山區布里德萊班的一個溫泉度假村，他們嚴格做到滴酒不沾，每天打高爾夫和網球。身體練得精實，也休息夠了，1925年8月的第二個星期，毛姆和哈克斯頓來到伊萊札別墅，發現這裡正在舉行家庭聚會。客人裡有諾爾・寇威爾和他英俊的美國情人傑克・威爾遜、前歌舞喜劇明星格蒂・米勒，如今的達德利伯爵夫人、芭芭拉・巴克、魅力四射的德拉維尼亞兄妹、一個叫弗蘭基・列維森的丹麥室內設計師，不久後，他被西芮聘為公司經理，還有一個長得很好看且急於成功的文學青年貝弗利・尼可斯。兩人剛一進門似乎就能觸摸到緊張的氣氛。西芮一襲白衣，濃妝豔抹，過分活潑，為了掩飾緊張，她令人難堪地脫口而出：「各位親愛的！」她誇張地張開雙臂迎接這對情侶。身穿藍色運動上衣和淡藍色褲子的毛姆依舊客氣且疏遠，穿了一件敞胸的襯衫和短褲的傑拉德故作輕鬆，側歪在沙發上抽煙、剔牙，或者專注於雞尾酒托盤。「傑拉德能製造世界上最棒的邊車！」西芮急切地恭維他，還給了傑拉德一個飛吻，傑拉德卻不予理會。有的客人去海邊游泳，有的聊天、讀書，或者在露台上下西洋棋。身材細長優雅穿了一身白色的法蘭絨衣服的寇威爾帶格蒂・達德利去打網球。麗莎走來走去，時而被寵愛，時而被忽視。喝完茶，西芮在貝弗利・尼可斯、哈克斯頓和麗莎的陪伴下開車去見一個古董商，她看上了他店裡的一個普羅旺斯大衣櫥。回來時，哈克斯頓趁麗莎下車時假裝不小心推了一把麗莎，麗莎摔倒在地，膝蓋擦破了皮。晚上，又有幾個人來赴晚宴，其中包括瑞典百萬富翁，人稱「火柴大王」的伊瓦・克魯格，看到克魯格摸打火機，毛姆遞給他一個火柴盒，說：「你好像需要火柴，我親愛的朋友。」大家聽後哈哈大笑。飯後，寇威爾希望聚會繼續下去，彈鋼琴給大家助興，到了大約午夜時分，喝得醉醺醺的哈克斯頓帶幾個年輕的客人去了附近的賭場，其中有貝弗利・尼可斯，後來他在描述當時的情景時說，傑拉德在賭桌上也很養眼，儘管他的臉蛋紅撲撲的，眼神呆滯，無尾禮服上落滿了煙灰。「他大聲叫我，『過來，小帥哥，給我點兒好運氣。』」尼可斯刻板地補充說，「我不喜歡人家這麼叫我。」過了凌晨三點，尼可斯回到別墅，剛爬上床，寇威爾的男朋友傑克・威爾遜也上了他的床，他們正在做愛時，身穿綠色絲質襯衣的寇威爾一臉怒容，破門而入。尼可斯回憶說：「就像49000個中國神一齊大發雷霆。」第二天，羞愧難當的尼可斯告訴西芮他要馬上回家，令他吃驚的是，她當場決定跟他一起走。前往倫敦的港口聯運火車上，她向他傾訴她對傑拉德・哈克斯頓的恐懼和憎惡。她說，哈克斯頓給她丈夫灌輸了對她不利的想法，他是個撒謊精、偽造者、騙子，毫無道德感可言。「只要他認為能佔到一丁點便宜，他會立刻跟鬣狗上床。」這是貝弗利・尼可斯四十年後的版本，這時，故事中的三個主人公——毛姆、西芮和哈克斯頓都已不在人世，尼可斯可以肆無忌憚地報復毛姆，因為毛姆晚年時跟他鬧掰了。他寫了一本名為《人性枷鎖一例》的書，據說分析了毛姆的婚姻，給出了勒圖凱那個周末的真實細節和西芮的情緒狀況。她和尼可斯喜歡彼此，毫無疑問，西芮向他透露過一些情況。但實質上，這本書靠不住，充滿了惡意和刻意的歪曲。舉例來說，尼可斯在書中聲稱，到他房間來的不是威爾遜，而是哈克斯頓，將他們捉姦在床的不是寇威爾，而是毛姆。他後來在信中向寇威爾的秘書科爾・萊斯麗承認，這個故事是他捏造的。當然，他的版本跟毛姆的比起來更富戲劇性，毛姆相信，這次帶著哈克斯頓與西芮見面儘管氣氛緊張，充滿各種無法言說的焦慮，但不可謂不成功。「我去了勒圖凱，在那裡待了一個星期。西芮很友好，盡可能的友好，而且顯然急於讓事情有所進展。」他寫信給艾迪・諾伯洛克。看來，毛姆沒覺得西芮和尼可斯提前離開有何蹊蹺之處。顯然，夫妻倆進行了一番嚴肅的談話，毛姆絕不會動搖決心。「我希望，」他在信中繼續說，「西芮停止向她所有的朋友抱怨我……但如果她向你抱怨，請幫我一個忙，提醒她一下，她只要說出那個詞就可以了，我很願意離婚。我不會改變自己的，她要麼忍受這樣一個我，要麼鼓起勇氣跟我一刀兩斷。」

這封信寄出後，1925年10月，毛姆和哈克斯頓已經在再次前往遠東的路上了。他們於11月初來到新加坡，在這裡待了三個星期後去了曼谷，接著去了婆羅洲和汶萊。1月19日，他們坐火車來到阿皮亞，成為總督府的座上賓。1月23日，他們乘「達弗爾號」去山打根，並經由馬尼拉去了香港。毛姆通過新加坡的一個旅行社雇了一個僕人。阿金這個性情溫和的20歲的小夥子令他們驚奇。「他會做飯，會服侍人，會收拾行李，會伺候用餐。他手腳麻利、整潔、沉默……沒有什麼令他驚訝，沒有災難能讓他害怕，沒有困難令他氣惱，沒有什麼新奇的玩意能讓他措手不及。他永遠不知疲倦，整天面帶微笑。我從沒見過脾氣這麼好的人。」阿金只有一個缺點，雖然會說幾句英語，但他幾乎一個字也聽不懂，給溝通造成了困難。六個月過去後，毛姆付給他錢時，他驚訝地看到阿金哭了。阿金後來又出現在他1932年的小說《偏僻的角落》❶裡。毛姆在1920年代的遠東之旅中收集到的故事結

❶ 書名出自馬可・奧里略的《馬上沉思錄》中的那句「每個人生存的時間都是短暫的，他在地上居住的那個角落是狹小的。中文版的譯名為《偏僻的角落》。

成兩本集子出版——1926年的《木麻黃樹》和1933年的《阿金》，書中收錄了毛姆此類題材中最優秀的作品，毛姆依然被公認為短篇小說大師。毛姆自己也承認，長度為12000字左右的短篇小說他寫起來最得心應手。風格流暢，看似毫不費力，故事結構緊湊，觀察入微，充分體現了毛姆所珍視的三大優點：清晰、簡潔和悅耳。作為小說家，毛姆是個現實主義者，他的想像力需要真實的人物和事件做基礎，因此，廣泛的旅行讓他可以從私密的個人和家庭的立場探索主題。在傾聽他人故事的幾個月裡，他似乎發展出照相底片般的靈敏度。他精明、不妥協，富有同情心、風趣，幾乎從不評判那些並非可敬的人做出的駭人行為。他寫普通人，容易犯錯的人，他了解並理解的人，中產階級的白人專業人士，當有人問他為什麼從不嘗試描述土著的生活時，他回答說，因為他不相信任何歐洲人能了解到他們的內在，到頭來無非是一些膚淺的印象加上許多常規的偏見罷了。

很多人直至今日仍將廣受好評的東方故事與毛姆聯繫在一起。安東尼・伯吉斯[1]說：「他（毛姆）觀察的廣度以及樂於探索禁忌的道德領域給英文小說注入了新鮮的血液。」小說家萊・波・哈特利在評論《木麻黃樹》時說：「毛姆的作品近乎完美。」西里爾・康諾利將《木麻黃樹》收入由他主編的最有影響力的合集《現代主義運動——1880至1950年英、法、美代表作一百種》，康諾利稱讚毛姆是「體裁大師」。他說，「毛姆做到了無言的凶猛和克制的無情……這是以前從未有人寫過的，他準確地描繪了生活在遠東的英國

[1] Anthony Burgess，1917-1993，英國當代著名作家，在小說中頻頻展現「自由意志」和「命中注定受天主拯救」觀點之間的對立。代表作有《發條橘子》。

人——法官、種植園主、公務員和他們的女眷……」身處東方的英國殖民者的生活中瀰漫著孤獨感和背井離鄉，這個主題在《駐地分署》中得到了最好的體現。詩人愛德溫・繆爾將這個短篇小說形容為「我們這個時代當仁不讓的最好的短篇小說之一。」《阿金》中出現了最早的第一人稱敘述者，《月亮和六便士》中對第一人稱敘述大量加以練習。毛姆越來越依賴這種寫法，並將它發展成一種個人特色。第一人稱中的「我」幾乎就是毛姆本人，溫和、友善、喜歡讀書、打橋牌，對他人的生活充滿不饜足的好奇心。典型的這類小說通常以一種隨意的口吻開頭，提供很多自傳性的細節，讀者毫不費力便被帶入當時的情境，然後小說就變成了朋友講述的趣聞軼事。

1926年3月，毛姆回到歐洲，此前回程的大部分時間他被迫待在船艙裡，他又犯了瘧疾。他乘坐法國輪船從西貢到馬賽，三十多天的時間太過漫長難熬，他給阿蘭森寫信說：「謝天謝地，給你寫信這會兒，我從吸煙室的窗戶望出去，剛好看到陽光下閃閃發光的科西嘉海岸。」這時，他剛收到西芮的一封信，告訴他，她正在紐約做生意，布萊恩斯滕廣場的家又被她租出去了。「我厭倦了四處流浪，好想安安靜靜待在家裡，可是現在我沒有家，」他告訴阿蘭森，「家庭糾紛，到底是永久的，還是暫時的，我還不知道，只是現在我的頭上沒有屋簷。」

身體依然不適的毛姆和哈克斯頓住進了普羅旺斯一家舒適的酒店，但他越琢磨越覺得無法忍受自己竟然有家不能回。西芮把布萊恩斯滕廣場當成她一個人的家隨意處置，完全不顧及他的想法。現在的首要任務是在國外買處房子，和傑拉德一起生活，西芮只有接到邀請才能來。他從西芮來信的字裡行間謹慎地讀出，她似乎改主意了，有接受合法分居的可能。「我忍不住會想，她終於決定分手了。」毛姆滿懷希望地寫信給諾伯洛克，「儘管我無法想像到底是什麼讓她來了一個180度大轉彎，去年秋天我離開她時，她根本想都不會想。如果你聽到什麼跟我的利益相關的消息，我相信你會告訴我的。」

1926年5月3日毛姆回到倫敦時正好趕上大罷工，為期十天的大罷工給知識階層提供了一個千載難逢的機會，可以嘗試當一下火車司機、公車司機、報刊編輯和員警。就連左派人士也認為這個機會很誘人，毛姆通過公訴部門的一個朋友在蘇格蘭場找了份差事——做偵探。大罷工結束後，房客走了，西芮從紐約回來了，夫婦倆開始鄭重地協商，兩人似乎頭一次達成了雙方都能接受的協定：布萊恩斯滕廣場將被出售，西芮將用售房款給自己買套房子，毛姆則在國外尋找永久的基地，在法國南部的里維耶拉，而不是卡布里島，經過深思熟慮後，毛姆覺得去卡布里島不太方便。

毛姆並沒有急於找房子，當時他公務纏身。他在商談《雨》的電影版權，《卡洛琳》也重新登上表演屋的舞台，毛姆還有一部新戲《忠實的妻子》，赫斯特雜誌不停地催稿，還有跟紐約出版商喬治・多蘭的問題也有待解決。毛姆在國外時，查爾斯・唐恩和喬治・多蘭簽了一份新合約，令毛姆氣憤的是，他這輩子似乎都要交給這個公司了，而且條件大不如前。毛姆大為光火，認為這份合約不僅讓自己什麼也得不到，反而奪去了他最在乎的行動自由。幾個月後，多蘭的公司併入達博岱公司，唐恩辭職，當上了《哈潑時尚》雜誌的主編。雖然毛姆認為唐恩太獨斷專行，但仍然覺得他是個不錯的人。

布萊恩斯滕廣場的房子待售期間，毛姆不願意留在倫敦，他先去了布里德萊班，接著去了卡布里島，然後去薩爾斯堡和西芮一起過節。八月，他回到倫敦，但只做短暫停留後就於九月底去美國出席《忠實的妻子》的首演。到了紐約，他給伯特・阿蘭森寫信，報告了一個令人激動的消息。看了很多房子，他終於在里維耶拉的費拉角找到了一個合適的，那座房子破舊不堪，長期無人居住，修復需要花一大筆錢。這幢房子位於費拉角頂部，建於20世紀初，帶有一點摩爾風格的建築特色，因此取名瑪萊斯科別墅（Villa La Mauresque，原意是摩爾人的別墅。）。他告訴阿蘭森：「從那兒到火車站和碼頭只需二十分鐘，可以乘火車去南安普敦，坐船去紐約。過去的半年裡，我一直在跟房主的代理人討價還價，最後，他接受了我給出的價格。現在，我擁有了9公頃的土地和位於尼斯到蒙地卡羅半路上的一幢別墅。」

第十一章
瑪萊斯科別墅

瑪萊斯科別墅和薩默塞特·毛姆，薩默塞特·毛姆和瑪萊斯科別墅，在近四十年的時間裡，二者之間有著千絲萬縷的聯繫。這幢房子是傳奇織物中最昂貴、最奢華的那條紗線，被參觀、錄影、拍照，被無數文章描寫過，被視作全世界最著名的作家之一令人敬畏和迷人的異國背景。如果說別墅本身並沒有什麼了不起的建築價值，它所處的位置卻是一流的，從那裡可以俯瞰大海，隱藏在費拉角頂部的樹木之間，林木茂密的海角伸進地中海。西邊是尼斯、坎城和廣闊的天使灣，東邊是博略、蒙地卡羅和義大利里維耶拉，背後是白雪覆蓋的濱海阿爾卑斯的山峰，寬闊蔚藍的大海伸展在眼前，晴朗的日子裡可以瞥見地平線上科西嘉島模糊的輪廓。這裡是法國南部，有溫暖、陽光、鮮亮的色彩，有赤褐色屋頂的白房子和讓人聯想到熱帶的茂密植被，含羞草和夾竹桃，絲蘭和九重葛，橄欖和棕櫚樹。費拉角的大部分土地於20世紀初被比利時國王利奧波德二世買下，他在這裡為自己建造了一座宮殿，1906年又在附近給他年邁的懺悔牧師蓋了一座房子。這位查蒙頓先生在阿爾及利亞度過大半生，希望在他習慣了的摩爾風格的房子裡終老，這也是可以理解的。因此，這座方形的白色別墅有馬蹄窗和摩爾風格的拱門，屋頂上有一個大穹頂，一側有宏偉的、帶圓柱的威尼斯門廊。

毛姆對他新購入的房子非常著迷，認為7000英鎊的價格十分公道，他終於找到了一個比卡布里島更令他滿意的地方。他雇了一個當地的建築師亨利・德爾莫特將房子恢復原貌。室內建了一座寬敞安靜的庭院，與一個餐廳和一個長且挑高的客廳相連，夏天，高高的窗戶保持室內涼爽，將耀眼的陽光關在外面。沿大廳的白色大理石樓梯上去是一條走廊，周圍是臥室和浴室，除了毛姆和哈克斯頓的套間，還有雙人臥室和供客人使用的更衣室。此外，一樓還有兩個單人臥室。在建築的最頂部，沿木樓梯通向屋頂平台的地方是毛姆的書房，一個與其餘部分隔開的私人空間。從落地窗進來，室內寬敞通風，視野寬闊，可以俯瞰松樹梢、高山和大海。毛姆說，颳西北風時，獨自一人在高山別墅裡，感覺像在船甲板上。

建築工人在刷牆或敲敲打打時，毛姆則把注意力轉向雜草叢生的陡峭山坡。他從來沒有過一塊屬於自己的可耕種的土地。第一次看到它時，這裡是一片茂密的叢林，有松樹、含羞草和蘆薈，下面亂糟糟地生長著野生的迷迭香和麝香草。將雜草清除、地面填平後，他種上了花灌木，山茶花、木槿和九重葛，挖出一片蓮花池，房子外面的平台上，用橙樹和檸檬樹組成正式的圖案。成千上萬棵球莖被埋入土中，這在地中海地區極為罕見，還在草坪上鋪植草皮，毛姆欣然承認，這是有錢人才會幹的荒唐事。「草在里維耶拉是極大的奢侈品，它忍受不了漫長炎熱的夏日，每到春末必須挖出來，到了秋天再鋪上去」。然而，他無法忘懷英國鄉村光滑油綠的草地，希望自己也擁有同樣的東西。「我在通向大門口的車道兩邊鋪設了草坪，做出一條寬闊的綠色通道，在松樹下一直蜿蜒到花園的盡頭。」房子頂部有玻璃溫室和家庭菜園，沿著一段隱藏在樹籬中的石階可以下到一座網球場。他還讓工人挖出一個長形的大理石游泳池，每個角落裡放一塊從義大利運來的漂亮的鉛製松果。泳池的一端有一塊跳水板，另一端有一個嘴裡向外噴水的海王涅普頓，這個貝爾尼尼[1]雕刻的精美面具是他在佛羅倫斯找到的。毛姆和他的朋友們每天游泳四五次，享受美妙的日光浴。家具和其他物品，他的書、劇照，各種裝飾品和從東方收集來的藝術品運到後，瑪萊斯科別墅就更有家的感覺了。

然而，毛姆很少有時間享受這個新家，工作促使他回到倫敦參與兩部新戲——《忠實的妻子》和《信》——的準備工作。毛姆決定讓格拉黛絲・庫珀出演《忠實的妻子》中的萊斯麗・克羅斯比一角，她的表現超出了他的預期，因此他提出接下來的三部戲也請她加盟。由傑拉德・杜穆里埃執導的《信》於1927年2月24日上演，受到觀眾和媒體的力捧。「庫珀小姐的表演……出神入化，在世的英國女演員中無人能出其右。」評論家在《星期日泰晤士報》撰文，對這部戲大加讚賞，「同類戲中的完美典範。」九月，《信》在紐約摩羅斯科劇院上演時再次獲得成功，十八個月後在巴黎雅典娜劇院上演的法國版本也同樣如此。

毛姆十分欣賞格拉黛絲・庫珀，欣賞她的美貌、她的敬業精神和她沒有廢話的生活態度，同樣，她也非常敬重毛姆。「我認為毛姆是最優秀的舞台劇作家。」她在自傳中說。她是在排練《信》並做這部戲的聯合製片人時開始欣賞

[1] Giovanni Lorenzo Bernini，1598-1680，義大利雕刻家兼建築師，17世紀最偉大的藝術大師。

毛姆的做事方法的，需要改劇本時，他肯通融，好打交道。「大多數作家，」她寫道，「敏感得要命，悉心呵護自己的作品，把他們寫的每一個字幾乎都當成無價之寶……毛姆卻不是這樣。」他會坐在正廳的前排座位上，隨時願意按照導演杜穆里埃的意思用藍鉛筆劃掉某些內容，甚至重寫。這種輕鬆的態度在很大程度上源於毛姆超然地對待自己的戲劇作品。吸引他的是創作的私密過程，而不是作品在舞台上如何呈現，作品一旦交到演員和導演手中就會變樣，他就不再密切關注了。出於這個原因，毛姆在寫給諾爾・寇威爾的一封信中解釋說，戲劇最終被作家視為一種不理想的媒介。對毛姆而言，排練變成了一份枯燥乏味的工作，他的參與更多是出於責任感，而不是因為他覺得必須參與劇本的解讀。這種態度近乎漠不關心，這一點被導演貝西・迪恩察覺到了，在準備《蘇伊士之東》期間，他總結道，「毛姆在整個排練過程中缺乏對戲劇真正的熱情。他依舊少言寡語，既不幫忙，也不礙事，除非問到他，否則他從不主動提建議。我想，他覺得整件事是令人厭倦的，演員們的爭論微不足道。被問到時，他的反應總是那麼不令人信服：『哦，太棒了！』有一次我問他是否可以砍掉幾句台詞：『為什麼不呢？』他急促地說，『舞台就是個作坊。』」

西芮新家的地址是切爾西國王路213號。這座十分漂亮的喬治亞早期風格的房子共有四層，一條室內的過道將它與一座小點的房子連在一起。頂樓有一間為丈夫準備的臥室。毛姆承認房間不錯，但這裡又充當男士衣帽間，所以有聚會時，他不得不把寫作材料收好。由於不滿意這樣的約束，毛姆不久後就把他的房間移到了旁邊的房子，那裡更安靜、更私密。這種安排讓他跟西芮實際上處於分居狀態，但在外人看來仍在同一個屋簷下。當然，在為《忠實的妻子》舉辦的聚會上他們被視為共同的主人，戲劇界和文學界的人物幾乎悉數到場。「聚會上人山人海，」阿諾德・貝內特說，「大明星尤其耀眼，總體來說很成功……只有毛姆和他的太太看上去有點憂鬱……聽說，戲演砸了。」

毛姆興致不高，西芮的狀態更加不妙。丈夫買下了瑪萊斯科別墅，她不得不接受這樣一個現實，他選擇了某種生活方式，而她只能參與其中的一小部分。她無法掩飾內心的失望，向所有同情的朋友大吐苦水；有那麼幾個漫長的下午，雷貝嘉・韋斯特坐在一間黑屋子裡，聽西芮哭訴她如何被殘忍地拋棄；她還告訴另一個朋友西席・比頓，有一次她去紐約，即將結束的婚姻搞得她心煩意亂，有整整三個晚上她都待在中央公園裡，覺得自己太可憐了，不想回家。儘管西芮的陳述中可能有誇張的成分，但毫無疑問，西芮很不幸福，處於崩潰的邊緣。麗莎回憶起那段時間時說，母親精神崩潰到極點時正在美國出差。在紐約時，西芮抓狂到決定去百慕達群島尋求內心的平靜，她迫不及待想要離開，堅持要上第一艘離港的船，那是一艘沒有客艙的貨船，她和麗莎就睡在露天甲板的椅子上，一直到了拿索。母女倆在巴哈馬待了幾個星期，終於，西芮的情緒漸漸好轉，麗莎在修女開辦的一所露天小學裡上課，那是她上過的無數學校裡最好的一個。

回到英格蘭後，西芮最後一次試圖說服毛姆不要離開她。她讓他再到勒圖凱來，希望他們可以找到某種比離婚更溫和一點的解決方式。這次會面毫無結果，除了一個涉及到麗莎和傑拉德・哈克斯頓的令人震驚的事件。「我一直很討厭傑拉德・哈克斯頓，他也一直很討厭我。」麗莎說。前一年夏天他們初次見面就感覺不舒服，這個孩子處處提防父親這個異常強大的朋友，毫無疑問，這個被母親慣壞了的嬌貴小姐惹惱了他。第二次見面時，芭芭拉・巴克又和他們在一起，巴克、哈克斯頓和麗莎開車出去兜風，麗莎帶著最近剛得來的一隻她很喜歡的小狗。突然，傑拉德抱起那隻小狗，把它扔出了窗外，可能他當時喝醉了，但場面莫名的殘忍。「我當時很激動，」麗莎說，「想跳車，但被他們拉住了。」幾個月後，小狗找回來了，但事已至此。哈克斯頓和這兩個女人之間的敵意再也無法彌補，西芮確保只要她在，麗莎就再也見不到傑拉德。

在勒圖凱那幾日後，西芮終於承認她的婚姻走到了盡頭。她的朋友們被告知一再要求離婚的人是她，這麼做似乎主要是為了她女兒好。西芮說，顯然，傑拉德正以一種可怕的速度消耗她丈夫的錢財，很快地麗莎就連半毛錢也撈不著了。坐在法國南部加洛佩的海灘上，西芮告訴女演員露芙・高頓，「威利眼看著傑拉德在朱安雷賓的賭桌上一下子輸掉幾千塊錢。為了確保麗莎能繼承到財產，我必須離婚。」1928年夏，西芮住在里維耶拉她的老朋友兼競爭對手——浮誇的埃爾希・孟德爾家裡。已經60多歲的孟德爾夫人最近嫁給了外交官查爾斯・孟德爾爵士，她在美國擁有漫長且成功的職業生涯，她以埃爾希・德・沃爾夫的名字為人所知，她是第一位女性室內設計師，並因其對法國文化藝術的廣博知識而受人尊崇，這是她受到長年的同性情人伊莉莎白・馬布里薰陶的結果，巧合的是，毛姆跟馬布里也很熟，馬布里是紐約數一數二的戲劇演員經紀人。西芮和孟德爾夫婦住在昂蒂布，毛姆住在不遠處的瑪萊斯科別墅。根據他的說法，他邀請西芮共進午餐，沒別的意思，只想讓她看看自己的房子，他派車去接她，再把她送回去。「我們單獨吃了午餐，」他回憶，「午飯後，我帶她去了我的住所。她得體地表示了欣賞。她看過一遍後……我就把她送上車。一兩個小時後，車回來了，還帶回來一封信。她說，她想離婚，希望我不要阻撓。我吃了一驚。我仔細考慮了一天，然後寫信告訴她，我會遵照她的意願，希望她同意法國式離婚……因為在法國離婚很簡單，不需要公開消息。西芮同意了，律師開始工作。」

律師們忙著進行大量複雜的談判。根據毛姆的家庭檔案，律師向西芮施壓，不能將哈克斯頓列為共同被告，但有其他的跡象表明，她準備用他的同性戀身分對付他。「你母親在離婚時把我拖下了水。」毛姆後來告訴麗莎。最終，西芮被說服放棄類似的指控，萬一公開毛姆的同性戀身分將給他帶來毀滅性的影響，有可能毀了他的事業和社交生活，讓他無法再踏足英國。妻子通姦的證據可能會幫到他，但毛姆很清楚討價還價最有效的工具是金錢，他願意為自由付出高昂的代價，讓西芮擁有國王路的那棟房子以及裡面所有的物品，旁邊的那棟小房子將歸於麗莎名下，那輛勞斯萊斯，還有一筆慷慨的2400英鎊的年金（其中600英鎊屬於麗莎）。1928年秋，西芮向尼斯法院提出離婚訴訟，1929年5月11日，法院判決離婚，理由是不可調和的矛盾。一切都在悄悄進行，沒有公開。「一切真的結束了，」毛姆寫信給芭芭拉，「我要做的是先交出12000英鎊，然後每季再乖乖地支付600英鎊給西芮，直到她再婚。」

毛姆終於擺脫了這場令他厭惡的婚姻。「我和她結婚時犯了個錯誤，」他寫道，「我們，我和她，沒有任何共同點，我以為自己做了一件『正確的事』，卻給她和我都沒帶來幸福。」隨著時間推移，毛姆並沒有變得漠不關心，反而對西芮越發刻薄；他憎恨她花掉自己大筆的錢，而且還在持續，他無法原諒她給自己帶來的痛苦和屈辱。他喜歡有女人作伴，他在小說裡，以及在與女性交往的過程中是那麼善解人意、富有同情心，然而，他對前妻的態度卻令人震驚，這只能說明她給他造成了極深的傷害。雖然離婚後他很少見到她，但他對西芮的反感卻變成了主動的、發自肺腑的厭惡。「她把我的生活變成了十足的地獄」，他說，並刻薄地稱西芮為「一個寡廉鮮恥的騙子……那個毀了我生活的婊子」，她不斷向他要錢，毛姆說「她的嘴像妓院的門一樣敞開著」。他多麼希望她能再婚，從而減輕他的經濟負擔，但西芮沒有再婚，繼續在經濟上依賴她的前夫，直到死的那一天。他們主要通過律師交流，很少見面，毛姆明確告知來訪者，他不喜歡談論自己的婚姻。如果被問到，他會憤怒地回絕，說這個話題是「微不足道的小事」。

離婚後，毛姆一家人將西芮拒之門外。F. H. 和奈麗的家不再歡迎她，麗莎也和她的堂姐堂兄們失去了聯絡。然而，儘管家裡人很少談論此事，毛姆離婚這個話題對他們的朋友來說還是很有吸引力的，特別是在同性戀圈子裡。「那些尋求寓意的人，必須清楚，如果你恰好是同性戀就不要結婚。」唯美主義者哈羅德・艾克頓咯咯笑著說。不過，有很多年輕人開始搶佔有利位置，希望打好手中的牌，在這位著名作家的資助下飛黃騰達。最早出現的是貝弗利・尼可斯。

他原是西芮的朋友，貝弗利漂亮、聰明、雄心勃勃、性欲旺盛。他已經是個有點名氣的記者了，寫了幾本小說，但他盼望自己成為一名劇作家。1926年，年僅25歲的他出版了一本自傳，書名就叫《二十五歲》。他說服毛姆在《星期日泰晤士報》上誇讚這本書，這可是個相當大的收穫，毛姆幾乎從不寫書評。「他是在皇家咖啡館吃了一頓豐盛的晚餐後在我的請求下寫的，這是他送給我的生日禮物。」貝弗利心滿意足地回憶道。貝弗利虛榮且不擇手段，非常樂於用肉體換取這樣的幫助；毛姆這樣的人沒有理由不「幫他人上一個小台階。」他還說，「靠文字謀生的人無視文學巨匠善意的關注就是傻瓜，碰巧他們又極其富有……」貝弗利當然忍不住炫耀他的戰利品，他的坦誠令西席・比頓震驚，比頓在日記中寫道：「貝弗利用第一手資料讓我相信諾爾・寇威爾、毛姆、艾弗里・霍普伍德❶、西德尼・霍華德❷、愛德華・諾伯洛克都是同性戀。——一個令人不安的夜晚，讓我大開眼界。」

這個時期另一個吸引威利・毛姆眼球的「放蕩」青年是貝弗利的朋友兼同事戈弗雷・溫❸，同樣雄心勃勃的戈弗雷從事新聞工作，擅長給婦女雜誌撰寫溫馨的小文，他也出了本小說。他很幸運地在打橋牌時認識了毛姆，戈弗雷是冠軍級別的牌手。戈弗雷和貝弗利一樣，性感、迷人，願意滿足這位大人物的要求，同樣忍不住事後到處吹噓。很不明智的是，他選擇在瑪萊斯科別墅逗留期間向毛姆的一個鄰居——美麗的肯梅爾

❶ James Avery Hopwood，1882-1928，被稱為美國爵士時代最成功的劇作家。
❷ Sydny Howard，1894-1946，英國喜劇演員和電影演員。
❸ Godfrey Winn，1906-1971，英國記者、作家和演員。

夫人吹噓，他說，威利瘋狂地愛上了他，他在倫敦時總是跟在他屁股後面轉，肯梅爾夫人的客人們討厭他到了極點。幾年來，毛姆一直把他當朋友，邀請他來家裡作客，指導他的寫作，讓評論家們關注他的作品，後來可能是毛姆聽說了他的背叛行為，二人的關係從此惡化。幾年後，毛姆偶然看到他給一個小報寫的八卦專欄，此時，他已是著名的專欄作家了，拿著很高的稿費：毛姆評論道，「一派感傷主義的胡言亂語……庸俗、勢利、貞潔得令人震驚，虔誠得無恥露骨。」波特（戈弗雷後來的筆名）把才華浪費在這些垃圾上也就罷了，但真正讓毛姆覺得可悲的是他寫的每一個字都發自內心。

然而，如果說尼可斯和溫這樣的男人是在利用毛姆，毛姆這麼精明的人不可能不明白他們要的是什麼。他喜歡年輕人，喜歡被漂亮的男孩包圍，可以的話，也願意幫助他們。他在表達自己的意願時絕不會遲疑，這個年長的男人不加掩飾的追求讓康斯坦絲・史普瑞[1]的弟弟吃了一驚。艾弗・諾韋洛在薩伏伊酒店舉辦過一次聚會，芭蕾舞蹈家安東・杜林也遇到了同樣的「麻煩」。諾韋洛對想要逃走的杜林說：「別傻了，這意味著明天你會得到一個金製的卡地亞煙盒。」魅力十足的納皮爾・阿靈頓也成了毛姆的獵物，他們春宵一度後，毛姆形容他是「美味的尤物」。貝弗利・尼可斯這樣說毛姆，「他是我見過的在性方面最貪婪的人」。休・沃波爾在搞同性戀方面也不落後，他告訴維吉尼亞・吳爾芙，在他看來，毛姆沒被「送進監獄」是他運氣好。「你不知道威利過的是怎樣的生活。我知道。」毛姆無論走到哪兒都會被認出來，他的行為不可避免地成為人們茶餘飯後的話題，不只是在同性戀圈子裡。就在這個

---

❶ Constance Spry，1886-1960，英國著名的教育家、花卉研究者和作家。

時候，某些在這方面令人不安的消息引起了蘇格蘭場（倫敦警察廳的代稱）局長的注意。警察局長認為有必要向 F. H. 放個消息，謹慎地表示他得警告一下他的弟弟。現在是高級法院法官，最近還被封為爵士的 F. H. 被這件事搞得十分難堪。本來就討厭同性戀的他，多年來刻意無視弟弟的同性戀傾向，現在他不得不直截了當地告訴威利，在倫敦時要限制自己的活動，否則就有被逮捕的危險。

總體來說毛姆是比較謹慎的，「捕獵」地點一般選在有類似想法的朋友家裡。1928年，就是在這樣一個場合，在一次位於喬治街由富有的收藏家羅伯特・特里頓舉辦，限定男人參加的晚宴上，毛姆遇到了一個對他一生至關重要的年輕人。艾倫・塞爾，18歲，出身伯蒙德賽工人家庭，他是一個荷蘭裁縫和倫敦女人的私生子。有著黑眼睛和一頭濃密的黑色捲髮的艾倫被稱為「糙貨[1]的改良版」，他是一個普通的、性感的男孩，也很聰明、脾氣很好，並渴望提升自己。「我當年很帥的。」他自己說。他喜歡老男人，當時已經有很多名人熱烈地追求他。林頓・斯特拉齊[2]為艾倫瘋狂，稱他為他的「布龍齊諾[3]男孩」[4]，還給他寫了一系列充滿色欲的信，雷吉・特納也愛上了他，後來還有作曲家倫諾克斯・柏克萊。奧斯伯特・西特韋爾的一個朋友被這個他口中「我富於幻想的小朋友……世上最可愛的寵物」的艾倫迷得暈頭

---

[1] rough trade，同性戀用語，尤指卡車司機、建築工、碼頭工等隨意選上的暴烈性伴侶。

[2] Lytton Strachey，1880-1932，著名文評家和傳記作家。成名作為《維多利亞名人傳》。

[3] Bronzino，1503-1572，義大利佛羅倫斯的風格主義畫家，出色的肖像畫家。

[4] 在普魯斯特的小說《追憶似水年華一重現的時光》裡，同性戀男爵德・夏呂斯談到他迷戀的對象小提琴家莫雷爾時說：「……他變得如此美麗，看起來就像一個布龍齊諾……」。

轉向。艾倫在布魯克街的一家畫廊工作，他很有可能就是在那裡遇見的羅伯特・特里頓。晚宴那天，特里頓有個客人來不了了，艾倫就被叫來頂替那個人的位子，他坐到了主賓毛姆身邊。毛姆立即被這個小倫敦佬所吸引，習慣性地打聽他的生活和志向。艾倫告訴他，他渴望旅行，這自然打動了毛姆，他立刻提議帶他去歐洲大陸旅行，並建議一同離席，以便討論進一步的計畫。但艾倫已經和另一個客人艾弗・諾韋洛約好了。毛姆很洩氣，那天晚上艾倫跟諾韋洛走了。第二天，毛姆給艾倫打電話，說艾倫那樣對待他讓他很生氣，「但是，如果你今晚跟我一起吃飯，我就原諒這一切。」他們在夸格利諾餐廳共進了晚餐，艾倫說，那晚「改變了我的一生。」兩人不僅成為情人（「威利是我有過的最棒的情人。」），而且那晚也是二人結合的開始，這段關係持續了近四十年，對兩人來說都至關重要。

在目前這個階段，艾倫還不可能取代哈克斯頓。毛姆經常有理由在歐洲短途旅行，有時去看自己的戲，更多的時候只是漫步於畫廊，這既非傑拉德的職業，他也不是特別感興趣。艾倫則不同，他是最熱情的旅伴，而且喜歡繪畫。他也非常務實，毛姆聘請艾倫做他的秘書，他在法國南部時，艾倫負責處理他在倫敦的信件；他訪問英國時，艾倫做他的貼身男僕。毛姆對艾倫的背景和歷史好奇，向他打聽細節，也渴望見到艾倫的母親，但這是不可能的，她知道那種想把小男孩帶去歐洲旅行的男人是怎麼想的，於是拒絕見面。毛姆對艾倫的情人們也很好奇，表示特別希望見到林頓・斯特拉齊。他們的一個共同朋友艾倫・普萊斯－瓊斯安排四人一起吃飯，結果並不成功。從一開始斯特拉齊的心情就很糟糕，塞爾全程沉默不語，毛姆也沒能用奧古斯塔斯・黑爾[1]精心編造的故事吸引聽眾。

此後不久，毛姆去紐約監督他的新戲《聖火》的製作。這個故事的靈感來自他的家庭內部。毛姆的大哥查爾斯有個19歲的兒子，12歲那年他爬樹時從樹上掉下來造成半身癱瘓，他的母親一直照顧他，這種奉獻精神感動了毛姆。《聖火》圍繞著這樣一個情節：一個年輕人在戰場上受了重傷，只能困在輪椅上。莫里斯知道他的病沒法治癒，陷入深深的沮喪之中，一心想死，但他勇敢地決定隱藏他的沮喪，尤其是對他深愛的妻子斯特拉，他認為是自己毀了斯特拉的生活。斯特拉對丈夫不再有激情，但仍愛著他，她偷偷地跟莫里斯的兄弟柯林有了婚外情，還懷上了他的孩子。突然，這段被她小心隱藏的私情被莫里斯的護士無情地捅破了，她一大早向全家人宣布，剛剛發現她的病人夜裡因水合氯醛服用過量死去。令所有人驚恐的是，接下來這個護士指控是斯特拉下的毒手。雖然斯特拉堅稱自己是清白的，但在護士強烈的指責下，她的論點變得越來越站不住腳，直到最後莫里斯的母親塔布萊特太太承認是她給兒子吃的安眠藥，她私下裡答應兒子，如果他覺得日子過得實在難以忍受，她會幫助他解脫。她似乎一直都知道斯特拉和柯林的私情，且對他們抱有深深的同情。「或許我們應該從完全不同的角度看待這些事情，」塔布萊特太太說，「倘若那些制定道德準則之人尚未忘卻青春的激情與快活的話。假如兩個年輕人屈服於自然根植於內心的本能，你們認為這樣很邪惡嗎？」

《聖火》這部戲緊張激烈、扣人心弦，尤其值得注意的

[1] Augustus Hare，1834-1903，英國作家，善於講趣聞軼事。

是作者情商的廣度。《聖火》這個名字取自柯勒律治的一首詩《愛》：

一切思想、激情和歡樂
凡把這肉身激動的一切
都只不過是愛神的使者
使他的聖火燒得熱烈。

毛姆一如往常，站在愛、性、浪漫與母性的一邊，對抗傳統社會狹隘的道德觀。默默地顛覆表明他相信寬容至上的重要性，即使這麼做違背了公認的準則。毛姆的大部分興趣在技術層面，遠離自然主義風格，嘗試一種更正式的對話。他讓戲中人物不要用一時衝動說出來的現實生活中的語言，而是經過反覆思考後的語言，但這在很大程度上是行不通的。演員覺得毛姆的風格沉悶呆板、適合朗誦，於是，他不得不做大量的修改。1928年11月19日，這部戲在紐約與觀眾見面，迴響並不好。《紐約時報》的評論說，「又一部毛姆文雅而廉價的驚險戲。」毛姆很吃驚，比平時更擔心倫敦的演出情況。然而，1929年2月8日，布幕落下前，他就知道又一部成功的戲到手了。那幾個星期的演出，場場爆滿，倫敦主教譴責這部戲不道德反而為其增加了票房。第二年在羅馬上演時，梵蒂岡的羅馬教廷也在官方報紙《羅馬觀察家報》的頭版對其加以譴責。

這一年毛姆主要是在旅行——丹麥、德國、奧地利、希臘、賽普勒斯和埃及——以及享受里維耶拉漫長的夏日。到了1920年代中期，里維耶拉才成為時髦的避暑勝地。在過去的五十多年間，英國人跟隨維多利亞女王的腳步，把法國南部當成冬季避寒勝地。但最近，一群知名度很高的美國人，比如史考特・費茲傑羅夫婦、科爾・波特[1]夫婦，美國畫家墨菲夫婦來到這裡，越來越多的時髦人士步他們的後塵，把七、八月份的蔚藍海岸變成他們的殖民地。如今尼斯和坎城的大酒店全年開放，1922年底開通了一列快速列車，這趟從加萊到地中海的快車因車廂塗成藍色而被稱為「藍色列車」。豪華的「藍色列車」從加萊出發，經停巴黎後在夜幕下行進，於第二天上午抵達法國南部。乘客們從沿海的各個車站下車——朱安雷賓、昂蒂布和摩納哥——終點站是義大利邊境附近的芒通。毛姆經常乘坐「藍色列車」，他從博略下車，從那兒到費拉角只需很短的車程。1928年9月，在瑪萊斯科別墅過了一個完整夏天的毛姆向伯特・阿蘭森描述，繁忙的社交季終於結束了，那群時髦的人不見了，和他們的汽車、女傭和男僕一起去了比亞里茨。

瑪萊斯科別墅被改造成一幢令人印象深刻的豪宅。沿一條兩邊是松樹的狹窄小路蜿蜒來到費拉角，瑪萊斯科別墅大門內白色的石膏柱上漆了一個熟悉的標誌——那隻對抗邪惡的眼睛。一條很短的車道向上通往帶露台的花園，白色的房子安了綠色的百葉窗和高大的綠色雙扇門。一進門是大廳，黑色的地板，高高的天花板，最顯眼的是毛姆從北京帶回來的觀音像。暗綠色的大客廳裡有些許巴洛克的味道，沉重的西班牙家具，黑人雕像，鍍金木製吊燈和薩伏納里地毯；壁爐上擺放著一隻展翅的金鷹，靠牆有一對黑漆櫃子，裡面裝著東方的瓷器，還有四個窄窄的雕刻得很有裝飾感的書架；

[1] Cole Porter，1891-1964，美國著名音樂家。

大廳裡擺放著舒服的椅子，兩張沙發，一張圓桌上新書堆得老高。白色的餐廳相對較小，路易十六風格的餐桌被執政內閣時代式樣的小扶手椅圍繞著，牆上掛著四幅瑪麗．羅蘭珊[1]的畫，畫中是白皮膚黑眼睛的女孩。沿大理石樓梯向上是臥室和更衣室，牆壁刷成黃白相間的顏色，房間布置得樸素漂亮——平紋細布的窗簾，絲綢的床罩，牆上掛著中國畫的印刷品；每個房間都有一張書桌，桌上擺了很多削好的鉛筆、書、水果、鮮花、礦泉水，床邊放著一個雕花玻璃的餅乾盒。浴室裝修得現代豪華，準備了充足的厚毛巾和新肥皂，以及佛羅瑞斯牌的香水和香精。

毛姆的生活區簡單得近乎樸素。臥室窗邊斜放著一張窄床，躺在枕頭上就可以看到花園；床後面掛著一幅西班牙聖人的畫像，牆面嵌入式書櫃裡擺滿了他喜歡的作家的書；床邊的辦公桌上，除了書，還有漆製煙盒、火柴、裁紙刀和眼鏡，還有一張他母親的照片。沿著木樓梯爬上臥室上方的平頂閣樓，那個獨立的空間是毛姆的書房。這是一個方形的大房間，陽光充足，四周全是窗戶，有一個開放式壁爐、書櫃，一張舒適的沙發，可坐或臥在上面看書，一張17世紀西班牙的長餐桌充當書桌，高度調低了幾英寸以適應作家的身材；書桌上方面向尼斯和地中海的窗戶被封了起來，以免因為看風景而分心。書房裡只有兩幅畫，一幅是傑拉德．凱利畫的蘇．瓊斯的頭像，還有一幅是高更畫的美麗的大溪地少女。毛姆很滿意這個僻靜的「避難所」，對整幢房子都滿意極了，跟他想像的簡直一模一樣。「我準備在此度完餘生，」他寫道，「我準備死在我的臥

[1] Marie Laurencin，1885-1956年，法國畫家，以優雅和諧的顏色刻畫年輕婦女和兒童著稱。

室的噴漆床上。有的時候，我會雙手交叉，閉上眼睛，想像我死的時候躺在那裡的樣子。」

從一開始，毛姆就是最熱情的東道主之一。最早拜訪瑪萊斯科別墅的客人中有如今住在拉帕洛的麥克斯·畢爾邦，這個老花花公子依舊是1890年代的口音、在法國南部也有房子的H·G·威爾斯、開著豪華遊艇沿著海岸線航行的阿諾德·貝內特、沃爾特·佩恩和他的太太、德斯蒙德·麥卡錫、傑拉德·凱利，毛姆的美國出版人尼爾森·達博岱以及他的戲劇經紀人戈爾丁·布萊特。布萊特的妻子描述住在瑪萊斯科別墅的生活時說，「優雅、奢華……完美、從容的服務」，很多人贊同她的觀點，認為瑪萊斯科別墅「如天堂一般舒適，有美食、美人和有趣的談話。」毛姆確實懂得如何管家，並打算不辭辛勞地花費巨資達到最高標準。他雇了13個人，個個訓練有素，一名男管家，兩名男僕，一個伺候女士們的女僕，一個廚師，廚房女傭，司機和六個園丁，在細節上做到毫無瑕疵，給人留下輕鬆隨意的印象靠的是背後的小心謹慎和紀律嚴明。大部分客人乘火車到達時，司機會開著豪華轎車去博略接他們。汽車停在碎石路上，男管家厄內斯特打開大門，大廳裡，穿著開領襯衫、白色亞麻褲和帆布鞋的毛姆面帶微笑張開雙臂迎接賓客。「但接著，他的手臂會垂到身體兩側，不接觸任何人。」毛姆的一個鄰居羅里·卡梅倫觀察道，「他只是做出一個表示歡迎的姿態罷了。」新來的客人會被領到露台上喝茶，與此同時，僕人們打開他們的行李，把他們的睡衣放到樓上的房間。

客人的日子過得悠閒輕鬆。女士們在床上吃早餐，在透過蚊帳的陽光和柔聲細語的「Bonjour, Madame. Madame a bien dormi?（早安，夫人。夫人睡得好嗎？）」的問候聲中醒來，僕人隨即端上一個精美的早餐托盤，托盤裝著咖啡、可頌、水果和鮮榨的柳橙汁。男人們在樓下的餐廳享用更豐盛的早餐，這之前他們會晨泳或者打網球。上午，空氣中飄散著柑橘和檸檬花的香味，大家或在露台上看書，或在花園裡漫步，或躺在游泳池邊的亞麻床墊上曬太陽，看著藍蜻蜓掠過水面。泳池一邊的背景是粉色和白色夾竹桃組成的茂密樹籬，後面是由岩石和松樹構成的密集屏障，另一邊是自由城灣壯麗的風光。大多數人一天的大部分時光在這裡度過，聚在這裡游泳、曬太陽，如果日頭太大，他們就躲在一個天然的小洞穴裡享受陰涼。離泳池不遠有一隻毛姆從東方帶回來的銅鑼，每天敲響兩次，宣告喝餐前雞尾酒的時間到了，可能是一杯冰涼的吉布森雞尾酒，也可能是一杯薄荷味的馬丁尼。夏天，午餐和晚餐通常設在露台上，都是比較正式的餐會，有白衣男僕在一旁服侍。毛姆為客人們準備了大量的葡萄酒和香檳，經典的法國美食，帶一點有趣的美國口味，大部分沙拉和蔬菜都是自家院子裡種的。午餐先上番茄湯，然後是馬里蘭雞和梅爾芭蜜桃雪糕；晚餐一般有蛋凍、配法式伯那西醬汁的菲力牛排，一份精緻的布里乾酪果凍，還有新鮮的無花果、桃子和歐洲草莓。毛姆最喜歡的一道菜是醃牛肉薯泥，他在緬甸教廚子做過這道菜。後來，毛姆家最擅長做的是鱷梨霜淇淋——將搗碎的鱷梨、巴貝多蘭姆酒、糖和奶油混合在一起，鱷梨摘自自家樹上，而最早的插枝是毛姆裝在高爾夫球袋裡從加州偷運回來的，據說，這是生長在法國的第一棵鱷梨樹。如此多的美味佳肴，難怪毛姆的客人們會樂不思蜀。

保持這種水準的舒適度和效率需要不斷的監督，毛姆是監督者，傑拉德則負責這個家日常生活的平穩運轉。每天晚餐後，毛姆都會找廚師談話，定好第二天的菜單。雖然他自己吃得不多，卻對烹飪很在行，清楚每道菜應該是什麼樣。這裡的法國主廚很棒，但後來發現他靠出售廚房裡的過剩食品增加收入後就被解雇了，義大利廚房女傭安妮特・基亞拉梅洛升任主廚。結果，安妮特是個很有靈氣的廚師，她和她的雇主組成了一支理想的團隊，他在外面吃到什麼好吃的東西，回來跟她描述一番，她就能憑著天賦和創造力做到讓毛姆滿意。此外，哈克斯頓「這隻忠實的看家狗」是這裡的大管家，和西芮一樣，他是個優秀的組織者，很清楚該怎麼做。作為毛姆的秘書，他一天的大部分時間在毛姆書房正下方的房間裡解讀雇主不好懂的筆跡，打手稿，聽寫信件。他還要管理僕人，確保客人們得到他們想要的東西，在泳池邊陪客人聊幾個小時的天，打撞球、網球，安排客人去坎城和博略購物，有時候晚上還要去尼斯和蒙地卡羅的賭場。午休時間，傑拉德穿著粉紅色的襯衫和短褲安靜地坐在露台的陰涼裡打發時間。天氣好的時候，他會在停泊於自由城灣的一艘改造得很舒適、名叫「莎拉」的舊漁船上舉行派對；船在航行幾小時後拋錨，大家開始分吃用籃子提來的野餐，然後游泳。毛姆的一些朋友私底下很反感傑拉德，有人說他身上有股腐敗的氣息，但大多數人把他當寶貝看待。毛姆的侄子羅賓認為瑪萊斯科別墅快樂舒適的氣氛主要是由傑拉德營造出來的。

從某種意義上來講，瑪萊斯科別墅的生活方式概括了他本性的兩個側面：一面是奢華、溫暖和肉欲，一面是嚴肅和自律。客人們睡得很晚，在泳池邊虛度時光，毛姆的日常生活則是嚴格且一成不變的，任何事都不許打攪到他。他每天早晨醒得很早，早餐端到床上之前，他先用大約一個小時的時間閱讀，邊看報紙邊抽煙斗。八點半，他洗澡、刮鬍子、穿衣服。九點左右回到屋頂的書房，一直在那兒待到中午十二點半，然後下樓陪客人們喝杯雞尾酒，只喝一杯，然後在露台上吃午飯。午飯後，他回去小睡一會兒，然後繼續讀書，四點左右再次現身，建議大家在喝下午茶前打網球或高爾夫，游泳或打橋牌。他喜歡在他心愛的臘腸犬的陪伴下，沿著長滿青草、綠樹成蔭的小路散步，他的幾條愛犬都是以華格納歌劇中的人物命名的。他的第一條狗叫埃爾莎，是《羅恩格林》裡的女主人公。毛姆非常喜歡動物，每次準備動身去倫敦，看到小狗爬進他的空箱子，不希望被留下時，都會很難過（英國實行嚴格的動物檢疫法，因此，短期訪問時不得攜帶動物）。他還會手寫回覆大量粉絲來信。晚餐前一般會有雞尾酒會，每個人都身著晚禮服，如果只是他和哈克斯頓單獨用餐，或者身邊有一兩個密友，毛姆更願意穿得隨意些，比如從中國帶回來的黑馬褂，他小小的身體被沉重的黑絲綢包裹著，看上去像隻猴子。「從根本上說，」羅里・卡梅倫說，「毛姆是個拘謹的人，不習慣跟人說知心話」。如果有人要求，他也會說些很私人的事，但通常是經過潤色的表演，很少自發地表達。晚飯後，他會抽一根雪茄，打一兩局橋牌，隨後傑拉德會帶一幫人去賭博。毛姆很少陪他們一起去，十一點鐘他要上床睡覺，好保證第二天上午能在良好的狀態下工作。

對毛姆而言，寫作不僅是他的職業，也是他的生活。他從來沒能說服自己有什麼事比寫作更重要。工作時，他在自己創造的世界裡非常有自控力，晚年時，他說一生中最快樂的時光就是坐在寫字桌前運筆如飛。他給自己定了個規矩並嚴格遵守，那就是，每天工作三個小時，不多也不少，這個習慣是從達爾文那兒學來的。達爾文每天工作不會超過三個小時，但依然徹底改變了生物科學。毛姆的勞動工具很簡單，一根經過特別設計的鋼筆，厚厚的軸環增加重量，一瓶墨水，還有從《泰晤士報》書店買來的無格子白紙，他的書桌上總是整整齊齊擺著一摞這樣的紙。他戴一副角質架眼鏡，寫作時會一根接一根抽煙；晚年時，他戴一副帶拉鍊的粉紅色彈性連指手套，防止手部重複扭傷和循環不良。毛姆不停地創作，總是強調創造與想像之間的區別，他的腦子裡有很多故事，但沒有時間全部寫下來。毛姆承認自己的想像力不足，只是根據不同的性格將生活中的人物設置在或悲或喜的情境之中，他的幻想被可能性束縛著，無法像某些作家那樣天馬行空。

他的腦子裡有無數的故事，所以不愁找不到主題。動筆之前，主題和人物往往會陪伴他數月，甚至幾年，他從來不需要寫提綱，一旦提筆就停不下來，寫得飛快。毛姆說，寫小說時，他虛構的人物比現實生活中的人物更加真實；他居住在一個不同的維度裡，比外面的現實世界更生動、更有意義。第一稿完成後開始修改，改得很仔細，有時候一頁會不停地重寫。一旦故事落在紙上，修改完文字和校樣，最終版編輯通過後，看到作品列印出來，他會十分興奮；然而，這種興奮是短暫的，書印出來一進書店，他就不感興趣了，不在乎別人怎麼評論。

早晨緊張的腦力活動過後，毛姆經常感覺，與寫作生活比起來，工作室外的世界是那麼平淡蒼白。有時下樓和大家共進午餐時，他明顯心不在焉。雖然總是周到地問大家睡得好不好，吃得怎麼樣，下午有什麼安排，卻顯得心事重重，他鼓勵大家聊天一方面是給自己提供思考的空間，另一方面是為了盡到地主之誼。

搬進瑪萊斯科別墅後不久，也就是1929年，毛姆在寫完《面紗》四年後開始寫他的第一本小說。毛姆發現他的腦海中一下子擠滿了童年時的人和物。他坐在書房裡俯瞰地中海，心靈之眼卻凝視著少年時代肯特郡的鄉村風光和風中惠斯塔布的街道。他腦子裡想的都是他的叔叔、嬸嬸和牧師寓所（他的艾倫嬸嬸，叔叔亨利的第二任妻子幾個月前去世了）。他終於擺脫了非要寫一寫西芮的想法，回到了記憶中可愛的、親愛的、風流的蘇・瓊斯身上，過去的十五年裡，他對蘇念念不忘，直至找到一種令他釋懷的方法。他給這部新作取名為《尋歡作樂》。蘇在書中以羅西的形象出現，她是一個著名小說家愛德華・德里菲爾德的第一任太太，德里菲爾德出身鄉下，如今是備受尊崇、享譽全國的人物。書剛一出版，人們就確定德里菲爾德的靈感來源是湯瑪斯・哈代，當時作者極力否認：「我發誓寫這本書時根本沒有想到哈代。」毛姆告訴《每日電訊報》，但後來被問及此事時，他變得閃爍其詞。「呃，這我不清楚。我否認了，承認了，又否認了……可能有他的某些痕跡吧。反正，這又有什麼關係呢？」

和很多小說家一樣，毛姆對讀者總是試圖找出小說中某個人物背後那個「本尊」是誰感到惱火。他願意承認筆下的人物來自生活。不來自生活，還能來自哪裡？但他堅稱，一篇小說寫完時，這些人已經不足以稱之為「原型」了。但毛姆的說法並不完全準確，和大多數作家不同，他在利用真實人物時幾乎不做修改，基本上原樣照搬，甚至不怎麼試圖加以偽裝。他的作品中沒有哪部比《尋歡作樂》裡的逼真程度更為驚人，準確地說更臭名昭著的了。愛德華・德里菲爾德的性格和哈代（意味深長的是，哈代於1928年1月去世，不久後，毛姆便開始寫這本小說）的性格太過相近，作者即使否認也無法令人信服：二人均出身微寒，擅長描寫平民百姓，都有出身下中產但渴望出人頭地的第二任妻子（1944年，洛根・皮爾薩爾・史密斯與休・特雷費－羅珀[1]談論《尋歡作樂》時說：「第二任德里菲爾德太太簡直就是生活照。這本書出版後不久，我在諾布林夫人的宮殿舉行的一次午餐會上坐在一個「湯瑪斯・哈代夫人」身邊，這個女人談起多塞特郡的社交生活就像從《尋歡作樂》裡一字一句扒下來的，說實話，我相信這是冒牌哈代夫人在演戲逗趣。」）；年邁時他們都返回故鄉，哈代回到多塞特郡，德里菲爾德回到肯特郡，德里菲爾德的故居費恩別墅和哈代的故居麥克斯門均成為全世界文學愛好者的朝聖地；二人均被授予殊勳勳章。

到了初夏，這本書已基本完成。在後來的一個版本的序言中，毛姆寫道：

> 我對她的回憶年復一年地縈繞在我的腦海中。我知道，總有一天我會把她寫進一本小說裡。一年又一年過去了，經過了好多年，我始終沒有找到我一直在尋找的機會。我擔心自己永遠沒有這種機會了。

[1] Hugh Trevor-Roper，1914-2003，英國史學家、牛津大學欽定講座教授，《北京隱士：艾德蒙・拜克豪斯爵士不可告人的人生》一書作者，希特勒研究專家，後被封為終身貴族。

毫無疑問，很多年前蘇在芝加哥拒絕他的求婚後，他還在想念她。而且有一個很小但很重要的跡象表明，他們此後至少還見過一次面。那時，蘇已經嫁給了安格斯・麥克唐納，變成了小說中描述的那個紅臉龐、身材臃腫的女人。在這本帶有濃厚自傳色彩的小說中，毛姆提取了他與蘇戀愛的精華，呈現出這個金髮女人的豐腴美，她的多情、冷靜和好脾氣。威利・阿申登第一次跟羅西做愛前情難自禁地哭了起來，以及第二天羅西用報紙包著她的緊身內衣溜出門去，種種跡象均來源於生活。作者對威利的描繪也非常迷人，這個青年令人同情，傳統、有點勢利、自尊心強、打扮入時。和毛姆一樣，阿申登去倫敦學醫，想成為一名作家，並最終出人頭地。

毛姆對倫敦文學界的諷刺是最致命，也最尖銳的。年輕時，毛姆受邀參加在南肯辛頓舉行的文學茶會，去艾德蒙・戈斯家，或者在奧古斯塔斯・黑爾的庇護下與聖赫利爾夫人等女主人們共進晚餐。在《尋歡作樂》中，不知疲倦的聖赫利爾夫人化身為霍特瑪希夫人，「殷勤邀請這些人去作客，卻從來也不談這些人寫的書或作的畫；但她喜歡和他們在一起，這使她愉快地感到自己處於藝術界圈子之中。」戈斯和黑爾則共同提供了那個英國最有名氣的批評家奧爾古德・牛頓的原型，「他在德里菲爾德家裡碰到一些作家時經常表現得和藹可親，並對他們說一些很動聽的奉承話，以此為樂。但等他們走了，沒有任何人比他更能繪聲繪色地講關於自己朋友誹謗性的故事。」然而，和他對同為作家的老朋友休・沃波爾比起來，他對他們的態度顯然客氣多了。到了1930年，沃波爾已經成為文學精英中的一員，自封為「文學界的總督」。此人虛張聲勢、妄自尊大、勤奮刻苦，寫了很多流行小說，作為英國書籍協會的主席，他在英國和美國不知疲倦地巡迴演講，忙於為很多委員會效勞，他還是名人們忠實的朋友，但一旦某個名人過氣，就會被他拋棄，最重要的是，他不遺餘力地推銷自己。

毛姆於戰爭期間在彼得格勒與沃波爾相識，他很喜歡他，同時又覺得他可笑之極，毛姆在《月亮和六便士》中對德克・斯特略夫的描寫清楚地表明了他對沃波爾的態度。然而，近年來，沃波爾不僅不知羞恥地自我宣傳，而且為人吝嗇卑鄙，毛姆開始排斥他。沃波爾對毛姆的兩個好友表現得很不友好，其中就有傑拉德・凱利。最近他在劍橋大學的一次演講中將毛姆的名字從當代著名小說家的名單中剔除。然而，這些冒犯不足以導致毛姆對他發起致命的攻擊，除此之外，一定有更深層的原因。犯罪小說家埃里克・安布勒描述過一次由威廉・海涅曼出版公司主席 A・S・弗利爾在奧巴尼舉辦的晚宴上的情形。毛姆當時在場，還有諾爾・寇威爾和 J・B・普利斯特里。那天晚上，有人提到了沃波爾。「我認識休・沃波爾很多年了，」毛姆說。

> 以我對他的了解，他對幾個有天賦的年輕作家做過很不光彩的事，有一個人我認識。休・沃波爾毀了他的生活。」安布勒說：「他怒視著我們。他的意思很明瞭。我們都很清楚，他真正談論的不是一個有天賦的作家，而是一個被搶走的男朋友，一場單相思，一個嫉妒的老毒瘤……

毛姆在書中把自私自利、精神飽滿、毫無幽默感、虛榮的阿爾羅伊・基爾，也就是休・沃波爾，描寫得十分生動逼真。「我對羅伊也懷有一定程度的好感。」阿申登先是一副無辜的口吻，接下來就饒有興趣地講起他那一樁樁一件件可笑的蠢行。

沒有一個小說家能像羅伊那樣對一個被人交口稱讚的同行表示出如此真心實意的熱忱，但當這個作者由於懶散、失敗或者另一個什麼人的成功而聲譽有損時，也沒有一個同行能像羅伊那樣真心實意地把他立刻摒棄……在我的同輩中，我還想不出另外一個人像羅伊那樣缺少才能但卻取得了相當的地位。

和休・沃波爾一樣，阿爾羅伊・基爾也非常渴望愛，盼望成為所有人的朋友，這樣就沒什麼能威脅到他好人的身分了。當他談到打算為德里菲爾德寫一本重要的傳記時，阿申登猜到那將是一本滿紙恭維之詞的聖人傳。「我跟你說我想寫一本什麼樣的書吧？」羅伊說，「一本關於德里菲爾德個人生活的書，內容應當有好多使讀者感到親切的細節，另外，在這裡面揉進對他文學著作的全面評論，當然不是那種沉悶的長篇大論，而是雖持肯定態度卻是透徹的評論。」

「你不覺得如果你徹底地把他的好壞兩方面都寫出來會使你的書更有意思嗎？」阿申登問。

「那不行……我得按紳士規矩行事。」

「看來又要做紳士又要當作家，這兩者很難兼顧。」

「那倒不見得。當然咯，如果我毫無保留地去寫，這本書會引起一些轟動……不過，他們會說我在模仿林

> 頓・斯特拉齊。我不想這麼幹，我還是要把它寫得含蓄，優美，比較微妙，你知道我說的是什麼樣的吧，還有，要親切。」

至於阿爾羅伊・基爾的私生活，阿申登的態度比較謹慎，儘管他有很多話可說，因為沃波爾這麼愛吹牛的人自然不會忘記誇耀多少人曾臣服於他的腳下。積極活躍的青年期過後，人到中年的沃波爾很滿足能有一個已婚的員警跟他作伴。但在過去，毛姆不得不聽沃波爾說他那一堆風流韻事，尤其是他與相貌英俊的丹麥著名男高音歌唱家勞里茨・梅爾基奧爾的孽緣，毛姆在小說中拐彎抹角地提到了這則插曲：

> 阿爾羅伊・基爾在婚姻問題上的觀點是抽象的，許多藝術家們都很難協調婚姻和他們對事業的熱切追求這兩件事，而羅伊卻成功地避開了這種矛盾。大家都知道他多年來對一位已婚、有地位的夫人單相思，雖然他從來都以敬重的口吻談到她，但大家都知道這位夫人對他很不好。

這些對於不認識休・沃波爾的讀者而言沒什麼意義，但對休・沃波爾本人則是可惡的背信棄義，是毛姆的故意誹謗。

《尋歡作樂》是毛姆受歡迎的小說之一，於1930年9月29日由海涅曼公司出版，四天後由達博岱多蘭在紐約出版。薩默塞特・毛姆出了一本新小說自然是值得關注的事件。然而，誰也不曾料到他借書中的人物阿爾羅伊・基爾將休・沃波爾嘲弄一番會在文學圈內引發一陣騷動，這一事件被評論家稱為「自狄更斯在《荒涼山莊》中將李・亨特[1]描寫為斯基坡爾先生以來最令人難忘的文學剖析。」對此渾然不知的沃波爾在這本小說出版前幾天收到了一本。9月25日凌晨他高高興興回到家中，後半夜脫衣服時，他瞥見毛姆的書放在床頭櫃上。他穿著睡衣坐在床邊漫不經心地拿起這本書讀了起來。「越讀越覺得恐怖，」他在日記中寫道，「絕對沒錯，寫的肯定是我。一宿沒睡！」凌晨四點，狂怒之下的沃波爾打電話給毛姆的出版商弗利爾，懇求他停止出版這本書，但弗利爾告訴他做不到。「我看不出你和任何一個人物有相似之處。」弗利爾讓他放心。第二天他仍舊心煩意亂，一整天都在外面約見朋友，不顧一切地想知道大家都在議論什麼。大部分人盡力說服他這只是他的想像，也有人說毛姆極力否認了這種傳言。「可是他怎麼能，」沃波爾哭喊著說，「有一段對話裡明明就透著我的語氣……他用了那麼多可愛的小事，然後對它們加以扭曲。」

如此公開暴露傷口後，沃波爾不得不忍受進一步的折磨，他知道所有人都在議論他，無論敵友都在一旁看他的笑話。林頓・斯特拉齊在給他的姐姐桃樂絲・比西[2]的信中還開心地補充道，「這是一本非常有趣的書」；E・M・福斯特在給毛姆的一封信中承認，「我對值得稱讚的刁鑽十分著迷，簡直無法用語言來形容」；艾迪・馬什愉快地評論道，「我聽說可憐的休說這本書毀了他」；洛根・皮爾薩爾・史密斯則壞壞地用了一個貼切的隱喻，他將這本小說形容為「殺死休・沃波爾的那根又紅又燙的火鉗」（在馬洛的歷史劇《愛德華二世》中，

❶ Leigh Hunt，1784-1859，英國著名的散文家、評論家、詩人，浪漫主義代表作家之一。亨特和他的哥哥約翰共同創辦了當時最著名的報紙《觀察家報》。
❷ Dorothy Bussy，1865-1960，英國小說家和翻譯家。

處死這位同性戀國王的方法是用一根燒紅的鐵條插入他的肛門）。阿諾德・貝內特讓這件事變得更糟，他堅持認為毛姆對沃波爾的描述並無惡意，而是「完全公正、準確和仁慈的。」總體來說，大家支持貝弗利・尼可斯的觀點，沃波爾那個蠢蛋活該。幾乎沒有人指責毛姆的所作所為。正如哲學家以賽亞・柏林所言，「我明白為什麼毛姆以及所有伶牙俐齒之人都無法抗拒那塊粉紅色的小鮮肉的誘惑，並將牙齒嵌入其間，顯然，那塊肉就是為食人族準備的。」

十月份，大西洋兩岸出現了大量的評論文章，大多是讚美之辭，也有一些批評的聲音，驚訝於作者露骨的主觀。英國學者萊斯利・馬錢德為在《紐約時報》撰文道，「沒有哪位英國作家的作品比毛姆的這篇小說帶有更透明、更無恥的自傳性。」同一年出版了小說《行屍走肉》的伊芙琳・沃則稱讚毛姆「機敏鬆弛之極……我不知道還有哪個活著的作家能如此自如地駕馭作品。」不過，他提出了一條有意義的保留意見，毛姆的「圓滑老練使得他無法獲得那種卓越的激情與美的靈光乍現，這是能力有欠缺的小說家偶爾才能達到的境界。」儘管如此，沃仍然為他的技法高超和熟練鼓掌：「他擅長讓讀者產生獲取資訊的渴望，但他先按住不表，等合適時機來個出其不意。」隨著時間的流逝，人們越來越欣賞這部小說。1934年，德斯蒙德・麥卡錫稱讚《尋歡作樂》是「結構的典範，羅西這個人物是偉大的藝術成就。」20世紀下半葉，戈爾・維達爾[1]認為這是一部「完美的小說」，而安東尼・伯吉斯則認為這篇小說好極了，是「一本文學批評的教科書。」

小說印成書後，沒有人笨到去留意休・沃波爾和阿爾羅

[1] Gore Vidal，1925-2012，美國小說家、劇作家、散文家、評論家。

伊・基爾之間有哪些可能的相似性，倒是幾乎所有人，通常帶著譴責的態度注意到愛德華・德里菲爾德與已故的偉大的湯瑪斯・哈代極其相像。小說中的阿申登可恥到對德里菲爾德的全部作品沒有表示出絲毫的欽佩之情。阿申登說：

他的作品確實使你覺得好像他是用一支禿鉛筆頭在寫作……每當我讀到他作品中出現航船的水手艙或是酒店的酒吧間時，我知道接下去的必定是長達六、七頁用方言寫的對生活、倫理和永恆不滅這類主題的可笑評論，我的心就會往下一沉。

如此不敬的觀點被認為是對哈代的侮辱，報紙上比較有代表性的頭條標題有——「踐踏湯瑪斯・哈代的墳墓」，「擊打裹屍布下的屍體」，以及「文學食屍鬼褻瀆墳墓」。當沃波爾終於鼓足勇氣給毛姆寫信，抱怨老朋友竟然如此殘忍地對待自己時，毛姆就可以拿出哈代做擋箭牌了。「我真的很不走運，」他的信這樣開頭。

你可能已經看到報紙在攻擊我，因為他們認為我寫的那位老人是哈代。這未免太荒謬了。唯一的理由是，兩個人都死了，都獲得過勳章，都結過兩次婚……海涅曼公司的查利・伊萬斯說，他從來沒想到我小說中的阿爾羅伊・基爾和你有任何相似之處；當他跟我談及此事時，我很誠實地向他保證，我完全沒有想過要描述你……阿爾羅伊・基爾是由一打人組成的，更大的那部分源於我自己。他身上我的元素比我認識的任何一個作家都多。我想，如果你在他身上看到任何與你相似之處，那是因為我們或多或少是一類人……

1961年，沃波爾死了很久以後，毛姆在給一個朋友的信中了回應了他對沃波爾極不誠懇的解釋，「休真是個可笑的傢伙，我寫《尋歡作樂》的時候當然想到他了。」在1950版的《尋歡作樂》的序言中，毛姆說：「不錯，在我構思我稱作阿爾羅伊・基爾這個人物的時候，我心裡想到的是休・沃波爾。」沃波爾雖然表面上接受了毛姆的解釋，實則仍舊對此耿耿於懷，到處傾訴自己的不滿。接下來的那個月，他和維吉尼亞・吳爾芙一起喝茶，吳爾芙在日記中這樣描述沃波爾，「可憐、痛苦得直打滾、齜牙咧嘴，還有荒謬。這的確是一種聰明的折磨。」她寫道。他在《尋歡作樂》裡被「活剝」了。「顯然，休被揭露為一個虛偽的、受大眾歡迎的、厚顏無恥的通俗小說家……對任何東西都不敏感。但休說，他在荊棘床上輾轉反側，荊棘越刺越深。」然而，吳爾芙在乎的是毛姆把只有她跟毛姆知道的一些小事也寫進了書裡，這才是真正令她無法釋懷的東西。毛姆給她寫信說，他不相信這會給她帶來傷害。他說，寫的時候壓根就沒想到她。但對吳爾芙而言，這封信比那本書更為糟糕。

到了年底，這場風波終於要過去了，雙方都感到很欣慰。兩個人的關係繼續友好著，至少表面上如此。翌年夏天，沃波爾的新小說《裘蒂絲・帕里斯》面世時，毛姆給他發去一封開玩笑的賀電，簽名是：阿爾羅伊・毛姆。然而，1931年5月，風波再起，一本惡意毀謗毛姆的小說《琴酒與苦艾酒》在美國出版，作者向毛姆公開發起攻擊。作者用了一個假名「A. 瑞波斯特[1]」，起初人們以為這本書是沃波爾寫的，其實作者是個多產且籍籍無名的女作家埃莉諾・莫當特，此人是哈代第二任夫人的朋友，《尋歡作樂》給她造成了極大的傷害，因為毛姆在書中提供了大量關於哈代夫婦和他們的社交及家庭生活的確切細節。莫當特決定報復一下，於是在書中塑造了一個著名小說家的形象，明眼人一看就知道是毛姆。莫當特曾在遠東廣泛遊歷，給了這本故事性很弱的書一定的可信度，但她從未見過毛姆本人，顯然對毛姆沒有深刻的了解。起初，毛姆沒把這件事放在心上，但後來他發現，這本更名為《兜圈子》的書即將在英國出版，而且出版此書的正是他的出版商海涅曼公司。顯然，海涅曼不想得罪自己的暢銷書作家，主動壓下了這本書。沃波爾也不想再捅簍子，乞求毛姆拿出禁令，但直到 F. H. 強烈建議弟弟採取行動，毛姆才決定控告對方毀謗。這時，這本書已由另一家公司接手，出版不久後接到毛姆的律師信才收回已發行的書。

在奇短的時間內，沃波爾就說服自己，他和阿爾羅伊・基爾之間沒有任何相似之處。當然，他也明白像自己這麼成功、這麼受歡迎的人物在「十分不幸且尖刻的」的毛姆眼中會是什麼樣子。然而，自從《尋歡作樂》出版後，人們對他形象的看法再也沒有改觀過，倫敦文學界再也不尊重這個人和他的作品了。1937年，沃波爾終於等來了他期盼已久的爵士頭銜，這也算是給他頒了一個安慰獎。然而，對《尋歡作樂》的讚賞則繼續蔓延。評論家法蘭克・斯溫納頓寫道，「毛姆作為小說家的聲譽一時無二，《尋歡作樂》出版幾個月後，所有當代的小說家都在他面前黯然失色。」

[1] Riposte，還擊的意思。

第十二章
哈克主人❶

《尋歡作樂》出版於1930年，這一年開啟了西方世界為期十年的混亂時期，但對毛姆而言，這是一段財富與聲望不斷增長的時期。1929年10月24日，美國股票市場崩盤，引發經濟大蕭條，數百萬人失去生計，這一天後來被稱作「黑色星期四」。然而，毛姆有伯特・阿蘭森幫他精心打理投資業務，相對來說平安地度過了大蕭條期。「我手裡持有的是金邊證券，」他告訴製片人梅斯莫爾・肯德爾，「我不在乎，我準備等情況自動恢復正常了再說。」隨處可見緊縮的跡象，看戲的觀眾少了，圖書雜誌的銷量銳減，毛姆卻彷彿有護身符一般幾乎毫髮無傷。他的戲繼續在英美乃至全球範圍內上演，《大都會》等雜誌給他的短篇小說開出一字一美元的稿酬，這已近乎天文數字。他的出版商們也格外幸運。出版業整體上不景氣，但大西洋兩岸毛姆的出版公司卻繼續生意興隆。由查爾斯・伊萬斯和 A・S・弗利爾共同經營的海涅曼公司繼續盈利且依然強大，在美國，1927年喬治・多蘭和達博岱的公司合併後誕生了美國著名的出版公司之一。1928年，出版公司創始人之子尼爾森・達博岱被推選為總裁，在他充滿活力的領導下，到了1930年代初，達博岱多蘭出版公司已經發展成英語世界最大的出版公司。

❶ 哈克（Hacky）是毛姆對哈克斯頓的暱稱。

弗利爾和尼爾森・達博岱都成了毛姆的私人朋友。弗利爾個子小而精力充沛，某些方面神神秘秘的，對早年經歷閃爍其詞，但這個人極富魅力，發自內心地熱愛文學，且知識廣博。他善於交際，和很多作家關係密切，毛姆便是其中之一。「他熱情、親切、慷慨、令人興奮。」弗利爾說起這位著名的作家，「他只要求對方回報以類似的喜愛和忠誠。」從專業角度來講，弗利爾精明得很，在估價他最寶貴的財產時眼光敏銳。「毛姆在講故事方面有難以估量的天賦，」他曾在接受採訪時說，「他的優點在於對藝術的真誠基於不可動搖的謙遜。他知道他不是一個偉大的作家，於是靠他所掌握的全部技能謀生。」兩個人都很明白職業關係的準則和界限，作者的工作是提供手稿，出版商的工作是將其出版，不存在編輯環節的干擾。「這麼多年來，我和威利從來沒有因為工作的事紅過臉。」弗利爾回憶說，「我從威利手中拿到手稿後就直奔印廠。我會把校樣寄給他，十天內，他再給我們寄回來，就是這樣。我們連一個逗號都不改。他過去常說，他改完了不希望再有任何改動。他也從來沒對腰封發表過意見。」

尼爾森・達博岱也跟毛姆保持著一樣融洽的工作關係，但他的性格和那位英國出版人很不同。他是個大塊頭，精力充沛，嘴裡老是叼著根雪茄，嗜酒如命，喜歡戶外運動，尼爾森在社交場合不太自在，但對家人和朋友很有感情，也很慷慨，毛姆也被他視作親密的朋友。「威利是我這一輩子遇到過的最有趣的人。」尼爾森說。尼爾森不愛讀書，首先他是個商人，大家都知道他作風剽悍，是出版界最精明的老闆之一。「我不讀書，」他總是吹噓，「我出書。」他很得意自己有殺價的本領，達博岱的一個同事說，「但是威利每次都能把他逼到牆角裡去。」毛姆造訪長島的辦公室時，編輯們開心地看到高大的尼爾森和那個矮小的英國人站在一塊兒，「就像一隻聖伯納犬俯視一條米格魯……『當然，我對生意上的事一竅不通，』毛姆總是先來這麼一句，但在談話結束前他往往能從尼爾森那兒得到他想要的一切，順便說一句，得到的很多。」

由於作品銷量巨大並被翻譯成多國文字，毛姆成為在世著名的作家之一，同時吸引了某些批評家的認真關注，但令人驚訝的是，大部份關注來自國外。正如他的同胞小說家查爾斯・摩根和羅沙蒙德・萊曼所言，毛姆在法國遠比在英國更受人尊重，英國知識界不太把他的寫作當回事。法國土魯斯大學的一位教授是這個領域的開拓者之一，1926年，保羅・多廷發表了一篇關於毛姆的文章：《薩默塞特・毛姆的現實主義》，兩年後，他又在這篇文章的基礎上擴寫出一本書：《薩默塞特・毛姆和他的小說》，1937年又出版了《薩默塞特・毛姆的戲劇》。1935年，毛姆因在文學領域的貢獻榮獲法國榮譽軍團勳章。很快，其他學者也急切地向他表達敬意，不僅在法國，在德國和美國也是。相比之下，在英國，毛姆卻在很大程度上被知識階層漠視。他的照片被列入威爾斯牌香煙盒的著名作家系列，而1930年三個最具影響力的文學調查則幾乎完全忽略了他。埃米爾・勒古伊和路易斯・卡札米恩合著的《英國文學史》幾乎沒提他的名字，A・C・沃德（A.C. Ward）的《20世紀文學》只提到了他的戲劇作品，同一作者的《1920年代》則壓根沒提毛姆。近半個世紀後，幾乎沒有任何改變。1988年由牛津大學出版社出版的瓦倫丁・康寧漢的《1930年代英國作家》一書只簡略且不準確地附帶提了一下毛姆的短篇小說《雨》。如此受歡迎且多產的一位作家，《牛津引語詞典》裡竟然沒有屬於毛姆的詞條，直到1953年版才收錄。不過，一群遊走於學術高牆之外更具反叛精神的嚴肅知識份子評論家，如雷蒙德・莫蒂默、理查・奧爾丁頓和西里爾・康納利在《承諾的敵人》一書中對毛姆做出了他應得的評價，他們將他歸類為「最後一個偉大的職業作家」。

然而，對毛姆本人而言，最有意義的評論文章出自他的老朋友德斯蒙德・麥卡錫之手。1934年，海涅曼出版了一本小冊子——《威廉・薩默塞特・毛姆：英國的莫泊桑》，部分是評論，部分是回憶錄，麥卡錫回憶了1914年他與毛姆在法國初次相遇時的情形。至於毛姆與莫泊桑的相似之處，麥卡錫說：「他能感知到什麼能引起廣泛的興趣，和莫泊桑一樣，他既是藝術家，又是一個閱歷豐富的人……處於最佳狀態時，他能把故事講得像任何活著或死了的作家一樣好。」這樣的證言之所以令人滿意不僅因為麥卡錫是一名受人尊敬的評論家，同時他還是布魯姆斯伯里派的一員，而毛姆感覺他一直遭到這些精英不公正的藐視。小說家大衛・加涅特的說法代表了他們的普遍態度，加涅特曾傲慢地告訴一位詢問者，「至於毛姆在布魯姆斯伯里派中的聲譽，我無可奉告，因為我從來沒有聽人談起過他。」如此輕蔑的口吻令人怨恨不已。這並不是說毛姆對自己的職業地位沒有清晰的判斷：「我知道自己所處的位置，」他不止一次說到，「我處於二流作家中的最前列。」但令他氣惱的是，他這樣一位成功的作家，而且和布魯姆斯伯里派那群人一樣一貫蔑視公眾對宗教、階級和性道德的態度竟然被如此可恥地漠視。然而，除了認為他資質平庸，他的成功，以及成功帶來的財富也是布魯姆斯伯里派不把他放在眼裡的原因。別墅、游泳池和配備專職司機的豪華轎車說明毛姆從根本上是反波希米亞的，他奢華的生活方式令那些住在查爾斯頓和戈登廣場的高傲之人頗為反感。

麥卡錫那篇文章發表的三年前，第一部毛姆傳記性質的東西出現了，有點出人意料的是，作者弗萊德・貝森（Fred Bason）是個出身沃爾沃思工人家庭的小夥子，1931年他整理出威廉・毛姆的作品目錄，毛姆還為這本書親自寫了序。芝加哥阿爾戈斯書店博學的本・艾布拉姆森在寫給毛姆的一封信中說：「這是一次無能且業餘的嘗試……糟糕的作品……謬誤百出」。貝森來自一個赤貧的家庭，但讀起書來如饑似渴，從少年時代起，他就堅持不懈地追逐心中的文學之星，在劇院和時髦的餐館外流連，希望收集到作家們的簽名。他與毛姆的關係則更進一步，當年僅19歲的貝森寫信給毛姆提議為他編寫一本書目時引起了毛姆的興趣。「你有照片的話，可以寄給我……好讓我知道，我在跟怎樣一個男孩通信，」他補充道，「希望我下次來倫敦時我們可以見個面。」他們見了面，而且成了朋友，但貝森從一開始就明確表示不會提供性服務（接受了一些毛姆贈送的昂貴禮物後，貝森在一本私人備忘錄上寫道，「我們倫敦人總是想法設法回報，但不是以他真正想要的那種方式，永遠，永遠不會。」）。在毛姆的要求下，他帶著這個比他年長的男人參觀了毗鄰蘭貝斯的沃爾沃思區，這對毛姆來說是一次懷舊；他們一起看賽狗、拳擊比賽，和貝森的父母一起喝茶，貝森太太還在耶誕節時給毛姆織了一件羊毛開衫，他們去了象堡區的音樂廳，那晚，毛姆穿著顯眼而昂貴的黑色大衣，天太冷一直沒有脫。他為這個出身貧民窟的年輕人對書和戲劇的熱愛所感動，在接下來的幾年裡，他給他送戲票，如果貝森手頭緊，毛姆偶爾也會接濟他一下，還曾一度給嘗試寫作的他提過建議，直到這位多產的年輕作家的心情變得十分急迫。「不，我不認為我想看你寫的新戲，」1931年11月，毛姆告訴他，「我讀了今年早些時候你寫的一個東西。記住，很多人想讓我對他們未發表的作品提意見，在過去的兩個星期裡，我被迫應付了不少於五個作者。我想，你已經享受到了公平的份額。」

貝森的志向是做古舊書生意，毛姆使這個想法變成了可能，他把自己的手稿和簽名初版送給他，並從銷售額中抽取10%的傭金。「這是我創造輝煌的契機，」貝森回憶道，「一輩子只有一次的擁有屬於自己的書店或漂亮房子的機會。」最初，一切順利，直到貝森越過了底線。此前他們在錢上就有過一次「誤會」，貝森似乎花掉了本該付給毛姆的錢。「你很清楚不該這麼做，」毛姆以父親的口吻責備他，「我想，使用不屬於你的錢對你來說是一種誘惑……但這麼做是不對的。」這個誤會剛剛過去，貝森又遭到更嚴重的指責，毛姆發現他以誇張的價格將簽名本賣給了美國商人，而他曾向毛姆保證過要把這些書留給個人客戶。最終兩人決裂是因為有一次毛姆去拜訪貝森的母親，毛姆不僅要在幾十本書上簽名，還要根據貝森的要求寫上溢美之詞，這麼做的唯一目的是提高這些書的價值。從此毛姆決定斷絕與他的來往，不再送給他簽名本，這個年輕人同時被告知，「你可以隨意出售我寄給你的明信片和書信，如果你能找到買這些東西的傻子的話。」

年近六旬的毛姆依然沒有顯露出放緩腳步的跡象，他的工作計畫將延伸至很遠的未來。此時，他著手完成他決定要寫的最後四部戲，《聖火》是四重奏中的第一部。四部戲全部涉及「艱難」的主題，比如，《聖火》中的安樂死，毛姆曾懷疑這部戲可能不會受歡迎。《聖火》的成功對他來說是個驚喜。但到了這一階段，他已經不在乎用寫作來取悅他人了。他在戲劇界度過了將近三十年，寫了30餘個劇本，他幾乎窮盡了這種載體，已經從中得不到多少樂趣了。

他在一次採訪中描述純粹的努力，寫戲時的「辛苦與掙扎」，繼續抱怨不得不與演員和導演合作是多麼的「可怕」。他說：「我沒有時間，也沒有欲望，更沒有體力觀看彩排，跟表演者爭論，縮減內容或者重寫。」他說：「劇作家和戲劇之間不可能擁有作家和讀者之間那種親密的關係。」他也越來越相信自己落伍了，「寫戲是年輕人的活計。」他在他的最後一本戲劇作品集的序言中寫道，「戲劇的時尚變化比其他的藝術形式更徹底、更迅猛。在諾爾・寇威爾先生輕快但果決的帶領下的年輕作家才是時代的舵手。」為了強調最後這一點，他將他的一張照片寄給寇威爾，並在照片下面寫了一行字：「一張束之高閣的紳士像」。

1930年3月底，毛姆交出了他的新劇本——《養家活口的人》。這部戲於9月30日在倫敦歌舞雜耍劇院開演，連演了五個月。《養家活口的人》充滿活力，但最終這個作品並不能令人滿意。戲中講的是一個股票經紀人查爾斯・巴特爾的故事，他突然厭倦了工作、家庭和舒適的家庭生活，決定不再滿足妻子和孩子們貪婪的物質要求，就像是《月亮和六便士》裡查爾斯・思特里克蘭德戲劇性退出的一個稍顯蒼白的重演，巴特爾離開他們，並非像思特里克蘭德那樣投身藝術，而只是獨自開始一種不確定的新生活。

毛姆盡職盡責地在排練上花時間，還參加了西區演出前在城外的預演。儘管，他覺得不值得與演員交往，但也絕不會怠慢他們。《養家活口的人》上演期間的一個小插曲說明了這一點。首演結束後，男主角羅納德・斯奎爾把一個年輕的女演員訓哭了。當劇團裡的演員們聚在一個餐廳裡參加毛姆為他們準備的晚餐會時，毛姆立刻注意到胡德小姐不在，於是派司機開車去接她，堅持要弄明白到底出了什麼事。斯奎爾羞愧地承認自己嚴厲地批評了她。毛姆冷冰冰地宣布，如果這個演員再欺負劇組的任何一名成員，這個劇團將失去這部戲的演出權。19歲的傑克・霍金斯和其他人一起看得目瞪口呆，他回憶說，麥琪・胡德終於來了，「她的眼圈紅紅的，一副可憐相，威利讓她坐在他的右手邊，整個晚上都把她當女主角對待。」

自從與西芮離婚後，毛姆來倫敦時租住在西區或西區周邊的幾個公寓裡。他租住的第一套公寓位於半月街18號。他的房東太太是個十分體面的女人，「公事公辦、安靜、冷靜且憤世嫉俗，非常奢侈。」毛姆租的那幾個房間在一樓，客廳裝飾以蕨類盆景，椅子拿布罩著，牆上的畫表現的是騎士與貴婦在一起的浪漫場景。一個來採訪他的記者看到這個現代道德的譴責者家中居然掛著維多利亞時代風格的長毛絨和花邊窗簾感覺很奇怪。毛姆很喜歡倫敦的生活。「我鍾愛倫敦的味道、人群和顏色，」他寫信給奧斯伯特・西特韋爾的伴侶大衛・霍納，「我不知道還有哪兒更讓我感覺身心舒暢，而且，倫敦是世界上少有的能讓人心滿意足地閒逛的地方。」住在半月街，走路去哪兒都方便——沙夫茨伯里大街和河岸大街的劇院、舊伯靈頓街的萊斯利&羅伯茨（Lesley & Roberts）裁縫店、柯曾街的川普勒理髮店（Trumper's）、聖詹姆斯廣場的倫敦圖書館、皮卡迪利大街的海查德書店（Hatchard's）和牛津街的彭勃思書店（Bumpus），附近還有龐德街的畫廊、皇家學院、蘇富比和克利斯蒂拍賣行，加里克俱樂部也很近，毛姆經常被叫到那兒喝酒打牌。星期天，他總是會騰出空檔跟他的哥哥或芭芭拉・巴克打高爾夫，到了晚上，一般他會去攝政公園附近的芭芭拉家打橋牌。在這裡，毛姆很滿足地戴著眼鏡坐在煙霧繚繞的牌桌上，身邊有巴克夫婦，還有其他受邀來打牌的客人，有時是 H・G・威爾斯，也可能是傑拉德・凱利、巴茲爾・巴特利特和一個住在附近的年輕英俊的演員。他的快樂很大程度上來自無須費心與人交際，他的話很少，有老朋友作伴，晚餐很簡單——冷牛肉和烤馬鈴薯。

毛姆從年輕時起就喜歡打橋牌，他認為「這是人類設計過最有趣的遊戲」。他喜歡所有的牌類遊戲，人們經常看到他以打牌為樂，且極有耐心，尤其是在旅行時。他是撲克玩家，也是玩惠斯特牌的高手，但他最喜歡的還是橋牌。口吃成為不可避免的障礙，「口吃讓我損失了好幾百塊。」他抱怨道，「本來手裡可以有大滿貫（slam），但是叫不出牌——S 這個音就是發不出來。」儘管如此，他還是喜歡這個鍛鍊腦力的遊戲——無情、快速決策，需要直覺和均衡判斷，還有機會讓他研究搭檔和對手，並以此為樂。毛姆曾寫道，「人性研究者可以從觀察牌友的行為中找到無窮無盡的素材。幾局橋牌打下來，沒有幾個人能深奧到無法讓人摸透他的本質。」正如他評價自己處於二流作家中的前列一樣，他也同樣將自己歸類為二流橋牌手中的頂尖高手。

毛姆的偶像是橋牌世界冠軍美國人查爾斯・高倫（Charles Goren），他收集了高倫的全部著作，並把他的《獻給更好牌手的更好橋牌》奉為聖經。「多麼希望我能寫一本像你的橋牌書一樣那麼引人入勝的小說。」他告訴高倫。在紐約時，他偶爾會跟高倫一起打牌，一天晚上，打到最後一局時，他竟然贏了大師12美元，毛姆喜出望外。1944年，高倫請毛姆給他的《叫牌標準》一書貢獻一篇引言。毛姆的作品裡時常提到橋牌，戲劇作品裡有《史密斯》和《周而復始》，長篇小說和短篇小說裡也提到過橋牌，比如，《叢林裡的腳步聲》、《書包》和《三個胖女人》，非虛構類作品裡也有，比如《客廳裡的紳士》。

在倫敦的時間有限，毛姆很少能找出一個空閒的晚上。他通常在卡普萊斯餐廳、薩伏伊餐廳和皇家咖啡館款待朋友，同時，他也是時髦的女主人們追逐的對象。其中最有權勢的兩位領頭人是西比爾・科爾法克斯和埃默拉爾德・邱納德。科爾法克斯夫人和她的丈夫住在國王路的阿蓋爾別墅，西芮就住在他們家隔壁。兩個女人不僅討厭彼此，還是事業上的競爭對手——西比爾・科爾法克斯也是一名室內設計師。兩人經常鬧矛盾，科爾法克斯家的狗叫聲搞得西芮抓狂，深夜裡，西芮家的聚會散場後，關計程車門的砰砰聲也時常惹怒科爾法克斯。當然，這對毛姆來說無關緊要，他看重科爾法克斯是個心地善良的女人，也願意成為她的「名流」之一，與她的沙龍裡其他的名人為伍。他在這裡遇見過科爾・波特夫婦、蓋希文[1]夫婦、阿圖爾・魯賓斯坦[2]夫婦、H・G・威爾斯、麥克斯・畢爾邦、諾爾・寇威爾，以及一些公眾人物，比如，溫斯頓・邱吉爾，查努爾爵士[3]、哈羅德・尼可森爵士[4]，還有一些富有魅力的貴族成員，比

❶ George Gershwin，1898-1937，美國著名作曲家，寫過大量的流行歌曲和數十部歌舞表演、音樂劇，是百老匯舞台和好萊塢的名作曲家。

❷ Arthur Rubinstein，1887-1983，美籍波蘭鋼琴家，以演奏蕭邦音樂最被認同。

❸ Sir Henry "Chips" Channon，1897-1958，美國出生的英國保守黨政治家、作家和日記作者。

❹ Sir Harold Nicolson，1886-1968，著名的日記作者、外交史家、園藝家和廣播員。

如，黛安娜・庫珀夫人❶和威爾斯親王。西比爾・科爾法克斯有一本著名的生日簿，她讓她喜歡的朋友們在上面題詞，毛姆貢獻了法國象徵主義詩人亨利・德・雷尼埃❷的《穆斯林國家》中的一句帶有嘲弄意味的話：「Qu'importe sa vie a qui peut par son rêve／Disposer de l'espace et disposer du temps?（如果夢中有時空隨他處置/生命對他又算什麼？）

這些人同時也是格羅夫納廣場丘納德夫人家的常客，但這裡的氣氛很不一樣。埃默拉爾德・丘納德是美國航運巨頭貝奇・丘納德爵士的遺孀，她嬌小、精緻、聰明、時髦，「輕如薊花的冠毛」，她有一雙藍眼睛和寧芬堡瓷器般的頭顱。人們經常用「像鳥一樣」這個詞來形容她，「她就像一隻小鸚鵡。」她的一個崇拜者說。雖然埃默拉爾德可能看上去是個膚淺的女人，實際上，她博覽群書，精通音樂，而且有敏銳的政治頭腦，還很機智風趣：「在她家裡不可能感到無聊。」哈羅德・艾克頓回憶說。西席・比頓談到她時說，有時她那些極度坦率的觀點「以偉大女演員的藝術水準傳達出來。」她精心安排的午餐和晚宴十分有趣，女主人當指揮，用她細小的手指輕敲桌子，然後指著一位客人——可能是安娜・巴甫洛娃，也可能是湯瑪斯・畢勒爵士❸、西敏公爵或者某個前途無量的年輕劇作家——被選中的人要根據她選擇的話題發表演說。自然，有些參與者會擔心輪到自己，每次鼓起勇氣按響她家門鈴

❶ Lady Diana Cooper，1892-1986，被公認為20世紀的美女。年輕的黛安娜・曼納斯在一個著名的知識份子群體中活躍，他們大多數在第一次世界大戰中喪生。後來她嫁給了一個唯一的倖存者達夫・庫珀，後來他成為法國大使。黛安娜・曼納斯寫了三卷的回憶錄，描述20世紀上流社會的生活。

❷ Henri de Régnier，1864-1936，法國後期象徵主義詩人。1912年，當選為法蘭西學院院士。

❸ Thomas Beecham，1879-1961，英國指揮家。他創立了後來蜚聲於世的英國倫敦愛樂樂團，獲得「英國交響樂團之父」的美譽。

前在門口先徘徊兩圈的人可不只毛姆一個，但結果確實是迷人的，埃默拉爾德利用她突如其來的策略總是能從每個人身上得到點什麼。毛姆後來特別喜歡埃默拉爾德；他們之間是真正的友誼，她是為數不多可以恣意打趣毛姆的人。有一次，毛姆起身告辭，通常他走得比較早，他開玩笑地給出藉口，「我要保持青春。」「那你為什麼不隨身攜帶呢？」埃默拉爾德調皮地問。

來倫敦時，毛姆很少與前妻接觸，最近，她的業務遭到經濟大蕭條的重創。芝加哥、棕櫚灘和洛杉磯分公司以及她在紐約的樣品間都被迫關閉，她幾乎停掉了所有在美業務。或許這只是權宜之計，她和美國海關發生了一點衝突，她帶入帶出美國的物品與清單上的描述不符。美國財政部調查後發現，她有真假兩套帳本。幸好，這些令人難堪的問題不再與毛姆有關，他與西芮交流的唯一原因是安排一年與女兒見兩次面。如今已經十多歲的麗莎出落得愈發漂亮，但在相當正式的場合見面，比如在克拉里奇酒店吃午餐或晚餐時，兩個人都會渾身不自在。幾年後，一個美國朋友邀請毛姆去克拉里奇就餐，他婉言拒絕了，理由是會勾起不快的回憶。毛姆不習慣和少女待在一起，所以不太擅長機智地選擇話題，麗莎回憶說，「我記得我很受傷，那年我14歲，他說，看到我生下來是個女孩，他很失望……我煩透了。」毛姆帶麗莎看過幾次戲，這樣更容易打發時間，道別時，兩人都舒了口氣，煎熬終於結束了。毛姆會給麗莎半個克朗[1]，把她送上回家的計程車。1931年，麗莎16歲時，毛姆送給她一輛汽車，她興奮極了，有生以來她第一次可以離開母親，有一點屬於

[1] crown，5 先令的英國舊幣，等於現在的 25 便士。

自己的生活了。大概就在這一時期，麗莎得知父親是同性戀，此前她對此一無所知。「這是非常可怕的打擊，」她回憶說，「一天，一個可怕的男人——華恩克里夫勳爵直截了當地對我說：『你知道你父親是同性戀嗎？』我父親一直以為是我母親告訴我的。她從來沒有說過，但他就是不信，這也是他們之間巨大怨恨的原因之一。」

從倫敦回到法國南部後，毛姆回歸他的職業——寫作，但社交活動的節奏幾乎沒有減慢。50好幾的毛姆保持著比較年輕的體態。雖然他的鬍子修剪得整整齊齊，但臉上開始布滿皺紋，黑眼睛下開始有黑眼圈出現，他梳了個背頭，頭髮濃密，沒有一根白髮，身材仍舊纖細。他每天積極鍛鍊身體，在費拉角長時間散步、游泳、滑水，打網球和高爾夫。到處有人邀請他，他也在家裡款待賓朋，他的客人魚龍混雜，有浪蕩子，也有社會上的頭面人物，毛姆不是一個僅憑社會地位將人劃為三六九等的勢利鬼，但他確實喜歡與公爵共進晚餐。他會被頭銜和歷史悠久的貴族身分所打動，有皇室成員在場時，他會暗自興奮。在埃默拉爾德·丘納德安排的一次午餐會上，擁有歐洲最敏銳社會觸角的查努爾爵士觀察到，「毛姆對老朝臣哈里·斯通納爵士的態度中夾雜著一絲諂媚，」查努爾爵士尖銳地指出，「哈里爵士對毛姆屈尊俯就時則帶著一點輕蔑。」搬到法國南部後不久，毛姆就被邀請參加維多利亞女王之子康諾特公爵殿下在費拉角的別墅舉辦的晚宴。有一次，驚悚小說家愛德華·菲力浦斯·奧本海姆來瑪萊斯科別墅喝茶，他驚訝地發現穿著時髦白衣的毛姆和穿著他最漂亮的淡粉色衣服的傑拉德正在接待暹羅國王和王后。「一次奇怪的小聚會，」奧本海姆說，「我們的主人把主要精力放在王后身上，這也沒什麼好驚訝的，王后陛下雖然個子小，面孔、儀態和言談卻很迷人。她也會打網球。」大概就是在這次聚會之後，毛姆告訴跟他不熟的魯德亞德・吉卜林，暹羅國王親自將他的《如果》譯成了暹羅語，國王說，找到令他滿意的節奏和韻律真的好難。

在他的交友原則範圍內，毛姆是熱情好客的，他喜歡智慧的交談，但這在蔚藍海岸的僑民圈並不容易。不過，這裡還是住了一些有趣的人，比如幾個作家，寫緬甸小說《漆女士》的 F・丁尼生・傑西；《伊莉莎白和她的德國花園》的作者，好玩、惡毒的伊莉莎白・羅素；還有靠暢銷書《綠帽子》發了大財，在坎城郊外買下一棟房產的麥克・阿倫。毛姆的法國朋友裡最聰明、最有趣的要數霍勒斯・德・卡布恰，這個禿頂、快活的科西嘉胖子在聖馬克沁海邊有一棟房子。他是法國出版社（Editions de France）的創始人和極右翼雜誌《甘果瓦》的主編。

卡布恰是個聰明、放縱、有魅力、寡廉鮮恥的人，他熱愛文學且知識淵博。他和毛姆在戰後邂逅於倫敦，並結為好友。卡布恰的《甘果瓦》雜誌發表了毛姆很多短篇小說。更重要的是，他幫毛姆在巴黎的舞台上推廣他的戲劇作品，並安排翻譯了毛姆的四個劇本《雨》、《周而復始》、《信》和《聖火》。譯者布蘭切特小姐是卡布恰的女朋友，毛姆不缺錢，卡布恰又希望為他的「小朋友」做點什麼，於是他們決定讓她和傑拉德平分這筆版稅。「我有一位深愛的秘書。」毛姆告訴他。

毛姆搬到法國來住，卡布恰很開心，他很喜歡這個英國人的冷幽默。「這麼說，你喜歡法國咯。」一天，卡布恰對他說。「我喜歡生活在法國。」毛姆的回答中帶著精緻的微妙感。毛姆尊重卡布恰的編輯身分，和他在一起也很開心，但不喜歡他的政治觀點，而且很清楚此人是個無賴。「他是盜亦有道那種人……不過，他很擅長講滑稽、尖酸的故事……一個憤世嫉俗、厚顏無恥的人，我不可能不對他著迷。」

H·G·威爾斯也同樣聰明，不同的是，他特別和藹可親，最近他在格拉斯給自己蓋了棟房子。自從戰前遇到威爾斯，他們就結下了愉快的友誼。毛姆對威爾斯的智慧和言談著迷，但並不全然欣賞他的小說。在毛姆看來，威爾斯不是一個成功的小說家歸因於他更感興趣的是類型，而不是個體，結果，「他擺在你面前的不是個體，而是一個個活潑、健談的牽線木偶，他們的功能在於表達作者想要抨擊或辯解的觀點。」現在他們成了鄰居，於是經常見面。最初，陪在威爾斯身邊的是他那個相貌迷人但令人討厭的情婦奧德特·瑾。後來，H. G. 愛上了一個漂亮的俄羅斯女郎——莫拉·布德伯格，他想擺脫奧德特，但她是個醋罈子，極力阻撓他的新戀情。發現毛姆是個富有同情心的傾聽者後，奧德特開始向毛姆傾倒內心的苦水，把他的禮貌體貼誤解為黨同伐異。出於感激之情，她在她寫的一本關於英國和英國人的小書上寫了一段溢美之詞獻給毛姆。

> 我親愛的威廉……在我無比困惑之時，你所給予我的無畏、明智、堅定的友情令我感激不盡……你所擁有的誠摯的精神和敏感善良的心靈令我欣賞不已，這也讓你與我所認識的男女區別開來。

這本書出版後不久，奧德特發現，她不在的時候，毛姆居然在瑪萊斯科別墅招待 H. G. 和那個可惡的莫拉，毛姆的行為激怒了她，於是她立刻吩咐出版商撤掉未來版本中給毛姆的獻詞，並在給「親愛的威廉」的一封信中表示自己受到了很大的傷害，痛斥了他的奸詐和殘忍。

> 你並沒有那麼善良，你也沒有那麼敏感……我無法忍受自己給你的獻詞，因為那些話是那麼的虛假……哦，威廉！哦，威廉！……不必回信。我再也不想收到你的來信或聽到你的消息了。結束了，這段膚淺、脆弱的友誼……

不用說，她的憤怒根本改變不了那兩個男人的交情，而且毛姆越來越喜歡聰明、神秘的莫拉了，差不多像喜歡威爾斯一樣喜歡。

一到夏天，外國人的數量就大大增加，所以不乏充滿活力的夥伴。比如，尤金・歐尼爾[1]、歌劇演員瑪麗・加登、查理・卓別林，還有在昂蒂布租下一幢別墅的美國評論家亞歷山大・伍卡特。伍卡特將女演員露絲・高登和麥克斯三兄弟之一的美國演員哈珀・麥克斯介紹給毛姆，這兩人都成了毛姆的朋友。若干年後，毛姆開心地得知哈珀在加利福尼亞州家中的「書房」裡只有兩本書，書上都有作者的簽名：一本是蕭伯納送他的《聖女貞德》，另一本是《人性枷鎖》。

受邀留宿瑪萊斯科別墅的朋友基本上可以分成兩群，一群主要是已婚夫婦，另一群被一個觀察者描述為「國際化的同性戀」。第一群裡有凱利夫婦、布萊特夫婦，弗利爾和他的太太派特，艾倫和波比・普萊斯－瓊斯，德斯蒙德・麥卡錫，一個

---

[1] Eugene O'Neill，1888-1953年，美國著名劇作家，表現主義文學的代表作家。一生共四次獲普利茲獎，並於1936年獲諾貝爾文學獎。

來自巴黎的富有金融家雅克・蘭德爾，還有和第一任妻子離婚不久便再婚的尼爾森・達博岱。芭芭拉・巴克是毛姆所有女性朋友中跟他關係最近的一個，她經常被叫來充當女主人，她金髮女郎的優雅，對八卦的熱情，尤其是擅長打橋牌深受毛姆的欣賞。芭芭拉經常獨自赴約，她那個浮誇不忠的外科醫生老公艾弗・巴克很少陪她一起來。毛姆覺得這樣挺好，他希望芭芭拉屬於他一個人。他喜歡嬌慣她，有一次他腦子一熱，就送了她一件貂皮大衣。苗條、美麗、熱情的她知道如何對付毛姆，既要頑皮，又要不乏尊重。他喜歡她的樸實和幽默感，她經常給他寫信，他靠這些信來了解倫敦城最不檢點的八卦新聞。「你的信是福利和樂事。」毛姆告訴她，「猶如一股倫敦的清風吹到了里維耶拉。」毛姆在瑪萊斯科別墅的小圈子裡還有小說家葛萊蒂絲・斯特恩，大家都叫她「彼得」。彼得是個大胖子，長了張圓臉，留著斯凱梗式的瀏海，雖然不是什麼美人，但跟她聊天也很開心，所以大家把她當寶貝。不過，令毛姆洩氣的是她在餐桌上的貪婪，還有她一絲不掛曬太陽的習慣，那沒有任何美感可言。不過，她是個好人，毛姆很尊重她的批評意見。「她是我認識的最不以自我為中心的作家，」他寫信告訴他的侄女凱特，「越了解她就越覺得她可愛。」常客名單中還有毛姆的侄子和侄女，有時他們的父親 F. H. 也會跟著一起來，「我想他們都玩得很開心。」1931年6月，毛姆在一次家庭聚會後寫信給芭芭拉，「我知道姑娘們很開心。你知道，F. H. 是打死也不會從他那兩片嚴厲的嘴唇裡吐露一句讚美之詞的。」

第二群客人則全部為男性，一些有伴侶，一些獨自前來，有的人和毛姆是一代人，有的則年輕許多。這些人中包括奧斯伯特・西特韋爾和他的情人大衛・霍納，一個有魅力的男人，毛姆一度癡迷他；還有哈羅德・尼可森，他是那麼的「友好、快樂、好相處」；哈羅德・艾克頓、雷蒙德・莫蒂默，諾爾・寇威爾和西席・比頓（坊間流傳著一個很有趣的故事，埃德娜・聖文森特・米萊[1]來到瑪萊斯科別墅，見到毛姆、哈克斯頓、比頓和寇威爾坐在陽台上，米萊小姐拍手大叫道，「哦，毛姆先生，這是仙境！」）。那兩個野心勃勃的年輕人，戈弗雷・溫和貝弗利・尼可斯也會定期應邀前來，溫滿懷羞辱回憶起初次到訪的情形。那天，他穿了一身灰色的法蘭絨套裝。「這是八月的法國南部，不是溫布頓決賽日。」毛姆語氣嚴厲，然後讓傑拉德開車帶他去買亞麻襯衫、褲子和帆布鞋。還有一個英俊的作家基斯・溫特，有人在自由城見到他和沃兄弟，也就是亞歷克・沃和伊夫林・沃，在一起，這兄弟倆和他們的親戚住在「歡迎旅館」，於是，他們三人被邀請到瑪萊斯科別墅吃晚飯。彬彬有禮的亞歷克給毛姆留下了極好的印象，伊夫林則假裝不知道毛姆是個大作家，稱呼他為「醫生」，這讓毛姆很嫌棄他。（伊夫林和毛姆的關係很微妙。幾年後，他被毛姆的一個老朋友黛安娜・庫珀帶到瑪萊斯科別墅。伊夫林向哈羅德・艾克頓講述第一晚的情形時說自己出了大醜，「第一天晚上他問我某人如何，我說：『一個口吃的同性戀。』牆上所有畢卡索的畫都白了。」）晚餐後，沃兄弟倆離開了，溫特留下來過夜，第二天上午回到自由城，他得意地對亞歷克說，「威利告訴他，他多麼會用手指⋯⋯」那年晚些時候，亞歷克在倫敦的一個雞尾酒會上看到毛姆和溫特在一起。「基斯一邊喝著酒，一邊摸著威利的手，我看到威利的臉上劃過一絲

[1] Edna St. Vincent Millay，1892-1950，美國歷史上首位獲得普立茲詩歌獎的女性。

真切的欲望。」

毛姆與劍橋大學國王學院一位優秀的青年教師，人稱「達迪」的喬治・賴蘭茲的友誼則完全不在一個層面上。賴蘭茲和他的中學教師朋友亞瑟・馬歇爾和另外一個劍橋大學的年輕學者維克多・羅斯柴爾德來蒙地卡羅度假，並在那裡遇見了毛姆。他們受邀來到瑪萊斯科別墅，主人的接待方式讓其中唯一的異性戀者羅斯柴爾德有點驚訝，他寫道，「薩默塞特・毛姆可能誤會了我們此次來訪的目的，至少在花園裡和傑拉德・哈克斯頓散了一圈步後我得出了這一結論。」可以想見，主人向賴蘭茲和馬歇爾都提出了要求，一旦障礙排除，兩個人，尤其是賴蘭茲，很快成為毛姆那個小圈子的成員。金髮碧眼、面龐粉嫩的賴蘭茲是個熱情洋溢、富有磁性的人。他是劍橋大學使徒會的成員，也是布魯姆斯伯里的常客，當時賴蘭茲已經是公認的重要的莎士比亞學者。他也喜歡生活劇場，導戲和演戲，由他扮演的瑪律菲公爵夫人被人們談論了很多年。他還是一名出色的教師。賴蘭茲比毛姆小很多，但很快毛姆就請他幫自己校稿，「在我看來，他的品味完美無瑕。」毛姆在《總結》中寫道，還要求他給自己上了一系列英國文學課。馬歇爾回憶說，賴蘭茲一般邊用餐邊授課。飯大約吃了五分鐘，一個磕磕巴巴的聲音就會試探著問賴蘭茲，「達-達-達-達迪，我有一個看法，喬治・艾略特在《亞當・貝德》中說，『行為決定我們，正如我們決定行為。』她真正的意思是……」接下來他會說一些自己的想法和觀點。達迪會停下來思考如何回答他，但如果毛姆說的是陳詞濫調，達迪就會微笑點頭，說：「是的，威利。」毛姆會瞄他一眼，然後嘟囔一句，「我被-被-被責備了。」毛姆很喜歡這兩個年輕人，他們很機智，會逗得他哈哈大笑，意味深長的是，毛姆身邊這樣的人極少——他們沒有不可告人的目的，對他無所求。

毛姆的仁慈和慷慨也給賴蘭茲和馬歇爾留下了深刻印象，他們還覺得毛姆特別好玩，他們喜歡他講的笑話，他的笑話比想像的來得更頻繁、更好笑，而且他倆的性格跟他辛辣的幽默感非常合拍。「他喜歡逗人開心。」達迪說，「喜歡捉弄人。」這與人們普遍想像中那個毒舌男的形象相距甚遠。在雷貝嘉·韋斯特看來，毛姆可以很刻薄，「不可否認，很多人看到他，甚至一想到他就會感到一陣驚慌。」但他也可以很滑稽，有時候，他的笑話太冷，與其說巧妙，不如說會傷人。偶爾，他還會被一種奇怪的憂鬱包裹著，這必然會在同伴們心頭籠上一層陰雲。「真是令人惱火，一切本該盡如意，我卻無法擺脫幾乎沒完沒了的憂鬱。」

1933年，他寫信給鋼琴家哈里特·科恩，「我受不了是因為，一般我的興致很高，平時無論遇到什麼倒楣事最多只會影響我一兩天。」毛姆的羞怯讓客人緊張；他的口吃也令人不安；此外，他還反感肢體接觸。美國作家葛蘭韋·韋斯科特說，「除非是安排好的，否則威利討厭別人碰他，突然碰他一下，他就像被澆了檸檬汁的貝類一樣顫抖。」不過，放鬆的時候，毛姆是個很好的夥伴。1932年7月住在瑪萊斯科別墅的艾倫·普萊斯－瓊斯說過，毛姆人很好，他的口吃確實讓人擔心，但感到舒服自在時，他溫柔的「惡意」也很誘人。只是毛姆的好心情可能會消失得很快，因為他脾氣的好壞在很大程度上取決於他跟傑拉德日常關係的起伏。這給葛蘭韋·韋斯科特留下了深刻的印象，韋斯科特年輕時就被帶到瑪萊斯科別墅見毛姆。這個金頭髮、孩子氣、愛讀書、迷人的男孩本應對毛姆有吸引力，相反的，主人卻一直擠兌他、刁難他。「他挑每個人的刺，眼睛似乎向外噴火……嘴巴像鱷龜嘴那樣耷拉著……」韋斯科特說。「你和其他美國青年沒什麼兩樣，別以為讀過普魯斯特就什麼都知道了。」毛姆暴躁地說。韋斯科特後來發現，毛姆那天耍脾氣只是因為他跟哈克斯頓吵了一架。

類似的爭吵越來越頻繁，並開始嚴重到擾亂毛姆在瑪萊斯科別墅精心營造的「奢華、平靜、享樂」的氛圍。對環境擁有絕對掌控權對毛姆而言至關重要，一切必須井井有條。傑拉德的任務是維持這種秩序，他清醒的時候做得很好。從個人層面來講，傑拉德「快活的天性」對偶爾憂鬱的毛姆是一種有效的解藥。傑拉德負責活躍氣氛，他的活力和熱情抵消了雇主的謹慎和冰冷的緘默。正如亞歷克・沃所言，「哈克斯頓活力四射、精神抖擻，是個很好的夥伴，他善於交際，他擁有一切毛姆所沒有的。」

傑拉德熱情奔放，由衷地友好待人。他性格開朗、口齒伶俐、詼諧有趣，負責為客人提供娛樂和輕浮所需的種種元素，尤其是上午大家聚在泳池邊時，他喜歡炫耀自己健美的體魄，並用優美的姿勢潛入水底。瑪萊斯科別墅的全男性聚會有一個慣例，每個人都要裸泳。晚飯後，傑拉德也總是願意找點樂子。「我過著一種特別安靜的生活，發誓晚上絕不出門，」毛姆提醒要來瑪萊斯科別墅的傑拉德・凱利，「不過，傑拉德在里維耶拉東奔西跑，他會給你所有你想要的快樂。」一些漂亮的男孩，比如尼可斯和溫都得提防著傑拉德這個老手，「他說話從不吞吞吐吐，腦子裡想什麼就會直接說出來。」哈羅德・艾克頓回憶道，不過，毛姆的大部分客人都覺得哈克斯頓討人喜歡。芭芭拉和彼得都很喜歡他，傑拉德・凱利的太太簡說：「他絕對是個可愛的傢伙……你會情不自禁地愛上他。」

顯然，二人的關係是平衡的，但毛姆對感情的投入要比哈克斯頓多得多，他用甜言蜜語勸誘愛撫比他小很多的哈克斯頓。「傑拉德・哈克斯頓對毛姆的精神控制是完全的、牢不可破的。」貝弗利・尼可斯說，亞瑟・馬歇爾也有同感，「無論他表現得多麼糟糕，威利依然癡迷於他。」馬歇爾回憶說，一天下午，他、賴蘭茲和毛姆三缺一等哈克斯頓打網球，忽然，他們見他遛遛達達穿過樹林向他們走來。「哦，哈克主人來了。」毛姆輕聲說，「他臉上的表情和充滿喜愛的語氣，好像在說一個孩子。」毛姆像父親一樣容忍傑拉德的出格行為，要是換成別人，無論是誰，他一秒鐘都忍受不了。不過，偶爾幹些出格的事也是那個自大、英俊、性感的無賴自身魅力的一部分，是始終吸引毛姆的原因之一。那個精明的見證者霍勒斯・德・卡布恰很清楚他們之間的糾纏，他經常看到這兩人在巴黎和法國南部出雙入對。卡布恰說，「那個秘書總是陪在毛姆左右，那個青年十分英俊、體格健壯、聰明友好……其實，他跟我那個看似嚴肅、節儉、冷靜、自律的朋友一樣揮霍無度、任性多變、大手大腳、過分放縱，他們把彼此了解得很透徹。」

毛姆有時會無法應對哈克斯頓看似無恥的挑釁，難道這也是雙方早已約好的玩法？一天，威爾斯、伊莉莎白・拉塞爾和莫拉・布德伯格來瑪萊斯科別墅吃午飯，毛姆說他剛剛洗了一個非常美妙的熱水澡。「你手淫了嗎？」傑拉德一副挑戰的神情，盯著他問。其他人嚇壞了，不知道該做什麼，說什麼；毛姆則泰然自若，慢悠悠地繼續一邊用勺子挖著鱷梨，一邊說：「碰-碰-碰巧，沒-沒-沒有。」

他們的關係中有一種根深蒂固的既定模式。在遠東和其他地方旅行時，傑拉德曾充當毛姆的皮條客，在法國南部，他也履行著同樣的職責。他在海邊遊蕩，出入各種酒吧，悄悄把年輕人從後門帶進別墅。他最喜歡的狩獵場是「歡迎旅館」。自由城是個海軍基地，艦隊駛入港口時，俯瞰海港的幽靜旅館就會變成人聲嘈雜的酒吧和妓院，在喧鬧的爵士樂中，水手們跳舞、喝酒、打架，在離港前縱欲淫樂。一個同性戀老顧客充滿讚賞地說道：「好棒的地方——當『白帽子』出現在海港！」這種地方就像一塊磁鐵吸引著傑拉德。

一天晚上，他帶回兩個在第六艦隊服役的美國人，其中一個人在參觀書房時還拿走了毛姆的一支筆，後來他還恬不知恥地給毛姆寫了封信，告訴毛姆那封信是用他的筆寫的。大家對這種「勾當」心知肚明。水手們知道他們是來幹什麼的，提供服務後獲得高額回報。但據說，傑拉德有時不僅滿足於此，他跟尼斯的一個變童淫媒還有牽連，倘若是真的就會有潛在的危險，毛姆對此不無憂慮，他再清楚不過，麻煩對傑拉德來說有致命的誘惑。有人說傑拉德就是個壞種。

更令毛姆焦慮的是傑拉德有賭癮。從費拉角到著名的蒙地卡羅、尼斯和博略的賭場只有很短的車程。一夜又一夜，喝得醉醺醺的哈克斯頓獨自或帶著一群客人開車沿著海岸奔赴賭場。他在賭桌前一坐就直到凌晨，滿面通紅，指間夾著雪茄，喝著威士忌，肘邊放一堆籌碼。手氣好的話，他會非常慷慨，滿載禮物而歸。一次，他帶回一條大丹犬。還有一次，他用一晚上贏來的錢給毛姆買了一輛雙座跑車。毛姆很喜歡這輛車，開了許多年。但更多時候，哈克斯頓的手氣奇差，輸掉的錢多得嚇人，於是，他們之間難免發生爭吵，但最後還是「老闆」買單。毛姆知道哈克斯頓是個酒鬼加賭棍，但他又說哈克斯頓也有好的地方。有時債務高達數千英鎊，傑拉德不敢告訴毛姆，只能一次一次向伯特・阿蘭森求助。一次傑拉德又輸大了，不得不向阿蘭森求助，事後他寫信感謝阿蘭森：「再次感謝你的好心，這麼快就回應了我發出的痛苦信號。我過了一個非常可怕的冬天，去了海邊好幾個賭場，一次也沒回本。幸好，今年夏天對我露出微笑，賺了將近10000美元。我決定就此打住，冬天之前不會去賭了。」

食言很容易，尤其是在酒精的驅使下。他向來是個酒鬼，但後來經常喝到失控。哈克斯頓早晨現身時眼睛裡總布滿血絲，曬成棕褐色的臉看起來是灰色的，有時，為了讓臉色好看一點還得化化妝。儘管用了大量薄荷漱口水，依然滿嘴酒氣，拿牌的手都是顫抖的。到了晚上，他變得口齒不清，情緒介於快樂和憤怒的邊緣，很容易就轉化成暴力。「你為什麼要喝那麼多？」毛姆絕望地問他。「因為這樣會讓生活看起來美好一點。」他帶著挑釁的口吻回答。醉酒的場面頻繁出現，令毛姆既沮喪又憤怒，他很擔心愛人變成混亂的製造者，就像一個主持聖誕晚會的失序之王，毀掉他平衡可控的生活。若非親身體驗，也許真的沒人能理解娶一個嫁給酒的人是什麼感覺。傑拉德的狀況已經掩蓋不住，他甚至在毛姆為康諾特公爵和他的妹妹路易絲公主精心準備的晚宴上讓毛姆難堪。有時，傑拉德似乎幡然悔悟，發誓滴酒不沾，但毛姆剛一轉身，他就給自己倒了一大杯琴酒，然後一飲而盡。

毫無疑問，毛姆和哈克斯頓的關係非常緊張，但直到幾年後回想起來，毛姆才能完全面對問題的複雜性。傑拉德在很多方面遭受過挫折。他比毛姆小很多，1932年，傑拉德40歲，再過兩年毛姆就60歲了，傑拉德精力充沛，可做的事卻少得可憐，也沒什麼愛好。除了母親留給他的一小筆遺產，他一切都要依賴毛姆，每年2000美元的薪水，提供食宿，既要做秘書，又要當管家。毛姆每年給他放一次假，他的假期通常是在奧地利或義大利度過。然而，對於一個有才智的男人來說，監督僕人和聽寫信件不是最有價值的職業，他的雇主在倫敦時，他有很長時間獨處。他本可以離開，但有毛姆的保護，一切都很安全、有保障。傑拉德已經習慣了富裕安逸的生活，豪華旅遊，住一流酒店，與有才華、有魅力的名人為伍。靠他自己絕對過不上這樣的生活。但是，他又不甘居人下，甚至鄙視自己成為這樣的人。他喜歡毛姆，非常崇拜他，但又桀驁不馴，有被囚禁的感覺。「有時單獨和他關在那個大別墅裡，我有想尖叫的衝動。」他坦承。尤其是在冬天，幾天，甚至幾個星期都沒有任何社交活動，沒有客人來住，天氣陰冷多雨，冰冷的密史脫拉風（法國南岸寒冷而乾燥的西北風）整日呼嘯，毛姆則完全沉浸在他的寫作裡。傑拉德憎惡自己在毛姆的生活中只扮演一個邊緣角色，儘管毛姆非常愛他，但他不能把自己全部獻給傑拉德，因為他要把最重要的部分留給工作。有時候，毛姆陷入陰鬱的情緒當中，變得沉默、疏遠，這時傑拉德會倍感孤獨，不過，事後毛姆就會逗他開心，他也就原諒了毛姆的一切。

後來，毛姆開始同情傑拉德的境遇。「怎麼了？」他溫柔地問他。「厭倦了。」他悶悶不樂地回答。毛姆想為他做點什麼，比如，知道他喜歡快艇，就給他買了一艘，他將轟鳴的快艇全速開進海裡，在自由城港口漫無目的地晃蕩。但酗酒依然沒有解決，並且迅速毀掉了毛姆二十年前認識的那個男人的活力與魅力。毛姆向賴蘭茲傾訴自己的不幸。「現在的傑拉德喜歡酒勝過喜歡我。」這一時期，毛姆在他的筆記本上寫下了幾句詩，可能表達的就是他對傑拉德的憂慮。

我無法想像失去你，
或者我們從此分離，
但我知道在你放蕩的心中，
對我既無柔情，亦無愛意……
當你假裝愛我時，我要謙卑地感謝你。
我用黃金買下你口中的惡意。
現在，我想像中的愛會持續到死亡已死……
愛的苦澀不在死活或別離，
而在厭倦。我的激情已熄……
我看著我空蕩蕩的心，沮喪地畏縮…
……我後悔。
我的痛苦、我的苦悶，我的極樂、我的狂喜。

毛姆一度以為他對哈克斯頓的愛已耗盡，但後來發生的一件事似乎改變了這一切。1930年初秋的一天，喝醉了的傑拉德跳進一個半空的游泳池造成椎骨開裂，脊柱錯位，摔斷了脖子，被送往巴黎做手術。傑拉德差點死了，但又奇蹟般活了下來。他身上打著石膏，一動不動地躺在病床上，幾個星期沒有沾酒，回到瑪萊斯科別墅後相當長的一段時間內，糟糕的日子似乎要結束了。毛姆終於感覺過上了平靜的日子。

疲於應付傑拉德的同時，毛姆還在繼續與艾倫交往，並從截然不同的艾倫身上獲得巨大的寬慰。毛姆幾乎無時無刻不在想念這個年輕人，每隔兩三天就會給他寫信，深情地叫他「艾倫，我的小羔羊」，「最親愛的艾倫」，「艾倫，我的甜心」，他在信中表達渴望他在身邊，熱切盼望下一次見面，關心這個男孩的健康和福祉。如果有幾天沒收到他的回信，毛姆就會假裝用責備的語氣再去一封信。「可憐的傢伙，你為什麼不寫信給我？你的上一封信很短，你病了嗎？如果是這樣，你到底怎麼了？還是你愛著別人？……我不會給一個不給我寫信的骯髒小傢伙寫信的……」艾倫有妄想症和自憐傾向，身體老不舒服，時常抱怨101種小病，從粉刺到慢性神經衰弱。毛姆同情他，給他建議，甚至要為他支付所有的醫藥費用。每到耶誕節和他的生日，艾倫都會收到貴重的禮物——霍斯&柯帝士牌絲綢睡衣或者在安德森&謝潑德男裝店為他定製的禮服。毛姆懇切邀請艾倫來瑪萊斯科別墅，他偶爾會來，但每次都很緊張，他害怕傑拉德。其實大可不必，傑拉德根本沒把艾倫放在眼裡，他對艾倫的態度是溫和的蔑視。

還是在倫敦更舒服，毛姆在倫敦逗留期間，艾倫會搬過去跟他同住。艾倫負責找住處，「你知道我想要什麼樣的，」毛姆寫信給他，「兩個臥室、一個浴室、一個客廳，獨門獨院……床要大，夠我翻身。」艾倫已經不在畫廊工作了，他在一個老情人的幫助下成為沃姆伍德・斯克拉比斯監獄和本頓維爾監獄一名正式的社會工作者，這個工作更符合他慈悲的天性。他還在刑滿釋放人員援助協會工作，並自願為家鄉的救世軍服務。他靠給毛姆跑腿賺些額外的收入，安排旅行，預訂戲票，寄送登喜路香煙、雪茄和煙草，給傑拉德買辛普森牌的燈芯絨褲子和他最喜歡的佛羅瑞斯牌白色風信子淡香水。

無論處於怎樣的情緒狀態，毛姆都不允許任何妨礙他的寫作。他認為自身幸福與否都不該打擾藝術家的工作，工作比幸福更重要。1931年夏，他的主要任務是與美國劇作家巴特利特・科馬克一起修改《面紗》。9月19日，毛姆來倫敦觀看首演。兩個星期後，在巴黎逗留期間，他觀看了《旋風》（《聖火》）的演出，回到倫敦後，《第一人稱單數》出版，這是1928年《英國間諜阿申登》故事集出版後的第一本小說集。作為一本短篇小說集，《第一人稱單數》從風格到內容都帶有典型的毛姆烙印，儘管有兩篇（「《整整一打》和《靈機一動》算不上他最好的作品。不過，有兩篇故事很突出——《人性難測》和《異邦的穀田》（又譯《異國他鄉》，書名取自濟慈的《夜鶯頌》：「……可能相同的歌在露絲那顆憂愁的心中/找到了一條路徑/當她思念故鄉/站在異邦的穀田中落淚。」）在《異邦的穀田》中，喬治與父母的鬥爭歸根結柢是種族和文化上的衝突，兒子為了認祖歸宗排斥父母盲目接受的英國市儈主義。1939年在德國發表的一篇名為《種族問題》的文章利用毛姆的《異邦的穀田》支持納粹的觀點，表明種族障礙是自然存在的，猶太人無論在哪個國家都將始終身在他鄉。毛姆精準地揭示了英國反猶主義的無限複雜性。上層社會勢利的反猶主義者認為，猶太人，怎麼說呢，有點普通。然而，猶太反猶主義者，比如小說中喬治的父母則不顧一切地隱瞞自己的猶太血統。

接下來的幾年，毛姆繼續保持高產量，出版了一些短篇小說、兩個劇本和一本長篇。後面的這部長篇小說《偏僻的角落》於1932年11月出版，毛姆又扯著滿帆回到位於馬來群島的荷屬東印度群島。這部小說顯然受到了康拉德的影響，充滿了神秘感，並佐之以毛姆最喜歡的關於欲望、罪惡和幻滅的主題。憤世嫉俗、機智詼諧、風格優雅、明晰簡潔。如果說有什麼瑕疵的話，就是某些地方設計得略顯笨拙，有幾處毛姆式的乏味，但整體來說，嫻熟的技巧和克制低調的風格給人留下了深刻印象。

1931年11月底回到法國南部後，毛姆立即著手下一個計畫，並無意中引起了極大的關注。在接受一家報紙採訪時，他未經考慮便說再寫兩部戲就將結束他的劇作家生涯。毛姆以為這件事只關乎自己，沒想到就像著名拳擊手宣布要退出拳壇一樣引起了外界的極大關注。因此，1932年11月1日《服役的報酬》首演那晚的氣氛異常火爆，充滿期待的觀眾湧進環球劇院，離開劇院時卻分成涇渭分明的兩個陣營。《服役的報酬》源於毛姆對戰爭的憎惡，他敏銳地意識到國際關係的惡化強化了這種憎惡。雖然遠離權力中心，毛姆對政治局勢的發展十分警覺，而且頗有見地。

「我生活在歐洲大陸，」他告訴記者，「時時刻刻看到歐洲國家盡力武裝備戰，這就是我為什麼要寫這部戲……我試圖讓今天的新青年們免於死在戰壕裡或在似乎即將到來的戰爭中失去五年的生活。」毛姆對這部新戲的迴響沒抱太大期望，果不其然，儘管擁有一流的卡司，這部戲不到兩個月就下檔了，在紐約的表現更糟糕，只演了三個星期。幾十年後，《服役的報酬》被公認為毛姆的優秀劇作之一，但對於1930年代的中上階層而言，這種徹底的悲觀主義令他們不悅。面對不穩定的政局和經濟的急劇衰退，觀眾因作者缺少愛國心而憤慨，作者對前景的憂慮也讓他們感到不適。也有人認為，作者的和平主義應該受到譴責，不過，還是有支持的聲音，比如德斯蒙德・麥卡錫和詹姆斯・阿加特。但爭論仍在繼續，毛姆熟悉的兩個文人——路易斯・馬洛和盧埃林・波伊斯[1]之間的通信極好地體現了對立的觀點。路易斯・馬洛認為這是毛姆最好的戲，他感動得熱淚盈眶，受到極大的震撼。波伊斯則認為《服役的報酬》自然有其感人之處，但顯然馬洛對它的評價過高。在波伊斯看來，這部戲太過平庸——完全沒有想像力，充滿陳詞濫調，不過是一部通俗的情節劇。

毛姆並沒有被各種反應干擾，繼續平靜地實施他的計畫，寫他的最後一部戲《謝佩》。《謝佩》只演了83場，但作者不為所動。這是他想寫的最後一部戲，他對成敗已經看淡。自那時起，他再也沒有萌生過一絲寫戲的念頭。三十年成功的職業生涯過後他關門修業，此前他寫了27個原創劇本和3個改編劇本。毛姆憎惡戲劇，這種觀點伴隨了他的餘生。雖然戲劇有無窮的魅力，但對他而言，那只是個令人沮喪和瘋狂的世界，充滿了幼稚的人，他想不明白怎麼會有人醉心於此並堅持到死。1938年出版的回憶錄《總結》中原本有這樣一句話，但後來被刪掉了，「我從來做不到把演員當人看。」毛姆憑藉他的戲劇賺了很多錢，這些作品將繼續被製作、翻譯，改編成影視劇，但現在，他可以把注意力轉向別處了。他告訴伯特・阿蘭森，他想寫小說和散文，這些體裁為說出心中所想提供了更大的餘地，當然，肯定是沒寫戲賺錢多，但到了他這個年紀，也許只有白癡才會不去做自己想做的事。

有趣的是，毛姆曾經說過，他只有在寫戲時才會故意妥協，為了滿足特定時期特定觀眾而去構思作品。現在，他終於可以擺脫這些，真正做讓自己開心的事，在未來的十年和

---

[1] Llewelyn Powys，1884-1939，英國小說家、散文家。

更長的時間裡，他並沒有放慢腳步，反而經歷了創作的噴湧期，將他引至某些意想不到的方向。其中有一本野心勃勃的小說涉及到對作者有重大意義的經驗，還有一些基於多年讀書經驗的散文和評論文章，也許最令人吃驚的，還是一些講述內心私密的自傳性作品。

第十三章
講故事的人

拋開戲劇家的身分後毛姆的工作步調暫時變得悠閒了些。他的名字仍然不斷出現在公眾面前，即使他只付出了較小的努力。1930年代，他出版了幾本短篇小說集，包括《第一人稱單數》和《阿金》，一本為《大都會》雜誌寫的極短篇小說合集，還有《美國東西部》，一本短篇故事集的再版。陶赫尼茨公司出版平裝本的毛姆作品集，海涅曼公司則出版口袋本，1931到1934年，海涅曼公司出版了六卷本的毛姆戲劇選集。1930年代末，《周而復始》在倫敦被改編成電視劇。1933年，尼爾森・達博岱請毛姆為一本厚重的英國散文詩歌選集《旅行者的圖書館》選擇詞條並撰寫簡短介紹。達博岱對市場的預判很準確，出版不到一年，美國已有700所高中將《旅行者的圖書館》列為必讀書目，毛姆意外發現自己竟充當了教育家的角色。渴望複製成功的達博岱於1939年出版了一本類似的短篇小說選——《講故事的人》。

毛姆作為一個「講故事的人」和一個短篇小說家最廣為人知並廣受讚譽。他的122篇短篇小說都是先發表在雜誌上，在街邊和車站的書報攤就能買到，即使是對做夢都沒想過進圖書館或書店的人。不過，有一個例外，《書包》被《大都會》雜誌拒絕了，原因是兄妹亂倫的故事過於驚世駭俗。格連威・威斯考特認為，毛姆深受非文學、非官方、非學術界人士的喜愛，毛姆是「具有中等文化素養的人心中的大聖。」然而，威斯考特的同齡人中鮮少有人贊同這個觀點。威廉・普羅默[1]在評論《阿金》時寫道，「毛姆的短篇小說是目前寫得最好的。」通常毛姆選定的敘述者擁有無窮的誘惑力，這個老於世故之人目光敏銳，有充滿諷刺的幽默感，他悠閒地抽著雪茄、喝著酒，專心向讀者講述隨便哪一天在酒吧或俱樂部裡遇到的普通人身上某些令人著迷的東西。「他對人類非凡的學識就像一個經驗豐富的自白者。」雷蒙德・莫蒂默說，「他從不會感到震驚。」毛姆看似簡潔的方法掩蓋了精心打磨的技巧，每個試圖模仿的人都會明白這一點：在約翰・福爾斯[2]看來，「作家掌握毛姆式短篇小說的寫作技巧就像畫家掌握繪畫藝術。」毛姆小說的特點是風格簡潔、生動逼真、靈巧的對話和意想不到的結局，掩卷時會令讀者感到震驚和欣喜。「他的情節冷靜、致命，對時機的把握完美無缺。」雷蒙德・錢德勒說，他自己也是此種風格的專家。當然，有評論家會迅速加以反駁，認為他的故事不夠深刻，始終缺少創造力、想像力和天賦，以及，用V・S・普里契特[3]的話來說，缺少康拉德或契訶夫那種「轉化的激情」。然而，他的作品極好，有時近乎完美。

毛姆真正愛寫的是短篇小說，他鼓勵陌生人和熟人描述他們的經驗，即使有時要為這個過程付出高昂的代價。他在筆記本上寫道，「我覺得這是個很乏味的過程，需要極大的耐心……

---

❶ William Plomer，1903-1973，南非及英國小說家、詩人、文學編輯。

❷ John Fowles，1926-2005，當代英國著名小說家之一。代表作為《法國中尉的女人》。

❸ Victor Sawdon Pritchett，1900-1997，英國小說家、散文批評家、編輯，經常為美國《紐約時報》等報刊撰稿，被稱為「本世紀最偉大的英語文學評論家」。

為了抓住二手資訊中透露出的某個細微線索或偶然的詞句必須做好聆聽幾小時的準備。」知道他有這種習慣，他的朋友會主動為他提供有用的素材。奇怪的是，毛姆似乎從來沒在法國南部找到豐富的靈感。以里維耶拉，這個「可疑份子的陽光聖地」做背景的小說很少。或許是擔心激怒他的鄰居，否則他如何經得起那些點綴了從坎城到蒙地卡羅海岸的豐富人物的誘惑。「他在里維耶拉的圈子很可怕，」賴蘭茲說，「一群極其輕浮、富有的僑民……不過，結束工作後他想給自己找點樂子，喜歡觀察那些人的蠢態。」賴蘭茲這個徹頭徹尾的布魯姆斯伯里派成員對這類人只有蔑視。然而，另一方面，毛姆又很沉迷於奢華和財富的裝飾，喜歡大西洋彼岸擁有大別墅和著名廚師的百萬富婆把自己當名流崇拜。經常來他家充當女主人的幾乎都是美國人——夏洛特・布瓦塞萬、瑪麗翁・貝特曼夫人，還有艾米麗・薛弗西，她是芝加哥一個肉製品包裝大王的女兒，「歌唱家」牌縫紉機的女繼承人黛西・菲洛伊斯，言語刻薄的奧托博尼公主和她聲名狼藉的同性戀丈夫，臭名昭著的肯梅爾夫人（Lady Kenmare），毛姆給她起了個外號——「Lady Killmore」（「殺死更多人」夫人）——人們普遍認為她謀殺了五任丈夫中的四個。「他太容易被金錢打動，喜歡以百萬富翁的身分與百萬富翁們聯繫在一起。」西里爾・康納利說話向來簡單明瞭，「不過，他賦予了里維耶拉意義，使之不單單成為俗人的休養之地。」

冬天，許多別墅關門，主人們離開這裡去往倫敦、巴黎或紐約，夏季的社交生活則近乎瘋狂。夏季的大部分時間毛姆家中都有客人，他很高興帶他們去私人宅邸或時髦的餐館用餐，當地最豪華的餐廳在蒙地卡羅賭場，那裡夜夜笙歌，俯瞰大海的浮動舞台上還有精彩的歌舞表演。儘管毛姆很少賭牌，但他會在賭場吃晚飯，參加盛會，而且他和摩納哥公國的統治者，放蕩、英俊、有一半西班牙血統的皮埃爾王子十分要好。一天晚上，他在賭場看了一場可怕的特技表演，並因此寫了那個短篇小說《舞男和舞女》。

毛姆在一個地方不會待太久，他制定了一個年度慣例，每年秋天和春天在倫敦住幾個星期，由於毛姆的非居民稅務身分，他每年在英國的停留時間不會超過九十天，夏天的一部分時間，他還要和傑拉德在歐洲大陸旅行。威尼斯和佛羅倫斯是他最喜歡去的，還有慕尼黑和維也納，此外有兩個行程固定不變，每年的八月份，他會去薩爾斯堡參加音樂節，去巴特加斯泰因泡溫泉。毛姆一直很在意自己的健康狀況，他容易得肺炎，瘧疾也反覆發作。多年來，他經常去法國和義大利的溫泉療養地——維希、阿巴諾和布里德萊班，為了讓傑拉德戒幾個星期酒，每次毛姆都會盡可能帶上他。奧地利提洛爾邦的巴特加斯泰因是毛姆的最愛。他們入住豪華的王朝酒店，節制飲食，泡溫泉，或者在加斯泰因山谷中長時間散步。毛姆享受新鮮的空氣，令人心曠神怡的徒步，只要晚上能打橋牌，他願意忍受這種單調的生活。「巴特加斯泰因的治癒效果驚人，」他告訴西比爾・科爾法克斯，「這個地方無聊死了，還貴得嚇人……但我一輩子都沒感覺這麼好過。」

從巴特加斯泰因開車去薩爾斯堡很方便，但那裡有著截然不同的生活節奏，城裡擠滿了時髦的國際人士，薩爾斯堡音樂節對他們來說是不容錯過的大事。1930年代是薩爾斯堡音樂節最輝煌的時期，有兩位著名的指揮家——托斯卡尼尼和布魯諾・華爾特，維也納愛樂樂團和維也納國家歌劇院會演奏一整天，從早晨到深夜。音樂對毛姆意義重大，他沒接受過訓練，不會演奏任何樂器，在專業人士，比如鋼琴家哈里特・寇恩面前，他說自己「相當無知」，但他從欣賞音樂中獲得了無限的快樂，他的愛好很廣泛，一直對探索新經驗感興趣。在巴黎、倫敦、慕尼黑或維也納，他經常去聽音樂會和歌劇，尤其是華格納的作品，薩爾斯堡則是他日曆上的亮點。「我們看了一場可愛的《玫瑰騎士》，」1934年8月，他向塞爾・艾倫報告說，「我從來沒聽過比這部歌劇最後一幕更優美的三重唱。昨天晚上看了《魔笛》……明天聽完威爾第的《安魂曲》我們就走了。」看演出的間隙，他還有很多社交安排，很多英國人、法國人、德國人和義大利人打扮成農民的模樣，女人穿傳統的巴伐利亞連衣裙，男人穿短褲，戴羽毛帽，他們在飯店和咖啡館見面，或者去湖邊野餐遠足。「我好累，」他告訴艾倫，「自從我們到了這兒，每天四五個小時的音樂會、午餐會、晚餐會……但天氣出奇的好，所有人都穿著提洛爾人的新衣昂首闊步」。傑拉德還買了條歐洲阿爾卑斯山民穿的那種皮短褲，為的是在里維耶拉製造點轟動效果。

毛姆去英國時當然不會帶著傑拉德，他主要是跟艾倫・塞爾出雙入對。毛姆的老朋友都比較喜歡這個年輕人：比如芭芭拉，彼得・斯特恩還曾邀請他去她在奧巴尼的家。1934年10月，毛姆第一次應邀前往奧斯伯特・西特韋爾家族在德比郡雷尼紹的領地時，塞爾也在受邀之列，奧斯伯特和大衛・霍納歡迎他的到來，奧斯伯特的姐姐很是寵他。然而，毛姆不能跨越界限，帶他去見那些吹毛求疵的人。傑拉德就不一樣了，他基本出身於同一社會階層，聽口音就知道是個有教養的人，而且毛姆秘書的身分提供了完美的掩護。艾倫則不然，他是一個從東區走出來的倫敦佬。毛姆不可能把他介紹給家人，他向來對他們彬彬有禮，侄子和侄女們也把他當成可敬的人對待。

三個兄弟中，毛姆是最小的一個，也是迄今為止最有名、最有錢的一個，和他年齡最接近的 F. H. 卻堅決不肯承認這個事實，他幾乎從不提威利的任何小說或戲劇作品。不過，他本人也幾乎達到了事業的頂峰，1928年他被冊封為爵士，1935年被任命為議院法律議員，並被加封為終身貴族，成為了「毛姆男爵」。毛姆的大哥查爾斯就沒這麼走運了。他是一個安靜、謙遜的人，據毛姆說，他是四兄弟中脾氣最好的一個。查爾斯在巴黎做了一輩子律師，退休後，他和妻子以及他們的獨子——幼時因一起事故導致癱瘓的兒子奧蒙德——搬到倫敦生活。1935年1月，奧蒙德去世，死時年僅25歲，六個月後，他的父親也離開了人世，終年70歲。「查理的死是意料之中的事，」毛姆告訴傑拉德・凱利，「但對我來說依然是個打擊，讓我回憶起幼年和青年時的往事。他這個人特別好，也許是我認識的人裡最好的，非常善良、無私、全無惡意。」

查爾斯之死並沒有改變剩下的兩兄弟間帶刺的關係，他們心照不宣地相互尊重著，謹慎的敵意依舊存在，但這從來沒有影響過毛姆對 F. H. 的孩子們的感情。三個女孩都結婚了，凱特和黛安娜都出版了小說，毛姆對她們的作品發表了有益的評論，但私下認為她們沒有寫作天賦。昂娜是個畫家，出於某種原因，她和毛姆並不投緣，毛姆認為她的作品「不值一提」，而且毫不掩飾對她的厭煩。他只關注過她一次，那是因為她去了一趟霍洛威女子監獄，裡面有個女犯人叫露比，是個妓女，專門接待古怪的客人，毛姆對露比的故事更感興趣。

在 F. H. 所有的孩子裡面，跟毛姆最貼心的是最小的羅賓。羅賓生於1916年，比他的姐姐們小十幾歲，羅賓有一個可謂悲慘的童年，他畏懼他的父親，在伊頓公學讀書時也老被欺負。他的姐姐們嫁人後，羅賓成了家裡的獨子，放假時和父母生活在一個冰冷、灰色、孤獨的世界裡。早年他對叔叔只有模糊的記憶，「一個迷人的男人來看望我母親，他衣著考究，有羊皮紙一般的膚色。」17歲的羅賓離開學校後，毛姆才開始對他感興趣。他是個有禮貌的男孩，急於討好他，總體來說，羅賓長得不賴，只是上嘴唇有點短，鼻子太尖。毛姆一直想要個兒子，於是只能把保護欲體現在他的男性情人們身上。現在有了羅賓，毛姆對這個侄子產生了強烈的父愛。那些年，毛姆的很多同性戀朋友都在議論這股情色的暗流，韋斯科特見二人如此親近，說，「我不覺得這跟情欲有什麼關係，但威利確實很迷戀羅賓，逢人便說他有多了不起。」羅賓的處境也激發了毛姆的惻隱之心：他很清楚羅賓和他父親之間的問題，這讓他想起了自己。F. H. 堅決認為兒子應該學法律，但羅賓想當作家，他自然會徵求叔叔的意見。此外，在一個更敏感的問題上，毛姆也能幫到他。羅賓正在與自己的性取向作鬥爭，拼命想說服自己是個「正常人」，擔心萬一承認自己是同性戀父親會作何反應。

1934年夏，羅賓在學校的最後一個學期，F. H. 安排他在姐姐凱特的陪伴下去維也納幾個星期。聽到這個消息，毛姆給羅賓寫了一封信，任何一個年輕人都夢想從一個富有且經驗豐富的叔叔那裡收到這樣一封信。「我只想說，我認為大城市的生活可能比你那對德高望重的父母想像的要貴一些，如果你手頭不寬裕，可以給我寫信，我會幫助你。遇到任何問題或麻煩，我建議你跟我交流，而不是你那對德高望重的父母。我過了很多年墮落但並非不快樂的生活，所以我知道，有些困難，即使教養最好的年輕人也無法時刻避免，你知道，作為一名堅定的犬儒主義者，我對人類的愚蠢抱有極大的寬容心。」

毛姆故意告訴 F. H.，碰巧傑拉德也將在同一時間去維也納，他會很高興幫忙照顧這兩個年輕人。F. H. 聽後大怒，「那人是個酒鬼，他去了更糟糕。」他禁止兩個孩子跟臭名昭著的哈克斯頓有任何接觸。「我們還是接觸了，當然，只是偶爾。」羅賓說，「我們去歌劇院的第一個晚上就見到了他，我失望極了，因為，他看上去一點也不邪惡。他是個40多歲的男人，聰明、整潔、漂亮、身材瘦長、留著小鬍子，笑聲爽朗，面帶天真的微笑……但一個星期後，傑拉德在葡萄酒屋喝得酩酊大醉後，我開始意識到，他並沒有看上去那麼天真。」「17歲時我在維也納學到了很多東西。」後來，羅賓寫道。傑拉德提議開著毛姆的瓦贊跑車帶他去威尼斯玩幾天。他們住進一個雙床雙人房，就在這裡，傑拉德表明了自己的意圖。羅賓嚇壞了，一把將他推開，傑拉德氣呼呼地回到自己的床上。「我早就知道。」他嘟囔著關燈睡覺。還好，第二天傑拉德沒再提這個事，他對羅賓依然很好，還帶他遊覽了威尼斯。

羅賓只比麗莎小一歲，但毛姆離婚後，這對童年時關係很近的堂姐弟就被迫分開了。麗莎17歲那年，西芮安排她正式踏入社交界，在國王路的家中為她舉辦了一場難忘的舞會，出錢的自然是毛姆。麗莎同母異父的哥哥蒙特尼已經成為過去，麗莎相當於西芮的獨生女，是西芮生活的中心。

自從麗莎走入社會，野心勃勃的西芮決定不僅要讓麗莎嫁得早，還要嫁得好。西芮每時每刻事無巨細地監督著麗莎。「她包裹在棉絮裡，」麗莎的一個朋友說，「她和西芮的關係非常非常近……近得過分。」麗莎任憑母親擺布，一個八卦專欄作家形容她就像一隻牽線木偶。麗莎的言行正確得近乎機械。她的內心似乎有一個聲音在說，「口令一：笑。口令二：說你有多喜歡這場聚會。」

毋庸贅言，毛姆沒有參加女兒的舞會，他盡量與前妻保持距離。然而，有時他還是會被捲進去，西芮故伎重演，跟稅務局耍花招。1934年3月，他寫信告訴芭芭拉，「我得去趟稅務局，他們讓我替西芮支付2000英鎊的所得稅。她發誓說，前四年她一直跟我一起住在瑪萊斯科別墅。有點過分，哈？」這封信寫自西班牙格拉納達的阿爾罕布拉宮酒店。自從1890年代去過塞維亞，西班牙這個主題就對毛姆有強大的吸引力，這段時間他想再次回歸西班牙這個主題。他有語言上的便利，而且閱讀廣泛，尤其是黃金時代的作家們。最初他想寫本小說，將背景設置在16世紀，後來這個計畫擱淺了，他打算寫一本高度個人化的遊記。1934年2月，他和傑拉德開著跑車開始了為期六周的旅行，他們去了巴賽隆納、格拉納達、馬拉加、塞維亞、哥多華、托雷多和馬德里。在哥多華，他們很高興遇到了艾倫・普萊斯－瓊斯，毛姆的務實讓普萊斯－瓊斯很是驚訝。他們停下來，在一個小酒館吃午飯，他看到毛姆走進廚房，用流利的西班牙語點了生火腿、一張玉米薄餅、魚和一瓶上好的曼薩尼亞雪利酒。不過，跟毛姆在一起還是有壓力的，晚上回到酒店，艾倫發現單獨跟傑拉德在酒吧裡喝雞尾酒更加放鬆，那個「可惡又可愛的傢伙」給他講了帶作家J・B・普利斯特里去尼斯逛窯子的趣事。

《西班牙主題變奏》就是這次遠行的成果，毛姆愜意地漫步於15、16世紀的西班牙，以一種特殊的方式介紹西班牙的歷史和文化，其間穿插著毛姆青年時在這個國家旅行時的記憶，用一種輕鬆且離題的方式分析偉大的小說家和劇作家，比如賽凡提斯、卡爾德隆[1]、洛佩・德・維加[2]，以及一些宗教作家和神秘主義者，對西班牙的特點和生活方式的描述點綴其間，還有對偉大的畫家們——維拉斯奎茲、艾爾・葛雷柯[3]和祖巴蘭——的作品點評。從自傳的角度來講，艾爾・葛雷柯那部分最為有趣，毛姆探討了這位畫家公認的同性戀傾向，並分析了同性戀藝術家的特點。

> ……同性戀者有一個鮮明的特點，即對某些正常人重視的東西缺少深層的嚴肅。他的態度表現為，從空洞的言辭尖刻到充滿譏諷的幽默。他倔強地對大多數人認為微不足道的東西給予重視，同時對人類認為對精神福祉不可或缺的普遍觀點加以嘲諷……他的創造能量不足，但對討人喜歡的粉飾有極好的天賦……他站在河岸上，冷漠、玩世不恭，注視著生命之河流動。

1935年《西班牙主題變奏》出版後，總體上迴響冷淡，大多數評論家僅以禮相待。「聖十字若望[4]並不符合所有人的

---

❶ Calderón，1600-1681，劇作家、詩人，西班牙黃金時代作家。

❷ Lope de Vega，1562-1635，文藝復興時期西班牙的戲劇相當繁榮，成就最大的戲劇家是洛佩・德・維加。他是西班牙民族戲劇的奠基者，被西班牙人民譽為「機智的鳳凰」。

❸ El Greco，1545-1614，西班牙文藝復興時期著名的幻想風格主義畫家。

❹ Juan de la Cruz，英文為 John of the Cross，1542-1591，公教改革主要人物、神秘學家。十字若望是西班牙神秘學家當中的佼佼者。

口味。」雷蒙德·莫蒂默為《新政治家》雜誌撰文道。格雷厄姆·格林是個例外，他對天主教的情感恰好與作者對這個天主教國家的描述吻合：「這是毛姆最好的書……我從來沒讀過比這本書更刺激、更有趣的書……毛姆作為一名藝術家達到了成就的頂峰。」

西班牙之旅很成功，自從養好傷，傑拉德似乎又變回了從前那個善良、隨和、體貼的他。於是，毛姆開始計畫去趟中美洲和加勒比地區，這是他們自1926年從南太平洋回來後的第一次長途旅行。然而，就在這時，情況開始迅速惡化，傑拉德又開始酗酒，而且比從前更嚴重，還伴隨著間歇性的震顫性譫妄[1]。到了七月，情況沒有好轉，毛姆沮喪極了，別無選擇，只能向傑拉德發出最後通牒。11月3日，他們終於起航，經由西印度群島前往紐約。渡海之旅很愉快，毛姆分到一間豪華套房，傑拉德的狀態極好，還成功地做了兩次愛。每天早晨他都能收到一捆邀請他出席各種活動的無線電報，到了紐約港，一大群記者和攝影師上船詢問毛姆的計畫。原本希望和尼爾森·達博岱以及他的新太太艾倫在他們長島的家中清靜幾天，結果達博岱以他的名義安排了很多大型聚會。回到曼哈頓，住進麗思卡爾頓酒店後，毛姆立即陷入一片混亂之中：社交聚會、看戲、報紙採訪、拍照、簽名售書，好萊塢電影製片廠的老闆們不停給他打電話，獻上「好得不可思議的合約」，拒絕他們讓毛姆感覺異常痛快。毛姆是個名人，走到哪兒都能被人認出來。傳記作家里昂·埃德爾記得見到他時的興奮之情，當時，這個大作家正在麥迪遜

[1] 又稱撤酒性譫妄，或戒酒性譫妄，是一種急性腦症候群，多發生於酒依賴患者突然斷酒或突然減量。

大道上散步，身材矮小的毛姆衣著整潔，無可挑剔，戴了頂軟呢帽，手裡牽著他的臘腸犬。他感覺最愉快的一次見面是和老朋友卡爾・范・韋克滕共進午餐，范・韋克滕給毛姆和哈克斯頓拍了一系列很棒的照片。雖然有眾多應酬，哈克斯頓表現得很節制，毛姆對此毫無怨言。

毛姆在加勒比走了三個月，乘坐一艘又一艘不定期的貨船，從一個島到另一個島。毛姆一直盼望這次旅行，本指望能為小說找些有趣的素材。吉卜林五年前來過此地，曾建議他這樣做，但結果令人失望。海地是這次旅行的第一站，島上的異國情調和頹廢征服了後到的格雷厄姆・格林，卻沒給毛姆提供可用的東西。「這個地方確實風景如畫，」他告訴艾倫，「但沒有任何娛樂活動。」下一站馬丁尼克島亦然，多明尼加和千里達同樣沉悶無趣。商人和種植園主們整天就知道聊蘭姆酒，「這是他們唯一的收入來源，他們的妻子也乏味得很。這幾座島上的生活沒有南海地區和馬來亞那種浪漫和興奮。」在這百無聊賴的幾個星期裡，有那麼短短幾天毛姆還是感興趣的，那是在南美大陸法屬圭亞那的首府卡宴，他獲准前往位於馬洛尼河畔聖洛朗區的罪犯流放地。聖洛朗不太像監獄，倒像個小鎮，6000名居民完全由囚犯和他們的看守組成，他們全部由船運出法國，少數人被送往條件更惡劣的地方，最臭名昭著的是魔鬼島，但大多數被認為無害不會企圖逃跑的人留在了聖洛朗。總督借給毛姆一棟平房住了幾天，伺候他的人都是正在服刑的殺人犯。監獄長告訴他「別擔心，他們都是老實人，東西可以隨便放。」但毛姆出去時還是會鎖上門，晚上睡覺時關上百葉窗。毛姆獲准採訪犯人，他最感興趣的主題是悔恨，但所有採訪對象中只有一個人後悔自己犯了罪。毫無疑問，聖洛朗是毛姆此行的亮點，他因此創作了小說《公職》。

毛姆和哈克斯頓從卡宴踏上漫長的回家之路，他們坐香蕉船沿墨西哥海岸先到了加利福尼亞，在好萊塢待了幾天後在舊金山與伯特・阿蘭森見面，然後坐火車去紐約，最後於1936年4月從紐約坐船回家。和往常一樣，他們在瑟堡分開，傑拉德帶著沉重的行李回到瑪萊斯科別墅，毛姆則去了倫敦。他迫切地渴望與艾倫・塞爾重逢。過去的五個月裡，毛姆每隔幾天就給身在英國的艾倫寫信，描述旅行見聞，討論艾倫未來的計畫。每頁信紙上都充滿了深情，同時他像個慈父一般把艾倫的利益放在第一位。比如，有一個比艾倫年長的女人向他求婚。毛姆說，「我很明白，無限的金錢與可能的奢華必定令人興奮，有誘惑力，但是你要記住，成為有錢女人的丈夫是一項全職工作。我認識的女人裡沒有一個不錙銖必較的……況且，你要準備好放棄你的朋友……」最後這一點才是問題的關鍵。

事實上，毛姆已經把艾倫看作是他的理想伴侶。他有魅力、工作效率高、脾氣好；他喜歡旅行和音樂，了解繪畫，而且有不錯的鑒賞力；和傑拉德不同，艾倫從不喝醉，也從不大吵大鬧；最重要的是，他很順從。首先，毛姆是個作家，他對寫作有強烈的自我保護意識，他需要保護隱私，讓外人無法近身。多年來，傑拉德一直充當守護者和管理員的角色，但他再也無法依賴傑拉德了。不僅是他的行為破壞了毛姆所需要的孤獨和平靜，毛姆還要為他付出時間情感和精力，這是毛姆深惡痛絕的地方。目前一切還好，但毛姆懷疑這種狀態能持久多久，擔心又回到可怕的過去。他愛傑拉德，傑拉德在他的血液裡，但他需要的是艾倫，拋棄傑拉德是不可能的，但艾倫對他的工作來說至關重要。1936年4月10日，毛姆抵達倫敦。他們討論的關鍵問題是這個年輕人的未來。艾倫熱愛自己的工作，還能給毛姆提供故事。有幾次，艾倫帶他去東區的窮街陋巷，有一次甚至安排他去了監獄，那道陰冷的監獄門打開時，毛姆起了一身雞皮疙瘩。艾倫不可能立即全職為毛姆服務，但他們討論了各種方案，毛姆希望艾倫來瑪萊斯科別墅的次數更多一些。

回到里維耶拉，毛姆在家裡只待了幾個星期就又去了英國。四月，麗莎宣布訂婚，她的未婚夫是聖詹姆斯法庭的瑞士部長之子，陸軍中校文森特・帕拉維奇尼。帕拉維奇尼討人喜歡、舉止優雅、有魅力，性情溫和，但西芮對女兒的選擇很失望，非要拆散這一對。在西芮看來，文森特就是個普通的小夥子，既沒錢，也沒有貴族頭銜，配不上她的女兒。但這次，麗莎反抗了，她愛文森特，決心要嫁給他，西芮只能讓步。1936年7月20日，21歲的麗莎在聖瑪格麗特教堂舉行了盛大婚禮。很多年來，她的父母第一次同時出現，麗莎挽著父親的胳膊沿教堂的過道走向聖壇。之後在瑞士使館舉行的大型宴會上，毛姆對前妻謙恭有禮，西芮幾乎又差點愛上他。作為結婚禮物，毛姆給小倆口買下了威爾頓街的一棟房子，西芮負責裝修。毛姆把瑪萊斯科別墅借給他們度蜜月，這是麗莎第一次到別墅來，毛姆和哈克斯頓則搬出去讓兩個年輕人獨處。起初，毛姆有點看不上帕拉維奇尼，稱他是「麗莎的瑞士服務生」，但很快就被他的魅力和簡單的幽默感征服了。讓毛姆覺得好笑的是，他的女婿一點也不書呆子氣，他愛看的兩本雜誌是《農夫與畜牧業者》和《鑒賞家》。

在巴特加斯泰因、薩爾斯堡、布達佩斯和維也納轉了一圈後，九月初，毛姆在瑪萊斯科別墅緊張地工作了一陣子，當務之急是最後潤色一下他唯一一部與戲劇有關的小說《劇院風情》。1941年這部小說被改編成舞台劇，1962年被拍成電影。2004年再次被搬上大銀幕——《縱情天后》，主演是安妮特・班寧和傑瑞米・艾恩斯。《劇院風情》不是毛姆最好的小說，但1937年3月出版後，兩個月內就在英國賣出了22000冊，評論界對這本小說的反應好壞參半，很多人為作者的寫作技巧鼓掌，但也有人抱怨情感膚淺。

十月，毛姆又去了倫敦，和往常一樣，他的日記本裡寫滿了各種約會安排。月底他參加了在新寡的西比爾・科爾法克斯家舉辦的大型宴會。來的客人都是老朋友，大家都在談論「辛普森問題」，據說，威爾斯親王要封她為愛丁堡公爵夫人，還要娶她為妻。過去的幾年裡，威爾斯親王和美國女人辛普森夫人的風流韻事成為上層社會的熱門八卦，儘管最初英國媒體並沒有報導。自從一月份喬治五世去世後，此事的重要性上升到了憲法層面，僅僅幾周後，愛德華八世就要舉行加冕典禮，突然，他們的關係引發了民眾全國性的激烈討論。毛姆認識華里絲・辛普森很多年了，她和她的丈夫曾在布萊恩斯滕廣場有套公寓。國王決定放棄王位，娶他心愛的女人，結果卻觸發了強烈的敵意，這令毛姆十分苦惱。「我是作家，會本能地站在別人的角度考慮問題，」毛姆給一個朋友寫信道，「見過他的人說，那個可憐的傢伙不刮鬍子、不洗澡，蓬頭亂髮，用腳踢門，拿頭撞牆，聽了那人的描述，我十分困擾。令我震驚的是，他失勢得如此突然，從受人民愛戴到被普遍蔑視。現在大街上那些曾崇拜他的人也罵他是垃圾，說謝天謝地，總算把他打發走了。」

12月11日，在克拉里奇酒店公共酒吧間的一個角落裡，毛姆、艾迪・馬什、奧斯伯特・西特韋爾和格雷厄姆・格林一起，從一個從門童那兒借來的收音機裡聽到了國王發表的自願退位演說。這時，壓力太大的華里絲・辛普森已經離開英國，逃到了法國南部，她要在那裡熬過這幾個月，把離婚手續辦妥，好跟溫莎公爵結婚。耶誕節那天，毛姆邀請華里絲和她的姨媽貝西・梅里曼來家裡共進午餐，作陪的還有國會議員鮑勃・布斯比。顯然，氣氛有點緊張，但大家還是很開心。下午，毛姆和華里絲搭檔打了一局橋牌，毛姆說：「恐怕我不是一個好搭檔，」他把手放下說，「我手裡只有兩個王。」華里絲說了句俏皮話：「那有什麼用？他們只會退位。」接下來的幾個星期，毛姆一直對華里絲很體貼，邀請她來家裡吃飯，共度周末。「我想，她的角色很難演，」他說，「我懷疑沒有哪個女人能把這個角色演好。」終於，在三月份，華里絲準備離開坎城去圖爾的岡蒂城堡與公爵團聚，並在那裡結婚。離開坎城前，辛普森夫人給毛姆寫了一封感謝信，說毛姆是一個善良的人。那個耶誕節，她感覺自己身處曠野之中，她從來沒有忘記在那些困難和孤單的日子裡，毛姆所給予她的同情與理解。

或許耶誕節那天傑拉德沒在場是件好事。傑拉德躺在床上，得了嚴重的瘧疾，毛姆以為過一兩天就好，怎知病情加重。毛姆給他找來護士和專家，當地有個醫生開車一天來三次給他看病。毛姆一度以為他要死了，還好，他挺過來了，而且身體變得愈發強壯。毛姆情緒不穩，還擔心得要命，幸好艾倫過來住了兩個星期，給他帶來安慰。不過，毛姆意識到艾倫和哈克斯頓的個性存在鮮明反差，艾倫雖然溫柔，但很無趣。毛姆告訴大衛・霍納：「他永遠不是那種聚會上的靈魂人物；所以，沒有人跟我一起逗樂、開心，在花園裡漫步時，我多麼渴望哈哈大笑。」艾倫是可靠的，可以給人安慰的，但他身上缺少邪惡和機智，以及與傑拉德在一起時那種純粹的興奮感。「塞爾是個小貓咪，」一個認識他倆的朋友說，「哈克斯頓毛髮直立，甚為粗魯，像一頭想要掙脫掌控的鬥牛犬。」

傑拉德這次生病的好處是他再次下決心控制酒癮。毛姆在給芭芭拉・巴克的信中說，他已經告訴傑拉德，他自己也知道，再喝酒就無異於自殺。如果他還喝的話就意味著寧可死，那麼，一切就結束了，他會給傑拉德一筆養老金，他自己則會回英國生活。他可不想用餘生來看護一個老酒鬼。當然，希望這一天不會到來。為了讓傑拉德忙碌起來，也為了讓他開心，毛姆給他買了一艘小遊艇。天氣好的時候，傑拉德幾乎每天都出海，他對這個新玩具著了迷。同樣令他著迷的還有一個陪在他身邊的叫盧盧的男孩。16歲的盧盧是個男妓，漂亮得令人陶醉，他身材苗條，金髮碧眼，皮膚曬成古銅色，他有柔軟的嘴唇和甜美的笑容；他的兩隻手腕上都戴著金鐲子，一天中的大部分時間只穿一條褪了色的泳褲。傑拉德很迷戀他，不在船上時，盧盧的大部分時間在瑪萊斯科別墅度過，除了聽憑哈克斯頓和毛姆的召喚，還為其他男客人提供服務，過後由傑拉德結帳。尼可森和阿克頓也成為欣賞他的主顧，那年夏天，還有毛姆的侄子羅賓。

羅賓承受著來自父親的壓力，不得不去劍橋大學讀法律，但業餘時間他繼續寫作，並把作品寄給叔叔點評。毛姆沒看出他有什麼天賦，但還是決定幫他，並向他灌輸自己的哲學。有一次，毛姆告訴羅賓，「你的戲寫得一場糊塗……我想，你還是做好失敗的準備吧。你這麼自負的人恐怕很難承受失敗的打擊……不過，勇敢地承受失敗是種很好的考驗……我最後的建議是，不要讓任何人看到你的屈辱。」

羅賓對傳聞中的瑪萊斯科別墅的高品質生活充滿嚮往，問叔叔可否放長假期間過來住，表面上是為了集中精力寫作，但等他到了才發現只有他和叔叔兩個人，傑拉德去巴黎取新車去了，所有對投入里維耶拉迷人社交生活的期盼很快便消散在日常生活裡。毛姆專心工作，整個上午待在書房裡，下午在花園裡遛狗，吃完晚飯後不久就上床睡覺。他們有很多機會展開坦率的討論，羅賓特別渴望消除自己對同性戀的疑慮。他的叔叔既務實，又令人振奮，建議他接受真實的自己，盡情享受生活。「你很迷人，」他告訴他，「不要浪費你的資本。你的魅力不會持續太久的。」而且，毛姆讓羅賓記住，同性戀身分不會給婚姻造成障礙，作為家中的獨子，他有義務結婚並繁衍後代。

1938年，羅賓的父親被任命為大法官，毛姆為他給家族帶來的聲望感到十分欣慰，況且，F. H. 全憑一己之力坐到了如此高貴的位置。作為一名終身貴族，他不能將頭銜傳給後代，但作為一名大法官，他肯定有機會被授予世襲爵位，毛姆夢想著有朝一日能看到羅賓成為榮耀顯赫的第二代毛姆子爵，這說明毛姆對舊有的貴族體系懷有深深的敬意。下一代人裡只有羅賓一個男孩姓毛姆，所以他肩負重任。毛姆寫信給羅賓，說他父親沒有理由不再活個十年、十五年的，可能有機會做到孟加拉總督，混得好的話，還可能成為印度總督。成為已故大法官的兒子無足輕重，成為貴族就是個人物了。

假期快結束時，傑拉德回來了。去年夏天他和羅賓在薩爾斯堡偶遇，現在可以再續前緣。回到瑪萊斯科別墅的傑拉德慷慨地決定在羅賓回家之前給他一個難忘的夜晚。天黑後，他們先去了尼斯的賭場，然後去了兩個偏僻小巷的酒吧，他們在那兒開心地喝到半醉，然後逛窯子，傑拉德掏錢讓羅賓享受了一下。最後，凌晨時分，他們決定開車去自由城看船。他們發現盧盧在船上，只見他頭髮蓬亂，嘴唇微微張著，四仰八叉地躺在一個鋪位上睡覺。傑拉德立刻注意到羅賓一副神魂顛倒的樣子。「玩得開心啊。」他對羅賓擠了一下眼睛，然後腳步踉蹌地走了。

傑拉德繼續喝酒，不過控制在一定範圍內。他的雇主明確表示，他若想保住自己的位置，必須洗心革面。不過，情況並不樂觀，兩人關係內在的緊張不定搞得毛姆躁動不安，甚至考慮過放棄瑪萊斯科別墅，在倫敦買套公寓，每年至少住上五個月。但目前這個極端的計畫被擱置了，他要集中精力準備遠東之旅，他打算年底去趟印度，第二年春天回來。夏天他是在國外度過的，去了他常去的慕尼黑、薩爾斯堡和巴特加斯泰因，還和彼得・斯特恩一起去了斯堪地那維亞，他很失望，「瑞典……好無聊的地方。」他還在家裡招待客人，除了常來的芭芭拉，還有賴蘭茲和亞瑟・馬歇爾，以及他們劍橋的老朋友維克多・羅斯柴爾德，這次他帶來了他的妻子芭芭拉・哈欽森，以及安東尼・布朗特爵士[1]和伯吉斯

[1] Anthony Blunt，1907-1983，劍橋大學三一學院的藝術教授，巴洛克藝術專家，英國藝術界的權威，同時兼任伊莉莎白女王的藝術顧問，但同時又是KGB 間諜。後被削去爵位，劍橋五傑之一。

[1]。毛姆很享受與這些劍橋精英們為伍。

動身去印度前，毛姆決心寫完對他個人來說很重要的一本書，這本回憶錄他已經斷斷續續寫了一段時間。「我已經把我知道的全都寫進去了。」他告訴查爾斯・唐恩，但讀者如果想讀到很私密的細節一定會失望。用作者自己的話來說，《總結》「既非自傳，亦非回憶錄」，而是綜述了他的職業生涯和智力發展，「我只是嘗試著整理自己對生命歷程中特別感興趣的事物的想法。」第一部分講的是他的童年和青年時代，更詳細地講述了他如何成長為一名作家。他在書中闡述了他最喜歡的三個原則：清晰、簡潔和悅耳，談到了一些他最崇拜的作家，如，德萊頓、史威夫特、約翰遜博士、伏爾泰、司湯達和科萊特，以及影響了他的短篇小說風格的莫泊桑。毛姆還談到了他的戲劇生涯，他似乎天生就能抓住對話的訣竅，並向劇作家們——契訶夫和蕭伯納，尤其是易卜生（「近百年來我所看到的最偉大的劇作家」）致敬。毛姆本著令人欽佩的超然態度分析了自己作為一名藝術從業者的優缺點。

> 我不照自己的願望寫作，我照自己的能力寫作……湧動的詩意和了不起的想像皆在我的能力之外……我擁有敏銳的洞察力，似乎能夠看到很多別人錯過的東西。

毛姆很清楚自己的能力，但依然表現出對自己被嚴肅評論家們普遍忽視這一事實的敏感。他抱怨，在他的祖國，只有西里爾・康納利和德斯蒙德・麥卡錫這兩位重要的評論家

---

[1] Guy Burgess， 1911 -1963劍橋大學歷史系畢業，曾擔任英國BBC廣播主持人，英國軍情六處探員，英國外交部部長秘書等職。劍橋五傑之一。

認真對待他的作品。

> 我20幾歲的時候，批評家們說我野蠻；30幾歲的時候，他們說我輕浮；40幾歲的時候，他們說我憤世嫉俗；50幾歲的時候，他們說我能幹。現在我60幾歲了，他們說我淺薄。

《總結》的第二大主題是作者一生對哲學以及少年時代曾吸引過他的宗教的探索。毛姆總是很好奇，總是在尋找，渴望找到一種生活模式或者目的，毛姆常年貪婪閱讀大哲學家的著作，從柏拉圖到羅素，從基督教的神秘主義到《奧義書》[1]，但從未找到能給他帶來安慰的信仰。毛姆作為自學者首先是一個智慧的追問者，希望悟到古往今來困擾人們的難題，比如，生命的價值是什麼，人該怎樣活著，宇宙的意義在哪裡。雖然無法找回兒時失掉的信仰，但他仍不滿足，困惑於理性的自我無法從宗教中尋得寬慰的沮喪。他總結說，或許他無處將息的內心對上帝和永生存有深切的渴望，然而，永生跟他的理智毫無關係。他無法將自己融入某種無所不包的信條之中，於是，他言之鑿鑿地說：「生命沒有理由，生活沒有意義。」

雖然毛姆竭力保持端莊的距離，但《總結》中時而還是會暴露出驚人的坦率。關於愛的體驗，毛姆說他雖然愛過很多次，但從來沒有體驗過得到回報的喜悅。他無法完全敞開心房，他愛的大部分人是不怎麼在意他或完全不在意他的人，有人愛他時，他會覺得不好意思，沒有什麼比愛上不值得愛的人

[1] 印度教經典的其中一種，主要講人與宇宙的關係。

更可憐的了。性對他而言是身體感受到的最強烈的愉悅，但遺憾的是，由於天生難以取悅，他從來無法縱情享樂。作者透露，他是一個敏感、脆弱、多情的人，同時又是一個超然、不抱幻想的現實主義者，而並非人們以為的憤世嫉俗者。他選擇做一個孤獨者，一個可以享受某些快樂和幸福的憂鬱之人。正如一位評論家所言，這本書揭示了「這個思維流暢、對世界無動於衷的男人其實有一顆易受傷和戒備的心。」

希望做到盡善盡美的毛姆將《總結》的校樣寄給艾迪・馬什和賴蘭茲校對。在文本編輯方面，艾迪・馬什尤其值得信賴。辭去公務員的職務後，他開始為一些著名的作家校稿，溫斯頓・邱吉爾就是其中一個。能有毛姆這樣的大作家向他諮詢滿足了他的虛榮心，他喜歡炫耀自己對語法、詞源和風格細微之處的詳盡了解。為了對他表示感謝，毛姆送給他幾枚漂亮的印度18世紀的翡翠鈕扣。「也許它們裝飾過蒙兀兒王朝聽差男孩的衣袖。」毛姆告訴他。

1938年1月，《總結》出版後，大部分人稱讚書中所表露的智力與情感的真誠，對作家與寫作很有啟發性的思考，更形而上學的段落則被禮貌地予以漠視。評論界的共識是，這本書的主要興趣點在於毛姆的文學生活，而結論部分關於真善美，以及上帝和永生的說法則可忽略不計。不過，總體來說，這本書的可讀性極強，也很有趣。《總結》的銷量很高，很快就在美國售出10萬多本。

出完這本書，毛姆繼續籌畫他的印度之行，他準備把瑪萊斯科別墅租出去四個月。像往常一樣，秋天他是在倫敦度過的，他還為麗莎的第一個孩子降生舉辦了派對，毛姆很開心得了個外孫：尼可拉斯・文森特・薩默塞特。接下來，毛姆集中精力準備旅行中的細節，他打算耶誕節前從熱那亞出發，在孟買待五個星期。毛姆已經拿到了有名望的朋友給他的介紹信，比如他在里維耶拉的鄰居阿迦汗，他自然盼著在德里時印度總督林利思戈侯爵能接見他。但後來出了個意外，讓一切陷入混亂之中，印度辦事處拒絕給傑拉德簽證，毛姆非常憤怒，感覺受到了羞辱。行李已經收拾好了，改變計畫已經太遲，再說，沒有傑拉德，他如何應付得來。幸好，最後一刻禁令解除了，不過對方明確表示，官方不會正式承認毛姆先生現身印度次大陸。其實這並不重要，因為毛姆真正想了解的不是英屬印度，而是印度土邦，由印度王公們統治的地區，儘管如此，這種輕微的刺痛還是沒有被遺忘，而且給將來帶來了令人遺憾的後果。

說來也怪，毛姆這麼喜歡旅行和遠東，為什麼要等這麼久才去印度呢？用他自己的話說，這都賴吉卜林。他一直以為好小說都被吉卜林寫光了，後來發現這種想法毫無依據。他在加爾各答寫給 E・M・福斯特的信上說，「唯一遺憾的是吉卜林潛伏在我對這個國家的想像當中，阻止我二十年前來到此地。」雖然，1935年頒布的印度政府法案意味著這顆一百多年來鑲嵌在大英帝國王冠上的明珠不久即將迎來獨立，但毛姆對複雜的政治形勢並不關心，這次他也不是來找故事的；他此行的主要目的是探討印度的哲學和宗教，與宗教領袖和古魯們[1]見面，針對他感興趣的問題掌握第一手資料，並在這些內容的基礎上創作一部小說，這就是後來的《剃刀邊緣》。

1938年1月，毛姆和哈克斯頓抵達孟買，整整三個月後才從那裡離開。他們的第一站是果阿，然後去了特里凡得琅和

[1] 古魯，印度北部錫克教地區最初十名領袖之統稱。

印度最南端的馬杜賴，接著向北到了東海岸的馬德拉斯（清奈）、海德拉巴、內陸的比德爾和那格浦爾，然後到了加爾各答和貝拿勒斯（瓦拉納西），最後到了阿格拉、齋浦爾和新德里。林利思戈總督邀請他去總督府共進午餐，但哈克斯頓未被邀請，毛姆拒絕了。3月31日，他們從新德里回到孟買上了一條開往那不勒斯的船。儘管聽過、讀過很多東西，面對印度帶給他的衝擊，毛姆依然感到措手不及。無休止的旅行很累人，火車緩慢行進，天氣熱得時常叫人喘不過氣來，但他還是被這裡的一切所吸引，筆記本上記滿了對這個國家的印象。果阿的白沙灘和空教堂，奧里薩邦的黑寶塔（科奈克太陽神廟），貝拿勒斯恆河上的落日，熙熙攘攘的加爾各答，阿格拉泰姬陵的驚人之美。他終於明白什麼叫震驚得窒息了，他心裡有一種異樣且美妙的感覺，彷彿心臟被擴大了。他同時感受到驚訝和歡喜，這大概就是自由的感覺。除了觀光，更令傑拉德興奮的是那幾天在叢林中開車打獵，他本希望射殺一隻老虎，但他們在15英尺高的樹上一個竹子平台上等了好幾個小時，老虎也沒出現。最後，他射殺的一條鱷魚和一隻孔雀變成了他們的晚餐。

他們每到一處都會受到熱情款待，被奢華包圍，特拉凡哥爾邦主讓他們住進皇宮裡的一棟房子，他和哈克斯頓每人一間臥室、更衣室和浴室，還有一個餐廳和兩個客廳。有一個管家和兩個男僕負責照顧他們，一輛黃色的豪華轎車停在門口，常備一個司機和一個男僕。皇室般的待遇只有一個缺點，沒有太多私人活動的空間。走訪了這些印度土邦後，毛姆發現他們的主人禮貌、博學、大方、迷人，當王公們意識到他對拜見詩人和哲學家感興趣時，他們很樂意幫忙，這與英國人的作派形成鮮明的對比，毛姆覺得英國殖民者很庸俗，而且心胸狹隘。他很反感殖民者對印度人那種不可一世的優越感，尤其是那些太太們，極少人有興趣了解當地的文化習俗。一次茶會上，一個小官太太詢問毛姆旅行的情況，當毛姆告訴她大部分時間在土邦度過時，她說：「你知道，我們除了幫助他們，跟印度人沒有任何關係。我們要跟他們保持一定的距離。」在座的人都同意她的說法。

毛姆此行的任務是考察印度宗教這一廣闊的主題，希望洞察一直令他著迷和困惑的精神生活。做準備工作時，他閱讀了大量相關資料，比如，查爾斯・艾略特的《印度教與佛教史綱》，拉達克里希南的《印度哲學史》，L・D・巴內特的《梵天知識》，還有他自己翻譯的《奧義書》和《吠檀多》等。毛姆見到了很多宗教學者和老師，儘管他很努力，但怎麼也搞不懂他們說的是什麼，這種經歷令他沮喪。在他看來，洞察無處不在的精神生活就像夜裡借著閃電的光亮看到喜馬拉雅山，但他依然固執地堅持。他遵照瑜伽修行者的指示，在黑暗的房間裡盤腿而坐，腦子裡一片空白，試圖體會冥想的益處，他保持了那個姿勢很久，以為早就過了師傅要求的三刻鐘，結果一看表，才過了三分鐘。他去印度各地走訪哲人和聖人，目睹苦行僧剜出眼球，將釬子戳入臉頰。在海德拉巴，他通過福斯特的關係跟一個享有盛名的印度教聖人談了話，可是「他說的那些東西，我二十年前就從別處聽到過。」他還見了一個蘇菲派長老，他本希望聽到不同的觀點，結果發現這個穆斯林神秘主義者談論的自我和神我與印度教老師的說法一脈相承。在毛姆看來，這就是問題的癥結所在，所有印度思想家都在用同樣的話語傳播同樣的教義，這樣的鸚鵡學舌難免令人厭煩。毛姆希望他們至少能想出其他的隱喻、明喻和例子，而不是沒完沒了地重複「蛇和繩子」的故事。[1]

在馬德拉斯附近的蒂魯瓦納馬萊，毛姆拜訪了著名的聖人拉瑪那・馬哈希大師的道場，在那裡，他有機會與一位英國聖人交談，退休的英國軍官 A・W・查德威克少校已經轉世為阿如那查拉苦行僧。他在這個道場生活了很多年，他高興地向毛姆詳細解釋了何為「業」和「轉世」，並描述了他如何努力「實現個人自我與宇宙大我的交流，將源於自我的『我』與無窮的『我』分開。」但他的英國同胞毛姆到最後也沒明白他說的是什麼意思。

毛姆和哈克斯頓是中午到的，正在查德威克房間外的陽台上吃飯時，毛姆突然昏倒。查德威克把他抬進屋裡，放在自己的床上，毛姆甦醒後，感覺身體不舒服，不能去中央大廳聽大師講課了。馬哈希得知情況後，欣然答應前來見他，「馬哈希和毛姆對坐了大約半個小時，兩人沒說一句話，」查德威克回憶道，「最後，毛姆緊張地看著我說，「需要說點什麼嗎？」「不，」馬哈希說，「沉默本身就是最好的交談。」

雖然沒有得到啟蒙，但第一次印度之旅還是令毛姆興奮，從孟買回家途中他就決定第二年再來一次。然而，世事難料，這個計畫最終泡湯了。還在海上時，乘客們就每天從廣播裡聽到關於歐洲局勢吃緊的消息——西班牙內戰，義大利墨索里尼的法西斯帝國主義，希特勒入侵並吞併奧地利。「奧地利的處境令我們不安……傑拉德的情緒更是低落，他有很多朋友受到了影響。」毛姆寫信給艾倫・塞爾，「我一度擔心這可能意味著全面戰爭，但目前看，還不至於。」

[1] 一個人進入一個黑暗的屋子裡，看到一條晃動的影子，他認定那是一條蛇，於是被嚇得半死。忽然，燈亮了，這時他才看清，原來只是一根繩子。這個故事就是佛經中的「於繩作蛇解，見繩知境無。若了彼分時，知如蛇解謬。」

船在那不勒斯靠岸，毛姆的司機讓和艾倫來接他們。他們從那不勒斯去了羅馬和佛羅倫斯，哈羅德·艾克頓和他的父母在自家的石頭別墅熱情地接待了他們。毛姆還去看望了他的老朋友雷吉·特納，發現他的精神極度憂鬱。城市裡掛滿了法西斯的橫幅，歡迎希特勒和墨索里尼來訪，心愛的義大利發生的一切令雷吉震驚不已。此外，舌癌幾乎讓他完全喪失了機智風趣，不久後，他便去世了。不過，他還是陪他們參加了在佛羅倫斯郊區西特韋爾家族的中世紀城堡舉行的聚會。

1938年5月，毛姆終於回到瑪萊斯科別墅，享受看似即將到來的又一個里維耶拉田園詩般的夏天。瑪萊斯科別墅或許是一個美麗、寧靜的庇護所，但周遭的情況變得十分險惡。德國揚言入侵捷克斯洛伐克，他去不了薩爾斯堡和巴特加斯泰因了。他雖然不認為有發生戰爭的危險，但奧地利的局勢令人恐慌，外國人最好別去那個國家。毛姆已經開始幫助猶太難民進入英國和法國，他利用自己的影響力給他們找工作和住處，並向猶太慈善團體捐贈了巨款。而當國際筆會秘書赫爾曼·烏爾德向他籌款時，他只開出了一張10幾尼的支票以示同情。

九月的第三個星期，納粹軍隊在捷克邊境集結，毛姆離開蔚藍海岸，讓司機開車送他去倫敦。在巴黎以南的歐塞爾，汽車撞上一棵樹後翻倒，他和司機都嚇壞了，毛姆傷得不輕，斷了一根肋骨。他不想去私人療養院，堅持要去他熟悉的一家巴黎酒店，艾倫會過來照顧他。「艾倫是個天使，」毛姆告訴芭芭拉，「有那麼兩三天，要是沒人幫忙，我在床上都動不了身。幸好有外科醫生照料，他還仁慈地給我打了嗎啡。」幾個星期過後，毛姆繼續他的旅程，十月初抵達倫敦時，希特勒吞併了蘇台德區，到處人心惶惶。不久張伯倫從慕尼黑凱旋歸來，揮舞著手中的紙片，發表了名為《和平時間》的演講。1938年11月1日，毛姆參加了由西比爾・科爾法克斯舉辦的晚宴，那天的客人裡還有麥克斯・畢爾邦、維吉尼亞・吳爾芙，以及年輕的天才小說家克里斯多福・伊舍伍[1]。「那個年輕人掌握著英文小說的未來。」毛姆對吳爾芙說。吳爾芙不知道他不久前出過車禍，被毛姆的樣子嚇壞了，說他怎麼跟個死人一樣，像隻落入陷阱或被捕獸夾夾住的動物。事實上，雖然身體疼痛，毛姆的心情卻是愉悅的。過去的幾年裡，他一直對和平的可能性越來越悲觀，他把這種悲觀寫在了他的新小說《聖誕假日》裡。但是現在，隨著英德簽訂和平協定，毛姆以為戰爭不會來了。

[1] Christopher Isherwood，1904-1986，享譽世界的英裔美國作家，他的小說集《柏林故事》入選《時代周刊》的20世紀百佳英文小說》。

第十四章
宣傳活動

毛姆一向對外宣稱不喜歡觀念小說、論戰小說，極力反對把小說當成講壇或講台。他不止一次強調，如果讀者想了解當下緊迫的問題，可以去找專著來讀，而不是看小說。然而現在，毛姆的新小說做的恰恰是類似的嘗試。1938年寫成的《聖誕假日》不是從人物出發，而是為了傳遞一種訊息：慷慨激昂地譴責歐洲內部發展起來的邪惡勢力，以及德國、義大利和西班牙強大的獨裁政權。自1930年代初以來，毛姆就對維持和平的可行性和可能性抱有悲觀態度，而六年前的《服役的報酬》中對此亦已闡述得很清楚。從那時起，他就一直懷著極度的憂慮關注著左派和右派之間日益激烈的衝突——法西斯主義的興起，貧富差距日益擴大化——所造成的可怕威脅。在他看來，思路狹窄的英國對這種危險似乎認識不足。

《聖誕假日》首先是一則政治寓言，作者利用書中的三個主要人物——西蒙、麗迪雅和羅伯特闡明歐洲的思想鬥爭，並將法西斯主義、極權國家和被壓迫者致命的延展性擬人化。可惜的是，三個人物都是二維的，冗長地講述他們的各種二手故事單調得讓人受不了。1939年，小說出版後招來了一些消極的評論，格雷厄姆・格林認為「處理得很笨拙」。不過，也有表示欣賞的人，比如，伊夫林・沃就說，

「從純技術貼切的角度來看，我認為這是他最好的小說。」當然，出版商只關心銷量：第一個月，這本書就在英國賣出了25000冊。第二年，毛姆將《聖誕假日》的手稿拍賣，籌集資金幫助被法西斯政權逼得無家可歸的歐洲作家。

1939年2月，《聖誕假日》出版時，毛姆在美國出差（這本小說十月在美國出版），他訪問了芝加哥、紐約，去舊金山時住在伯特・阿蘭森家，還在加利福尼亞州見到了尤金・奧尼爾。和從前一樣，他接受電台採訪，兩分鐘的訪談就能賺到500美元，他還被好萊塢的邀約淹沒。製片人大衛・塞爾茲尼克說：「有人告訴我，目前看來，毛姆無論如何都不會考慮接電影方面的工作，也沒有任何跡象表明未來他會改變主意。」乘坐「瑪麗女王號」郵輪從紐約回到歐洲的毛姆深感疲憊，渴望一年一度的休整。奧地利和巴特加斯泰因是去不了了，他決定去蒙特卡蒂尼的溫泉療養地。「義大利人似乎都不相信會有戰爭，」六月，他給阿蘭森寫信道：「除非德國做下蠢事，我想，我們是安全的。」

七月，回到瑪萊斯科別墅的毛姆不必改變計畫或通知客人夏天別來。麗莎和她的丈夫帶著一群年輕的朋友來打網球，吃野餐，晚上在蒙地卡羅的體育俱樂部吃飯、跳舞。這是里維耶拉最歡樂的季節。這裡有很多戲院、露天音樂會、馬展、煙火、舞會，還有即將在9月1日開幕的第一屆坎城電影節。然而到了八月初，不祥的跡象出現了，電影節被迫取消了。8月23日，蘇德簽訂互不侵犯條約，氣氛愈發緊張。突然之間，到處都是當兵的，他們把帳篷紮在樹林裡，費拉角變成了一個戒備森嚴的軍事區，機槍架在懸崖邊，瑪萊斯科別墅下面那條路的盡頭駐紮了一支防空部隊。所有度假者都匆匆回家——藍色列車客滿，道路交通阻塞，滿載的轎車和裝滿士兵的卡車向北開，與正逃往南部的成群的難民相遇。八月的最後一個星期，二十四小時內，瑪萊斯科別墅人去樓空，客人們突然收拾行李走人，大部分僕人也離開了：廚房女傭、男僕和他的妻子，所有的義大利人都回了義大利，司機讓和兩個園丁應徵入伍，管家厄內斯特是瑞士人，也被召回了瑞士，只有廚師安妮特和一個女傭妮娜留了下來。與此同時，牆上貼出告示，要求所有私家遊艇必須立即駛離自由城港。毛姆決定把「莎拉」開到卡西斯，一個小得不會引起海軍興趣的港口。他和傑拉德開著車匆匆前往尼斯囤貨，再把補給品裝上船起航，還帶上了兩個年紀大到不用當兵的義大利船夫。

那天天氣很好，毛姆回憶說：「想到要離開危險區，心裡有一種淡淡的興奮感，我看書、睡覺、抽煙……享受那些天被騷擾過後的平靜。」以傑拉德名字註冊的「莎拉」有45噸重，很寬敞，有一個客廳、兩個鋪位、一間浴室和廚房，還有船員休息區，掛在船尾的星條旗用來保證安全。沿海水域埋有大量的地雷，他們被迫繞行，第三天才到達土倫和馬賽中間一個漂亮的小漁村邦多。似乎沒有必要再往遠處走了，他們決定留在那裡，等風波平息後再安全返回。他們很快就在邦多過起了有規律的小日子，毛姆每天早起去海邊的市場，這對他來說是全新的生活體驗。「買雞的時候，我戰戰兢兢，不知道那些死了、沒毛的動物到底是嫩還是老。我努力假裝知道自己在幹什麼，怯生生地用一根手指去戳雞胸，可是，濕冷的皮肉讓我起了一身雞皮疙瘩。」

隨著時間的推移，國際形勢愈發嚴峻。9月1日，德國入侵波蘭；2日，法國正式發起動員；3日，英法對德宣戰。沒什麼事情可做，時間過得緩慢，天氣變得陰冷，毛姆坐立不安，急著回家看情報部給他回信了沒有。祖國在備戰，毛姆再次渴望參與其中。他寫信告訴德斯蒙德·麥卡錫，他本來構思了四本小說，但現在心煩意亂，根本寫不了。每天，他只是貪婪地讀報紙、聽新聞。過了快一個月後，他和傑拉德決定回家，將船棄在邦多，無視各部門的禁令，明目張膽地鑽進了一輛計程車，告訴驚愕的司機帶他們去費拉角。還好，他們奇蹟般順利抵達。回到家後，他們發現門窗緊閉，不通風，沒有家的舒適感，只有壓抑的氣氛，這樣子很難安定下來，誰也不知道會出什麼事。毛姆擔心就這樣無聊下去，不過，他還是收到了情報部的消息，他的精神為之一振，終於可以有所作為了。

1939年，情報部的情況有些混亂，不太清楚這位大作家到底能派上什麼用場，後來他們發現毛姆可以在英法關係方面起到獨一無二的作用。他不僅在法國生活了十多年，還備受法國人尊敬，所以，他有機會接觸到很多外人接觸不到的人，掌握很多外人無法掌握的資訊。於是，他們首先要求他就法國對英國盟友的態度寫一篇秘密報告，還要求他在英國發表一系列讚頌英法努力的文章。

毛姆立即收拾行李，動身前往巴黎。在那裡，他被安排去前線採訪，拜見時任情報局長的劇作家兼外交官讓·季洛杜，以及為他提供必要的引薦和通行證的軍備部部長拉烏爾·多特里。正是通過這些高層關係，他把一點點搜集到的資訊謹慎地傳遞到倫敦。大部分資訊是他在完成一天的工作後在席間聽來的，法國人所表露出來的親德情緒時常令他震驚。富裕階層憎惡萊昂・布魯姆[1]和他的社會黨政府，他們被共產主義的威脅嚇破了膽，公開承認他們相信由德國來統治更好，文明人不應該再滿足於愛國主義這個觀念。「希特勒征服法國又會影響到我們什麼呢？」他們問，「我們的狀況又不會更糟。」其他人的態度則更為謹慎，並在這個長了一雙警覺的黑眼睛且沉默寡言、彬彬有禮的英國人面前注意著自己的言辭。狂熱的親法西斯份子賀拉斯・德・卡布恰，也是毛姆在里維耶拉的鄰居，他是個狡猾透頂的人，他知道他的老朋友在幹什麼。「當心那個英國人。他是個間諜。從你們那兒得到任何有意思的資訊肯定第二天唐寧街就都知道了。」

接下來的一個月，毛姆四處奔走，從東部的南錫開始，他先去了塔西尼將軍的總部，塔西尼將軍鎮定自若，倒是把毛姆嚇壞了。接著，他又前往馬奇諾防線，「開著車穿過有濃霧的夜晚，軍車裡沒開燈，司機不認識路，車速每小時50英里。」他們向他展示了德法邊境線上一座據說堅不可摧的堡壘。指揮官告訴他，倘若被包圍，可以堅守六個月，但令他有點驚訝的是，幾個月後，德軍在包圍這座堡壘不久後就將其攻破了。他還下了朗斯的一座煤礦，參觀了幾家兵工廠，這幾個地方都在東部和巴黎附近。第三個星期，他來到法國西南部的夏朗德省，視察了50萬來自阿爾薩斯和洛林的法國被疏散人員的安置情況。最後一個星期是在駐紮在土倫的兩艘軍艦上度過的，許多情景令毛姆觸目驚心——固有的腐敗、士氣的低落、不同階層之間嚴重的分歧，為了達到宣傳目的，他必須隱藏個人的真

[1] Léon Blum，1872-1950，法國政治家和作家，知名的文學和戲劇評論家。1936-1937當上人民陣線聯合政府的首腦，成為法國第一位社會黨籍（也是第一位猶太人）總理，執政100天左右。

實想法，內心好一番掙扎。毛姆寫道：

> 給我留下的印象是，法國人對英國的支援不足和對英國士兵的行為普遍不滿，法國人認為同盟者所表露自以為恰當的熱誠更多是政策所致，而不是出自友好……在改善英國遠征軍和法國的感情方面還有很多事可做。

為了朝這個方向邁進一步，毛姆在報紙上發表了一系列文章，並結集成一本名為《戰爭中的法國》的小冊子，從1940年3月出版到5、6月份法國淪陷期間，這本書共售出10萬多冊。毛姆寫這些文章有一個特定的目的，即培養英國人對海峽對岸盟友的尊重與同情。文章以一種由衷讚歎的口吻在讀者面前呈現出一幅英雄主義的畫面，但過了不到兩年，毛姆就在他的《純屬私事》中將這幅美好的畫面毀掉了，他在書中表明了自己的真實印象，澄清了某些事實。綜合起來考慮，將《戰爭中的法國》和《純屬私事》對比著研究還是蠻有意思的。在參觀完一座兵工廠後，毛姆在宣傳文章中畢恭畢敬地感歎：「我無法試圖描繪我所見到的美好事物……以及其中的辛苦……每一個部分都完成得那麼精美……用來製造所有致命武器的機器是獨具匠心的奇蹟。」而在後來的書中，他則明確表示，工廠裡充斥的不滿、蓄意破壞和頻發的反抗事件多麼令他不安。同樣，他去夏朗德時親眼目睹了生活在德國邊境附近的法國家庭所遭受到的敵意。他們背井離鄉，重新找地方安家，幾乎一無所有地來到陌生之地，這些人遭到當地人，也就是他們同胞的憤恨，幾乎得不到任何幫助。

此行的最後一站，毛姆訪問了土倫的海軍基地，他應邀觀看了海上常規演習。這段時間，他待在兩艘船上，一艘軍艦和一艘魚雷艇，軍官和水兵們所表現出漫不經心的態度驚得他目瞪口呆。在宣傳文章中，他將這種放鬆的舉止巧妙地描述為「令人愉快的民主作風……下達命令時不像我們那麼專橫……無論是在工作時間還是海上的業餘時間，官兵們都在船上隨意吸煙。」而在《純屬私事》中，毛姆承認自己非常震驚：「我不由地注意到他們邋遢的外表，這與英美艦船上的整齊清潔形成了鮮明的反差，這種缺乏紀律的情景令我驚詫不已。」

耶誕節前不久，結束這次出行後，毛姆回到瑪萊斯科別墅寫文章。由於這個系列大受歡迎，他立即被召回倫敦討論一個並行系列作品，將被譯成法文的《家鄉前線》。這是毛姆平生第一次坐飛機，那天的天氣狀況極其惡劣，延遲很長時間後，這架英國皇家空軍的運輸機終於從巴黎郊外的勒布爾熱機場起飛了，為了不被誤認為是敵機，飛機不得不在海峽上低飛，最後降落在薩塞克斯郡某處的一座軍用機場。他從這裡被卡車送到最近的小鎮，因為沒有火車，他在那兒想法子租了輛車。

1940年春，在接下來的三個月裡，毛姆不得不忍受時光的虛度，這在戰時是不可避免的，情報部的人沒想好讓他做什麼。毛姆形容自己像一隻在馬戲團表演的狗，雖然觀眾可能喜歡看牠的把戲，但卻總覺得跟整個節目單的調子不搭。這段時間，他出了兩本書，《書與你》中收錄了他對最喜愛的經典作品的評論和幾個短篇小說，還有一本《原樣配方》[1]，書中收錄了毛姆的一些代表作。

與此同時，他的日記裡充斥著平日裡的社交活動——與西特韋爾共度周末；西芮的公司歇業了，暫居巴黎；文森特

[1] The Mixture as Before，醫學中「照原方配藥」的意思。

被派往海外前，麗莎盡量跟他在一起；F. H. 終於被授予世襲爵位，但令他失望的是，F. H. 在議長的位子上沒坐多久，宣戰第二天，就被張伯倫改任為大法官。毛姆給他心愛的侄子羅賓準備了豐厚的零花錢，還給他留了一大筆遺產。他在給伯特・阿蘭森的信中說：「這意味著第二代子爵可以追求他決心從事的政治事業了。」在給羅賓的信中，他寫道：

> 我準備立刻付給你25000美元，到我死時無須辦理進一步的手續。不過，我勸你把錢交給伯特來管，他既聰明又誠實……倘若你死後無子嗣，如果你願意的話，可以把這些錢（如果到時候這些錢還沒被你揮霍一空的話）以某種方式為英國文學做點貢獻；不過，倘若你死後無子嗣，我在九泉之下也不得安寧……

最近，最讓毛姆操心的是羅賓，毛姆聽說這個孩子學會了酗酒，於是迫使家庭醫生向他下了禁酒令。還好，戰爭爆發後羅賓改過自新，立即報名加入律師學院，聽到這個消息，毛姆十分欣慰。

五月初，毛姆回到法國南部，不到一周前，德國入侵荷蘭。里維耶拉很平靜，他獲准把「莎拉」從邦多開回自由城的老泊位，但遊艇不許停靠在港口外面。食品短缺，尤其是咖啡，燈火管制，汽油嚴格定量配給，這大大減少了社交活動的機會。毛姆很高興不用出去吃晚飯了，如果負擔得起油費，一個星期還可以出去打兩三次高爾夫球，他似乎沒什麼可抱怨的。然而，這一切突然結束了。5月28日，比利時和荷蘭投降，英國遠征軍在法國北部大潰逃。6月10日，義大利參戰，四天前，德軍開進巴黎。整個蔚藍海岸陷入一片混亂之中，幾個小時內，一半摩納哥人逃走，芒通和周邊地區的人員被疏散。倘若義大利人佔領里維耶拉，英國居民很有可能會遭到拘禁。毛姆對這種命運不作考慮，大不了吃安眠藥。為了了解情況，他開車去了尼斯，發現總領事身邊圍了一群驚恐的人。焦急的等待過後，他們接到匆忙遷到波爾多的英國大使館的消息，建議所有英國人盡快離開這個國家，目前停靠在坎城的兩條被政府徵用的船會帶他們走。第二天早上八點，乘客們在碼頭集合，每人允許帶一小袋私人用品、一條毯子和夠三天吃的食物。

那天匆匆吃晚飯時，毛姆為不久的將來制定了計畫。持美國護照的傑拉德有豁免權保護，他要留下來幾天，保住盡量多的藏畫和最寶貴的財物，其中包括毛姆的筆記和未完成的小說手稿。安妮特和妮娜是義大利人，她們肯定是安全的。毛姆下令，倘若不得不放棄這座房子就殺死他心愛的臘腸犬厄達。考慮到早晨道路無法通行，他決定半夜出門。他匆忙拿了幾件衣服、三本書、一條毯子和一個枕頭，還在一個籃子裡裝滿了方糖、茶、兩包通心粉、一罐果醬和一條麵包。如果他想要一個開罐器、一隻盤子、一把刀、一個叉子、一個玻璃杯和一個茶杯，身邊人也不會感到驚訝。和兩個女傭道別後，他和傑拉德離開了瑪萊斯科別墅。一路上，他們默默地開著車，每隔幾英里，就有人晃動燈籠叫他們停下來，接受警戒哨兵的檢查。傑拉德在坎城十字大道上的卡爾頓酒店門口把毛姆放下來，然後互相告別，和第一次世界大戰時一樣，他們不知以怎樣的方式，也不知何時才能再相會。

卡爾頓酒店裡擠滿了人，大多數人身穿晚禮服，很多人喝醉了，有點歇斯底里。第二天一大早，也就是6月23號，星期日，毛姆步行來到港口，眼前情景之混亂用語言難以形容。碼頭上有3000多人拎著大包小包向兩個海關檢查行李的櫃檯湧去。這些人形形色色，來自不同的社會階層，有男、有女、有老人、有小孩，還有直接從醫院來的病人，甚至有人是躺在擔架上被人抬來的，被拒絕上船後，被迫掉頭回去。時不時會開過來一輛豪華轎車，衣冠楚楚的人下車後加入等待的隊伍，司機別無選擇，只能棄車而去，將車鑰匙丟向一小群在旁邊看熱鬧的當地人。大日頭底下，熱度急劇飆升。毛姆看見兩條船繫泊在港口，不是想像中那種寬敞的郵輪，而是兩條小小的運煤船。四個小時後，毛姆被帶上船，和其他80個人擠在一個狹小的空間裡。到了晚上，船終於準備好啟航了，500名乘客中有很多富人，他們擁有豪華別墅，習慣住頂級酒店，如今卻擠在為38名船員準備的空間裡。船上蒙了一層煤灰，幾乎沒有可移動的空間，毛姆受不了擁擠和悶熱，決定去甲板上睡，但鐵的甲板太硬，睡得實在難受，黎明時，天很冷，第二天晚上，他又回到下面去睡了。

第二天早上，兩條船抵達馬賽港。等了一整天後，他們接到指令，加入前往瓦赫蘭的法國車隊。他們在海上航行了一周，船上的條件實在恐怖。天氣非常炎熱，水供應短缺，廁所髒得要命，數量還嚴重不足，口糧極其有限。一天的大部分時間，人們都在排隊等候，要麼等著拿食物（四塊甜餅乾和一塊鹹牛肉），要麼就是等著用50個人用過的桶裡的水快速清洗一下身子。所有人一身臭汗，身上黏著一層厚厚的煤塵。毛姆帶的東西不全，還好有個好心的夫人給了他一張紙巾，還有一個人給了他用果醬罐裝的飲用水。日子一天天過去，人們越發擔心船會遭到魚雷攻擊，過度擁擠的狀況也令人痛苦不堪，四個人瘋掉了，還死了一個老太太。沒有木筏，也沒有救生衣，據說那個區域還有潛水艇。毛姆問他身邊的一個退休醫生，想要淹死的話，最好的辦法是什麼？自從那次在緬甸差點喪了命，他就很怕溺水。「別掙扎，」那個人建議，「張開嘴，讓水灌進喉嚨，不到一分鐘就會失去知覺。」看到阿爾及利亞海岸，大家的情緒高漲起來，聽說一艘郵輪會把大家帶到英國。然而，船在瓦赫蘭靠岸後，一封無線電報通知船長立即在護送下前往直布羅陀。

毛姆的船當晚離開，那是一個星期天，星期二抵達直布羅陀。這時食物供應情況稍有改善，麵包、水果和煙被帶上船，想像在英國的土地上登陸後能洗個澡，喝杯酒，美餐一頓，再舒舒服服地走完最後一程，乘客們的心情為之一振。然而殘忍的是，他們的希望破滅了。到了港口，他們被拒絕入境，成千上萬的難民聚集在那裡，沒有更多的空間，也沒有另一條船：他們還得坐這條船去英國。停留三日後，乘客們終於可以上岸了，而且是分期分批，兩個小時的時間，每批50人。毛姆在最後那一批人裡，他一下船就立即跑去買了床被子、沙丁魚罐頭、水果罐頭、威士忌和蘭姆酒。準備再次出發前，船上的條件好多了，200多名兒童、病人和70歲以上的老人下船了，船艙裡寬綽多了，毛姆在三只筐上面放了兩塊木板，又在上面鋪了床棉被，給自己在角落裡搭了張床。

6月28日，船離開直布羅陀，最終於7月8日抵達利物浦。船上不那麼擁擠了，可以相對容易地打發時間。上午，他翹著腿坐在堅硬的鐵甲板上讀柏拉圖，下午則繼續讀他帶來的兩本小說：薩克萊的《亨利・艾斯蒙》和夏綠蒂・勃朗特的

《維萊特》。吃了可憐的晚餐後，儘管口吃，他還是會給願意聽的人講故事。終於，他們看到了蘭開夏郡海岸和梅西河口。在船上過了二十天的毛姆渾身髒兮兮的，面容憔悴、身體虛弱、筋疲力盡。乘火車到倫敦那晚，他驚訝地得知英國媒體十分關注他的下落。「在法國依然下落不明的名人中有薩默塞特・毛姆先生。」6月24日《每日電訊報》的這則報導引起了毛姆家人的不安，一直等他們讀到7月2日的《每日郵報》才放下心來。

幾日必要的休整後，毛姆最關心的是回到工作中去。他在國內外做了一系列廣播宣傳，目的是增進英法兩國的關係。他還接到情報部和美國《紅皮書》雜誌的邀請寫了一系列關於抗戰努力和前線生活的文章。為此，他參觀了伍利奇的兵工廠，進行了一系列採訪，採訪對象有英國陸軍元帥艾倫・布魯克將軍、英國海軍大臣 A・V・亞歷山大，以及飛機生產部部長比弗布魯克勳爵和勞工部長歐尼斯特・貝文。他還抓住機會「以公謀私」，前去看望了駐紮在約克郡一個軍營裡的艾倫・塞爾。塞爾在那裡負責管理基督教青年會為部隊官兵提供餐飲和休閒服務設施的小屋。

這段時間，毛姆頭一次也是唯一一次試圖治好他的口吃。他意識到在公眾面前和廣播上講話的機會越來越多，於是通過老熟人找到一個叫萊希的催眠師。他和萊希醫生見了幾次面，醫生教給毛姆一種自我催眠法，他驚訝地發現，這種療法確實有點管用，私下交談時他還是會口吃，但在公共場合演講卻完全不結巴了。只可惜，過了一段時間，萊希效應漸漸退去，但毛姆因此重拾了信心，從那時起，他在聽眾面前講話就流利多了。

同時，戰時條件下的倫敦日常生活也在盡可能地正常進行。防空氣球漂浮在頭頂，海德公園傷痕累累，戰壕挖得遍地都是，沙袋堆在商店門口和皮卡迪利大街的愛神雕像周圍，郵筒、電線桿和樹上被刷出一條條白色的標記，給行人在宵禁時認路。毛姆還在倫敦的中心地帶、出行便利的公園路多賈斯特酒店頂層訂了一間套房。過去的幾個月，這家現代酒店的營業額激增，鋼筋混凝土結構外加一個防毒氣的地下掩體，人們普遍認為這裡堅不可摧。幾個內閣部長也住在這裡，房間供不應求。毛姆經常在熱鬧的大堂遇見老朋友，在利物浦上岸兩天後他就遇到了西芮。西芮在德國入侵前不久離開巴黎，住進了這家酒店。實際上，戰爭初期兩個人的關係很友好，幾乎每天下午見面喝茶，麗莎也常和他們在一起，她和她母親多麼希望生活就這樣繼續下去，然而，希望換來的是傷心。

九月初，空襲開始了，最初是白天，後來夜夜有空襲，從黃昏一直持續到黎明。閃電戰的前兩晚，毛姆住在頂層，但幾碼外海德公園猛烈的防空炮火聲令他難以忍受，於是從第三個晚上開始，晚飯後，他就去地下室，和其他身穿睡衣和晨衣的人擠在一起，枕著枕頭，蓋著羽絨被，在地板上睡覺，一直到早晨五點到六點之間空襲結束。白天，他走在西區熟悉的街道上，眼前一片炮彈轟炸後淒慘的景象，人行道上到處是碎玻璃渣、裂縫和冒著煙的洞。一天下午，他和奈麗、F. H. 一起去看墜毀在維多利亞火車站前院的一架梅塞施米特戰鬥機的殘骸。一天晚上，在西敏市參加完晚宴，毛姆與維吉尼亞・吳爾芙走在白廳的街頭，這時，天上出現一對轟炸機。他高喊著讓吳爾芙躲起來，但雜訊太大，她聽不見。她沒有躲起來，而是站在馬路中央，將雙臂伸向空中，似乎是在禮拜閃著光的天空。總體來說，晚宴極少，沒有人肯晚上出去冒險。多賈斯特酒店的酒吧和餐廳裡人頭攢動，人們靠烈酒保持鎮靜，聚會的氣氛可喜地將他們與輪番空襲隔絕開來。

最近，達夫・庫珀被任命為情報部部長，毛姆到倫敦後不久，他提出讓毛姆去美國執行秘密宣傳任務。美國的支持對英國至關重要，這是件棘手的工作，因為大部分美國人是孤立主義者，有仇英心理，會對任何帶有外國宣傳意味的東西存有深深的懷疑。顯然，將基本上沒有同情心的國家變成一個忠誠、積極的盟友是一項艱巨的任務，所以英國政府必須小心行事。自1935年簽訂《中立法案》以來，外國間諜在美國宣傳就被認為違法。為了避免露出可疑的跡象，英國駐華盛頓大使敦促這位著名作家來美國做巡迴演講——長期享譽美國的作家毛姆是理想的人選，美國聽眾會尊重他，更重要的是，會將他視為獨立於政府控制之外的個體。美國參戰前那兩年半的時間裡，很多英國著名作家走遍美國，也產生了極大的影響，但幾乎沒有人比毛姆更努力，也沒有人像毛姆那樣具有無法估量的價值。

毛姆爽快地答應了達夫・庫珀。為了找個幌子，他聯繫了尼爾森・達博岱，讓他寄一封信過來，說迫切需要毛姆去紐約安排他的新書出版事宜。結果，這個詭計騙不了任何人。毛姆抵達紐約後不久，《紐約時報》就登出這樣一篇訪談文章，劈頭就是：「威廉・薩默塞特・毛姆以英國間諜身分來到美國。」九月末的一個下午，毛姆離開倫敦，在布里斯托過了一夜，第二天一早乘飛機去了里斯本。葡萄牙是個中立國，首都里斯本一派近乎節日的氣氛，這裡氣候溫暖，陽光燦爛，到處都是外國人，商店裡不僅食品充足，還有別處弄不到的商品。毛姆並沒有享受到多少好處，因為，他發現自己被安排在一家髒兮兮的小旅館裡，在去美國前不得不花幾個小時排隊等候接受資料審查，在護照上蓋章。10月7日，他終於坐上泛美航空公司的一架豪華飛機，飛越亞速群島和百慕達群島，十六個小時後到達紐約。

像往常一樣，他入住麗思卡爾頓酒店，並在那裡等傑拉德從葡萄牙過來和他會合。嚴格的貨幣控制強加在這個英國人頭上，不過，英國財政部謹慎地為毛姆做了安排，從他的美國版稅中劃撥一部分供他使用，從而讓他享受到更高的生活水準。他立刻投入到工作中：寫文章，發表演講，做訪談，參加籌款晚宴，幫助英國的戰爭救濟書店賣書。他還做了很多廣播節目，第一次是接受全國廣播公司採訪，在回答有關偉大戰爭小說的問題時，毛姆說：「就像關於第一次世界大戰最好的小說《西線無戰事》源於德國戰敗，我希望並相信，關於這場戰爭的最好的書也將出於同一個源頭，同樣的原因。」聽到這個情緒化的回答，觀眾席中爆發出雷鳴般的掌聲。第一個月，毛姆在規模不一的集會上發表演說，從掛著國旗有3000人出席的酒店舞廳，到在私人宅邸舉行只有100位女士參加的茶會。有時，只有他一個人發言，有時還有其他作家。不管在什麼場合，毛姆都會小心翼翼地強調英美之間根深蒂固的聯繫。另一個他多次重申且經過精心選擇的主題是新世界對奉行帝國主義且傲慢的舊世界的嫌惡和兩個偉大的民主國家之間未來的夥伴關係。

等待傑拉德的閒置時間，毛姆每個星期給艾倫・塞爾寫信彙報情況，並會見一些朋友，比如達博岱夫婦、亞歷山大・沃科特[1]、桃樂絲・派克[2]、喬治・S・考夫曼[3]、卡爾・范・韋克滕，還有看起來又老又憔悴又乾巴的H・G・威爾斯和癱瘓、失明，但一如既往聖潔迷人的劇作家內德・謝爾登，以及同住麗思酒店的埃默拉爾德・丘納德，她在毛姆樓上有一間套房，每天下午他去找她喝茶，參加她舉辦的紐約最有沙龍氛圍的派對。一天，毛姆和埃默拉爾德一起又遇到了作家葛蘭韋・韋斯科特，第一次見到韋斯科特是在瑪萊斯科別墅，那次毛姆斥責了這個年輕人，但這次他卻被韋斯科特金髮碧眼的青春美貌迷住了，而且迅速找到了他們倆的共同點：和毛姆一樣，韋斯科特也對性、文學和他人的生活抱有濃厚的興趣；他是小說家；他曾和他的情人——紐約現代藝術博物館館長門羅・惠勒在法國生活過，他認識巴黎和紐約文藝界的每一個人。他非常欽佩毛姆，兩個人很快成為好朋友，並發展出一種近乎父子的關係。韋斯科特感覺到毛姆想要的更多，同時感謝他老練到沒有因此引起爭端。葛蘭韋邀請毛姆去「石花」，他和門羅・惠勒在紐澤西鄉下的房子共度周末，他們長時間地談論書籍和韋斯科特的寫作——毛姆對韋斯科特的第一部小說《朝聖鷹》持保留意見，鼓勵他描寫自己的性生活。

麗莎和她的小兒子，還有西芮當時也在紐約。文森特去參軍了，麗莎又懷孕了，七月份過後，她馬上就病倒了，有一段時間病得還很厲害。接待她的女主人——尼爾森・達博岱的姐姐嚇得給她母親發了封電報。毛姆和前妻的舊恨一觸即發，他認為至少在孩子生下來之前，他的女兒應該安靜地

---

[1] Alexander Woollcott，1887-1943年，美國記者、評論家、演員。
[2] Dorothy Parker，1893-1967年，美國作家，女性歷史上最有成就的女權主義者和最成功的文學家之一。
[3] George S. Kaufman，1889-1961年，美國劇作家，兩獲普立茲獎。

生活，最好住到鄉下去。麗莎則打定主意讓女兒和她一起住在曼哈頓，一旦康復，沒有理由不過她自己選擇的積極的社交生活。西芮的真實想法是，麗莎這麼時髦、漂亮，沒準能遇到一個有錢人，好取代那個一文不名的文森特。麗莎心痛欲絕，父親的關心令她感動，她感覺他想繼續做她的朋友，但她討厭再次成為父母爭吵的原因。最後，她選擇和母親合住在蘇爾格雷夫酒店的一間公寓裡，但有的時候，她寧願保持獨立自主。

1940年12月初，傑拉德終於到了紐約。見他安然無恙，毛姆很是欣慰，但發現他又開始酗酒，心立刻為之一沉。傑拉德到了不到兩個星期，他們就去了芝加哥，在那裡繼續宣傳。這裡的聽眾明顯更沒有同情心，芝加哥是反對美國參戰、主張不干涉主義的美國第一委員會的大本營。他們在伊利諾的那個月抽出幾天時間去奧勒岡看望了傑拉德的一個前情人——英俊、酗酒的湯姆・賽斯特。他們還帶著一個13歲的英國男孩丹尼爾・法森❶一起旅行，他是賽斯特的教子，他的姑姑把他託付給他們照看。法森清楚地記得當時的情景，他不知道毛姆是個大作家，一直在火車上喋喋不休，毛姆禮貌地聽他說話，哈克斯頓則很反感有這個孩子在身邊。兩個人的情緒似乎都很低落，法森後來說，印象中，傑拉德留著「一把薑黃色的大鬍子，宿醉後，如果不沉默，脾氣就很暴躁。」在奧勒岡期間，他們倆激烈地爭吵過，賽斯特仍然迷戀醉醺醺的傑拉德，毛姆則沉默超然。三個成年男子給這個男孩買爆米花，帶他去打保齡球，去電影院看電影，這個奇

❶ Daniel Farson，1927-1997，作家、攝影師和電視台記者，著有畫家法蘭西斯・培根的傳記，後被改編為電影《情迷畫色》。

怪的小團體在美國中西部的一個小鎮的街道上遊蕩。回到芝加哥後，毛姆把法森的姑姑叫到一邊，提醒她賽斯特不適合陪伴這個年齡的男孩。

毛姆和哈克斯頓從芝加哥前往加利福尼亞州，住在阿蘭森家，那三個星期，舊金山成天下雨，毛姆盡職盡責地繼續演講。在西海岸，他巧妙地強調德國的威脅並非遠在歐洲，而是在家門口。他說，希特勒渴望從不發達的南美地區獲得取之不竭的原材料。同時，他試圖拉開不屈不撓的英國和戰敗的盟友法國之間的距離，強調法國的慘敗大部分歸咎於早就瀰漫在這個國家的腐敗氣息。法國有成千上萬有骨氣的人，但這遠遠不夠。他認為，法國人貪婪、不誠實、自私、不道德。得了流感後，毛姆發現演講很耗神，但到了洛杉磯後，他終於鬆了口氣。他和傑拉德住在比佛利山酒店，至少可以在泳池邊曬曬太陽，放鬆一下。與芝加哥大膽對抗性的孤立主義比起來，加州人的態度很難定義。他感覺這裡的人緊張兮兮的，絕大多數人願意為英國提供援助，但絕大多數人又很擔心捲入戰爭。倫敦遭轟炸的故事和照片把他們嚇得要死。

致力於推動祖國事業的毛姆發現他在洛杉磯被逼入了絕境，在過去的很多年裡，他一直拒絕所有電影方面的工作，他對這個媒介不感興趣，也缺少必要的技能。但現在，他必須做出讓步。大衛・塞茲尼克找他拍一部關於戰時一個英國家庭的宣傳片。塞茲尼克是電影界在商業上最成功的製片人之一，最近他的兩部電影《亂世佳人》和《蝴蝶夢》獲得了奧斯卡最佳影片獎。能有機會與世界聞名的作家簽約他很興奮，毛姆的大部分作品已經拍成電影。不過，塞茲尼克明白必須謹慎行事，他不希望疏遠電影業和潛在的觀眾，更要求不能帶有任何宣傳的暗示。毛姆勉強同意了這樁交易。1941年3月初，回到紐約時，《黎明前的時分》劇本已經寫了30頁，但隨後中斷了數周，因為他去了芝加哥、費城和印第安那州的拉法葉演講。3月15日，麗莎的孩子出生，是個女兒，取名卡蜜拉。四月，毛姆的中篇小說《佛羅倫斯月光下》由達博岱公司出版。五月底，《黎明前的時分》終於完稿，毛姆和哈克斯頓回到好萊塢。這篇小說講的是一個英國中產階級家庭，家裡有三個孩子，一個兒子是和平主義者，一個兒子是間諜，還有一個女兒是漂亮的納粹間諜。小說最先發表在《紅皮書》雜誌上，毛姆得到25000美元的稿酬。他計畫先將這篇小說改編成電影劇本，再改編成長篇小說。不過作者對整個計畫深惡痛絕，認為這是他這輩子做過最繁瑣乏味的工作。

他同意電影拍攝期間在現場，於是，他在綠樹成蔭的比佛利山住宅區租了一棟房子，還雇了兩個僕人。那兒離海兩英里遠，能感受到涼爽的微風。這棟房子帶一個非常漂亮的花園和一個游泳池，裝修成不令人反感的好萊塢義大利風格，花園裡有一個工作室、一個客廳、一個帶酒吧的橋牌室、一個餐廳、一個面向花園的小小早餐室、四間漂亮的臥室，每個臥室都有浴室，樓上還有一個客廳。

終於安頓下來了，心裡輕鬆了大半的毛姆開始寫劇本，他已經拿到15000美元的預付款，每寫一個星期就能賺到5000美元。他的心情比較愉悅，又像在瑪萊斯科別墅那樣按部就班地生活起來：寫一上午，中午睡一覺，下午游泳、打高爾夫球，晚上招待客人或者去別人家作客。傑拉德也很高興回到加利福尼亞州，他信誓旦旦地表示以後會盡量少喝酒，盡情享受生活。不久後，麗莎也搬過來了，還帶著兩個孩子和一個保姆。起初，接到邀請的麗莎很緊張，她很怕哈克斯頓，擔心無法生活在同一個屋簷下，但她父親向她保證傑拉德幾乎不喝酒了，人也很善良，結果麗莎很快就發現根本不是這麼回事。傑拉德經常偷偷喝酒，客廳裡有個吧台，吧台下面擺了一排斟滿酒的杯子，但看上去他手裡拿的總是飲料。然而，毛姆和哈克斯頓似乎達成了某種秘密協定，對此事隻字不提。有一次，麗莎、毛姆和阿蘭森夫婦去太浩湖玩了幾天，回來後發現哈克斯頓的譫妄症又發作了。

無論醉著，或是醒著，傑拉德依舊熱愛生活，他給身在法國的盧盧寫信描述美好時光，他充分享受加利福尼亞州南部所能提供的一切：性愛、游泳、賭博、買衣服、開豪車、喝酒，還有學開飛機。最令他興奮的是見到明星。他參加一個大型聚會，整個好萊塢的人都來了，卓別林、羅納・考爾門、赫伯特・馬歇爾和電影圈最漂亮的女人——海蒂・拉瑪，但他更喜歡羅莎琳・羅素和洛麗泰・楊。他還在另一封信中描述了毛姆舉辦的一次午餐會，道格拉斯・范朋克和貝蒂・戴維斯來了，傑拉德覺得戴維斯小姐很迷人，但長得真難看。戴維斯小姐迷人是有原因的，因為1934年的電影《人性枷鎖》挽救了她「快速消失的職業生涯……我一直在漫無目的地遊蕩，直到《人性枷鎖》將我帶出了迷霧。」她在接受採訪時說。

可以預見，毛姆絕對不像傑拉德和麗莎那麼迷戀好萊塢，他對美國電影演員和倫敦戲劇演員的態度差不多一樣冷淡。他對奧斯伯特・西特韋爾抱怨大多數演員一點文化都沒有，只有當卡萊・葛倫說他覺得塞尚不怎麼樣時，毛姆才感覺到那麼一小束陽光。他向彼得・斯特恩詳細說明了好萊塢的聚會有多麼單調乏味。「那天我去參加了一個聚會。80個人共進晚餐。我跟主人聊了一會兒，問他認不認識這些人。不認識，他說，你呢？」

對於這個非常自律的人來說，不守時的毛病令毛姆惱火到極點，有一次，他準時赴約，女主人卻剛剛上樓洗澡。演員的愚蠢自私和這個行業令人窒息的狹隘都令他厭煩透頂。有個典型的例子，一天晚上，著名演員艾羅爾・弗林來他家接麗莎出去玩，盟軍難得取得一次勝利，報紙上鋪天蓋地全是關於這件事的報導，毛姆問他有沒有新聞，他的回答是，「你說的是米基・魯尼[1]？」

作家顯然更合毛姆的口味，比如桃樂絲・派克，英國人裡有阿道斯・赫胥黎[2]、劇作家約翰・范・德魯滕、神秘主義者和博學家傑拉德・黑爾德以及克里斯多福・伊舍伍[3]。伊舍伍現居洛杉磯，他很高興再次見到毛姆。「我很高興再次見到威利，」他在日記中提到，「那隻老鸚鵡，眨著又黑又平的眼睛，很專注，他的溫文儒雅和催眠般的口吃。」他們都認為對方是個謎。在寫給福斯特的信中，伊舍伍將67歲的毛姆比作「一隻貼滿標籤的舊格萊斯頓式旅行提包。只有上帝知道裡面裝的是什麼。」毛姆則把活潑、孩子氣的伊舍伍說成「那個討人喜歡的、你永遠不可能真正了解的怪人。」

❶ Mickey Rooney，1920-2014，美國電影演員和藝人。他曾獲得多個獎項，包括一個青少年獎，一個奧斯卡終身成就獎，兩個金球獎和一個艾美獎。

❷ Aldous Huxley，英格蘭作家，著名的赫胥黎家族最傑出的成員之一。阿道斯・赫胥黎是英國著名生物學家、《天演論》作者老赫胥黎的孫子。《美麗新世界》是他的代表作。

❸ Christopher Isherwood，1904-1986，英國小說家，代表作有《單身男子》和《柏林故事》。

兩個人有很多共同點，毛姆在伊舍伍身上發現不安的智慧、顛覆性的才智和廣博的文化，這在加利福尼亞州其他人身上是看不到的。一天，伊舍伍邀請毛姆去他工作的地方——米高梅電影公司。麥克斯兄弟在那兒，還有哈珀，見老熟人來了，他們開心地衝向毛姆，後面還跟了一群人，他們「像魔鬼一樣尖叫著。」伊舍伍回憶說，「他們撲過來，擁抱他，親吻他，威利接受他們的擁抱，面帶羞澀和喜悅的微笑。」在好萊塢山的伊舍伍家，他、毛姆和傑拉德談論《奧義書》、印度經文、《吠檀多》和8世紀的哲學家商羯羅，這些都是伊舍伍和黑爾德感興趣的話題，他們是在加利福尼亞州很有影響力的古魯——斯瓦米・帕拉哈瓦南達的門徒。

隨時準備《黎明前的時分》開拍的毛姆開始感到沮喪，宣傳稿寫膩了的他渴望寫一本與戰爭無關的小說。他告訴伊舍伍，他現在最想做的就是回到印度去。他給艾倫寫信說，等戰爭一結束，他們就可以再次旅行了，傑拉德將返回法國收拾房子，艾倫來加州，他們一起坐船去印度。然而，從大衛・塞茲尼克的製片廠寄來的一封信猛然地將毛姆從愉快的白日夢中驚醒，《黎明前的時分》的劇本被認為完全不可接受。「1932年以來我就一直在讀劇本、看小說，但從未如此無語過。」一份內部備忘錄這樣開頭，「簡直不敢相信這是毛姆寫的，雜亂無章、絮絮叨叨，沒文化的垃圾。如此陳腐呆板，人物是最糟糕的中篇小說裡常見的那種。我只是不知道該說什麼，或者怎麼說，除了為他好。毛姆先生最好把這個劇本撕掉、忘掉，拍出來肯定是個惡夢。」

接到通知後，毛姆的心情既輕鬆又憤怒，畢竟浪費了這麼多時間。但他再也不想和電影有任何瓜葛了。《黎明前的時分》最終於1944年拍成電影，但不久就下線了，小說版只在美國推出，毛姆拒絕在英國出版這本書。他向艾迪·馬什承認，他知道自己寫得不好，心裡不舒服，還試著安慰自己這是他為戰爭做出的貢獻，但收效甚微，他希望英國人永遠也讀不到這本書，希望美國人盡快將它忘掉。

九月中旬，麗莎和孩子們離開加利福尼亞州返回紐約，一周後，毛姆和哈克斯頓也走了。他們先是開車穿過德克薩斯州去了南卡羅來納州，目的是去查爾斯頓附近看望尼爾森·達博岱，後者提議給毛姆在那附近蓋一棟平房，費用以將來的版稅支付，他可以在那兒安安靜靜地工作生活。毛姆聽到這個建議很高興，看到快蓋成的小房子也很滿意。到了紐約後，他興高采烈地為新家購置家具，沒完沒了、枯燥無味的宣傳令他厭煩，正好藉此機會消遣一下。他還很高興被邀請擔任普立茲戲劇獎委員會的評委，這是第一次有英國人被邀請參與此項活動。

然而，突然一切都變了。12月7日，日本轟炸珍珠港，美國參戰。剛剛回到南方的毛姆感覺一下子卸掉了肩上的重擔。戰爭剩餘的時間裡毛姆就生活在南卡羅來納州的雅馬西（Yemassee）。這座名叫「派克的渡船」的小房子坐落在康巴西河邊的一片沼澤地裡，距大西洋岸不到一個小時的車程。雅馬西是個村子，人煙稀少，距最近的鎮子博福特26英里，距州首府查爾斯頓50英里。這裡的景色很單調，小河和狹窄的運河散布在沼澤地上，穿過一片片樹林中的稻田，開闊的草地上有小紅牛吃草。樹木很是壯美，這裡有高大的松樹、尤加利樹，葉子光滑的木蘭樹和古老的槲樹，地上裝飾著一層厚厚的西班牙苔蘚。春天，山茱萸開花了，但花期很短，林地裡覆蓋著百合和野杜鵑。「鄉下是荒涼的、孤獨的、單調的」，毛姆說，但他在那裡生活得很開心。

最近，達博岱根據老種植園風格蓋了一幢大宅子，院子中央種上了杜鵑和山茶花。距這裡兩英里遠就是毛姆那幢白色的平房，設計簡單，但寬敞舒適。有三間臥室，每間都配有浴室，一個小客廳，一個大客廳連著陽台，一個餐廳，一個廚房，還有一個寬闊的入口，牆上掛著幾幅瑪萊斯科別墅藏畫的複製品。離這所房子不遠處是傭人生活區，還有一棟獨立的小房子做毛姆的書房，書房裡有一張大書桌、書架和一個開放式壁爐。照顧他日常起居的是一個黑人廚師諾拉和一個女傭瑪麗，還有一個園丁叫「星期日」，他的侄子有時候也會過來幫幫忙。毛姆的禮貌給那兩個女人留下了深刻的印象，他隨便開個玩笑就能把她們逗得前仰後合。諾拉是個很棒的廚子，擅長做南方菜，秋葵湯、炸雞、玉米餅都很合毛姆的胃口，但她拒絕做美國佬的食物，比如毛姆最愛吃的波士頓焗豆。就像對瑪萊斯科別墅的安妮特那樣，毛姆也教諾拉做法國菜。過了沒多久，達博岱夫婦第一次來毛姆家作客時驚訝地發現擺在他們面前的有法式洋蔥湯、藍鱒魚、橙汁鴨和道地的杏仁蛋奶酥，瑪麗和「星期日」還提供了專業水準的服務。

冬天尼爾森在這裡辦公，春天暖和起來時回牡蠣灣。達博岱夫婦住在這裡時，編輯們帶著他們的家屬來來去去，偶爾毛姆也會參加他們的活動。但總體上他更喜歡只有這對夫妻在的時候，下午和艾倫打橋牌，晚上回自己家吃飯前跟尼爾森喝上一杯。他很少見到差異如此巨大的夫妻。尼爾森就像個海盜，高大、壯實、情緒化、愛炫耀，常在野外活動，喜歡打鴨子，開著大馬力的快艇攪動河水，「吹牛皮挺唬人的」，酒量很大，波本威士忌幾乎從不離手，他將波本威士忌噁心地形容為「切痰器」。艾倫則說，「有錢得離譜，人很好，有點害羞，不太好玩，但願意取悅他人」；她是個溫柔、膽小的女人，完全被她那個吵鬧、獨裁的丈夫制服了，她不整潔、沒條理到不可救藥，家務事弄得一團糟。「艾倫的管家能力是全美國最差的，」毛姆的一個朋友傑利・季普琴說，「烤肉端上來還沒等轉一圈就分沒了，坐在她左邊會餓死。」尼爾森衝著她大吼「差勁的主婦」，她眼裡含著淚問威利是怎麼管家的，怎麼能把他的小房子收拾得那麼整齊。

由於燃料實行嚴格配給，他們很少有機會開車去鄉下，毛姆和哈克斯頓通常會步行幾英里路去達博岱家，他們還每天騎馬，毛姆一直很喜歡這種運動方式。「我在原野上馳騁」，1942年4月他寫道，「樹林很漂亮，嫩綠的樹葉在槲樹的深綠和西班牙苔蘚的灰色的映襯下顯得那麼豔麗，到處是一片片的白百合，還有運河兩岸的鳶尾花。」本來傑拉德覺得一切都好，有那麼一段時間，他釣魚、打野鴨，過得很開心，但最近的酒館也在幾英里外，毛姆一如既往地沉浸在寫作中，因此，他很快就厭倦了這種生活。他的身體也不太舒服，最近還犯了一次心臟病，於是他決定回紐約治病。他的健康狀況比預期的還要糟，需要住院三個星期，然後去佛羅里達康復一個月。

美國參戰後，毛姆以為可以專心寫那本醞釀了三年多的小說，但他想錯了，他還得為美國人做事。毛姆的名字有巨大的影響力：由他主編的《當代傑作選讀》在1943年出版一年內售出近100萬冊。他再次被要求上廣播、寫文章，推銷國防債券，向軍隊做有關美國勞軍聯合組織提供的休閒設施的報告。讓他的心情降到最低點的事是被要求寫一篇鼓舞人心的文章，鼓勵美國人往英國寄蔬菜種子。

毛姆的客人裡還有愛蓮娜・羅斯福，她在參觀完北卡羅來納州立大學後來到雅馬西。從1920年代末開始，羅斯福夫人就是毛姆的粉絲，最近毛姆訪問華盛頓後，他們喜歡上了彼此，毛姆稱讚第一夫人勇敢、堅韌、有社會良知。1941年，毛姆去華盛頓觀看《劇院風情》的演出，羅斯福夫人為他舉辦了晚宴。兩個人都對美食感興趣，從保存下來的少量信件來看，其中主要涉及的正是這個主題。「親愛的愛蓮娜，」毛姆用開玩笑的語氣寫道，「謝謝你的菜譜。我們會馬上試一下，如果你發現我們全家突然都死了，你肯定知道原因。」羅斯福夫人還把她在「派克的渡船」拍的照片寄給毛姆。毛姆誇讚道：「你真是個了不起的攝影師，我覺得你為人妻母簡直是浪費，你應該做個偉大的藝術家，過著罪惡的生活。」

五月，南卡羅來納州熱得讓人難受，毛姆去了紐約，但那裡的熱浪也同樣來勢兇猛，熱得他什麼也做不了，於是，他又搬到了麻薩諸塞州海邊，這裡安靜、涼爽，可以安心工作。他幾乎閉門謝客，每天享受日光浴，去瑪莎葡萄園島海邊游泳，吃蛤蜊，看電影，沿著空曠的海岸步行數英里。他只在公共場合露過一次面——去電影院看《月亮和六便士》。

毛姆一直關心戰事的進展，作為一個英國人，他不可能意識不到1942年英國的聲望在下降——新加坡淪陷，失去了對馬來亞和緬甸的統治權，第八軍團在利比亞慘敗。從上一個冬天開始，羅賓和文森特就在北非作戰。毛姆不太在乎他的女婿，他在乎的是他的侄子羅賓，想到可能會失去他，他很心痛。英國第八軍團正在非洲西部的沙漠裡和隆美爾帶領的非洲軍團裝甲師交戰，傷亡消息不斷傳來。七月，毛姆聽說羅賓受傷了，被送往埃及的醫院。羅賓指揮的十字軍巡航戰車被一枚榴彈擊中。最終，羅賓回到英國，並因傷退役。

在紐約過了一個秋天後，毛姆回到南卡羅來納州。1943年初，他終於完成了《剃刀邊緣》的第一稿。「寫這本書的過程很愉快，我不在乎別人覺得好壞。我說出了自己心裡想說的話，這才是關鍵。」這封信是寫給卡爾・G・菲佛，華盛頓州立大學一位英文教師，毛姆第一次見到他是在1923年。菲佛是個狂熱的粉絲，非常依戀毛姆，經常寫信給他，還去瑪萊斯科別墅拜訪過毛姆。毛姆喜歡這個聰明人，十分耐心且坦率地回答他沒完沒了的問題。1959年，菲佛出了一本關於毛姆的書，對毛姆不正確的描寫有擴散的危害，毛姆開始後悔當初的坦率。不過，現在他需要菲佛幫忙指出一些語句和事實上不太恰當之處，畢竟這本書裡的大部分人物是美國人，背景也設在美國。《剃刀邊緣》這個書名出自《迦托奧義書》中的一句話：「一把剃刀的鋒刃不容易越過, 因此智者說得救之道是困難的。」無疑，這是毛姆最有趣的小說之一。書中談到了最令毛姆著迷的三個主題：情欲、社會習俗和善良的本質，並闡明了物質與精神世界的分裂。自1944年4月19日出版時起，《剃刀邊緣》便產生了巨大的影響。西里爾・康納利認為這是自《尋歡作樂》後毛姆最棒的小說。這本書銷量巨大，一個月內便在美國售出50餘萬冊，而且對毛姆本人也有重大意義，能夠得到讚賞，他深感欣慰。

《剃刀邊緣》出版時，毛姆人在紐約，這本書的成功讓毛姆可以在長期因傑拉德造成的焦慮中暫時脫身。1943秋，傑拉德厭倦了在華盛頓當地的一個廣播電台裡無事可幹，接受了尼爾森・達博岱給他的一份差事——在長島監管出版公司一個有近50名員工的食堂。「傑拉德辛勤工作，為3000人提供食物，」毛姆寫信給羅賓，「難得看到他早上六點半就起床去上班，晚上八點前就回家……他很多年沒這麼快樂了。」但不久後，哈克斯頓回到華盛頓為美國國防部的戰略服務部門工作，接手了一份和情報有關的小差事。

傑拉德十分喜歡這份工作，興致高昂，11月，他來紐約出差時不停地跟毛姆念叨他的新工作。毛姆驚訝地發現他改頭換面了。讓他感到心酸的是，他第一次意識到如果這些年傑拉德不是跟他綁在一起會變成怎樣一個人。一方面，毛姆成就了傑拉德，一方面又毀了他。於是，毛姆一勞永逸地打定主意，讓哈克斯頓從事他的老本行，並說服他永遠留在美國。再過幾個星期就是毛姆70歲的生日了，他開始擔憂自己的未來：他至少還想寫一本小說，腦子裡還在構思著幾本非虛構類作品，但他覺得自己老了，開始管自己叫「老東西」，認為自己沒多少年活頭了。他需要平靜的日常生活，必須確保餘生擺脫掉傑拉德不斷製造的危機。於是，互相陪伴三十年後，二人同意分開。毛姆讓伯特・阿蘭森給他準備35000美元，這樣哈克斯頓每年能得到豐厚的收入。戰爭結束後，毛姆將返回法國，讓艾倫——他親愛的艾倫——取代傑拉德成為他的秘書，並負責瑪萊斯科別墅的日常運轉。十年來傑拉德並沒有給過毛姆幸福，他認為艾倫可以。艾倫缺少傑拉德的活力，但他清醒、謙虛、親切、溫柔。毛姆的身體會越來越虛弱，他想要一個無私的、體貼的、能給他養老送終的人，小艾倫會很高興這麼做。計畫安排好後，傑拉德定居華盛頓，毛姆繼續留在雅馬西寫作。1944年1月25日，他一個人平靜地度過了他的70歲生日。

毛姆要為《作家筆記》的出版做準備，他的最後一部戲《謝佩》也將在紐約再次上演，最後一幕有重大的修改。1944年，《謝佩》在紐約的演出遭遇了滑鐵盧，和十一年前在倫敦時一樣，毛姆對此無動於衷。四月底，住在華盛頓的傑拉德得了嚴重的胸膜炎，毛姆很擔心，把他送進了美國最好的療養院——紐約醫生醫院。X光透視結果顯示，哈克斯頓感染了嚴重的肺結核，並且病情在迅速惡化中。他發燒，劇烈的疼痛只能靠嗎啡控制。他猛烈地咳嗽，嚥口水都成問題，他快速消瘦，痛苦不斷折磨著他。雖然醫生告訴毛姆傑拉德活下去的可能性不大，但毛姆還是想帶他離開炎熱潮濕的紐約，他認為或許科羅拉多州乾燥純淨的空氣能帶來一絲轉機，但醫生拒絕了他的提議，說傑拉德病得太重，不能換地方，大概幾周內就會死去，而且要小心一點，不能讓他知道病情。毛姆每天守在他床邊好幾個小時，悲痛欲絕。曾經的解脫、平靜和樂觀瞬間消失，曾經的愛和保護欲湧上心頭。「儘管我早就知道這種生活方式會殺了他，但看到他快死了，我的心都要碎了。」毛姆向達博岱承認。

七月，傑拉德的病情依然沒有改善，醫生建議毛姆冒險帶傑拉德去別的地方試一試。毛姆最後決定不去科羅拉多州，而是讓救護車送他去紐約州北部的薩拉奈克，羅伯特·路易斯·史蒂文森曾在這裡的阿第倫達克村舍療養院治過病。令毛姆倍感安慰的是，山中的新鮮空氣讓傑拉德的呼吸順暢了些，沒那麼痛苦了。他依然虛弱、憔悴，但總體來說，精神還不錯，毛姆曾對薩拉奈克抱有很大希望。如果能熬過兩三個星期，情況就不會太糟。他不知疲倦地照顧傑拉德，不忍心把他交給陌生人。有必要的話，他預備在薩拉奈克住上幾個月，儘管住得不舒服，吃的也很差。他能找到的唯一跟他打橋牌的是「又咳嗽又吐痰正在康復中的病人……我想不起來還有哪個地方更讓我討厭。」毛姆每天去醫院兩次，上午、下午各一次，為傑拉德加油打氣。他的態度是，很多人包括他自己在內都得過結核病，後來都痊癒了，所以，他覺得傑拉德沒有理由不在一年內像從前一樣強壯。然而，他眼看著傑拉德的身體一天天虛弱下去，有時他還會發飆，痛罵毛姆毀了他的生活，把他變成囚徒，他恨他。有一次，他服藥後發狂，想到毛姆死後他會活得很開心竟然狂笑起來。絕望中，毛姆決定將他送到波士頓的新英格蘭浸信會醫院，讓萊希研究所的專家給他看看。專家告訴他，唯一的希望是冒險做個手術，摘掉他的兩根肋骨，這個手術最好是在紐約做。傑拉德被擔架抬上了火車，四個小時後來到紐約。11月2日，傑拉德接受了手術。令所有人驚訝的是，傑拉德竟然下了手術台，毛姆預感他還會病很久。傑拉德半昏迷了三天，誰也不認識，醫生只允許毛姆每次探視他幾分鐘。11月7日上午，52歲的傑拉德・哈克斯頓與世長辭。

毛姆傷心欲絕，被悔恨折磨。1944年11月9日，在麥迪遜大道的聖詹姆斯聖公會教堂為傑拉德舉行的葬禮上，毛姆痛哭失聲。在回覆如雪片般寄來的弔唁信時，毛姆傾訴失去摯愛的不幸與痛苦。「傑拉德的死給我造成了沉重打擊，我很難應對沒有他的生活。我迷失、絕望、孤獨。」他告訴喬治・丘克。而在給查爾斯・唐恩的信中，他寫道：「請不要寫信，也不要表示同情，這樣的信會將我撕成碎片。你明白，我太老了，承受不住這麼多悲傷。」作家西席・羅伯茨希望當面向他表示慰問，但聽到電話裡毛姆痛苦的聲音，他大吃一驚。「我不想見到你！不想見任何人！我想死！」說完，他掛掉電話。他的另一個朋友，劇作家山姆・貝爾曼要將毛姆的一個短篇小說改編成戲劇作品，兩個人約好在他的酒店房間共進晚餐，貝爾曼本以為能看到一些悲傷的跡象，但令他吃驚的是，並沒有。貝爾曼回憶說，他依然一臉鎮靜、冷漠的表情。最後，貝爾曼認為必須提一下傑拉德了，就問：「威利，你還沒告訴我傑拉德是怎麼走的呢。」說完他就後悔了。「求求你，」毛姆傷心地說，「別問了。」他哭著離開了房間，精心打造的形象瞬間坍塌。

葬禮過後，毛姆著手執行傑拉德的遺囑，這是一份簡單的文件：私人物品留給毛姆，錢留給羅賓，羅賓幾乎成了他的「榮譽弟弟」，出售巴黎那套公寓所得錢款將贈予盧盧。辦完這些事後，毛姆離開紐約去了南卡羅來納州。戰爭即將結束，毛姆打算回法國，但想到瑪萊斯科別墅，他心裡有點犯怵，他告訴大衛・霍納：「我想，我會去試一下，但如果傑拉德的影子無處不在，在花園裡徘徊，在牌桌上打發時間，我會受不了的。真要是那樣的話，我就賣掉它，在英國鄉下買棟小房子，可能在威爾特郡，就在那裡了此餘生。」

第十五章
布龍齊諾男孩

毛姆在哀悼死去愛人的同時也在哀悼自己的過去，那些與哈克斯頓一起旅行和冒險的年月。至關重要的是，作為一名作家，他哀悼的是將他那些經歷寫成小說的藝術衝動和靈感。「我生命中最美好的時光，那些四處遊蕩的時光都與他有著千絲萬縷的聯繫，過去的三十年裡我寫的東西都和他有關，哪怕只是他幫我打的手稿。」傑拉德彷彿有護身符的能量，沒有他就寫不成了。在某種程度上來講確實如此：毛姆在傑拉德死後創作的作品確實不多。

葬禮後毛姆離開紐約回到了他在雅馬西的家，但剛一到那兒，他就感受到孤獨的折磨，渴望艾倫・塞爾到他身邊來安慰他。然而，艾倫暫時無法從約克郡的部隊食堂脫身。於是，他的朋友們透過外交部讓羅賓來美國幾個月，並正式推出一本在英國創刊的雜誌《護航》。這樣的安排對他們雙方都有利，毛姆很高興見到心愛的侄子，羅賓也認為得到這個休養的機會很難得。1944年耶誕節前夕，他抵達美國，發現毛姆痛苦不堪，毛姆不止一次在他面前落淚。令他震驚的是，叔叔雖然身體健康，鬍子刮得很乾淨，但臉上溝壑縱橫，每天頂著黑眼圈，耷拉著嘴角，像一隻憂鬱的老烏龜，叔叔真的老了。

即使在最痛苦的時候，毛姆也從未停止過工作，而是繼續履行早就制定好的計畫。想要逃避現實，每天堅持寫作是屢試不爽的好方法。十年前，他決定用四個劇本結束他的戲劇生涯，現在，他計畫寫四部小說。第一部是《剃刀邊緣》，接下來是兩本歷史小說，最後一本講的是伯蒙德賽一個工人家庭的故事，但最後未能寫成。1945年2月他將兩部歷史小說中的第一部交給艾迪・馬什校閱。這本書於1946年出版後在大西洋兩岸獲得不少好評，達博岱公司印了250萬冊，兩個星期就賣了將近100萬冊，電影版權也以20萬美元的價格售出。美國最有影響力的評論家艾德蒙・威爾遜在《紐約客》雜誌上撰寫了一篇長文。這是威爾遜讀過的毛姆的第一部小說。長期以來，毛姆的某些批評意見令他惱怒，尤其是關於亨利・詹姆斯的，他認為，毛姆作為一名作家的聲望被荒唐地高估了。

> 我時不時就會碰到一些有品位的人，他們告訴我應該認真對待薩默塞特・毛姆，但我怎麼也說服不了自己，在我看來，他只不過是個二流貨……我本希望從《時常》中獲得愉悅，結果發現這是一本十分乏味、不可讀的書，所以，不吐不快，只能寫下這篇評論。

毛姆一直很欽佩威爾遜，還建議並說服尼爾森・達博岱於1946年出版了一本艾德蒙・威爾遜的短篇小說集。毛姆在一篇戰時文章中說他是「美國最尖銳的批評家」，毛姆帶著近乎超人的冷靜面對這次毀滅性的攻擊。「他向來不喜歡我，」他告訴艾倫・達博岱，「不過，沒有人會被所有人喜歡，所以，我心平氣和地接受艾德蒙・威爾遜的不喜歡。」

1945年5月8日是歐洲勝利日，別處的人都在瘋狂慶祝，毛姆卻無法感受到欣喜，因為他內心還在為戰爭造成的死亡和苦難悲傷著。他一心想回到戰前的自由狀態，希望旅行限制盡快解除，可以想去哪兒就去哪兒，想什麼時候走就什麼時候走。他盼望艾倫來找他，渴望回到法國，但目前看是不可能的。羅賓去紐約推銷雜誌時，毛姆不得不獨自回到好萊塢，《剃刀邊緣》要拍成電影，需要他到片場來。原來的劇本不夠好，被棄用了，他們問毛姆願不願意寫。這次，毛姆懷著不尋常的熱情寫電影劇本，因為這部電影的導演是他的老朋友喬治・丘克。二人初次見面是在1923年，當時年輕的丘克是美國版《駱駝背》的舞台監督。六年後，丘克放棄戲劇，改行拍電影，並獲得了巨大的成功，他導演了凱薩琳・赫本主演的《小婦人》和葛麗泰・嘉寶主演的《茶花女》。他為數不多的失敗作品裡包括由毛姆的小說改編的電影《上流人士》，毛姆非常理性、鎮定地對此表示理解。現在，丘克邀請毛姆住到他家裡，毛姆欣然接受了。不僅因為丘克迷人、聰明，他也是個同性戀者，認識所有可靠的皮條客和男妓，並被公認為好萊塢兄弟會的狂歡大師。丘克的泳池派對尤其受歡迎，迷人的女明星們被邀請參加午餐會，等她們走後，一群年輕貌美的男人，演員、服務生和機械修理工就會趕來參加下午的純男性娛樂活動。此外，毛姆可以跟丘克談他喜歡的哈克斯頓。丘克也喜歡毛姆，在一次採訪中他說：「威利喜歡猶太人。」

《剃刀邊緣》的電影版權被20世紀福斯公司的達里爾・賽奈克以25萬美元購得，可以理解，賽奈克不願意花更多的錢請毛姆重寫劇本，丘克解釋這個情況時，毛姆立即提出免費給他們寫。賽奈克覺得毛姆的劇本很棒，建議公司給毛姆買幅畫，價格15000美元封頂。毛姆很興奮，自己從來沒用這麼多錢買過畫。毛姆找門羅・惠勒幫他出主意，兩個人開心地花了幾個上午的時間拜訪紐約的畫商。最終，毛姆選了一幅畢沙羅的盧昂海港風景，他被這幅畫打動的原因是福樓拜創作《包法利夫人》時眼前就是這幅景色。門羅勸他買下馬諦斯的一幅雪景圖，但毛姆一直對畢沙羅念念不忘，不買下來的話，他肯定會後悔，所以，他還是決定不要那幅馬諦斯的畫了。電影製作很少能順利進行，此外還有難以避免的拍攝進度問題，本來定好的主演來不了了，丘克也有了別的工作，導演換成了別人。最後，毛姆的劇本也沒用上，這部電影最終於1946年拍攝完成，背景換成了可怕的喜馬拉雅山。

住在加利福尼亞州的這段時間毛姆一直催促艾倫快點過來：他想念有他在身邊的舒適感，而且他發現越來越難應對沒有秘書的生活了。然而，歐美之間的平民旅行依然成問題，很難獲得出境許可。毛姆向身邊每一個他能想到的有權勢的人求助。為了做出優雅的姿態，毛姆還主動把他最著名的小說《人性枷鎖》的手稿贈給了美國國會圖書館。幸好英國外交部認可了毛姆在戰時做出的努力，這是1945年9月的事，但直到耶誕節那天，艾倫才成功渡海來到紐澤西，並從那裡乘火車到了南卡羅來納州。毛姆在火車站等他，他們已經有五年多沒見過面了，那段時間，毛姆每個星期會給艾倫寫信，渴望見到他溫柔、性感的布龍齊諾男孩。然而，看到艾倫的第一眼他嚇了一跳，艾倫不再是毛姆記憶中那個身材頎長的青年，而是變成了一個臉蛋圓嘟嘟的中年胖子。看到艾倫沉甸甸如花栗鼠一般的面孔，毛姆為艾倫失去的美貌痛心不已。「你或許曾經像個布龍齊諾男孩，但現在你看起來就像個墮落的弗蘭斯・哈爾斯[1]。」毛姆的評價很刺耳。儘管如此，毛姆還是很欣慰可以跟艾倫團聚。艾倫立刻接手了傑拉德的所有職責：寫信、打電話、購物、跟女僕們打交道。和傑拉德不同的是，他為人和善，樂意效勞，渴望滿足雇主的每一個突發奇想。艾倫給毛姆帶來極大的溫暖和安慰，幫他分擔了不少惱人的瑣事。

三月底，他和艾倫去了紐約，然後在華盛頓待了幾天。4月20日，毛姆將《人性枷鎖》的手稿交給了美國國會圖書館，並在座無虛席的柯立芝禮堂發表了演講。他談到文學和他作為小說家的職業生涯，說到《人性枷鎖》時他說，再次讀到描寫菲力浦・凱瑞母親之死的段落，他依然會潸然淚下：「回憶起六十多年的時光仍未消除的痛苦。」終於，5月29日，毛姆和艾倫從紐約起航，於六月的第二個星期抵達馬賽。回首往事時，毛姆曾說，重新踏上法國土地的那一天是他一生中最快樂的日子之一。那年夏天，艾倫・達博岱懇切邀請他回南卡羅來納州，但被他拒絕了。「非常感謝你和尼爾森讓我在戰時住在「派克的渡船」，但你知道，那對我來說只是一個臨時的居所。我希望餘生可以偶爾去紐約短暫訪問，但總之，歐洲才是我的心之所屬。」

他和艾倫在離瑪萊斯科別墅不遠處一家可以俯瞰聖讓港的小旅館住了下來。毛姆偶爾聽到一些關於別墅現狀的消息，令他欣慰的是，毀壞的情況並沒有他擔心的那麼嚴重。別墅先是被義大利人佔了，德國人還在花園裡埋過地雷，但最嚴重的損壞是英國皇家海軍試圖炮轟費拉角頂部的一個

---

[1] Franz Hals，約1581-1666，荷蘭現實主義畫派的奠基人，17世紀荷蘭傑出的肖像畫家。

信號燈時造成的。通過重金賄賂，毛姆很快組建了一支工程隊來修補屋頂的破洞，更換破損的窗戶。室內還要重新刷塗料，更換蟲蛀的地毯和幾乎所有的家具。德國人離開後，法國當地人幾乎拿走了房子裡所有搬得動的東西，包括陶器、餐具，甚至浴室門的螺栓。毛姆很高興大多數員工回來了：安妮特，整個戰爭期間一直住在別墅裡；管家厄內斯特從瑞士回來了，還帶著他的妻子和兩個年幼的孩子；司機讓和一個叫路易斯的園丁也回來了。「我的老僕人們回來了，他們跟我一樣很高興……哦，你想不到這裡有多麼愜意，大海、藍天、寧靜、鮮花，還有整體的氛圍。」

毛姆的當務之急是執行傑拉德遺囑中給盧盧的遺贈。盧盧因感染結核病逃掉了兵役，戰爭最初的兩年，他在瑪萊斯科別墅進進出出，安妮特不太喜歡他。現在他去了巴黎，毛姆允許他住在傑拉德的公寓裡，公寓出售後會將售房款移交給他。毛姆本來對哈克斯頓心愛的盧盧懷有一份柔情，但自從知道他鬼鬼祟祟做了些不當的事後開始對他極其反感。在開列資產損失清單時，毛姆發現酒窖裡的酒被清空了，他本以為是義大利人幹的，結果安妮特告訴他是盧盧把酒賣給了當地的酒商。不僅如此，盧盧還拿走了毛姆的一些個人物品，比如他最喜歡的兩只手錶。毛姆嚴肅地告訴他這些東西必須歸還。對盧盧的信任動搖後，毛姆覺得不能讓他在沒有監督的情況下獨自住在巴黎的公寓裡。那年秋天，毛姆在倫敦給盧盧寫了封信，告訴他，大衛・波斯納，一個年輕的美國學生朋友不久後將到達巴黎，在他找到住處前將暫住在他那裡。其實，毛姆已經跟波斯納交代好了，讓他去監視盧盧。

大衛・波斯納是毛姆生活中一段不平凡的插曲。1943年春，在紐澤西勞倫斯維爾讀高中的17歲的波斯納給毛姆寫了封信，把自己說成詩人，並對《人性枷鎖》表達了狂熱的讚美。毛姆很好奇，邀請這個男孩來他在紐約麗茲酒店的房間，見到波斯納後，他立即感到被一股強大的、融合了魅力和欲望的潮水淹沒了。大衛・波斯納很肉感，高大、英俊、厚厚的嘴唇，橄欖色的皮膚，黑色的捲髮。他坦誠地誘惑這個老男人，毛姆完全為之傾倒，後來還吹噓說他被這個「龐大的猶太詩人……這個薩梯[1]般的好色之徒」強暴了。葛蘭韋・韋斯科特，這個對這段關係感興趣的旁觀者說，毛姆原以為這輩子不會再有愛情了，怎知接下來他便「捲入了這場小小的風暴……威利很驕傲，因為這個偉大的詩人凶猛地撲到他身上。」毛姆邀請波斯納住在雅馬西，野心勃勃的波斯納欣然接受。「我太樂觀了，」他後來回憶說，「毛姆作為情人，不是特別陽剛，在性方面相當有條不紊，不過，有時候我們會花很長時間愛撫……我們獨處時，他可能是世界上最迷人的聊天對象。」毛姆對這個小夥子很著迷，他對文學的熱情和廣博的文學知識讓他印象深刻，毛姆主動提出為他支付哈佛大學的部分學費。戰後，波斯納去法國的巴黎大學讀書，去過瑪萊斯科別墅幾次，直到毛姆最終被這個年輕人的一意孤行和自私自利激怒，決定不再理他。後來被波斯納征服的大作家還有W・H・奧登、湯瑪斯・曼和安德列・紀德[2]。波斯納在巴黎大學和牛津大學畢業後出版了7本詩集，曾在紐約州立大學和加利福尼亞大學任教，後來結婚並育有兩子，1985年因愛滋病逝世於佛羅里達。

---

[1] 希臘神話中半人半羊的森林之神。

[2] André Gide，1869-1951，法國著名作家，保護同性戀權益代表。主要作品有小說《田園交響曲》、《偽幣製造者》等，散文詩集《人間食糧》等。1947年獲諾貝爾文學獎。

1946年9月，毛姆來到倫敦後發現，這座城市似乎耗盡了它全部的活力。倫敦人不可思議的冷漠，似乎對什麼都不感興趣。不過，他的大部分老朋友都活下來了，最開心的當屬芭芭拉，她的兒子剛從日本的戰俘營裡放出來。毛姆的家人也都安好，羅賓的身體好多了，F. H. 老了許多，但一如既往的枯燥、刻薄。他和毛姆因前一年工黨獲得壓倒性勝利激烈地爭吵，兩個人針鋒相對，F. H. 是個根深蒂固的保守派，強烈反對弟弟的社會主義觀點。麗莎也和文森特團聚了，文森特在退役前升為上校，並因其在北非炮火下的英勇表現被授予優異服務勳章。不過，兩個人分開的時間太久，夫妻關係變得很緊張，後來，他們決定離婚。「我希望我會像喜歡她的前任丈夫一樣喜歡她未來的丈夫，」毛姆告訴伯特·阿蘭森，「她假裝不會再婚，但我一點也不信她的話。」與此同時，麗莎把母親安置在瑞士的一家療養院裡，「該母親，67歲，得了肺結核」，毛姆無情地寫道，「據說，到了這把年紀，康復的希望不大，但我的印象是，該母親是堅不可摧的。」

雖然戰後徵收懲罰性的高額稅率，但無論以哪個標準來衡量，毛姆依然是個富有的人，他被公認為世界上最富有的作家，甚至超過了蕭伯納。自從他第一次在戲劇舞台上取得成功以來，他就對作家們很慷慨，無論老少，只要不走運的，他經常匿名資助，幾乎有求必應，給身無分文的朋友開出巨額支票，除非，他有被人利用的感覺。隨著他的名氣越來越大，求助的人也源源不絕，規模和數量與日俱增。「上周的借款額達到36000英鎊」，1960年他抱怨道，幾個月後，「每次收郵件都會有一打人索要各種禮品、借款、擔保和資金援助。」毛姆不堪其擾。他越來越老了，開始擔心錢的問題了。他大方地資助麗莎和她的孩子們，還有羅賓，彼得・斯特恩和喪偶的芭芭拉手頭拮据時，他也會供養他們。然而，毛姆對待金錢的態度很複雜，他喜歡談論錢，會吹噓自己賺了多少錢，而且強烈地意識到財富對他人的影響。錢給了他自由和隱私權，可以讓他隨心所欲，但也給了他很大的權力，他利用這種權力在生命的最後階段對他人造成了毀滅性的影響。

戰爭結束後不久，毛姆終於設立了屬於自己的「毛姆文學獎」，二十五年前他就有了這個想法。「百萬富翁們總是願意把錢送給大學和醫院……但不會為藝術做任何事，」他解釋說，「我很失望，吉卜林和巴里都沒做任何事，我想，蕭伯納也會像他的妻子那樣以愚蠢的方式處置他的財產。[1]所以，我想我應該現在就盡我所能，而不是等到死後。」一年一度的薩默塞特・毛姆獎由英國作家協會頒給一個35歲以下英國公民創作的虛構、非虛構或詩歌作品，500英鎊的獎金用於資助獲獎者出國旅行。

第一年的評委是V・S・普里契特、歷史學家C・V・韋奇伍德和桂冠詩人賽希爾・戴－路易斯；1947年的獲獎作品是A・L・巴克的短篇小說集《無辜的人》。雖然沒有參與評審工作，但毛姆關注了整個評獎過程以及獲獎者隨後的職業生涯，比如，多麗絲・萊辛（1954）和金斯利・艾米斯（1955）。當毛姆在《星期日泰晤士報》上將艾米斯的獲獎小說《幸運兒吉姆》選為1955年的年度圖書時，他因把書中人物稱為「人渣」而引發

[1] 夏綠蒂・蕭要求將她的大部分財產用於改善愛爾蘭人的行為舉止，這個方案被蕭伯納的傳記作者麥克・霍爾羅伊德形容為「夏綠蒂版的皮格馬利翁實驗」。蕭伯納根據皮格馬利翁的神話創作了社會諷刺劇《賣花女》（又譯《皮格馬利翁》），通過描寫教授如何訓練一名貧苦的賣花女並最終讓她被上流社會認可的故事抨擊當時英國腐朽保守的等級意識。

一場爭論，但後來毛姆解釋說，「我很欣賞艾米斯的作品……他寫的人是人渣，但這沒有錯。我寫的很多人也是人渣。」

還有一件讓毛姆掛心的事是建造國家劇院，為此，毛姆規劃了多年，獻出時間和金錢，但只看到這個項目一再延期，「受不了政府的無動於衷和公眾的漠然」。但戰爭結束後，這個方案似乎可行了，毛姆加倍努力，讓其他劇作家也參與進來。「我希望得到你們的幫助，讓英國人對國家劇院產生興趣。」1948年他寫信給 J·B·普利斯特里，「英國大概是唯一一個沒有國家劇院的歐洲國家，在我看來，這是一樁醜聞。」次年，國家劇院法案終於獲得議會通過，毛姆將80幅戲劇畫作贈給了管理委員會，他認為這是向前邁出的重要一步。毛姆的藏品令人印象深刻，其重要性僅次於加里克俱樂部的藏品，其中包括佐法尼的3幅油畫，15幅德·王爾德的作品，還有一幅精美的雷諾茲創作的大衛·加里克畫像。1951年，這些畫從瑪萊斯科別墅被運到國家劇院，可惜觀眾很少能見到。毛姆去世十一年後，皇家國家劇院終於在1976年落成啟用，但掛這些藏品的計畫遭到建築師丹尼斯·拉斯登的強烈反對，他認為這些畫與劇院的建築風格不符。

毛姆所有的慈善遺贈物件中，最出人意料的是他的母校坎特伯里國王學校，畢竟他在那裡讀書時境遇並不愉快。然而，毛姆始終眷戀著那個地方，那片庭院和灰色大教堂的陰影籠罩下的古建築。他始終認為自己紮根於肯特郡鄉村，還時常回到惠斯塔布徘徊，去墓園給叔叔嬸嬸掃墓。學生生涯很難讓他對坎特伯里國王學校有好感，然而，戰前不久，當母校陷入困境，時任校長佳能·雪利，這個充滿活力、足智多謀的人寫信請求毛姆捐贈時，他還是給予了慷慨的回應。雪利倍受鼓舞，不辭辛苦地拉關係，經常給他寫信，邀請他來學校參觀，並最終將毛姆納入校董會。雪利的一片苦心得到了回報，毛姆捐贈了數千英鎊給母校，蓋了新樓，建了網球場，購買了畫和家具，建了一座圖書館，還捐了1800冊圖書。他將傑拉德・凱利給他畫的畫像，還有他的第一本和最後一本小說《蘭貝斯的麗莎》和《卡塔麗娜》的手稿贈給了母校。1952年，他向佳能・雪利提了一個要求，希望死後葬在校園裡。

1946年底，從倫敦回到費拉角後，毛姆的主要工作是寫完小說《卡塔麗娜》。在十年前的《總結》中，毛姆曾說：「小說家應該在職業生涯末期轉向歷史小說。」他自己也不確定《卡塔麗娜》出版後迴響會怎樣，但弗利爾和尼爾森・達博岱都很滿意。1948年，這本書剛一出版就被選為美國和英國的「每月一書」，第一個星期就賣出了93000冊。寫完人生的最後一本小說，毛姆長長地舒了一口氣。

1946年耶誕節毛姆回到瑪萊斯科別墅時，這裡已經基本恢復到了戰前的豪華標準。內勤人員的數量略有減少，但在男管家厄內斯特和女管家傑曼敏銳的目光下，這裡保持著同樣高標準且無懈可擊的效率。安妮特又開始在廚房烹製美味佳肴，儘管食品持續短缺：「米、油、培根、香腸、鹹牛肉、帕馬森起司、義大利乾麵條……還有一兩罐凱樂斯果醬」是毛姆託美國朋友寄來的。畫又掛起來了，銀器和瓷器拆開包裝，中國的觀音像回到大廳。據說毛姆的那條臘腸犬在被佔領期間被人烤著吃了，代替它的是三條肯梅爾夫人送的北京狗，其中兩隻混了貴賓狗的血統。花園裡缺了耳朵和鼻子的雕像修好了，蓮花池裡又放進了金魚，遭到炮火嚴重損壞且雜草叢生的花園裡又精心地種上了各種花草。1940年，離開別墅前不久，毛姆有一段時間情緒很樂觀，當時種下的一些春天的球莖現在也開花了。汽車被義大利人開走了，現在車庫裡有一輛雪鐵龍和一輛從美國運過來的全新大別克車。總之，毛姆對這一切很滿意，整體上甚至比以前更漂亮了。

不過，有一個巨大的變化，那就是傑拉德不在了。現在是艾倫・塞爾在管這個家。就餐時，艾倫坐在毛姆對面，艾倫在毛姆的屋頂書房下面的那個小房間裡打字、打電話。很快，艾倫就像來了好多個年頭似的，儘管他沒能學會法語，但友好的態度和辦事能力可以確保員工們快樂且順利地完成工作。有了艾倫，毛姆不必擔心爭吵或在客人面前出糗。艾倫很聽話、性格溫和、有禮貌，時刻渴望討雇主歡心。確實，毛姆很快就完全依賴上了他，信任他、喜歡他，艾倫現在睡在傑拉德的臥室裡，和毛姆的房間只隔著一間浴室。當然，一切並非完美：艾倫沒有傑拉德的機智、魅力和老辣，更沒有他的大膽。達夫妮・杜穆里埃曾讓艾倫給她帶一些珠寶去紐約，海關發現後，搜查了他的手提箱，並向他徵收了關稅。「這種事永遠不會發生在傑拉德身上！」毛姆輕蔑地大聲說道。當然，他也沒有傑拉德的優雅和格調。夏天，艾倫穿著花里胡哨的襯衫繞著別墅慢跑，肥胖的大腿肉從包身的白色短褲裡鼓出來；冬天，他會穿厚厚的雙排扣西裝，黑色的捲髮和紅彤彤的臉蛋給人感覺像個市府參事。艾倫也沒傑拉德聰明，他對繪畫有一點了解，但對其他的東西一無所知，他對讀書也沒興趣，只是從美國訂閱一箱又一箱的色情雜誌。不過，他有一種忸怩作態的幽默感，有時會模仿一下什麼人，毛姆覺得挺搞笑的。不管怎麼說，毛姆還是需要他、倚靠他的，艾倫偶爾的討厭和氣人是毛姆必須為平和鎮靜付出的小小代價。

雖然從理論上講艾倫在家裡的地位跟傑拉德一樣，但事實並非如此：傑拉德無論走到哪裡都會被認為與毛姆擁有同等的社會地位；艾倫是工人階級出身，說話帶倫敦東區口音，而且態度逢迎，這必然將他置於不同的地位。其實不僅如此，最主要的是，他說話時總是漏掉詞首的 H 這個音。毛姆的朋友們見他不太尊重艾倫，對他呼來喝去，偶爾還在眾人面前訓斥他，難免不把他當朋友，而是當成一個受主人青睞的雇員。大多數客人喜歡艾倫，很高興看到毛姆的生活安定下來。艾倫顯然是毛姆晚年理想的伴侶，用毛姆的一個朋友的話說，他是「威利第二個童年的保姆」。但艾倫又是怎麼看待自己的處境呢？他對毛姆忠心耿耿，這一點無須置疑，他全身心地愛著毛姆。他在一本私人備忘錄中這樣寫道：「我不在乎他的缺點和惡習，我愛他的全部。」然而一切並非表面上那麼平靜。「我想，我很開心，有時候嘛，我不知道。」1946年12月艾倫寫信給艾倫・達博岱，「生活很難應對，人也是一樣。」

他拐彎抹角提到的「人」指的是毛姆的家人，艾倫一直暗暗對他們懷有深深的敵意。對此毫不知情的麗莎是他最仇恨的對象，從艾倫一住進瑪萊斯科別墅，他的一些信中就流露出對她和她的孩子們的惡意，但只是在他們面前一點沒有表現出來。「你來了，我真高興，親愛的！」見到麗莎，他會這麼說，「來，抱一下。」對麗莎來說，艾倫似乎很適合她父親，比那個可怕的傑拉德強多了，她很感謝他對她父親做出的奉獻。她的孩子們——尼可拉斯和卡蜜拉也喜歡跟艾倫在一起，他們跑到他的辦公室，聽他講笑話，還用滑稽的聲音給他們講嚇人的故事。麗莎全家都喜歡艾倫。沒有任何一個人意識到表象下潛在的怨恨，而這種情緒目前只在他寫給他信任的人的信中有所表露。「麗莎和她的孩子們都在這兒，」1947年夏天艾倫寫信給伯特・阿蘭森，「好煩人，我一點都不喜歡他們在這兒。」

1948年7月，不出毛姆所料，麗莎又結婚了。她的新任丈夫是林利思戈侯爵的小兒子、保守黨下院議員約翰・霍普勳爵。就是這個林利思戈在1938年任印度總督時拒絕接待傑拉德・哈克斯頓的，毛姆對這種怠慢既沒有忘記，也無法原諒，結果從一開始毛姆就不喜歡約翰・霍普。「他是頭自負的驢，」他告訴艾倫・達博岱，「可是麗莎喜歡得不得了。」不過，他還是裝出一副若無其事的樣子，禮貌地給他未來的女婿寫信，歡迎他成為大家庭的一員，並給這對夫婦匯去一張10萬法郎的支票作為結婚禮物。他去倫敦參加了女兒的婚禮，熟練地扮演一個驕傲的父親角色，並在克拉里奇酒店舉行的招待會上做了一場值得稱讚的演講。麗莎第二次來瑪萊斯科別墅度蜜月，帶著梅因布徹設計的婚紗和母親找人從紐約偷運過來的豐盛嫁妝。由於約翰急著回蘇格蘭打松雞，麗莎於是把尼可拉斯和卡蜜拉留在爺爺身邊一起過夏天。「這大大增加了暑期的樂趣。」毛姆告訴尼爾森・達博岱，「我必須說，他們很乖，但偶爾也很棘手。他們吃得像狼，睡得像睡鼠，像魚一樣游泳，其餘的時間都像野兔一樣在花園裡亂跑。」

這是他給艾倫的回信，尼爾森最近被查出患有酒精性神經炎，最終，他不得不將達博岱公司的總裁之職交予他的律師道格拉斯・M・布萊克。布萊克是公司的老員工，毛姆也十分尊重他。同時，尼爾森的健康狀況持續惡化，他已經被診斷出到了肺癌晚期，雖然手術看上去很成功，但他還是於1949年1月11日離開了人世，而再過五天就是他的60歲生日。毛姆真心喜歡尼爾森，儘管他是個酒鬼。他去世前，毛姆去看過他，在給艾倫的弔唁信中，毛姆表達了對尼爾森深厚的友誼和感恩之情。

雖然在過去的兩年裡，尼爾森極少參與公司的業務，但毛姆依然是公司最寶貴的財富，他也得到了相應的待遇。儘管毛姆不再寫小說有點令人失望，但即使毛姆退休也不成問題，他的名字無論與虛構還是非虛構作品連在一起都會保障幾十萬冊的銷量。或許品質沒那麼高，但沒人在乎評論者的諷刺挖苦，對毛姆作品的評論早已不再重要。1947年，達博岱公司出版了一本毛姆的短篇小說集《環境的產物》，其中收錄了毛姆唯一一篇關於二戰的小說，這則令人不寒而慄的故事將背景設在被佔領時的法國，描述的是一位德國士兵和被他強姦的法國姑娘之間扭曲的關係。次年出版的《世界十大小說家及其代表作》[1]介紹了十部世界級小說。《星期日泰晤士報》的外國部經理伊恩・佛萊明[2]花3000英鎊買下了這個系列的版權，佛萊明還親自飛到尼斯與作者商談。這個系列在報紙上連載了十五周，報紙銷量每周增加5萬份，佔該報總發行量的10%。1949年，毛姆的《作家筆記》出版，內容是從他18歲起開始保存的15卷筆記、備忘錄和遊記中精選出來的篇章，這本書的獻詞是「深情懷念我的朋友弗雷德里克・傑拉德・哈克斯頓」。1950年代，毛姆的兩本隨筆集《隨性而至》（1952）和《觀點》（1958）出版。他在《隨性而至》中回憶了他認識的作家們，其中對恩師奧古斯塔斯・黑爾有一番生動的描繪，還有亨利・詹姆斯、阿諾德・貝內特和 H・G・威爾斯。書中還收錄了一篇叫《偵探小說的衰亡》的

❶ 英國海涅曼公司的版本叫《十大長篇及其作者》，又譯《巨匠與傑作》。

❷ Ian Lancaster Fleming，1908-1964，英國作家和記者，以《詹姆斯・龐德》系列小說出名。

文章，原本是為西里爾·康納利的《地平線》雜誌所寫，但康納利思考良久後拒絕發表，他說，「登在雜誌上足夠好，但對我來說不夠好。」《觀點》用很大的篇幅分析了短篇小說，評論了歌德、龔古爾兄弟、儒勒·雷納爾，還有他1938年在印度遇到的一個聖人拉瑪耶·馬哈希。

毛姆在他7、80歲時的影響力非但沒有逐漸減小，反而越來越大。晚年的他甚至被視為英國文學界的老前輩，每次過生日，報紙上都會發表相關文章和訪談，數以百計的賀信和賀電被寄到瑪萊斯科別墅。他在國內外獲得各種榮譽，被牛津大學、海德堡大學和土魯斯大學授予榮譽博士學位。1954年，在溫斯頓·邱吉爾的建議下，他被女王授予榮譽勳爵頭銜，並在白金漢宮受到女王接見。「女王穿得很漂亮，看上去美極了。」毛姆告訴伯特·阿蘭森，「她請我坐下來，我們談了一刻鐘，然後她說，『很高興見到您，毛姆先生』。我起身，她也起身，我們握了手，我向她鞠了一躬，然後向後退了大約三步，接著轉過身走出門。這一切是那麼的輕鬆愜意。」1961年，毛姆被英國皇家文學學會推選為文學勳爵[1]，同時入選的還有邱吉爾、福斯特、約翰·麥斯菲爾和歷史學家 G·M·特里維廉。這樣的認可雖然可喜，但總歸姍姍來遲，而且毛姆認為還不夠。去白金漢宮接受他的文學勳爵稱號後，毛姆在加里克俱樂部和賴蘭茲、亞瑟·馬歇爾共進午餐，他們向他表示熱烈的祝賀。「難道你們不知道文學勳爵對我這樣的人意味著什麼嗎？」他問他們，「這意味著『好樣的，但是……』」毛姆那個小圈子裡的人都知道他曾經拒絕爵士頭銜（用他自己的話來說，蕭伯納還是個先生，他卻成為薩默塞特·毛姆爵士，這是荒謬的。）相反，他希望獲得最高的

[1] Companion of Literature，companion是最下級勳爵。

榮譽——功績動章[1]。令他忿忿不平的是，哈代和高爾斯華綏，這些在他眼中不如他的小說家都被授予了功績勳章。「我是英國在世最偉大的作家，他們應該把這枚勳章授予我。」不可否認，大家心知肚明，毛姆的同性戀身分損害了他的聲譽。他與傑拉德・哈克斯頓的關係廣為人知，而其他同性戀作家，比如休・沃波爾則更成功地隱藏了自己的私生活，沃波爾早在1937年就被封為爵士。

令人驚訝的是，出生在迪斯雷利成功取代格萊斯頓成為總理那一年的毛姆，現在竟通過電視這個新興媒體獲得了一大群新觀眾。1948年，他的四個短篇小說——《生活的真相》、《異邦的穀田》、《風箏》和《上校夫人》被拍成電影。毛姆親自在電視上介紹這《四重奏》，電視台也煞費苦心，把他在瑪萊斯科別墅的書房在演播室裡原景重現。按照今天更自然的標準，毛姆的表演有點誇張，他一口溫柔的愛德華七世時代的腔調，拚命想記住台詞，手裡不停地擺弄裁紙刀。不過，他還是很享受這種能當幾天電視明星的經歷，《四重奏》很成功，接下來是《三重奏》（《教堂司事》、《萬事通先生》、《療養院》）和《安可曲》。

毫無疑問，毛姆享受他的名望，名望既可以帶給他巨額財富，也有益於減輕因缺少評論界的稱讚而帶來的悲傷感。自從在電視上露了面，他無論走到哪裡都會被人認出來，會被記者、攝影師、粉絲、文學系的學生、想當作家並向他徵求意見的人和深情的文藝女青年們包圍。他們期望他是一個

[1] Order of Merit，是一種英國和大英國協勳章，由英國君主所頒贈，以嘉獎在軍事、科學、藝術、文學或推廣文化方面有顯著成就的人士。功績動章是一項很高的榮譽，雖然有別於傳統的勳章且不附帶任何頭銜，但不少人仍認為它是現今地位最崇高而尚未廢除的動章。

「極其陰險且憤世嫉俗的人」。1950年，他去美國哥倫比亞廣播公司做一個關於《三重奏》的節目時，美國藝術與文學協會為他舉辦了晚宴，他被皮爾龐特・摩根圖書館和華盛頓國會圖書館推選為榮譽會員。1956年，摩納哥大公蘭尼埃三世和葛麗絲・凱莉在蒙地卡羅舉行婚禮，毛姆是被報導最多的一位貴賓。這樣的認可能給他帶來切實的好處：酒店房間特價、加萊和多佛海關的快速通道、無論去哪個餐廳都會得到最好的位置。當然，名望的附屬品並不都那麼令人愉快，毛姆越來越不滿很多跟他不熟的人佔用他的時間。「三十年沒見過面的人寫信跟我說：『親愛的威利，我們必須見個面。』」他抱怨道，「他們在乎的根本不是我……只是想利用我來炫耀。」有一次他動了真氣，他看到兩個自稱認識他某個親戚的小青年在瑪萊斯科別墅外頭閒晃，希望毛姆邀請他們進去住。「我不是動物園裡供人觀看的猴子，我憎惡別人這樣對待我。」毛姆氣憤地寫信給他的侄女凱特：

> 我不認識你女婿，我認為他讓朋友來『看我』十分放肆無禮。如果你能監督他不再這樣冒犯我，我將不勝感激。

對生活要求如此之高會搞得很多年輕人筋疲力盡，但毛姆依然保持敏捷、結實、健康。「當他從游泳池裡鑽出來，躺在太陽下，」電影導演加森・卡寧說，「我看到一個年老但結實的身體，布滿了皺紋，但毫無瑕疵。」毛姆在飲食上向來很節制，午餐和晚餐不會超過兩道菜，最多餐前喝兩杯雞尾酒。自律是非常值得的。羅伯特・布魯斯・洛克哈特[1]在倫敦的一次晚宴上帶著羨慕的語氣描述74歲的毛姆的外表。「威利八點鐘準時到，看上去是那麼的整潔、漂亮，他穿了一件淡海軍藍色的雙排扣外套、一雙黑絲襪和一副單片眼鏡。他的身材棒極了，沒有一點贅肉，對他這個年齡的男人來說，就像頭小牛犢。他蜷腿坐在沙發上，露出一大塊小腿。」

然而，這不僅僅是自律的結果。1954年，過完80歲生日後不久，毛姆在瑞士一個由保羅・尼漢斯博士經營的診所住了十天。沃韋郊外的蓓麗診所俯瞰日內瓦湖，提供一種被稱作「活細胞療法」的回春法，價格昂貴，而且顯然具有革命性效果。他們從剛宰殺的綿羊體內取出羊胎盤，萃取新鮮細胞後注入人體。由於尼漢斯博士一直拒絕公布研究的細節，科學界對他深表懷疑，指責他鬼鬼祟祟賺大錢，但很多名人認為魅力四射的尼漢斯是個天才、救世主，對他和他的療法給予了百分百的信任。來此渴望找回青春的人有諾爾・寇威爾、葛洛麗亞・斯旺森、瑪琳・黛德麗、康拉德・阿登納[2]、湯瑪斯・曼、威廉・福特萬格勒[3]、克里斯汀・迪奧[4]和查利・卓別林。最重要的客人要數教皇庇護十二世，他也在梵蒂岡秘密接受過治療。毛姆和艾倫來到瑞士時，尼漢斯鋪紅地毯歡迎他們，邀請他們去他家裡吃飯，帶他們參觀了診所、屠宰場和實驗室。尼漢斯向他們詳細介紹了整個程序：在短短一個小時內，他們宰殺母羊，

---

[1] Robert Bruce Lockhart，1887-1970，記者、作家、間諜、英國駐莫斯科的外交官。

[2] Konrad Adenauer，1876-1967，德國公認最傑出的總理，在他的領導下，德國在政治上從一個二戰戰敗國漸漸重新獲得主權，進而成為西方國家的一個平等夥伴。同時通過實施社會市場經濟醫治了戰爭創傷，創造了德國的「經濟奇蹟」。

[3] Wilhelm Furtwängler，1886-1954，德國指揮家、作曲家。

[4] Christian Dior，1905-1957，法國時裝設計師，時尚品牌迪奧創始人。

取出羊胎盤，將組織切片、絞碎，和生理鹽水混合後用大號注射器注入客人的臀部。按照慣例，接受治療者要在診所住三個星期，但才過十天毛姆就受夠了，回到法國後，他遵照醫囑三個月不沾煙酒。「感覺怪怪的，」回到瑪萊斯科別墅後，他說，「既不難受，也沒有特別好的感覺，就是怪怪的。」艾倫則很高興自己重振雄風，於是逢人便講。「威利・毛姆和他的孌童塞爾來我家吃午飯。」黛安娜・庫珀告訴伊夫林・沃，「他們倆都在瑞士接受了活細胞治療……塞爾變成了一隻饒舌的湯姆貓……我聽他說……他用他那娘娘腔的倫敦東區口音說，「親愛的，你想像不到是什麼樣——醒來後我發現支了頂『帳篷』。」

1958年，毛姆84歲時又去了一趟尼漢斯的診所。不過，他生活的其他方面都與戰前一樣：冬天和春天住在瑪萊斯科別墅，去國外旅行幾個星期，通常是奧地利、義大利和西班牙，去一趟溫泉療養地（維希、阿巴諾或日內瓦湖上的沃韋），在里維耶拉過一個社交活動頻繁的夏天，秋天則住在倫敦多賈斯特酒店的套房裡。在里維耶拉的毛姆是個慷慨的主人，1950年他寫信給弗利爾，「你也許有興趣知道，三個月內，不算早餐，我們給客人做了1060頓飯。」他喜歡留人在家裡住，尤其是那些自得其樂的人，只要不打擾他高度自律的日常生活就行。多年來，他見識了客人們的種種不良行為，現在他年紀大了，對違犯他家規的行為持零容忍態度。他像一個經驗豐富的酒店管理者那樣列出他最厭惡的行為，他認為最糟糕的行為就像納粹長官對待他攻佔的一個省——這些掠奪者整晚不關燈，煙頭燙壞床單，借了書不還，借了錢也從來不還，有時候帶來三個星期的髒衣服卻希望等他們回家前給洗好、熨過……

從客人的角度看，毛姆則或許是個令人發怵的主人。「你永遠不可能知道招待會變成什麼樣。」他的女兒回憶道，「他也許很友善，也可能非常可怕。」他認為不守時是最大的過錯，只要到了開飯時間，他拒絕等來晚的人一秒鐘。麗莎和孩子們跟他在一起時很緊張，她擔心萬一卡蜜拉或者尼可拉斯耽擱時間會招致父親的不滿。作家彼得・昆內爾形容毛姆是一個嚴格執行紀律的人，抱有此種想法的人不止他一個。「他建立一種制度並要求客人遵照某種標準行事，若不照著他說的來，後果自負。任何欠考慮的言辭或微不足道的差錯都會讓他們陷入永久的恥辱。」劇院經理彼得・多貝尼就犯過這樣一個小錯，當時他還是個小夥子，剛訂婚，準備結婚，毛姆邀請他來瑪萊斯科別墅住一個星期。第一天下午，毛姆帶著他沿濱海路散步，他們繞過一個拐角時，一輛車正好呼嘯而過，車上載著幾個小孩，車頂上還綁著一輛嬰兒車。「再過一年，你就這樣了。」毛姆咯咯笑著牽起他的手……語氣中帶著一點性暗示。昆內爾反射地把手抽了出來，但他馬上意識到自己做了蠢事，不自在地對毛姆笑了笑，然而迎接他的是一臉冰冷的蔑視和敵意。他們繼續向前走，沉默給人一種不祥之感……從此刻起，這個星期變成了一場純粹的災難。之後每次一起吃飯，毛姆雖然東拉西扯，但言語中卻帶著冷冰冰的、嘲諷的惡意，尖刻地批評他在戲劇方面的工作。

儘管粗心的人有被捲入的危險且陷阱重重，但仍有很多人趨之若鶩，瑪萊斯科別墅是里維耶拉最有價值的地標之一。毛姆習慣了不僅他的朋友要求留下來，還有朋友的朋友，或者朋友的孩子留下來。尤其是在夏天，有時候他發現坐在身邊的人沒幾個是他認識的。因此，不可避免的，一些關於不良行為和可怕醜態的故事會傳播開來，並被加油添醋。毛姆有個「著名的同行」企圖帶走滿滿一手提箱的毛姆的初版書，那天他正打算從前門溜之大吉，結果走到樓梯底部箱子突然開了，結果被抓了個正著。坊間還瘋傳西里爾・康納利從毛姆的果園裡偷拿了三顆鱷梨，康納利對這種傳言不勝其煩，哀怨地解釋說：「我不過是在花園裡撿了幾個被風吹落的果子。」最著名的是派翠克・雷・法默爾和口吃者的故事，此後，只要提到毛姆就會有人講這個段子。最初的版本是，旅行作家雷・法默爾被毛姆最喜歡的安・佛萊明帶到瑪萊斯科別墅住了幾天。第一天吃午飯時的氣氛輕鬆愉快，但到了晚飯時，喝得微醺的派翠克・雷・法默爾興高采烈地給大家講了一個口吃者的故事。後來，「我們正喝著睡前酒，毛姆先生站起身，腳步蹣跚地走過來，伸出軟綿綿的手，跟我握了一下，說……『好了，我要道晚安了，也許還應該說再見。我預計，明天你離開時，我還在床上。』說完他從容地走開了。」這件事搞得雷・法默爾很難堪，以為自己不夠圓滑，被主人掃地出門了。許多年間，這件小事被演繹成一齣華麗的情節劇，毛姆被描述成一個哥德式的怪物。「他臉上殘酷的皺紋糾纏成一團……褶皺的皮間，短吻鱷的眼睛盯著我，變色、截短的毒牙間發出一聲令人痛苦的咆哮。」然而，雷・法默爾似乎從來沒想過毛姆當時有點耳背，可能根本沒聽見這個關於口吃者的故事，即使聽見了，也不一定太在乎。別墅裡人來人往，毛姆可能壓根不清楚他是誰，或者真以為他第二天早上就走呢。

1952年嫁給作家伊恩·佛萊明的安·佛萊明是毛姆最喜歡的那類女人，和芭芭拉·巴克一樣，她時髦、有趣、長舌，給毛姆寫詼諧的長信，信中粗俗地評論他們共同的朋友。她一點也不怕毛姆。她的丈夫伊恩·佛萊明則在這位他欽佩的長者面前表現得畢恭畢敬。伊恩·佛萊明把他的第一本小說《皇家夜總會》送給毛姆並高興地收到他熱情的回信。毛姆被詹姆斯·龐德的冒險經歷所吸引，一口氣讀到凌晨時分。為了充分利用毛姆寶貴的評論，佛萊明問他可否從信中摘錄他的一段話用來宣傳這本小說。毛姆的回答是「不」。但這並不意味著他說的不是真話，而是一直以來總有人想讓他寫點吹捧的文字，但一律被他回絕了，哪怕是《創世紀》的作者也不行。佛萊明婚後不久來到瑪萊斯科別墅，毛姆看到這對夫妻深愛彼此很是感動。可是，令他不解的是，為什麼他們會用那麼多條毛巾，多的時候浴室的地板上會擺著九條濕毛巾。後來他聽說，佛萊明做愛的時候很有創造性，喜歡用濕毛巾抽打他的妻子，然後再用另一條毛巾將她的身體裹起來，平撫她的傷痛。

在《星期日泰晤士報》任職的佛萊明分身乏術，因此安經常自己來瑪萊斯科別墅，和毛姆的老朋友們在一起，其中有迷人但暴躁的傑拉德·凱利。1948年，凱利接替艾爾弗雷德·芒寧斯爵士被推選為英國皇家藝術院院長，毛姆在給他的賀信中回憶了過去的時光：「你還記得1904年的巴黎嗎？我們都沒有想到會有今天。」伊莉莎白二世正式訪問藝術院時，凱利安排毛姆在宴會上坐在她右手邊。「我想讓女王開心，」凱利告訴伯特·阿蘭森，「我問她可否讓威利坐在她旁邊，她說她害怕，我只好打消她的疑慮，告訴她，如果他願意的話，他是最好的同伴，她同意冒這個險。」瑪萊斯科別墅的客人當中跟毛姆最不對盤的要算 F. H. 了，和他的兒女們一樣，他很少來費拉角，雖然身體虛弱，但1950年他還是參加了弟弟的76歲壽宴。整個過程中，最令毛姆氣惱的是 F. H. 稱呼他「我的孩子」，而且一如往常，他沒有流露出任何喜歡這次慶賀活動的跡象。他們之間的對抗是真實存在的。1954年，F. H. 出版了他的自傳《白日將逝》，600頁的書裡只簡要地提到他的弟弟三次，最長的一次是書中的最後一句話：「我不必描述我弟弟威廉・薩默塞特・毛姆的作品」。不過，從深層來講，他們還是有感情的，二人的通信中時常會出現那種「你知我知」的冷幽默。一次 F. H. 收到一封寫給毛姆的信後轉交給他，毛姆用開玩笑的口吻回信道：「滿紙莎士比亞和培根」，後人會發現大法官以他弟弟「微不足道的名字」發表戲劇作品和小說。「你完全可以認為自己寫得像莎士比亞。」F. H. 回信道，「不過，聽哥哥一句勸，別碰十四行詩。」

戰後，蒙地卡羅的體育俱樂部大放異彩，每年夏天，葛麗絲王妃都會贊助一場世界巨星雲集的演出。1958年6月，毛姆出席了一次這樣的晚宴，體育俱樂部請法蘭克・辛納屈[1]來唱歌助興，諾爾・寇威爾做司儀。寇威爾和加森・卡寧當時都住在瑪萊斯科別墅，也都留下了對此事的描述。當晚，毛姆他們幾個和紐約的專欄作家倫納德・里昂夫婦坐在一張桌子上。據卡寧說，辛納屈走下台後停在半道上，寇威爾把他介紹給毛姆。辛納屈說，「你好哇，寶貝！」毛姆回答說，「確實很好，不過算不上寶－寶－寶貝了。」卡寧說，他從

[1] Frank Sinatra，20世紀的一代巨星，留下無數經典歌曲。他能歌善演，演技出色，三次獲得奧斯卡獎，這位集歌手、演員、電台、電視節目主持人、唱片公司老闆等多重身分的娛樂界巨頭受到全球樂迷的愛戴。

未見過毛姆遇到如此奇怪的情形。當時有太多的人，太多的噪音，但毛姆欣然接受這一切，似乎很開心。「他有讓自己快活起來的積極天賦。」毛姆離開前還走到房間中央的主桌向摩納哥大公和王妃表達了敬意。更善於觀察的寇威爾的版本則略有不同，他注意到毛姆愉快的表象下的不耐煩。他在日記中寫道：

> 今晚很混亂，人太多，令人窒息……威利越來越焦躁……終於，我用英語和法語介紹了法蘭克，他跳上台令人陶醉地唱了一個小時。法蘭克唱出的最後一個音符剛落，威利就起身回家了。我並不認為他很喜歡這場演出，或者他和艾倫都不明白法蘭克作為一名表演者有什麼了不起的。

自然，毛姆還有一群知識份子朋友，比如歷史學家和日記作者傑姆斯・李-米爾恩，他的妻子阿爾維德在羅克布倫有幢房子；毛姆告訴克里斯多福・伊舍伍和他特別年輕的情人唐・巴卡迪隨時可以來費拉角作客；尚・考克多[1]和他那個貌美驚人的男朋友「杜杜」也經常住在離瑪萊斯科不遠的一幢別墅裡；擁有藝術家和作家雙重身分的考克多是畢卡索的密友，也是巴黎文學戲劇圈裡的名人，考克多本該給毛姆帶來很多東西，雖然他們時不時就見面，但從一開始顯然兩個人就不可能成為多麼要好的朋友。考克多不太尊重「薩默塞特」（他總是這樣叫他），認為他的作品油嘴滑舌、平民主義，毛姆則十分抗拒這個浮誇的法國人令人眼花撩亂的談

[1] Jean Cocteau，1889-1963，法國著名詩人、劇作家、導演。

話方式，不屑於他「冗長的偽善」，以及總想成為焦點的決心。「考克多會為僕人的利益說話。」毛姆小聲說，考克多聽見了，當作恭維加倍努力。毛姆剛買了兩幅畢卡索的畫，一天，考克多離開前停下來欣賞。他問毛姆是否認識畢卡索，毛姆說不認識，他提議安排他們見面。毛姆回應道：「他會打橋牌嗎？」

1940到50年代，毛姆買了很多畫，他一直想多收藏些印象派作品，於是在紐約買了幾幅他最重要的藏品——馬諦斯[1]、雷諾瓦、畢沙羅、法納爾、莫內和尤特里羅的作品。很多藝術機構批評毛姆的品味太過陳腐，他主要關注的是視覺藝術的文學手法。「他喜歡一幅畫是因為能讀進去、寫出來，而不是出於任何審美的原因。」哈羅德・艾克頓評論道。毛姆通過文章不可否認地支持了這個觀點。1941年他為某雜誌寫的一篇文章中說，「我不認為尤特里羅是偉大的畫家，但有一次我偶然見過他的一張白色時期的作品，看得我很傷心。了解巴黎的人看到那些骯髒的郊區的街景，帶著荒涼的氣氛和懷有敵意的靜寂，真是無限的悲傷。」這個時期，他還在巴黎和倫敦買畫，畢沙羅、馬諦斯和西斯萊的畫，還有雷諾瓦的一幅充滿肉感的裸體畫。他買的最後一幅畫是一幅河景圖——萊皮納的《塞納河上的巴黎》。一次，他和艾倫在龐德街一家著名的畫廊門前經過，見兩個男人正往裡面抬一幅蒙著布的畫，畫布很髒，沒安框，這正是他找了很多年的那幅畫，儘管價格高得驚人，他還是痛快地買下了。他還很喜歡土魯斯－羅特列克的一幅畫《磨光工》，畫中一個赤身裸體的男人正趴在那裡給石頭地板

[1] 毛姆偶爾去拜訪馬諦斯，他們是里維耶拉的鄰居。一次毛姆告訴馬諦斯他買畫是為了讓家裡「開花」，馬諦斯反感地哼了一聲，說「這是純粹的裝飾。」

拋光。畫商告訴毛姆，如果是裸體女人，他會要三倍的價，正因為買家們厭惡男性裸體，毛姆才得以以一個非常合理的價格買下了它。原始、野蠻、令人不安，《磨光工》沒有典型的羅特列克作品中的交際花和康康舞女，毛姆總是讓客人們猜這幅畫的作者是誰，猜不到，他就很開心，只有一次被人猜中了。

雖然喜歡視覺藝術，但毛姆知道自己是個門外漢，因此需要花大錢購畫時，他會向別人徵求意見。除了早期的傑拉德・凱利和休・雷恩，他還向巴黎的大收藏家兼鑒賞家阿爾馮斯・卡恩諮詢過。就是卡恩讓他知道了費爾南・萊熱[1]，毛姆買了一幅萊熱向塞尚致敬的抽象畫。後來，毛姆還向門羅・惠勒、尚・考克多，以及最偉大的英國藝術史家之一、國家美術館館長肯尼斯・克拉克爵士徵求過意見。戰前，克拉克是美國藝術史家、義大利文藝復興藝術權威伯納德・貝倫森的學生，他和毛姆結成了牢固的友誼，毛姆欣賞克拉克的冷幽默、一絲不苟和溫文爾雅，也喜歡他優雅的太太簡。克拉克第一次來瑪萊斯科別墅時，像往常一樣，毛姆讓他猜《磨光工》的作者是誰。克拉克立即道出了土魯斯－羅特列克的名字，沒有片刻的猶豫。和他的導師貝倫森不同，克拉克尊重毛姆對繪畫的感覺。毛姆參觀完貝倫森的伊塔蒂別墅後，貝倫森說，這位作家「對視覺藝術無感到不可思議的地步。到目前為止，他稱讚過的畫都是最差勁、用來填空的東西。」克拉克則認為毛姆對所有藝術形式都有敏銳的感受力，繪畫也包括在內。「大客廳雕刻精美的畫框裡裝的是雷諾瓦和莫內的作品，走廊牆上掛著馬諦斯的作品。如果有人拿一幅他不知道的畫家的作品複製品給他

[1] Fernand Leger，1881-1955，法國畫家，最早的立體主義運動領袖之一。他以濃重的原色調、機械般的形狀和簡單的粗線條輪廓描繪20世紀勞動者的生活。

看，比如保羅・克利的，他的反應出奇得快，而且很準確。有一次我拿蒙德里安的畫給他看，讓我驚訝的是，他說，非常好。」克拉克夫婦來費拉角住過幾次，儘管他真心喜歡這裡的主人，毛姆對他們也非常友善，但他們享受不到純粹的愉悅，感覺相當緊張，尤其是到了晚上。「晚餐進入尾聲時，該說的話說盡了。客廳太大，不適合舒適地交談。他真正喜歡做的事是打橋牌，簡不會玩，我會玩，但假裝不會。有人請他出去打橋牌，我們總算鬆了口氣，但這種時候太少了。有時他會帶著我們拜訪他的鄰居，那些人住的大房子粗俗得令人無語……」

通過門羅・惠勒的引薦，毛姆認識了畫家格雷厄姆・薩瑟蘭。1947年，正在法國南部的薩瑟蘭夫婦被邀請到瑪萊斯科別墅作客，薩瑟蘭立即被毛姆的「可畫性」打動。此前，他從未嘗試過肖像畫，但毛姆同意給他當模特兒。於是，薩瑟蘭夫婦搬進來住了一個星期，專心為毛姆畫像。畫布又高又窄，畫中的毛姆坐在一隻竹凳上，背景塗成厚厚的黃色，他的頭上有幾片象徵東方的棕櫚葉。毛姆稍微有點駝背，眼神憂鬱，嘴角下垂，帶著一絲譏諷的樂趣，給人感覺這個超然的觀察者正在靜靜地觀賞人性的脆弱。毛姆在接受採訪時說：「第一次看到這幅畫時，我很震驚，後來我意識到，這比我所看到的自己豐富得多。」其他人也承認在這幅肖像中看到了他們認識的毛姆的另一面。傑拉爾・凱利開玩笑說，薩瑟蘭把他的老朋友畫成了一個上海妓院的老鴇，麥克斯・畢爾邦則厭惡這幅畫，感覺毛姆像是遭受過折磨。不過，毛姆本人對這幅畫很著迷，主動要給薩瑟蘭500英鎊買下來。第二天，艾倫手裡只拿了300英鎊，他的解釋是因為付的是現金，所以要打200英鎊的折扣。薩瑟蘭雖然滿腹牢騷，但也只能接受。從這幅肖像畫開始，薩瑟蘭的事業順風順水。《時代》雜誌刊登了這幅畫的照片，其他媒體也跟風照做，這幅畫還在泰特美術館展出過，結果，很多人請薩瑟蘭給自己畫像，比如報業大亨比弗布魯克勳爵和邱吉爾。眾所周知，格雷厄姆・薩瑟蘭畫的邱吉爾畫像是應議會的委託要掛在下議院的，但邱吉爾被畫中的自己那副傷心落敗的模樣嚇壞了，他的妻子下令毀掉了這幅畫。有趣的是，毛姆也越來越不喜歡薩瑟蘭給自己畫的那幅肖像，過了沒多久就找了個藉口把它搬出了瑪萊斯科別墅。他向克拉克解釋說，「這幅畫更適合掛在博物館裡，而不是私人住宅裡。」但事實上，無情的畫面和可怕的前景折磨著他，畫家無意中用他的筆揭示了正在向毛姆逼近的淒涼晚景。

第十六章
背叛

1944年1月，毛姆70歲生日那天，他在筆記本上這樣寫道：

> 在歐洲大陸，他們有一個可愛的習俗，當一個有所做為的人到了70歲，他的朋友、同事、弟子（如果他有的話）就一起寫一本散文集向他致敬。

但毛姆70歲生日時外面正在打仗，他人在美國，沒有機會接受任何形式的敬意；所以，直到十年後，他80歲時，這樣的計畫才付諸實施。海涅曼公司委託小說家喬斯林・布魯克編一本紀念文集，收集毛姆的同僚們的文章給他做生日禮物。布魯克向很多當年最優秀的文學界人士邀稿，有詩人、出版商、小說家和評論家，但都被他們一個個禮貌地回絕。只有兩個人接受了，他們是安東尼・鮑威爾[1]和雷蒙德・莫蒂默。但兩個人寫顯然不夠，面對這種過分挑剔的退縮和對毛姆作品普遍的缺乏尊重，布魯克不得不放棄這個計畫。然而，毛姆的80大壽並沒有這樣悄無聲息地過去，媒體對此進

[1] Anthony Powell，1905-2000，英國小說家，代表作為12卷本的《與時代合拍的舞蹈》。

行了廣泛報導，《笨拙》雜誌還為毛姆畫了張漫畫，並配了一首歌謠：

我享受昂蒂布和榮譽，思考我筆下的作品，
成為所有識字之人一輩子的一切：
富人的瑪莉・柯雷利[1]，窮人的安德列・紀德，
一個講述生活真相的史蒂文森，
一個失去信條的吉卜林。
哦，我是泰倫斯・拉提根[2]時，
泰倫斯還躺在嬰兒床上，
電影、電視召喚我時，尤斯汀諾夫早已被人遺忘。
雖然我釀造的啤酒是苦的，
但我的蛋糕跟罪孽一樣甜[3]，
他們給我帶來我歎息過的月亮，
往裡面投了六便士還多一點。
我在世上最愉快的秘密藉阿申登之口說出，
人性枷鎖將我緊緊地束縛在南方的陽光裡。

毛姆的老朋友裡最慷慨的就要屬康普頓・麥肯齊了，他在作家協會的《作家》雜誌上發表了一封公開信，說他不僅代表作家毛姆的同僚們，也代表「正在享受你所給予快樂的全世界千千萬萬讀者和戲迷以及這些人的父親和祖父們。」麥肯齊

❶ Marie Corelli，1855-1924，英國作家，她創作的小說詞藻華麗、多愁善感，很受維多利亞女王的喜愛，在當時非常流行，如《兩個世界的故事》、《塞爾瑪》、《撒旦的悲傷》等。
❷ Terence Rattigan，1911-1977，英國劇作家，寫過20世紀最重要的幾部戲劇作品。
❸ 《尋歡作樂》的英文書名是「Cakes and Ale」，即蛋糕和啤酒。

表示，他對毛姆畢生的欽佩可追溯至1897年他第一次讀到《蘭貝斯的麗莎》的時候，「我崇敬你將我們從維多利亞風格的桎梏中解放出來的大無畏精神。」此外，威格莫爾街的時代書店還舉辦了毛姆手稿和初版書展，並在加里克俱樂部為他舉辦了生日晚宴。席間，劇作家約翰・歐文提議為毛姆乾杯，隨後毛姆本人發表了一篇演講。歐文回憶說，毛姆的表現令人印象深刻，「充滿了機智、幽默、佳句，感情充沛。但快說完時，他突然停下來，一動不動地站在那裡，只有他的手在顫抖。幾分鐘後，他說，『我在想接下來說什麼！』說完，他再次陷入沉默。不一會兒，他又說，『很抱歉，讓你們久等了！』接下來又是一陣沉默。突然，他的思維再次啟動，優雅地完成了這篇演講。他的腦子大概空白了兩分鐘，雖然一定是痛苦的折磨，但他表現得泰然自若。」

長久以來，這位享譽世界的作家不可避免地成為潛在傳記作者的追逐對象。自1920年代後期以來就出現了一大批針對他的作品的批判性研究，對那些寫信向他了解情況的人，他總是樂於幫助且十分禮貌。對於這樣一個不輕易流露感情的人來說，他回答問題的態度坦率得驚人，在某種程度上可以說是言無不盡。儘管如此，毛姆明確表示不想讀他們的研究成果。他對一個美國學者理查・科德爾解釋說，這是一種病理缺陷，讀到寫他的文字，無論詆毀還是讚譽，他都會感覺不舒服。然而，對於傳記，毛姆的立場更強硬，他堅決反對洩露他的私生活。1959年，毛姆的一個老熟人，當時在紐約大學當英文教授的卡爾・G・菲佛寫了本傳記書《W・薩默塞特・毛姆：坦率的肖像》。書中有八卦，資訊不太準確，稍有惡意，總體上是無害的，但毛姆對這本書厭惡至極，認為作者侵犯了他的隱私，他感覺被朋友出賣了，想不到菲佛會把他們的對話偷偷寫進書裡。

毛姆到了老年，知名的、不知名的作家們都頻頻向他提出申請，希望他能同意合作，至少不反對他們為他撰寫大部頭的傳記，但毛姆不遺餘力地保護自己，決定不允許出版任何和他有關的傳記。他交代他的文學經紀人（1961年弗利爾從海涅曼公司退休後，他的工作由斯賓塞・柯蒂斯・布朗接手），他死後，他們也要繼續拒絕這些申請者，不允許出版他的書信，盡可能讓信件所有者銷毀它們。毛姆自己也燒掉了手頭所有的書面證據，包括很久以前阿諾德・貝內特、艾達・利維森[1]、H・G・威爾斯、傑拉德・凱利和德斯蒙德・麥卡錫寫給他的信。在毛姆的堅持下，艾倫・塞爾也不得不把手裡的信付之一炬，甚至包括立頓・斯特拉奇寫給他的情書。「我一直留著那些信，」他可憐巴巴地回憶說，「萬一威利有個三長兩短，我可以賣掉它們。」不過，艾倫還是偷偷地留下了毛姆寫給他的幾十封信。

在毛姆人生的最後幾年，英國對同性戀的態度更寬容了，儘管直到他去世兩年後才通過了同性戀法改革法案。然而，毛姆絕對是他那個年代的產物，他強烈感受到必須隱瞞他所謂反常的性取向。他一直十分在意體面，1954年，當泰倫斯・拉提根召集大家在請願書上簽名支持因同性戀行為受到審判的年輕的愛德華・孟塔古時，只有毛姆和諾爾・寇威爾兩個人拒絕了。將善意的傳記作家拒之門外讓毛姆感覺比較安全，但他仍然要面對敲詐勒索的威脅。第一個比較容易對付的，就是哈克斯頓的男友盧盧，中年時他去澳大利亞淘金，結果沒發成財，於是想到手裡有哈克斯頓、毛姆和很多名人寫給他的信，比如哈羅德・尼克森，他知道如果將他們

[1] Ada Leverson，1862-1933，英國小說家。

的關係公布於眾，他們不會太開心。盧盧給毛姆、艾倫、羅賓和麗莎寫來一系列錯字連篇的信，幸好一封附帶支票的律師函就把問題圓滿解決了。

然而，更嚴重的威脅變成了現實，這次來自家庭內部，不是別人，正是毛姆的侄子羅賓。毛姆所有的親戚熟人中，只有羅賓把艾倫當朋友。兩個人的關係一直很近，羅賓願意傾聽艾倫的苦衷，艾倫則充當羅賓和他叔叔之間的和事佬。羅賓遇到麻煩，艾倫會出面維護他，還讓他了解別墅內部的情況。當然，艾倫知道毛姆所有的事，羅賓的好奇心也越發強烈。一天，兩個人坐在泳池邊，艾倫不慎透露了毛姆因不滿羅賓的不負責任和自我放縱已大幅削減給他的經濟供給。羅賓一直盼望過上不勞而獲的舒服日子，聽到這個消息，他既感到驚駭，又倍受打擊。回到英國後，他寫信給艾倫，請求艾倫替他在叔叔面前美言幾句，讓他撤銷對他不利的決定。艾倫答應他會盡力而為，但必須等待合適的時機。同時，他表示願意幫助羅賓完成一個短期見利的計畫，寫一本全面的毛姆傳記，將自己的想法和盤托出。羅賓十多年前就向毛姆提出過給他寫一本傳記的想法，但被毛姆當場拒絕了。現在，有艾倫給他通風報信，再加上未來堪憂，他絕不會放過這個機會。於是，他懷著一定程度的惶恐寫信給毛姆，說美國出版商維克多・韋布賴特給他預付了5萬美元，顯然，他無法拒絕這麼好的提議，但同時，他又不想背著毛姆偷偷地寫。

你知道，雖然靠寫作掙到的錢足夠我生活，但我沒有一分錢的資本。父親留給我的九千英鎊都用來購買和裝飾

> 我在倫敦的小房子了，所以，我真正需要的是，如果你能給我的話，首先，同意我接受寫這部長篇傳記的提議，然後嘛，盡可能地幫助我……依我看，以我對你深深的欽佩和愛戴，至少我能比其他人寫出更好的傳記。

儘管羅賓信中所傳達的情感的真摯性無須懷疑，但毛姆讀這封信時還是嗅出了勒索的味道。於是，他立即付給羅賓5萬美元，就是韋布賴特給羅賓的那個數字，不過，有一個前提條件，他必須放棄所有關於毛姆的寫作計畫。羅賓在回信中似乎帶著十足的誠意向毛姆保證一定會遵守他們之間的契約，並向他表達了感激之情。

過完80大壽回到法國南部，毛姆發現有1000多封賀信正等著他。此外，每個星期還會收到500多封業務和私人信件，還有大量粉絲來信，這些信幾乎都要由艾倫・塞爾來處理。各種電話邀約也要通過艾倫。毛姆的秘書就像一個看門人，儘管有時也會感到慌亂疲憊，但他很享受這種榮耀和興奮。尤其是在倫敦，他住在豪華的多賈斯特酒店，記者們必須巴結他才有機會見到毛姆。其實，離開費拉角時，卸掉了肩上的重擔，塞爾通常會更開心，而且他在別墅裡經常身體不舒服。艾倫患有一種皮膚病——銀屑病（牛皮癬），一到夏天，天一熱，病情就會加重。他還老犯痔瘡，容易得肝炎。瑪萊斯科別墅的食物很油膩，加上艾倫貪嘴，結果第二天他經常頭痛、噁心，只能臥床休息。他總能用溫馨親密的方式對待毛姆的大部分朋友，因為通常他們也對他很友好。他以為人家會高看他一眼，事實上，並非如此。

一般來說，客人們都比較喜歡艾倫：他看起來是個可愛的傢伙，總是忙忙碌碌的，「面帶微笑……噴著很濃的香水，有可愛的黑頭髮、粉紅的臉頰，胖嘟嘟的樣子。」毛姆的醫生羅薩諾夫這樣描述他。但大多數人雖然嘴上不說，但心裡覺得他有點無聊，糊里糊塗的，腦子不太靈光。艾倫會把很正常的禮貌、友好的表示理解為對他懷有深刻、永恆的情感。令人尷尬的是，艾倫在為雇主打完一封信後還會手寫一段感情洋溢的話。舉個例子來說，他總是在給「社交名流」傑利・齊普金的信上熱切地說：「你真是個甜心……我很少愛哪個朋友會像愛你一樣。」

對艾倫而言，人生的兩大樂事是性和自憐。他沉迷於自憐，抱怨健康問題，神經緊張、多有壓力，總擔心雇主死後他會被掃地出門，衣食無著。他沒完沒了地談論對未來的期望，或者嘮叨生活沒有盼頭，說到將來的慘狀，他的聲音就會沙啞。他相信毛姆肯定一毛錢都不會留給他，任憑他流落街頭，而老弱的他不可能從頭再來。這一切全是無稽之談，毛姆從一開始就明確表示會供養他，但艾倫依舊抱怨個沒完。一些毛姆的老朋友，比如喬治・丘克實在是聽膩了，曾試圖讓他變得理性起來，但艾倫不願意聽。傑利・齊普金很快就意識到，「他喜歡抱怨。」最後，齊普金給他出了個主意，把他需要的東西列一個單子，毛姆肯定願意在上面簽名，但艾倫偏不這麼做，他只是抱怨。

齊普金還能滿足艾倫的另一個癖好，安排人定期給他從美國寄色情資料。一箱箱的照片和雜誌（經過精心偽裝後逃避法國海關監管）從亞利桑那州的一個專業公司不時地寄過來，艾倫獨自在臥室裡享受這種激烈的樂趣。和傑拉德一樣，晚飯後，艾倫也經常開車去自由城遛達，也每每會撲向任何受邀前來瑪萊斯科別墅的英俊小夥。艾倫的癖好在里維耶拉無人不知。他出手闊綽，因而很受歡迎，後街小酒館裡經常能見到他的身影，美國艦隊來的時候，他一定會出現在碼頭附近。有時他會帶新朋友回別墅，給他們香檳喝，讓他們在游泳池裡游泳，並在適當的時候介紹給毛姆。

儘管頭腦愚笨、神經衰弱，但艾倫保障了毛姆高度結構化的日常生活，保護他、照顧他，並給予他無限的仁慈和同情。兩個人的關係還是很和諧的，彼此知根知柢。「（毛姆先生）對我十分慷慨，愛我和我身上的所有的缺點。」後來艾倫這樣寫道。然而，晚年的毛姆脾氣暴躁，經常在艾倫面前表現出不耐煩，有時艾倫會被他罵得哭著衝出房間。這可能更令毛姆討厭，也可能讓他有內疚感，於是會在接下來的一兩天特別溫柔地對待他。偶爾，毛姆也會對艾倫發起肉體攻擊，比如有一天下午，他們路過荷塘，艾倫朝著一隻青蛙丟了塊石頭，毛姆差點把他打翻在地。不過，很顯然，艾倫陶醉於這種戲劇性的場面，他喜歡被寵愛、被同情，毛姆的嚴厲給他的委屈提供了更加豐富的原料。

和毛姆生活在一起有極大的好處，其中艾倫認為最有價值的是有機會旅行。每年他們都會去歐洲旅行：德國、奧地利、義大利、葡萄牙和西班牙。1950年，他們去了摩洛哥，1953年去了希臘和土耳其，1956年去了埃及，他們在那裡受到阿迦汗奢華的招待。戰後，毛姆只去過美國兩次，分別是1949年和1950年，他將《斯蒂芬・凱里的藝術氣質》的手稿交給了美國國會圖書館。1959年，85歲的毛姆回到遠東，去了擁有眾多粉絲的日本，重遊了當年的停靠港，新加坡、西貢、馬尼拉和香港。抵達橫濱時，數千人迎接這位偉大的英國小說家，同樣的情景也在東京上演。當時住在京都的英國小說家法蘭西斯・金陪了他們一段時間，毛姆對日本的文化和生活的好奇給金留下了深刻的印象。「他仍然覺得還有一些重要的東西要學……他經常累得要死，但還是決定看夠了為止。」

到了80好幾時，毛姆依然沒有改變年輕時定下的規矩，每天早上躲在書房裡寫作，不過，現在他的右手上要戴一個有彈性的支撐物，而且用的是加重的鋼筆。雖然不再寫小說，毛姆依然是暢銷書作家。他的書賣了將近8000萬冊，成為海外學校的英語教材，他的作品被翻譯成歐洲所有的語言，還有俄羅斯語、土耳其語、阿拉伯語、日語和幾種印度方言。他的戲劇作品繼續在全世界上演；他的長篇小說和短篇小說一次次再版，銷量在三部電視連續劇的推動下猛增；1957年甚至有一部根據《月亮和六便士》改編的歌劇被搬上舞台。當然，很多人找毛姆為自己的書寫序，比如羅比・羅斯、艾迪・馬什、查理・卓別林和格拉黛絲・庫珀。他給阿迦汗的自傳寫了序言，還給兒時在巴黎的一個朋友維奧萊特・哈默斯利的第一本譯著作了序。

1951年，毛姆出了本《吉卜林佳作選》，這些短篇小說都是他親自挑選出來的，他對這位作家的感情一直有點矛盾。毛姆對吉卜林其人略知一二，第一次見到他是在1890年代的一次晚宴上，毛姆記得席間他想，如果吉卜林再說一次「正人君子」，他就把玻璃水瓶朝他丟過去。1930年代，吉卜林曾被帶到瑪萊斯科別墅用午餐，好玩的是，毛姆發現他變化不大。「他是個白人，」吉卜林談論著一個他欣賞的傢伙，毛姆已猜到他接下來會說什麼，果不其然——「他是個真正的正人君子。」吉卜林說。吉卜林的女兒艾爾西・班布里奇請毛姆來編這本佳作選，為此，毛姆重讀了吉卜林所有的短篇小說，他向彼得·斯特恩報告說，「我一直在讀吉卜林，讀吉卜林，讀吉卜林，狀態最佳時，他是個聖手，最糟糕時，哦，我的上帝！」雖然開了這種玩笑，但毛姆的讚美是真誠的，尤其是關於印度的故事，他的評價慷慨且明智。「吉卜林是英國最偉大的短篇小說家，」他總結道，「唯一能與莫泊桑和契訶夫相提並論的短篇小說家。」

80多歲的毛姆仍筆耕不輟，從某種意義上說，他別無選擇。「事實是，寫作跟喜歡喝酒一樣，是個很容易養成卻如惡魔般難以制服的習慣。」他向伯特·阿蘭森解釋道。然而，現在他歲數大了，靈感沒了，想像力也枯竭了，他痛心地承認，「我豐富的創造力已經成為過去，我很清楚我已經失去了我可能有過的才華……再也不是一個有創造力的作家是非常孤獨的。你的人物已經不與你同在了。」1958年在接受一家報紙採訪時，毛姆傷心地說，「寫作於我一直是一種病，但現在我必須滿足於一天寫一個小時，如果我的手允許的話，寫書，而不是寫人，這根本不是一碼事，就像一個男人要跟他愛的卻不能再在一起生活的女人離婚。」記者回憶說，「他邊說邊緊張地揉著大拇指和食指間的肌肉。見我感興趣，他說，『就是這個地方疼。寫了這麼多年，肌肉已經不管用了。』」

過去的記憶越來越縈繞不散，他青年時的回憶、他的童年、他對母親的愛，這是他所知的唯一得到回報的愛。他老是想起傑拉德，想起和他一起去南太平洋地區和遠東的旅行。1953年，H·E·貝茨把一本短篇小說集獻給他，其中的最後一篇小說將毛姆帶回了很久以前，那段被他忘掉一半的關於東方的回憶。「我很激動，但同時很不快樂。哦，過去！」毛姆的語調令人心酸。相比之下，毛姆覺得他的日常生活黯然無色，他越發不安和不滿，有那麼一段時間他甚至考慮賣掉瑪萊斯科別墅，搬到倫敦或洛桑去住。「我有好僕人、好食物、美麗的房子和漂亮的花園，但這並不能妨礙我無聊。」他向他的侄女凱特抱怨道，「如果沒有一定量的工作要做，我在這兒一個月也待不下去。但工作只佔據我上午的時間，還有接下來的一天要捱過去。」

雖然毛姆有很多社會活動要參加，但他的很多老朋友已經過世。1948年，埃默拉爾德・丘納德；1952年，德斯蒙德・麥卡錫；1953年，艾迪・馬什；1956年，麥克斯・畢爾邦，他去世幾個月前，毛姆還在拉帕洛見了他最後一面；1958年沉痛地悼念伯特・阿蘭森。他反倒是沒有多麼痛惜家人的離去。1958年3月23日，F. H. 中風後死在卡多根廣場家中，享年91歲。做了八年鰥夫的他一直由大女兒凱特照顧，他的死來得既不突然，也沒給家人帶來太大的悲痛。如果說，面對哥哥的死，毛姆的整體表現是無動於衷，那麼，三年前的前妻之死則成了他欣喜的理由。戰爭結束後回到倫敦的西芮搬進公園路的一間公寓，在那兒繼續做生意，不過規模比以前小一些。人到古稀的西芮不再如往常那般幹勁沖天，她的大部分時間是在床上度過的，煲電話粥或者厲聲向長期遭受她折磨的女僕和秘書下達各種命令。自從幾年前得過一次肺結核，她的健康狀況一直不穩定，心絞痛和支氣管性肺炎於1955年7月25日奪去了她的生命，去世時她76歲。毛姆是從悲傷的麗莎那裡得知這個消息的，麗莎給他發了封電報。「我不會虛偽到假裝為西芮的死深感悲痛。」他告訴芭芭拉，「她自始至終都從未停止過讓我痛苦。」的確，他最強烈的感受是解脫，同時也擺脫了供養這個跟他已離婚三十年的女人的責任。「啦啦啦，不用再給生活費了，啦啦啦。」他一邊用手指敲著牌桌，一邊唱道。他既沒有參加西芮的葬禮，也沒有出席在格羅夫納禮拜堂舉行的追思會，大家為了紀念她買雕像贈給維多利亞與艾伯特博物館時他也沒出錢。

人生的最後幾年，毛姆不斷地想到死亡，想到他的人生會以怎樣一種形式結束。「我就像一個在戰時碼頭等船的乘客，不知道船會哪一天開，但我已經做好了準備，一接到通知就可以立即上船。」他在《作家筆記》的最後一頁這樣寫道。他開始對自己老了的樣子著魔，站在鏡子前，哀歎耷拉的眼皮和滿臉的皺紋。確實，這一時期，很多人在日記和回憶錄裡反覆用蜥蜴類的動物比喻毛姆：鱷魚啦、烏龜啦之類的。「一隻在岩石上曬太陽的鬣蜥」；日記作家弗朗西絲·派特里奇將毛姆比作變色龍，「他蒼白的、溝壑縱橫的臉，深陷而閃閃發光的眼睛，不慌不忙地張開有時黏在一起的兩片嘴唇」；哈羅德·尼克森則說毛姆「讓他想起緩緩爬過加拉帕戈斯群島巨石的蜥蜴」；葛蘭韋·韋斯科特在看到毛姆只戴著一頂草帽跳進泳池時，想出了一個更快樂的形象，「威利身材勻稱，但個子小小的，挺著個小肚鍋，看起來就像童話故事裡的青蛙國王。」老年的毛姆身體依然靈活健康，性方面也很活躍，不僅和艾倫，還有艾倫帶回別墅來的男孩們。他告訴韋斯科特，他認為縱欲是健康的。他仍然享受美食美酒，期待餐前的雞尾酒（馬丁尼酒裡加少許苦艾酒），繼續對了解午餐和晚餐的菜單感興趣。

1950年代末，不無諷刺地將自己形容為「愛德華七世時代的破舊遺蹟」的毛姆很少再邀請朋友來家中留宿。85歲的毛姆寫信給傑拉德·凱利，「多年來我樂於做的事已經令我筋疲力盡，我總是（或者幾乎總是）很高興我喜歡的人來和我一起吃午飯，但我只能招待到這種程度了。」他最喜歡的午餐客人也早已不再年輕，比如邱吉爾和加拿大新聞大亨、《每日快報》的老闆比弗布魯克勳爵。邱吉爾經常住在里維耶拉，作為他的同齡人，毛姆總是忍不住說自己比這個老朋友健康得多，說膚色粉紅、白髮稀疏、步履蹣跚、別人說什麼也聽不太明白的邱吉爾看上去像個「可憐的老賽璐珞娃娃」。比毛姆小五歲的麥克斯・比弗布魯克依然精神矍鑠，他住在里維耶拉時兩個人經常串門，還總讓司機給對方送點小禮物——無花果、蜂蜜或者果醬什麼的。

毛姆很少邀請朋友到家裡來，但有些家庭成員例外。毛姆喜歡麗莎和他的外孫們、他的侄女們，還有羅賓，儘管他有時會有可疑的行為，而且毛姆早就清楚羅賓的雄心壯志不可能實現。1941年，羅賓和叔叔住在南卡羅來納州時曾大談未來的計畫和對寫作的渴望。毛姆也曾給予他支持，但羅賓的某些性格特點讓他感覺不舒服，特別是他的不勤奮和愛炫耀。「羅賓的缺點是，他對人本身沒有興趣，只對自己給別人的印象感興趣。」他告訴凱特・布魯斯，「這不是成為一名好作家應有的態度。」自從戰事爆發以來，羅賓一事無成，他放棄了法律，放棄了農業，儘管享受過短暫的成功，他的中篇小說《僕人》還被拍成了電影，但他的作品依然稀鬆平常，不禁令人懷疑吸引他的不是寫作本身，而是一些從業者，特別是他叔叔通過寫作換來的奢華的生活方式。「羅賓和他小時候一樣輕浮、三心二意。」羅賓快過40歲生日時，毛姆抱怨道，「他從來就沒有長大過，總是跟一些品行不端的人攪合在一起，胡亂花錢。他嘗試過各種謀生手段，但無一成功。真可惜，他是個很不錯的小夥子，要不是那麼自滿、貪杯，沒準能做點成績出來。」

最讓毛姆勞神的是羅賓有酗酒的毛病，他有切身體會過酒精如何毀掉一個人的職業生涯。「生活在酒鬼中間是我的不幸。」他在《吉卜林佳作選》的序言中寫道，「在我看來，他們最好的時候，無聊；最糟的時候，噁心。」羅賓端起酒杯時二者兼而有之，他的叔叔漸漸對他失去了耐心。父親去世後，羅賓繼承了子爵的頭銜，作為第二代毛姆子爵，他立即開始仗勢欺人，花巨資打動孌童和食客們。他相信叔叔死後自己將腰纏萬貫，然而，他的期望沒有他以為的那麼安全。戰前毛姆為羅賓設立的信託基金已經大幅增值，但毛姆越來越擔心侄子不負責任的行為，於是決定抽取相當大的一部分放在麗莎和她的孩子們的戶頭裡。毛姆認為沒有必要把這件事告訴他的侄子，羅賓還有5萬美元的本金，這筆錢的利息可以給他提供足夠豐厚的年收入。

麗莎每年夏天來訪總是令人愉快的。毛姆特別喜歡嬰兒和小孩，尼可拉斯和卡蜜拉小時候毛姆對他們都很寵愛，他也同樣地癡迷麗莎跟第二任丈夫生的兩個小男孩——1950年出生的朱利安和兩年後出生的喬納森。至於他的女婿，他們沒有任何共同之處。他和約翰表面上客客氣氣，但私下裡毛姆覺得這個人很乏味，而且大家心照不宣，麗莎盡量不帶他來。瑪萊斯科別墅是個神奇的地方，尤其是對兩個大一點的孩子而言，他們知道在外祖父面前要表現得乖乖的，否則他會突然失去耐心，發起脾氣來很可怕。但這裡有巨大的花園、網球場、游泳池，還有艾倫。艾倫已經變成了他們的玩伴和知己，隨時準備逗得他們捧腹大笑。但人到晚年的毛姆性格變得愈發令人捉摸不透，大家都會求助於忠誠的艾倫。他看上去是那麼善良、能幹，安慰他的雇主，讓客人們放心，把一切安排得好好的。家人、還有孩子，然而麗莎本人完全沒有想到艾倫會憎惡他們，並決心要欺騙他們。但事後想起來，確實有些跡象表明，事實並非看起來那樣。卡蜜拉和尼可拉斯都記得艾倫曾經哄騙他們做淘氣的事，想讓他們捅大簍子，毛姆的幾個朋友也發現他厚臉皮的表象下有更複雜的性格，看出其實他是個假殷勤、真斂財的人。克里斯多夫·伊舍伍的男朋友唐·巴卡迪寫道：「艾倫的單純和不起眼是裝出來的。」艾倫·普萊斯－瓊斯則將艾倫描述為「一個密謀者、陰謀家，熱衷於自己的利益，一個惹是生非的傢伙。」

自從來到瑪萊斯科別墅，他就著了魔一般堅信麗莎和約翰·霍普想騙他，想奪走本屬於他的東西。毛姆對艾倫一向慷慨，他給他設立了信託基金，為他提供豐厚的收益，還經常給他買禮物，不僅僅是送他錢和衣服——有一次給他買了一件貂皮大衣——還把畫和在倫敦和紐約能拍賣出高價的手稿送給他。舉個例子，1960年，德克薩斯大學以1200英鎊——當時不菲的價格，買下了毛姆捐出來用於為倫敦圖書館籌款的中篇小說《佛羅倫斯月光下》。即便如此，艾倫依然不放心。或許是過去在他心中埋下了深深的不安全感。他死後，人們在他的一本備忘錄中發現了這樣一句話：「父母讓我遭受了嚴重的精神虐待。」無論這種妄想源自何處，總之，艾倫已經仇恨麗莎很多年，這種恨甚至波及到她的丈夫和孩子。他跟毛姆的幾個最親密的朋友念叨，偶爾也會用稀釋過的口吻向他的雇主表達自己的憂慮，但毛姆厭倦且蔑視他沒完沒了的抱怨。「你死了，我可怎麼辦？」艾倫抱怨。

「你就得住到寄宿公寓去了。」毛姆打趣他。見艾倫眼淚汪汪的，毛姆趕快說：「哎呀，行了，你這個蠢貨。」

他決心挫敗他眼中霍普的邪惡計畫，盡其所能讓毛姆與他們為敵，但他必須小心行事。毛姆不是傻子，在他面前公然批評麗莎會弄巧成拙，但後來一個絕佳的機會突然自己蹦出來了。毛姆決定出售他收藏的印象派畫作。艾倫趁機製造麻煩，麻煩越變越大，操縱並整個毀掉了毛姆的餘生——他與女兒的關係，以及他死後很多年間在世人眼中的名望。

到了1950年代中期，毛姆的藏畫增值幅度巨大。從戰爭初期起購入的30來件藝術品中，有9件是以麗莎的名義買的，其中包括雷諾瓦的一張裸體畫和畢卡索的一幅畫。從法律上講，這些畫屬於麗莎，但她知道，在父親有生之年，這些畫必須留在瑪萊斯科別墅。夏天麗莎來別墅住時，毛姆喜歡跟她談論這些畫和他的遺囑，他幾乎把一切都留給了她。1954年以來，她一直是擁有瑪萊斯科別墅那家公司的大股東——成立這家公司是為了規避遺產稅。同時，毛姆也希望把別墅裡的東西、他的錢和版稅留給她和她的孩子們。「我想讓你知道你將非常富有，」他告訴她，「你將是一個極其有錢的女人。」這樣的談話令麗莎有些尷尬，她說，「始終處在一種友好的氛圍裡，當然，我認為他這麼做十分慷慨。」父親將巨額遺產的細節一一向她交代清楚，且就是在這些談話中，他透露，她是在他和她母親結婚前出生的，此前她毫不知情，聽後十分震驚。講述她出生時的情形時，他解釋說，他會在遺囑中特地標明「我的女兒」，而不單單提一下她的名字，以免他死後有人質疑她的地位。

要不是毛姆突然決定賣掉他的藏品，或許一切安然無事。1960年，蔚藍海岸發生了一系列組織嚴密的藝術品盜竊案件，毛姆很擔心。一天，聖讓市長專程登門拜訪提醒他，他的畫肯定被竊賊盯上了，這更加重了他的不安。他不堪忍受保險庫和報警器的煩擾，於是聯繫了龐德街的蘇富比拍賣行，計畫於1962年春舉辦一場高調的拍賣會，同時附帶一本包裝精美配有彩圖的藏畫集《自娛自樂》（Purely for My Pleasure），他要賣掉他所有的畫，包括書房那塊玻璃嵌板上的高更的畫。為了進一步擴大宣傳，毛姆說服霍普夫婦把麗莎的那九幅畫也賣掉。「這對你們倆也有利，」他說，「現在就能拿到錢，不必等我死了以後。」1961年8月，麗莎每年來瑪萊斯科別墅那段時間，雙方達成友好協定。回到家裡，麗莎像往常一樣寫信感謝父親招待自己，同時確認同意賣掉屬於她的那幾幅畫。

十月，毛姆像往常一樣來到倫敦，麗莎打電話到多賈斯特酒店約他見面，但接電話的不是她父親，而是艾倫，艾倫的聲音聽起來怪怪的，緊張兮兮的：他說，他必須立刻過來見她，有急事要跟她商量。到了霍普夫婦在切爾西廣場的家，艾倫突然告訴麗莎，她父親被她那封「咄咄逼人」的信激怒了，拒絕跟她說話，也不想見到她。無論如何，她不要試圖聯繫他，艾倫說，他會盡量讓老頭子平靜下來，讓他們達成和解。詫異的麗莎起初同意照艾倫說的做，但過了一個星期仍然沒有聽到任何消息，她又打電話多賈斯特酒店，這次接電話的還是艾倫，他告訴她，她父親氣得發狂，還是不肯見她，同時堅持要求她放棄至少一半賣畫的錢。她必須答應，艾倫說，毛姆的狀態很可怕，而且還在迅速惡化，倘若她不聽話，他可承擔不了後果。艾倫的說法讓她既驚駭，又

受傷，麗莎給她的父親寫信，

> 親愛的爸爸，你拒絕見我真的讓我很難過。當我想到我們相處得那麼愉快，就在六個星期前，你還對孩子們那麼好，我們在瑪萊斯科別墅過得那麼開心……我沒做什麼錯事，你怎麼會突然生我的氣呢？求求你，讓我來見你吧，不要讓我們之間再有任何類似可怕的裂痕。

結果，她收到的是一封律師函，表示毛姆不可能見霍普夫人，他們之間在某些問題上存在爭議。困惑不安的麗莎給她父親寫了張字條，請他解釋一下到底發生了什麼事。她將這張字條連同那封律師函都給了艾倫，他又來見過她一次，逼迫她接受一半的銷售款。艾倫第二次登門那天是個星期五。星期一艾倫給麗莎打來電話，令她驚訝的是，艾倫說她父親希望她過去一起喝茶。他下了一條嚴格的指令，不許提那些畫。據說，他把整件事都忘了。忘了，還是毛姆對此事全然不知？當然，麗莎沒有提賣畫的事。麗莎發現父親非常高興、友好，彷彿他們之間從來沒發生過不愉快。幾天後，毛姆和艾倫回到法國南部。

1962年4月10日，毛姆繪畫藏品拍賣會在蘇富比拍賣行舉行，銷售額為592,200英鎊（合1,466,864美元）。毛姆當時在瑪萊斯科別墅，參與了很多前期籌備工作的艾倫來到倫敦的拍賣會現場。拍賣前的那晚，他去了麗莎家，他的說話方式令她震驚又害怕。他的臉漲得通紅，情緒非常激動。他說，她父親已經做了決定，賣畫的錢一毛錢也不給她，如果她非要不可，就剝奪她的孩子們的繼承權。不過，別忘了，麗莎可是西芮的女兒。到了這時，她已忍無可忍，她告訴艾倫，如果有任何剝奪她應得利益的企圖就只好對簿公堂了，艾倫大罵她蠢貨後摔門而去。

從那一刻起，毛姆向他唯一的孩子公開宣戰，這也是二人不幸的根源。直到毛姆死後，麗莎才開始懷疑她和父親決裂的原因，艾倫・塞爾難辭其咎。三十多年後，尼可拉斯・帕拉維奇尼在寫給《泰晤士報》的一封信中回憶道：「我母親在她父親生病期間一再提出想要見他，找他談一談，但都遭到了艾倫・塞爾的阻攔，從而不可能達成和解，這是令我母親一直傷心的地方。」

毛姆快90歲了，是個很老的老人了，他的思維在退化，抓住現實的力氣也越來越小。有艾倫這個胖伊阿古[1]在耳邊不停地說他家人的壞話，毛姆確信他們是背叛、貪婪的小人也不足為奇。艾倫給密友的信使人洞察到他深深的敵意。「麗莎，他那個卑鄙的所謂『女兒』是個食腐肉的動物……是個婊子……讓我心中充滿了殺欲。她到處說『我愛我的爸爸，我想和他在一起。』她怎麼不去死呢……她只對能從我身上得到什麼感興趣……這些人的貪婪和冷漠令人難以置信。」他告訴毛姆，有人看見麗莎和她丈夫在瑪萊斯科別墅數錢、列清單，走來走去，彷彿他們才是別墅的主人，麗莎只對他的錢感興趣。艾倫知道毛姆容易受到這種挑撥的傷害，因為自從戰前的那次印度之行，他就對霍普家族耿耿於懷，但更重要的是那段不幸的婚姻使他對西芮的憎恨從未停歇過。麗莎是西芮的女兒，他在麗莎身上看到了太多西芮的印記，他永遠也忘不了她們母女之間

❶ 莎士比亞經典悲劇《奧賽羅》中的反派人物，故事中伊阿古使盡各種手段使得主人公奧賽羅聽信其挑撥，親手掐死自己的妻子後自殺。

的聯繫。

目前看來似乎沒有任何和解的機會。「艾倫煽動威利和麗莎作對，威利討厭約翰・霍普勳爵，可憐的麗莎心神不寧，她是個謹慎且有野心的女人。」安・佛萊明向伊夫林・沃報告。毛姆的侄女黛安娜則各打五十大板，認為麗莎完全喪失了理性。「她身上有某種東西——也許是……對待金錢的冷靜態度。」她試圖說服麗莎對父親給予更多的理解，但麗莎已經不可能後退了，她找來律師，決定起訴毛姆。艾倫則盼望他能出庭的那一天。「我只希望他把藏在心裡很多年的話全都說出來。」他給羅賓寫信道，「徹底毀了他們……他們活該。」毛姆「藏在心裡很多年的話」是艾倫的制勝法寶，這是一個聳人聽聞的消息：誰才是麗莎的親生父親？麗莎是非婚生女，這她已經知道了，醜聞的關鍵是，毛姆可能不是她的父親。毛姆已經老態龍鍾，艾倫很容易就能讓他相信西芮當年欺騙了他，麗莎的父親肯定是她那半打情人中的一個。說服89歲的毛姆麗莎並非他親生後，再努一把力，他就會否認他和麗莎的父女關係，然後，再將57歲的艾倫・塞爾收為養子。一旦辦好收養手續，下一步顯然就是剝奪麗莎的繼承權，將艾倫列為他的繼承人。不過，律師建議簡化程序，不提西芮有幾個情人的事，而是說，麗莎出生時西芮還是亨利・韋爾康太太，韋爾康從未否認過麗莎是他的女兒，所以，在法律上，麗莎是韋爾康的孩子，而不是毛姆的。為了確保麗莎顆粒無收，已經被慫恿得對女兒義憤填膺的毛姆打算索回這麼多年他送給她的禮物，理由很清楚，她和她的孩子們「忘恩負義」。

這個案子辦起來很複雜，毛姆常年定居法國，所以會牽涉到英法兩國的法律，雙方不得不雇用兩個律師團隊。案件審理過程十分漫長，令人揪心，訴訟費也高得嚇人，而且不可避免地引起了媒體的極大關注，他們將整件事變成了一場畸形秀，一個充滿了醜聞、八卦和偽善的鬧哄哄的馬戲團，同時裝飾以不敬的笑話和滑稽的漫畫。1962年7月3日，法國方面的聽證會在尼斯的司法宮舉行，攝影機記錄了全過程，法院的最終裁定對麗莎有利，宣布沒有證據表明約翰・霍普夫人不是薩默塞特・毛姆的女兒。根據英國法律，非婚生子女在父母結婚時即取得婚生子女資格；在法國，合法子女不能被剝奪繼承權。艾倫・塞爾想被收養的企圖泡湯了。在倫敦，經過一番爭論後，針對別墅的所有權和蘇富比的拍賣所得等問題雙方在庭外達成了和解協定：毛姆同意支付麗莎那九張畫50%的銷售款，即229,500英鎊，並同意支付巨額訴訟費。她將保留瑪萊斯科別墅的所有權，但其餘的一切，房子裡的東西、錢、版稅，這些本該屬於她和她孩子們的東西將由毛姆自由決定其最終歸屬。

聽證會和相應的報導給艾倫造成了極大的壓力。「我是個愛好和平的人，所以，你能想像這些可怕的訴訟有多麼折磨人。」他不知羞恥地抱怨道，「又不是為了我掙來搶去，誰曾想，批評和憎恨全都衝著我來了」。然而，毛姆的狀態更糟，已經處於半瘋癲狀態的他捲入了憤怒和恐懼的漩渦，最地獄般的往事和與西芮的婚姻帶給他的折磨像鬼魂一般糾纏著他。如今這種困擾已經從無形變成了有形。韋斯科特建議毛姆寫本自傳，起初，毛姆對這個想法不屑一顧，後來他認真考慮了一下，並在與麗莎處於敵對狀態下開始動筆。當然，他的出版商極力鼓動他這麼做，還有他的鄰居麥克斯・比弗布魯克，他預感在他的報紙《星期日快報》上連載毛姆的自傳會給他帶來可觀的收益。成書正是比弗布魯克所希望的樣子，但書中的內容令第一個看到《回顧》打字稿的弗利爾深為震驚。顯而易見，這本書的主題，對那場婚姻刻薄的描述是精神不健全的產物，簡而言之，毛姆喪失了理智，暴露了他的年老昏瞶。弗利爾的做法值得尊敬，他拒絕發表《回顧》，並說服達博岱也這麼做，但比弗布魯克沒有這種顧慮。毛姆把這本書獻給了艾倫·塞爾，比弗布魯克與積極配合的艾倫合作，巧妙說服毛姆爆了更多的料，並安排了轟動一時的宣傳活動。作為這本書的受益者，《星期日快報》付給艾倫35000英鎊的連載稿費，美國的《Show》雜誌付給他25萬美元。艾倫很高興，他終於感覺自己將來的生活有保障了。

《回顧》顯然是智力欠缺的產物[1]。毛姆長篇大論地談論生活中的插曲，粗略地描述了一下他的童年和受教育情況、作為一名劇作家的職業生涯、旅行和間諜工作；思考了宗教和哲學問題，提了一下視覺藝術；深情地回憶了他與蘇·瓊斯的往事；然後開始肆無忌憚地描述他與西芮的關係，言辭之惡毒令世人驚愕。他告訴讀者西芮多麼死皮賴臉地追求他，用假名在羅馬生孩子，他不願意娶她，她就試圖自殺，他們在一起時可怕的爭吵，她做生意時的欺詐行為，一切都以單調乏味的口吻記述下來。在這本書的結尾，毛姆將自己描述為「一個十分不完美且飽經痛苦之人。」他承認自己出了醜，還有他時常掛在嘴邊的那句話——只有寫下來才能擺脫常常令他徹夜難眠的回憶，經驗告訴他，只有將陰魂不散的回憶變成白紙黑字方能得到解脫。

[1] 《回顧》最終並未以書的形式出版。

不過，這次他的「解藥」失效了。1962年的9月和10月，《回顧》在《星期日快報》上連載的那幾個星期，正如弗利爾所言——簡直「天崩地裂」。毛姆被辱罵的信件淹沒了，其中有很多是匿名信。典型的說法是，「所有人都充分意識到你過了怎樣可惡、骯髒的生活，你是英國的恥辱，你越早離開英國越好，記得帶上你那個男朋友。」然而，很多朋友的反應對他的傷害更深，首當其衝的是西芮昔日的朋友。「卑劣透頂。」諾爾・寇威爾說。「一部老朽、可恥的作品。」格雷厄姆・格林在給《每日電訊報》的一封信中寫道。雷貝嘉・韋斯特說，毛姆是個「淫蕩的小癩蛤蟆。」加森・卡寧則將這本書形容為「卑鄙、骯髒、令人難堪的玩意。」十月份，毛姆像往常一樣來到倫敦，像往常一樣去了加里克俱樂部，剛邁步走進一樓的酒吧，所有人立刻不說話了。幾秒鐘後，幾名會員大搖大擺走了出去。毛姆被擊垮了。他確信自己被排斥了，他嚴重地冒犯了這些人，打破了英國紳士的行為準則，沒有人比他更了解這個準則。他曾欣賞、分析，偶爾嘲笑這個準則，但表面上看，他的整個一生又在遵守著這一準則。戈爾・維達爾說：「隨著《回顧》的連載，老毛姆親手在他的紀念碑下埋下了地雷，並將其炸得粉碎。」與艾倫單獨在一起時，他不知流了多少次眼淚，被內疚和自責深深地折磨著。十二月，兩人回到瑪萊斯科別墅，從此，毛姆再也沒有回過英國。

毛姆一生取得了至高的成就，表現出無限的智慧，對人性有敏銳的洞察力，很少有人能料到晚年的他會陷入幾乎無法自拔的痛苦之中。他時常從惡夢中驚醒，艾倫現在睡在毛姆的臥室裡，以便在他醒來時隨時安慰他，有時他夜裡起來多達六次。白天，萬念俱灰的他會愣愣地坐上幾個小時，難以抑制地哭泣，什麼安慰都無濟於事。可憐的他從任何東西或任何地方都找不到慰藉。在《回顧》的末尾，他毫不妥協地表明：「我既不相信上帝的存在，也不相信靈魂的不朽。」一直吸引他也一直令他困惑的宗教既沒有給他帶來信仰，也未能帶給他安慰。《回顧》中描述了一次靈異現象：有一次毛姆去威尼斯，照常去學院美術館看畫，感覺累了就坐在委羅內塞[1]的那幅《利未家的宴會》前。畫中的耶穌坐在一張長桌的中央主持宴會，側著頭和他左邊的施洗約翰交談。毛姆凝視著這幅畫，突然，他看見耶穌扭過頭來盯視著他的臉。他後來試著解釋說，這大概是錯覺，但這件事仍使他的心靈受到了極大的觸動。

快90歲時，他變得躁動不安，非要去旅行不可，彷彿是在尋找家再也無法為他提供的避風港。艾倫心情沉重地說：「他的身體很虛弱，但渴望旅行，這對我來說是莫大的焦慮。」事實上，毛姆糊里糊塗，加上越來越嚴重的大小便失禁，即便住在豪華酒店裡也不太好處理。1963年10月在慕尼黑的四季酒店就發生了一些可怕的事，艾倫發誓說，「如果沒有貼身男僕和男護士在身邊，他再也不想摻和了。」第二年去威尼斯那次更是巨大的災難，他們不得不提前兩個星期回家。艾倫終於告訴自己，旅行的日子已經成為過去。

然而，即使回到瑪萊斯科別墅，艾倫也沒辦法消停。此時的毛姆很少有理智的時候，而且痛苦至極，他知道自己快要死了，開始渴望離開這個世界。「可憐的，可憐的威利，」艾倫

---

[1] Paolo Veronese，1528-1588，義大利威尼斯畫派畫家。藝術大師提香（提齊安諾・維伽略）有兩個偉大的弟子：丁托列托和委羅內塞，他們同時被譽為16世紀義大利威尼斯畫派三傑。

寫信給羅賓，「他不願意吃藥。他懇求我，『別想著讓我活下去了，讓我悄悄地離開吧。』」1964年1月25日，毛姆90歲生日那天，他被拍到渾身裹得嚴嚴實實的在陽台上躑躅而行，陪在他身邊的是弗利爾夫婦送給他的那隻他心愛的臘腸犬喬治。《星期日快報》上刊登的一篇對他的生日訪談中引述了毛姆的話，他依然為母親的離去感到傷心：「直至今日，喪母之痛依然如在巴黎家中那日一般強烈。」他渴望死亡：「我沉醉在這種想法裡。在我看來，死亡能給予我最終且絕對的自由。」偶爾有老朋友來看望他，比如住在附近的諾爾・寇威爾。「我去看了威利・毛姆，」1965年8月25日，他在日記中寫道，「我很高興，真的，因為他可憐得令人愉快。他正在絕望的惡夢中熬過最後的日子，這個可憐的傢伙。他幾乎不講理了，當然，他也知道自己喪失了思考能力。我讓他振作了一點，當然，我也只是想幫可憐的艾倫一把。」

艾倫的確處在水深火熱之中。「狼來了」喊了這麼多年，現在終於有抱怨的理由了。毛姆耳聾，視力也很弱，他無助、絕望，一切都要靠艾倫。更糟糕的是，老頭子的情緒變動劇烈，時而淚流滿面，時而哭哭啼啼，其餘的時候則像被復仇女神附了身，以這樣一具虛弱、萎縮的身體所不可能擁有的力量向艾倫發起攻擊。「我和一個瘋子關在一起。」艾倫寫信告訴羅賓，「他的獸性令人無法忍受……他生活在一個屬於他自己的可怕的世界裡。」倒是羅賓常來瑪萊斯科別墅，安慰艾倫，除非有人願意陪著毛姆，艾倫簡直就是個囚徒。僕人們不願單獨跟主人在一起，也不想做任何跟護理、餵食、清洗或打掃有關的工作。艾倫要幹很多討厭的家務事。羅賓說，要是叔叔發起瘋來，他必須鼓足渾身勇氣才能面對。不過，羅賓在瑪萊斯科別墅的那些日子還是有收穫的。老人頭腦清醒時，羅賓會孜孜不倦地向他打聽他的生活和他認識的人，然後急忙跑到樓上自己的房間，把他們談話的內容逐字逐句記錄下來，以備將來之用。他還認真記下了毛姆的衣著、情緒、外貌，甚至吃了什麼東西。毛姆入睡後，羅賓就開始仔細盤問艾倫，艾倫才會說出多年來毛姆吐露給他的小秘密和他親眼目睹的許多情景。

羅賓最後一次來別墅是1965年的7月，艾倫被囚禁的日子將在不久之後結束。「威利已經完全瘋掉了，時刻處在恐懼和痛苦之中。」他寫信告訴艾倫・達博岱，「他快不認識我了，經常在家裡走來走去，嘴裡嘟囔個不停，有時能持續三天三夜，他的精力太嚇人了。」

絕望的艾倫決定聯繫麗莎，乞求她到瑪萊斯科別墅來。麗莎已經有四年多沒見過父親了，11月3日，艾倫去火車站接她，他提醒她，毛姆瘋了，可能會有暴力舉動。儘管事先得到了提醒，麗莎見到父親時還是吃了一驚，那麼瘦小、乾癟的一個人，面部扭曲，時不時地齜著牙衝著她咆哮，偶爾還會伸出爪子一般的手向她撲過來。很顯然，他已經不知道她是誰了。艾倫告訴她，他不能再這樣繼續下去了，他快要崩潰了。他們達成一致意見，將毛姆送回英國，他在那裡可能被鑒定為精神失常。開車回博略的那晚，艾倫放聲大哭，麗莎乘坐的火車駛出火車站後他還在哭個不停。

麗莎離開後，情況急轉直下。十二月初，毛姆被地毯的一角絆倒，磕破了頭，不久後，又患上了肺炎。救護車將他送到尼斯的英美醫院，那裡有他的私人醫生羅薩諾夫醫生照顧他。毛姆在這裡待了一個多星期，躺在病床上，處於半昏迷狀態，一樓的落地窗外有一個花園，從那裡可以遙望地中海。越來越多的記者、攝影師聚在醫院門口，每天羅薩諾夫醫生向他們簡要通報毛姆的病情。一下子成了名人的他十分自豪，很享受表演的每一刻。與此同時，病房裡的毛姆煩躁不安，密史脫拉風吹得窗櫺格格作響。一個年輕的英國護士走進來，坐在他身邊，發現她的病人焦慮困惑，迫切需要有人安慰。她給他掖毯子時，他讓她躺到床上去。「與性無關，」她說，「他要的是安慰。」他想再體會一下兒時被母親抱在懷裡的感覺，她拿出一個軟墊子，墊在他背後，這樣似乎能減輕他的痛苦。12月16日凌晨，毛姆去世了，這天離他的91歲生日只差一個月。值班醫生被叫了過去。「他死了。」他證實道。艾倫接到電話後一小時內就從瑪萊斯科別墅趕了過來。很快，他又開著車在夜幕的掩護下將毛姆的遺體運回了別墅。第二天上午，薩默塞特・毛姆於家中去世的消息向全世界發布，這樣就避免了屍檢。

死後在家裡停靈了幾日，供鄰人們前來弔唁，媒體也蜂擁而至。12月20日，毛姆的遺體在馬賽火化，當時只有艾倫一人在場。疲憊、悲傷的艾倫精神恍惚，懷裡抱著一個小骨灰盒坐在火葬場的等候室裡，時間似乎過去了好幾個小時。終於，有個人走了出來，手裡端著個盤子，上面蒙了塊亞麻布。掀開那塊布，裡面露出幾根長長的灰白色的骨頭，骨頭太大，燒不毀，那人向艾倫詢問可否把骨頭敲碎再裝進盒子裡。接著，那人從口袋裡掏出一把錘子，賣力地幹起活來。艾倫實在看不下去，跑到街上，嘔吐起來。兩天後，也就是12月22日，毛姆的骨灰被安葬在坎特伯里國王學校的毛姆圖書館內，主持儀式的是該校校長和坎特伯里當地的牧師，這個學校的男生們也在場，麗莎帶著一小群人，包括她的丈夫和她的四個孩子前來為父親送葬。

宣讀毛姆的遺囑時，艾倫・塞爾得知自己變成了富翁。瑪萊斯科別墅歸麗莎所有，羅賓有他的信託基金，同時他出了一系列關於毛姆的回憶錄。毛姆死了沒幾個星期他就在發行量很大的周日報紙上告訴世人毛姆是同性戀，並繼續向市場兜售更多類似的東西：《與威利對話》、《薩默塞特和毛姆一家》、《擺脫陰影》、《尋找涅槃》等等。安妮特和司機讓各獲得2000英鎊遺產，愛德華・麥卡沃伊（Edouard MacAvoy）畫的毛姆肖像贈給尼斯市政府。其餘的一切，別墅裡的東西，所有的錢、所有的投資、所有的版稅，以及出售手稿的全部收益都留給了艾倫，艾倫死後，剩餘的錢將交給倫敦的皇家文學基金用來救濟貧困作家。

然而，儘管艾倫機關算盡，卻沒能從巨額遺產中得到多少快樂。他搬進蒙地卡羅一套昂貴的公寓，裡面塞滿了原屬於瑪萊斯科別墅的珍品。他像從前和他的主人那樣繼續旅行，住倫敦多賈斯特酒店、威尼斯格瑞提皇宮酒店、紐約廣場酒店的豪華套房，他在帥哥、華服和大餐上揮金如土。然而，艾倫並不開心，他很孤獨，想念和毛姆在一起時的快樂生活。很快，他便向病魔屈服了。他變得異常肥胖，患了令他十分痛苦的關節炎，後來又得了帕金森氏症。1985年，他75歲，去世前不久，他向安・佛萊明（毛姆的朋友中僅有的幾個還跟他保持聯繫的人之一）承認，他十分懊悔當初製造了那樣的麻煩。

毛姆死後的聲譽遭受了著名作家們必然要經歷的下滑期。1960年代，時代瞬息萬變，很少有人願意去讀那些講述舊秩序、帝國時代、叢林殖民地區官員或愛德華七世時代壓抑的婚姻生活中太太們勾心鬥角的小說。對此，毛姆不會感到驚奇，因為早在1946年他就預見到作家剛死時會撲騰出一點水花，緊接著就會被忽略數年。倘若他的作品有持久的價值，人們會對他重新提起興趣，但沉寂期可能會持續二三十年。毛姆確實有先見之明，在過去的二十年裡，毛姆的作品再次廣受關注。毛姆很年輕時就學會小心翼翼地隱藏他充滿痛苦的私密生活，然而，他在他的作品中找到了幸福和釋放。他將創造性的行為描述為「最迷人的人類活動」，一個可以找到安慰的地方，「既講出秘密，又不洩露秘密。」他對藝術的熱愛以及誠心的奉獻使他成為有史以來最受歡迎也最多產的作家。可以這麼說，他將再次抓住未來幾代人的心，他的位置穩如磐石。薩默塞特・毛姆，一個偉大的說故事的人。

毛姆作品年表

此表分體裁按出版或上演時間順序排列，已出版中文版的作品採用通用譯名，未出版中文版的作品名則取直譯，各種編選本和未以書籍形式發表過的文章和短篇小說不包括在內。

A. 1. NOVELS／長篇小說

A. 1. 1.《蘭貝斯的麗莎》Liza of Lambeth, 1897

A. 1. 2.《一個聖徒發跡的奧秘》The Making of a Saint, 1898

A. 1. 3.《英雄》The Hero, 1901

A. 1. 4.《克拉多克夫人》Mrs. Craddock, 1902

A. 1. 5.《旋轉木馬》The Merry-Go-Round, 1904

A. 1. 6.《主教的圍裙》The Bishop's Apron, 1906

A. 1. 7.《拓荒者》The Explorer, 1907

A. 1. 8.《魔法師》The Magician, 1908

A. 1. 9.《人性枷鎖》Of Human Bondage, 1915

A. 1. 10.《月亮和六便士》The Moon and Sixpence, 1919

A. 1. 11.《面紗》The Painted Veil, 1925

A. 1. 12.《尋歡作樂》Cakes and Ale, 1930

A. 1. 13.《偏僻的角落》The Narrow Corner, 1932

A. 1. 14.《劇院風情》Theatre, 1937

A. 1. 15.《聖誕假期》Christmas Holiday, 1939

A. 1. 16.《佛羅倫斯月光下》Up at the Villa, 1941

A. 1. 17.《黎明前的時分》The Hour Before the Dawn, 1942

A. 1. 18.《剃刀邊緣》The Razor's Edge, 1944

A. 1. 19.《彼時此時》Then and Now, 1946

A. 1. 20.《卡塔麗娜》Catalina, 1948

A. 2. SHORT STORY COLLECTIONS／短篇小說集

A. 2. 1.《東向禮拜》Orientations, 1899

A. 2. 2.《一片樹葉的顫動》The Trembling of a Leaf, 1921

A. 2. 3.《木麻黃樹》The Casuarina Tree, 1926

A. 2. 4.《英國間諜阿申登》Ashenden, 1928

A. 2. 5.《第一人稱單數》First Person Singular, 1931

A. 2. 6.《阿金》Ah King, 1933

A. 2. 7.《四海為家的人們》Cosmopolitans, 1936

A. 2. 8.《原樣配方》The Mixture as Before, 1940

A. 2. 9.《環境的產物》Creatures of Circumstance, 1947

A. 3. TRAVEL BOOKS／遊記

A. 3. 1.《聖潔的天國：安達魯西亞見聞和印象》The Land of the Blessed Virgin, 1905

A. 3. 2.《在中國屏風上》On a Chinese Screen, 1922

A. 3. 3.《客廳裡的紳士》The Gentleman in the Parlour, 1930

A. 4. ESSAYS／隨筆

A. 4. 1. 《西班牙主題變奏》Don Fernando, 1935

A. 4. 2. 《總結》The Summing Up, 1938

A. 4. 3. 《戰爭中的法國》France at War, 1940

A. 4. 4. 《書與你》Books and You, 1940

A. 4. 5. 《純屬私事》Strictly Personal, 1941

A. 4. 6. 《世界十大小說家及其代表作》Great Novelists and Their Novels, 1948

A. 4. 7. 《作家筆記》A Writer's Notebook, 1948

A. 4. 8. 《隨性而至》The Vagrant Mood, 1952

A. 4. 9. 《觀點》Points of View, 1958

B. PLAYS／戲劇

B. 1. 《佳偶天成》Marriages are made in Heaven （1896-97）

B. 2. 《贊巴小姐》Mademoiselle Zampa （1896-97）

B. 3. 《一個體面的男人》A Man of Honour （1898/1902）

B. 4. 《拓荒者》The Explorer （1899）

B. 5. 《餅和魚》Loaves and Fishes （1902）

B. 6. 《弗雷德里克夫人》Lady Frederick （1903）

B. 7. 《多特太太》Mrs. Dot （1904）

B. 8. 《傑克・斯特勞》Jack Straw （1907）

B. 9. 《佩涅羅珀》Penelope （1908）

B. 10. 《第十個人》The Tenth Man （1909）

B. 11. 《史密斯》Smith （1909）

B. 12. 《鄉紳》Landed Gentry （1910）

B. 13.《應許之地》The Land of Promise（1913）

B. 14.《不可企求的人》The Unattainable（1915）

B. 15.《上流人士》Our Betters（1915）

B. 16.《小屋之愛》Love in the Cottage（1917）

B. 17.《凱撒之妻》Caesar's Wife（1918）

B. 18.《家庭和美人》Home and Beauty（1919）

B. 19.《周而復始》The Circle（1919）

B. 20.《陌生人》The Unknown（1920）

B. 21.《蘇伊士之東》East of Suez（1922）

B. 22.《駱駝背》The Camel's Back（1923）

B. 23.《上坡路》The Road Uphill（1924）

B. 24.《忠實的妻子》The Constant Wife（1926）

B. 25.《信》The Letter（1927）

B. 26.《聖火》The Sacred Flame（1928）

B. 27.《養家活口的人》The Bread-Winner（1930）

B. 28.《服役的報酬》For Services Rendered（1932）

B. 29.《謝佩》Sheppey（1932）

C. POSTHUMOUSLY PUBLISHED BOOKS／遺作

C. 1.《十七個遺失故事》Seventeen Lost Stories, 1969

C. 2.《羅曼史中的旅行者》A Traveller in Romance, 1984

D. EDITED BOOKS／選編

D. 1.《旅行者的圖書館》Traveller's Library, 1933

D. 2.《講故事的人》Tellers of Tales, 1939

D. 3. 《現代傑作閱讀：現代英美文學導論》Great Modern Reading: W. Somerset Maugham's Introduction to Modern English and American Literature , 1943

D. 4. 《吉卜林佳作選》A Choice of Kipling's Prose, 1952

本書參考書目

《月亮和六便士》，上海譯文出版社，2006年出版，傅惟慈譯。

《在中國屏風上》，江蘇人民出版社，2006年出版，唐建清譯。

《尋歡作樂》，譯林出版社，2006年出版，葉尊譯。

《面紗》，重慶出版社，2006年出版，阮景林譯。

《人生的枷鎖》，上海譯文出版社，2007年出版，張柏然、張增健、倪俊譯。

《刀鋒》，上海譯文出版社，2007年出版，周煦良譯。

《隨性而至》，上海譯文出版社，2011年出版，宋僉譯。

《觀點》，上海譯文出版社，2011年出版，夏菁譯。

《木麻黃樹》，上海譯文出版社，2012年出版，黃福海譯。

《總結》，譯林出版社，2012年出版，孫戈譯。

《毛姆短篇小說精選集》，譯林出版社，2012年出版，傅惟慈、馮亦代、陸谷孫等譯。

書中個別處引文引自上述譯本，在此一併說明並向譯者致以由衷謝意。

大地叢書介紹

作者：威廉・薩默塞特・毛姆
譯者：沉櫻
定價：220 元

本書收錄了毛姆具代表性的十個短篇：「療養院裡」、「生活的事實」、「冬季旅行」、「家」、「午飯」、「珠鍊」、「臉上有疤的人」、「落魄者」、「藝人」與「減肥」。毛姆作品對人性及生活觀察入微、冷靜透徹、筆調親切，透過沉櫻女士精湛的譯筆，呈現毛姆精采的篇章。

【作者簡介】

威廉・薩默塞特・毛姆

1874年1月25日生於巴黎，是英國著名的小說家與劇作家，他的作品以取材廣泛、洞悉人性、清晰樸素見長，極為膾炙人口。他畢業於聖托馬斯醫院，原來是一名婦產科醫生，在此期間，他以做婦產科醫生的經驗為題材，創作了長篇小說《蘭貝斯的麗莎》，之後棄醫從文，開始七十年的寫作生涯，他的主要成就是小說創作。

毛姆雖然對人類的善良與智慧均持懷疑的態度，而且是一個無可奈何的無神論者，然而一生幽默而豁達，著名的作品有《人性枷鎖》、《月亮和六便士》等。

大地叢書介紹

作者：褚威格
譯者：沉櫻
定價：220 元

本書共收錄了褚威格作品，「一位陌生女子的來信」、「蠱」、「奇遇」、「看不見的珍藏」、「情網」、「月下小巷」等六部短篇小說，是一本短篇小說集；沉櫻女士譯筆優美如行雲流水，卷書自如，因此篇篇珠圓玉潤，渾然無疵，又其恰如其份的譯文，更是能夠完全擺脫開一般譯作生澀拗口的毛病，而使的原作仍能以其優美瀟灑的姿態呈現出來，可以說這是最好的褚威格的譯作。

【名家推薦】

羅　蘭：「褚威格的小說是一條潺潺流去的美麗小河，使你讀來感到無上的愉悅和滿足，可一讀再讀百看不厭。」

鍾梅音：「褚威格的作品中流露深沉的憂鬱與同情，像一縷清泉般不動聲色的行文風格，不誇張、不炫耀、不因為歲月逝去而褪色。」

大地叢書介紹

作者：湯瑪斯・哈代
譯者：吳奚真
定價：220 元

「嘉德橋市長」為哈代的重要作品之一，是「一個性格堅強的人物的故事」。文學批評家麥克陶華爾(Mac Dowall)曾說：「哈代作品中有兩個人物將在英國小說園地中永垂不朽，一個女的，一個男的，女的是黛絲，男的是韓治德(即本書中的市長)。」作者從陳舊的三角愛情關係中演化出一個複雜的情節，其中充滿引人入勝的錯綜，經常使讀者對於人事滄桑和時運有一種變幻莫測之感。

【作者簡介】

湯瑪斯・哈代（Thomas Hardy）

一八四〇年出生於英國，早期從事建築工作，後來從事寫作，成就斐然。由於他在文學上的偉大貢獻，曾獲三所大學頒贈文學博士學位，並榮獲英國政府頒贈殊功勳章。

毛姆傳：毛姆的秘密生活 / 賽琳娜・黑斯廷斯著；趙文偉譯. -- 一版.-- 臺北市：大地, 2017.01
面： 公分. --（大地叢書：39）
譯自：The secret lives of Somerset Maugham
ISBN 978-986-402-196-3（平裝）

1. 毛姆（Maugham, W. Somerset (William Somerset), 1874-1965）
2. 傳記

784.18　　105021411

毛姆傳——毛姆的秘密生活

大地叢書 039

作　　者	賽琳娜・黑斯廷斯
譯　　者	趙文偉
發 行 人	吳錫清
主　　編	陳玟玟
出 版 者	大地出版社
社　　址	114台北市內湖區瑞光路358巷38弄36號4樓之2
劃撥帳號	50031946（戶名：大地出版社有限公司）
電　　話	02-26277749
傳　　眞	02-26270895
E - mail	vastplai@ms45.hinet.net
網　　址	www.vastplain.com.tw
美術設計	普林特斯資訊股份有限公司
印 刷 者	普林特斯資訊股份有限公司
一版一刷	2017年01月

定　　價：450元

Printed in Taiwan